人际关系与公共礼仪

（第三版）

主　编　周朝霞
副主编　徐美萍　吴　健
　　　　王晓漪　鲁丹萍

ZHEJIANG UNIVERSITY PRESS
浙江大学出版社

图书在版编目（CIP）数据

人际关系与公共礼仪／周朝霞主编. —3 版. —杭州：
浙江大学出版社，2018.2(2021.8 重印)
ISBN 978-7-308-16496-2

Ⅰ.①人… Ⅱ.①周… Ⅲ.①人际关系学－高等职业
教育－教材②礼仪－高等职业教育－教材
Ⅳ.①C912.1②K891.26

中国版本图书馆 CIP 数据核字（2016）第 314085 号

人际关系与公共礼仪（第三版）

主　　编　周朝霞
副主编　徐美萍　吴　健　王晓漪　鲁丹萍

责任编辑　葛　娟
责任校对　杨利军　於国娟
封面设计　项梦怡
出版发行　浙江大学出版社
　　　　　　（杭州市天目山路 148 号　邮政编码 310007）
　　　　　　（网址：http://www.zjupress.com）
排　　版　杭州中大图文设计有限公司
印　　刷　浙江省邮电印刷股份有限公司
开　　本　787mm×1092mm　1/16
印　　张　17.75
字　　数　445 千
版 印 次　2018 年 2 月第 3 版　2021 年 8 月第 2 次印刷
书　　号　ISBN 978-7-308-16496-2
定　　价　45.00 元

前　言

　　本书为高职高专素质教育第一批推出的素质教育的课程教材，旨在提高高职生的人际关系处理能力和公共礼仪素养。本书在 2008 年被教育部评为国家"十一五"规划教材。

　　在 21 世纪的今天，在加入了 WTO 的中国，交际与礼仪的广泛性和重要性，比任何时候都更显得迫切和突出。人际关系处理能力和公共礼仪素养是关系大学生生活、学习、工作及未来发展的重要素质。本书前五章着重介绍人际关系的原理、方法和技巧以及校园人际关系和职场人际关系的处理。后六章着重介绍商务礼仪的知识，包括职业形象的塑造、社交和商务礼仪，以及仪式礼仪。本书由浙江省职业技术学院资深的人际关系和礼仪教师合力编写，具有科学性、实用性、前瞻性、国际性和新颖性等特色，是高职生提高人际关系处理能力和礼仪素养的优秀指导书。

　　主要分工：主　　编：周朝霞（浙江外国语学院教授）

　　　　　　　副主编：徐美萍（浙江纺织服装职业技术学院副教授）

　　　　　　　　　　　王晓漪（浙江交通职业技术学院副教授）

　　　　　　　　　　　吴　健（衢州职业技术学院教授）

　　　　　　　　　　　鲁丹萍（温州职业技术学院教授）

　　　　　　　参　　编：苏跃飞（温州职业技术学院讲师）

　　　　　　　　　　　余晓红（衢州职业技术学院副教授）

　　　　　　　　　　　董雪征（浙江教育学院博士）

　　具体分工：周朝霞（第五、六、七、九章）

　　　　　　　吴　健（第一章）

　　　　　　　余晓红（第二章）

　　　　　　　王晓漪（第二、三章）

　　　　　　　徐美萍（第八、十、十一章）

鲁丹萍（第十一章）

苏跃飞（第四章）

董雪征（第五章）

特别鸣谢浙江教育学院、宁波职业技术学院、温州职业技术学院对本书编写、出版工作的大力支持！

编　者

2017 年 11 月

目　录

第一章
人际关系概论

在这个时代，每一个想要获得成功的人必须明白这样一个道理：你除了要比别人付出更多的努力外，还要比别人有更好的人际关系。美国著名的人际关系大师、成功学专家戴尔·卡耐基说过：一个人成功15％靠专业技术，85％靠交际能力。并且，人际关系的好坏取决于我们自己用心经营的程度。

你必须努力使对方认同和接受你，只有这样，你才能顺利进入对方的世界并充分与之交往。

第一节　交际与人际关系

交际对于我们每一个人都非常重要，但要真正了解交际并非易事，这需要首先了解交际的主体，即我们自己——人。

人是什么？亚里士多德说，人是政治的动物。西赛罗说，人是社会的动物。卡西尔说，人是符号的动物。还有学者认为，人是文化的动物、理性的动物、知情的动物等。这些都从不同的方面对人的特性进行了有意义的描述。沿着这个思维路径，我们便可以比较容易地寻找到人们从事一切社会活动的前提，这就是人与人之间的相互联系。

每一个生活在社会中的人，自出生以来，就必然地进入一个与他人相互依赖、相互作用、相互促进的过程，于是也就必然产生出与他人的交际活动。确切地说，这一过程其实就是人际关系逐渐发展的过程。人际关系在一个人的处世活动中占有很大的比例，这一关系处理得恰当与否，不仅会影响人的精神生活，更重要的是，还会对人的成长与发展产生重大影响。

在人类早期，人要生存，就必须互相帮助、互通信息，共同抗击其他物种的侵害；在人类高度文明的今天，人要美好地生存，更需要强化和协调各种人际关系，以共同开发和利用自然资源，分享人类文明成果。这说明，人类生存的根本前提是互相联系，而建立联系的行为和活动就是交际。交际可以在两个人之间进行，也可以在一个人和一群人之间进行，还可以在一群人与另一群人之间进行。通过交际建立一定的联系，结成一定的群体。交际是人际

关系的黏合剂,是整个社会有机联系的链条。它主要包括以下三个方面的性质:

首先,交际是一种社会互动行为。由于交际活动是两个人以上的共同行为,其行为过程必然表现出相互影响、相互作用的特点。当你在与人交往时,不仅要考虑能否给对方施加影响、施加多大的影响力,还要考虑对方会如何影响自己。

其次,交际是一种个体实现行为。也就是说,任何交际活动都是行为主体在其情感、意志、文化修养、心理状态、交际能力等因素的作用下,表现出来的一种带有明显个人色彩的、体现个人需求的行为。

最后,交际是一种以信息传播为目的的行为。人际交往中的相互认识、相互吸引、相互作用都是通过人际的信息传播实现的。所以,从本质上讲,交际其实就是信息传递的过程,即人们相互之间传递或交换知识、意见、感情、愿望等的社会行为过程。

有句名言说得好:"一是你毕生所认识的最孤独的数字。"其实,人也是如此。形影相吊的人也是世界上最孤独的人。事实上,人就是群居的动物,几乎所有人都是在与他人密切的交往中度过自己的一生的。对于人类来说,长期的与世隔绝的状态是不可想象的。

许多心理学家指出了一个明显的事实:即使不是全部需要,我们的大部分需要,都是他人在场的范围内满足的,至少一开始是如此。因此,我们需要与他人相处,需要不断借助各种方式参与人际的相互沟通。这既是人的心理需要,也是人的生存需要。

《吕氏春秋·恃君》中写道:"凡人之性,爪牙不足以自卫,肌肤不足以捍寒暑,筋骨不足以从利辟害,勇敢不足以却猛禁悍。然且犹裁万物,制禽兽,服狡虫,寒暑燥湿弗能害,不唯先有其备,而以群聚邪!群之可聚也,相与利之也。"

《论语·颜渊第十二》中记载了一则故事:司马牛的兄弟去世,他十分悲伤地对子夏说,别人都有兄弟,自己却失去了兄弟。子夏安慰他说,你对别人都很有礼貌,别人对你也都很好。这就是"四海之内皆兄弟"了,因此,你不必担心没有兄弟。

可见,人类需要各种精神食粮,而这各种精神食粮,只有从同各种各样的人相处相交中得来。

但我们必须同时认识到,与别的社会关系不同的是,由于人际关系所具有的心理性、情绪性、利害性和复杂性,给我们很好地认识和把握人际关系带来了极大的难度。有些能够从容应对各种困难与风险的人,却会在变幻莫测的人际关系面前寸步难行。正所谓,"能经受大风大浪的人,却在小阴沟里翻了船"。

所以说,能成功地与一个人交往并不难,然而要与形形色色的人都搞好关系就需要具备很好的技巧。如果能够很好地处理各种人际关系,不仅会使人精神愉悦,还有助于事业的顺利发展。反之,一个人如若在复杂的人际关系面前束手无策,其个人的成长与发展都将大打折扣。

《三国演义》中的刘备,雄才大略不及曹操,城府经略不及孙权,智慧计谋不及诸葛亮,但他却出人意料地白手起家,打出了一片江山,并与曹操、孙权三分天下,成鼎立之势,其中一个很重要的原因,就是刘备能以自己的大度、大量,赢得如诸葛亮、关羽、赵云等杰出谋士或勇士为自己鞠躬尽瘁、出生入死、鞍前马后。显然,刘备在处理人际关系方面,确实有着过人之处。有人甚至这样评价刘备:尽管以历史成就而论,他充其量只能排在三流的位置,但在人际关系上,他却是当之无愧的大师级人物。

与其相比,第二次世界大战时期美国著名将领巴顿,能力突出,军功卓越,真可谓军中骄子,一代天才。他率领美国陆军第二军横扫西西里、铁骑千里挺进法兰西的军事壮举,在世界军事史上成为佳话。但就是这样一代名将,却过于自信,认为仅凭自己的本领就可以包打天下,从不注意与他人的相互沟通。他的专横跋扈、傲慢自负、不近人情的人际关系形象,令不少崇拜者深感遗憾,甚至到他死后,还不断有人说三道四。

由此可见,人际关系状况的好坏,往往可以在很大程度上左右一个人的命运,影响一个组织的生存与发展。

【案例 1-1】

　　一天,一位陌生的顾客走进豪华的美国花旗银行营业大厅,仅要求换一张崭新的 100 美元钞票,准备当天下午作为礼品用。花旗银行是世界上最大的银行之一,每天的营业额高达数亿美元,业务十分繁忙。但接待这位陌生顾客的银行职员微笑着听完顾客的要求后,请这位先生稍候,立即先在一沓沓钞票中寻找,又打了两个电话,15 分钟后终于找到了一张崭新的钞票。他把它放进一个小盒子里递给了这位陌生的顾客,同时附上一张名片,上面写着:"谢谢您想到了我们银行。"事隔不久,这位偶然光顾的陌生顾客又回来了,这次来是在这家银行开了个账户,在以后的几个月里,这位顾客在这个银行存款 25 万美元。

【案例分析】

美国花旗银行是世界一流的企业,但它的职员并没有因为自己企业地位的显赫而随意漠视或怠慢任何　一位顾客,哪怕是一个小小的要求,甚至是超出了自己业务范围的要求都竭力去满足。他们非常清楚良好的人际关系对企业意味着什么。也正因为如此,他们能够摆正自己与顾客的位置,时时处处想到顾客,在极平凡、极细小的事情上都真心实意地为顾客服务,替顾客排忧解难,从而赢得顾客的尊重与欢迎。

美国著名的人际关系大师和成功学专家戴尔·卡耐基认为:社会上的每一个人都是具体的,因而个性各异,与这些独特的个人交往必须倾注满腔的热忱和诚意,饰外修内,表现出坦荡和真诚的品性,对方才能相信自己,这是成功处世的基础。卡耐基还以自身的经验告诉我们,人与人之间的相处如果没有做到互惠互利的话,就不可能建立和谐融洽的人际关系。他的观点是:如果能珍惜每一次与别人接触的机会,积极主动地关怀别人,那你一定会有一个令人满意的人际关系,并终身受益。

随着社会的发展,人际关系问题越来越得到各行各业的重视。这就意味着,人际关系学作为一门新兴的学科,一方面正不断地从历代思想家那里得到丰富的理论养分,另一方面,又在新的社会历史条件下,在实践的推动下得到不断发展。

1926 年,美国著名学者梅奥在出任哈佛大学工商管理研究院工业研究室副主任后,主持了非常有影响力的"霍桑实验"。他们花了长达九个月的时间,围绕着职工非常关心的问题,先后与大约两万名职工进行了交谈。实验证明,通过这样的人际交往活动,许多工人发泄了长期压抑在心中的不满,从精神上和情感上得到了一种满足,从而,明显地改善了工作态度,提高了工作效率。由此证实,任何管理行为取得成功的前提之一,便是充分满足管理对象的物质与精神的需求。而要做到这一点,必须懂得如何与管理对象进行最有效的、最合理的交际活动。梅奥根据"霍桑实验",于 1933 年出版了《工业文明的人性问题》一书,提出了人际关系学说。"霍桑实验"的成功,使得梅奥被世界公认为人际关系学的创始人。

第二节　人际关系的含义

我们可以给人际关系作一个如下的界定:

所谓人际关系是以交往为媒介所发生的人与人之间的相互联系。人际关系存在于人际认知、人际情感和交往行为之中,它既是一种物质性的关系,也是一种精神性的关系。人际关系在很大程度上体现为一种心理的关系和距离。

我们十分清楚,人际关系往往是以陌生或熟悉、亲近或疏远、喜欢或厌恶这样的现实状况表现出来的,而这些又直接影响着人际交往的程度、范围和质量。加上人是有情感、有理性、有智慧的,还有着不同利益需求,因此,人际关系问题既简单又复杂,既容易认识又难以把握。我们可以借助不同学科的研究结果,以不同的视角对人际关系问题作更进一步的认识与把握。

一、从传播学角度看人际关系:通过信息交流而建立的人与人的关系

任何人际关系都是通过人际交往实现的,而人际交往的一个非常重要的组成部分就是人际传播。由于个人所处的社会环境往往十分复杂,因此,每当与他人打交道时,就需要了解对方的各种信息,并以此来决定自己的交际行为。这时候,人际关系就表现为一种以传播为手段、并通过传播努力实现各自利益需求的相互关系。我们可以在与人初次见面时递上自己的名片,或当别人向自己提出一个不便当场回答的问题时说一句"请让我再考虑一下",这些都是力图通过信息的传播,影响或建立一种合情合理的人际关系。所以说,人际关系其实也表现为一种传播的艺术。

二、从社会学角度看人际关系:建立在社会规范和个体合理定位基础上的社会关系

社会就像一副巨大的象棋盘,而我们每个人则像盘中的棋子。社会向每一个社会人提出了各种各样的行为要求,其中一部分是强制性的,如法律等,更多的则是由社会伦理道德和各种规定给出的,带有导向性和一定的约束性。行棋也是一样,也有自己的游戏规则,是

马就走"日",是象就走"田"。大多数人能够按照游戏规则行事,明确自己的角色定位,以积极的态度处理好与其他棋子的相互关系,在进退取舍中,实现自身的价值。当然,也会有一些人,或者无视游戏规则的存在,或者根本就不懂得什么是游戏规则,往往在行棋中无法寻找到正确的路径,处处碰壁,走投无路。所以说,人际关系其实也可以体现为一种秩序状态。积极、合理、健康的人际关系,是一种建立在社会规范和个体合理定位基础上的有序的社会关系。

三、从心理学角度看人际关系:人们在交往过程中因心理距离而形成的关系

人际关系的前提是人际交往,人际关系就是在人们的相互接触和交往中建立起来的。一个广泛交往的人必然会有广泛的人际关系,反之,人际关系势必极其有限。拒绝一切交往的人是不存在的,也没有不进行交往而建立起人际关系的先例。人与人的交往本身是一个为了交流有关认识性、情绪性及评价性的信息而相互作用的过程,交往的双方在这一过程中实现着对观念、思想、兴趣、心境、情感、性格特征等的相互交流、相互影响。

人的交往活动具有一种情绪互动功能。人们需要交往,需要人际温暖,如同生物体需要空气、阳光和水分一样。在人们的需要结构中,交往与集群的需要是重要的组成部分。心理实验证明,如果将一个人与他人的交往完全阻断,那将是致命的,将会使人感到非常孤独和恐惧,甚至产生被整个世界遗弃的感觉。据说,美国对犯人最严厉的惩罚就是单独监禁,几个月甚至几年不让犯人与他人接触,这种折磨比死亡更加痛苦,人会因此而发疯。

影响人际关系的因素不仅包括人的精神和物质方面的需要,还包括人的心理状态。前者是人际交往的驱动力,后者则对人际交往的进程与结果产生极大的影响。个性心理的差异以及不同的心理因素,会导致人们在与他人交往时作出不同的反应,采取不同的态度。例如,在社会交往中,人们时常会遇到比自己强的或弱的、比自己地位高的或低的、比自己成绩显著的或略显不足的对手,不同的人会选择不同的交往态度与方法。

【案例1-2】

世界名著《简·爱》中的男主人公罗彻斯特身为庄园主,财大气粗,对女主人公简·爱说"我有权蔑视你!"他在地位低下又其貌不扬的简·爱面前,有一种自然的优越感。但有着坚强个性,又渴望平等的简·爱坚决维护自己的尊严,寸步不让反唇相讥:"你以为我穷、不好看就没有自尊吗?不!我们在精神上是平等的!正像你和我最终将通过坟墓平等地站在上帝面前。"这番话强烈地震撼了罗彻斯特,并使他对简·爱产生了由衷的敬佩。

个体心理因素及心理体验性特征,是导致人际关系复杂化的主要原因之一。人际关系既是一种外在的存在,也是一种内在的心理感受。人们常常用好与坏、亲和疏、远和近来评价一种人际关系,采取的就是一些心理标准。如何客观地评价人际关系,如何运用正确的方法对待人际关系,如何使个体的心理需求与群体利益趋向一致,正是我们研究人际关系的主

要出发点。所以说,人际关系其实也就是一种在心理因素作用下的社会交往关系。

四、从文化学角度看人际关系:基于不同民族文化和交往文化而产生的人与人的关系

生物要生存就必须适应其生存的环境条件。同理,人要生存,也就必须不断地与所处的环境相融合。当然,作为万物之主的人绝不是简单地、被动地适应外部环境和自然条件。人所具有的主观能动性,使得人能够通过自身的努力积极地适应和改造这一切。而且,人类的这种积极努力始终是以群体的社会行为方式出现的。这样,每一个群体就一定会逐步形成相对一致的价值观念和行为特征。带有民族及地域特征的文化就这样产生了。

不同的文化影响并制约着不同的社会行为,因而也就会形成不同的人际交往的行为特征,产生不同的交际文化和人际关系。从文化形态学角度分析,文化一般分为物态文化、制度文化、心态文化和行为文化,其中,心态文化和行为文化既是交际文化的主要内容,又是人际关系的重要基础。不同文化群体的不同思维方式、价值观念、民族心理、礼俗传统和审美趣味,最终会在人际交往以及处理人际关系的方式方法中体现出来。下例中的对话便十分耐人寻味。

【案例 1-3】

秘书:您好,您是王老吧? 一路辛苦,您老请上坐。您高寿?

王老:65。

秘书:您老这么大年纪了,还亲自跑一趟,我们真不知该说什么好。

王老:这没什么。

秘书(指着一桌精美的饭菜):没什么东西,几杯薄酒,几样小菜,略表心意,请慢用。

不同文化背景的人,会对上面的对话作出不同的反应,产生不同的社交结果。如果这位秘书接待的是一位美国人,就会出现令人十分尴尬的场面。其一,美国人大都比较忌讳别人称自己为"老";其二,美国人大都将年龄视为隐私;其三,对饭菜的客套会使美国人产生误解,既然没什么好东西,为什么要拿出来? 为什么不拿出好东西来? 其四,"请慢用"为何意? 美国人不明白吃饭为什么要限速,又不是开车。

任何一种文化,都会以其独特的、顽强的文化精神,长期并深刻地影响人们的交际活动,从而影响人际关系的形成。我们甚至可以这样形象地去理解人际关系:它就好像是一张以文化为道路而铺就的城市交通网,人们只有熟悉各条道路的基本情况,或者能够读懂路旁的各种示意牌,才能选择正确的道路并顺利到达目的地。否则,很有可能迷失方向,处处碰壁,甚至走投无路。所以说,人际关系其实就是一种以文化为纽带的社会交往关系。

概括上述认识,我们可以对人际关系有一个更为全面的理解:

第一,与其他人类社会行为一样,人的社会交际行为也是由四个相互联系的成分组成的,即认知、情感、态度、行为。人的交际行为是人际关系的表现形式,由认知到行为的过程,

既体现了人在认识上、心理上、情感上的成熟程度,又必然影响和反映出人际关系的基本状况。换言之,有什么样的社会交际行为,就一定会有与之相应的人际关系。

第二,作为一种社会关系,人际关系与心理因素、文化因素、知识因素、道德因素、制度因素及传播因素等,都有着难以割舍的联系,这就使得它与其他社会关系存在诸多不同。其中,最根本的不同点就在于,人际关系具有非常鲜明的个性化特征,人际关系的状况在很大程度上取决于个性心理和情感的发展水平,取决于个人的社会化程度。

第三,"人际关系"是一个比较抽象的名词,它给我们的往往是一些比较宽泛、比较模糊、比较动态、比较难以把握的感觉。这不仅体现出人际关系问题的复杂性,同时也说明,要真正理解和把握人际关系问题,就不能只注意事物的表面,必须学会透过现象看本质。运用马克思主义关于人的本质的分析原理,我们可得出这样的结论:人际关系的本质就在于它是组织、集体、社会的构成因素,并以此促进社会个体的成熟与完善。我们必须承认,社会的正常秩序有赖于合理的、且能达到预期目的的人际交往,而常态的人际关系则为人际交往创造了良好的条件,它能够激励个人产生社交动机并不断扩大社交面,提升社交品位。反之则表明,社会的正常联系、正常运作出现了问题。人际关系一旦被扭曲,对于个人的成长和社会的稳定都是十分不利的。

第三节　人际关系的基本类型

关于人际关系的类型问题,目前已有许许多多种说法,正所谓"横看成岭侧成峰",由于看问题的出发点不同,角度不同,依据也不同,因此产生了多种分类方法。有人根据人际交往的动机、结构、现状、时间的不同,对人际关系提出不同性质的分类,如奉献型与索取型、家庭型与隶属型、紧张型与和谐型、永久型与临时型等;有人根据人际关系中人际交往的具体状况进行分类,如根据交往双方的人数、生理特点、社会角色、交往时间、交往频率、传统习俗、心理需求等进行划分。加拿大心理学家柏恩于1964年在《人们玩的游戏》一书中,提出了人格结构分析理论,根据人格心态对人际交往进行分类。他提出每个人在人际交往中都会受到交往环境、氛围的影响,都会产生一种情景心态,即受情景的特定因素刺激而形成的心理倾向。这种心理倾向对人们的行为起着十分重要的作用。作为一种潜在的力量,它可以引导人们产生满足情景需要的动机及行为。由此,他提出在人际交往中一定存在三种交往心态,由于各种心态所发出的交往信息具有不同的特征,必然导致人际关系的不同。柏恩所说的三种心态即"PARENT 心态"(父母心态)、"ADULT 心态"(成人心态)、"CHILD 心态"(孩童心态)。上述三种心态又分别简称为"P 心态""A 心态"和"C 心态",这就是著名的"PAC 人际交往心态理论"。

本书则沿用目前国际上较为普遍的方法,将人际关系划分为三种基本类型、四种混合型和一种无规则型。三种基本类型是主从型、合作型、竞争型;四种混合型是主从—竞争型、主从—合作型、竞争—合作型、主从—竞争—合作型;另外存在一种难以定义、难以准确描述的、与上述类型均有不同的无规则型,也可称之为临界型或边缘型。

一、主从型人际关系

这是人际关系中最普遍、最基本的类型。在人们的社会交往活动中,时常会出现这样一种社会交往关系:有人总将自己的社会角色定位于支配地位,喜欢别人对自己的依赖与服从。而另有一部分人则不愿意主动地去支配他人,或喜欢、或被动地受他人支配与领导。当这两种人联系在一起时,自然就构成了主从型人际关系。从人格角度看,支配和顺从都是比较常见的人格(性格)类型,因此,这样的人际关系广泛存在于家庭、单位以及社会中。

例如:"放学后马上回家做作业,听见了吗?""听见了。"(父子关系)

"这么晚了,为什么还没烧好饭?""路上耽搁了一会儿,我马上就做。"(夫妻关系)

"这项工作由你负责,月底之前先将可行性论证方案拿出来,有困难没有?""好的,我争取完成。"(上下级关系)

很显然,在上述对话中,发问一方不仅向对方传递了一种无可置疑的、权威性的信息内容,而且传递信息的情感是命令或要求式的。而对话的另一方,则表现出对这种信息交流方式的充分认可和习惯,传递信息的情感是接受和表示服从式的。如此一来,双方就结成一种主从关系。试想,如果对话的另一方,其人格心态也是习惯于支配对方的,双方的关系就会出现问题。如:"你抓紧将这份计划书复印十份,然后送到银行去。""你没看我正忙吗?你叫别人去吧。"如果这是上级与下级的对话,作为下级的后者,显然也具有支配性的人格心态。这样的对话如果继续下去,就可能演化为一场冲突。

需要注意的是,无论是支配一方还是被支配一方,主从关系中的交往双方,彼此寻求的也往往是一种基于角色责任的心理平衡。占主导地位的支配者在获得支配权的同时,也就意味着必须承担起相应的责任,如计划调节、出谋划策、把握分寸、关心保护对方等等,同时还必须主动、积极、自觉,甚至先人后己。而处于被支配一方虽然失去了主动权,但由于是扮演被保护、被关心、被领导的角色,所以既不费心又无需承担责任,还能得到别人的关心,这是非常重要的心理补偿。如此一来,两者的关系就有了所需的心理基础。

当然,如果进一步分析便可以发现,即使是上述看似主从分明的交往关系,在实际社会生活中,支配与顺从关系有时也会发生变化,处于被支配地位的一方,有时也会使支配者按照自己意愿发布交往信息。

二、合作型人际关系

现代社会生活中,选择合作、善于合作不仅是时代对每一个社会人的基本要求,更是每一个成功人士在处理人际关系时的共同追求。合作型人际关系是所有人际关系类型中最为理想、最受人推崇的一种人际交往关系。当人们在与他人交往时,由于彼此拥有共同的心理上和情感上的目标,因此,不约而同地选择了互相配合、互相交流、互相接受、互相包容、互相谦让的交往方式,由此而结成的人际关系就是合作型人际关系。合作型人际关系的形成,不仅体现出人际交往的双方都有着健康、积极、宽容、求善的素质和品格,同时,也有利于帮助他们实现各自的行为目标。

合作型人际关系广泛存在于社会生活的许多方面,并表现出多种不同的特点。它可以是工作中的合作,也可以是生活中的合作;它可以是长期的合作,也可以是阶段性的合作;它可以是为了一个高尚的目标而进行的合作,也可以是为了一个平常、普通的目标而进行的合作。需要指出的是,在现实生活中,也还存在着一些为了庸俗的,甚至罪恶的目标而建立的合作关系,这是一种扭曲的人际关系(心理与情感、动机与态度的扭曲),它与社会的和谐发展需求是不符合的。

健康、积极的合作型人际关系的建立,需要有一个良好的心态,这就是前面所提到的 A 心态。

"你明天几点钟起床?""这跟你有什么关系?"在这样的对话中我们发现,由于双方没有共同的出发点,加上后者缺乏良好的交往素质,因而双方之间的关系必然存在问题。

建立合作型人际关系,要求在向对方传递交往信息时,首先应该做到内容是合理的,其次,传递信息的情感应该是协商式的。根据"PAC 人际交往理论",应该采取"A—A 交往"。A 心态交往的动机往往是向对方发出信息,给对方留有思考的余地,让对方在自愿的基础上响应信息的内容。A 心态交往的效果,往往使双方在民主、和谐、融合的氛围中交流信息,最终在协商过程中实现目标的一致、意见的统一。

"你明天几点钟起床?""6 点钟左右,你有什么事吗?""如果可能的话,我们一起去跑步。""让我想一想,嗯,好的,我们一言为定。"由于双方在相互交流时,都是以协商式的情感向对方传递合理的信息,因此,很容易拉近彼此的关系,求得一致的意见。研究表明,无论双方以前的关系如何,无论双方的社会地位有何差异,只要正确使用 A 心态与人交往,所传递的信息都会被对方接受,这就为相互间的理解、沟通并最终建立合作关系奠定了基础。

三、竞争型人际关系

人类已进入了 21 世纪,日趋激烈的社会竞争,使得我们每一个人所面对的社会变得更加现实,更加复杂。从某种意义上讲,"森林法则"正日益渗入社会生活的各个领域、各个层面。"优胜劣汰,适者生存"的自然规律,将人类的竞争行为逐步演化成为一种不可或缺的生存方式。不仅如此,随着不断深化的社会竞争,竞争型的人际交往关系也逐步被人们接受和理解,并已成为一种催人奋进的人际关系。

竞争型人际关系之中的双方,既是两个具有独立个性的主体,又具有相互联系、相互影响的利益关系。相近的利益、相似的目标以及势均力敌的实力,是竞争以及竞争型人际关系成为可能的主要原因。

在现实生活中,竞争型人际关系往往会有不同的表现形式:它可以是明显激烈的竞争,也可以是表面平静、暗中激烈的竞争;它可以是心理的或情感的竞争,也可以是现实的或物质的竞争；它可以是凭借知识的竞争，也可以是凭借资金的竞争；它可能是正当的、合法的竞争，也可能是不正当的、非法的竞争；等等。

竞争型人际关系广泛存在于市场经济的各个领域，存在于社会生活的各个层面：有市场上的竞争，有学场上的竞争，有官场上的竞争，有职场上的竞争，当然也有情场上的竞争。由于竞争关系中的双方往往都有着较强的自主意识，以及较强的求胜进取的欲望，再加上心理因素和心理承受能力的不同，因而，竞争的结果往往是在造就一批人的同时击垮另一批人。当然，最为理想的竞争结果是，竞争使双方共同获利，即所谓"双赢"。

对于竞争关系中存在的问题，人们可以通过引入调节机制进行解决，最为有效的方法是，把合作型人际关系适当引入竞争关系之中，使竞争双方在竞争中不断寻求共同点，求同存异，谋求更大的利益。现代博弈理论中的"囚徒两难"就是一个最好的说明，处于竞争之中的人们，由竞争走向合作（竞争＋合作），往往是走出困境的最明智的选择。

四、主从—竞争型人际关系

与上述三种基本的人际关系不同的是，这是一种十分微妙的人际交往关系。其微妙主要是因为这种人际关系中的双方，常常处在一种难以捉摸的状态中：既是主从关系，又是竞争对手；时而主从，时而竞争；主从之中有竞争，竞争之外又是主从。紧张、尴尬、别扭、压力大是这种人际关系的典型特征。这种类型的人际关系，在影视文学作品中经常可见（例如虽然是上下级关系，但能力接近，甚至部下比上级可能更有能力，更有前途。这时两人之间的关系就有可能比较微妙）。在现实生活中，一旦处于这种人际关系，就需要付出极大的努力，以及保持谨慎的态度。

造成这种人际关系的原因是多方面的，有心理和情感的因素，有利益关系的因素，有能力及业绩的因素，还有职务、年龄、机遇等其他因素。

五、主从—合作型人际关系

这也是一种混合型的人际关系，但与前一种类型的人际关系相比，它是一种较为理想的人际关系。虽然它首先也是一种主从关系，但与"主从—竞争型人际关系"明显不同的是：一方面，交往双方往往有着基本一致的利益需求或行动目标，这就为双方寻求合作提供了必要性；另一方面，由于双方所具有的人格心态也大都属于"A心态"，这又为在双方之间建立一种相互合作的人际关系提供了可能性（奠定了心理和情感的基础）。

这样的人际关系，往往是愉快、积极并充满人情味的。人们在交往时虽然仍存在着主从之间应有的心态，但交往的过程基本体现出和谐、对称、平等和尊重的氛围。相比较而言，这种人际关系理智、冷静的成分更多一些，更有利于人的成长和事业的进步。正因为如此，许多人都愿意将"主从型人际关系"引向或发展成"主从—合作型人际关系"。

六、竞争—合作型人际关系

这种人际关系是一种充满矛盾、充满变数，甚至有时还会令人不安的人际关系。这种人际关系的特点是，交往的双方时而合作，时而竞争，合作之中有竞争，竞争之中又有合作，反复循环，无休无止。从这种人际关系的总体趋势看，竞争多于合作，竞争是主要的、根本的，而合作往往是迫于现实的需要。

造成这种人际关系的原因主要来自两个方面：其一，交往双方存在着不同的物质上、心理上或情感上的需求，是引起双方选择竞争行为的主要原因；其二，由于交往双方能够客观、理智地分析得失利弊，分析客观环境，因此，在必要时，也会选择合作的方式来化解矛盾与冲突。总而言之，这样的人际关系往往是非常现实的。

七、主从—合作—竞争型人际关系

这是一种常使人感到非常疲惫，令人十分困惑、茫然的人际关系。正如有些人所评价的那样：它是一种很容易无事生非、小题大做的人际关系。它给人的感觉就是"多变"，总让人在和谐中体会到不和谐，在顺利中感觉到阻力。我们都知道，主从型容易导致依赖性，合作型则强调的是在尊重独立性的基础上的一致性，而竞争性则体现出彼此间的距离与分歧。这样三种差异如此之大的人际关系交织在一起，显然是不容易处理好的。

形成这样的人际关系有许多原因：其一，由于交往的双方缺乏相对稳定、相对一致的动机与需求，因此，就使得人际关系存在着多变性；其二，由于双方都缺乏明确的角色定位，对自己缺乏客观的评价，个性心理的发展不是非常成熟，交往心态基本上属于"P心态"，因此，经常变换自己的行为风格，让人难以捉摸、无所适从或不知所措。

八、无规则型人际关系

常言道"没有规矩，不成方圆"。在人际关系中的规矩，主要是指交往的基本特点、风格和方法。无规则型人际关系的最大特点，恰恰就是无特点、无定型的风格、无一定之规则，随时都有可能从人际关系的一种类型转变为另外一种类型。所谓无规则型，正是指那种彼此间没有商量也没有计划，没有合作也没有竞争，没有支配也没有顺从，一切都随意而动、随心而行，看似自由自在，其实杂乱无章的人际关系。

这种人际关系有的是一开始就是如此的，也有的是由其他类型转化而来的。当然，它也随时都有可能转化为其他类型的人际关系。这都取决于交往双方情感、心态以及各种外部环境的影响与作用。

第四节　人际关系的主要功能

人际交往是人们能够适应环境,适应社会生活,形成丰富健康的个性品格,从而胜任各种社会角色的基本途径。人际交往的根本目的就是形成良好的人际关系。所谓良好的人际关系,就是交往双方保持密切的心理距离,在行为上配合默契,积极实现共同的奋斗目标。良好的人际关系具有以下三种主要功能。

一、信息沟通功能

现代人对信息与沟通的依赖,已远远超过以往任何时代。正常的人际关系,恰恰具有帮助人们有效地传递信息、交流情感、增进了解的功能。美国纽约州立大学的唐·库什曼教授提出,人际关系是一个多功能的沟通系统。人际关系从本质上讲是一种运用多种技术所进行的多层次、多侧面的沟通,这种沟通可分为语言沟通、思想沟通、情感沟通、文化沟通、组织沟通、工具沟通等。其中任何一个环节出了问题,都会对人际关系产生影响。人们借助与他人的沟通和交流,通过别人的看法和评价,来达到认识自我、确认自我、张扬自我的目的。同样,人们对自我的展现和理解,也会影响到他人对自己的看法;而他人对自己的看法,又反过来影响自我的最终评价。

有资料表明,对于一个成功者来说,在造就其成功的诸多要素中,来自个人的才智、能力、毅力等方面的因素只占不到一半的比例,更多的则是来自于人际关系方面的因素。心理学家认为,一个人除了八小时睡眠外,其余 70% 的时间要花在人际各种交往和沟通上。一个事业上、生活中的成功者,往往也是善于沟通、勤于交流的人。

二、自我调节功能

任何一个正常的社会人,都离不开与他人的交往。人际关系已成为现代人社会生活中的一个重要组成部分,甚至成为人们进行自我心理调节、心理保健的主要方式。有人将人际关系称为"心理调节与保健的润滑剂"。我国著名医学心理学家丁瓒教授指出:"人类心理的适应,最主要的就是对于人际关系的适应,所以人类心理的病态,主要是由于人与人之间的关系失调而来。"美国也曾进行过一项人际关系方面的研究:对 6900 个成年人的人际关系情况及其个人生活之间的关系进行长达九年的连续观察。结果表明,社会关系交往的多少,以及人际关系的和谐与否,与人的寿命长短明显成正比例关系。这就是为什么一些突然离开工作岗位的人,平时身体都很好,一旦停止工作,反倒容易大病一场的主要原因。

心理健康的人,往往喜欢与人交往,并能以乐观、豁达、信任、友爱、尊重、理解等良好的心态待人。良好的人际交往可以增进双方思想感情的交流,产生亲密感,获得精神上的愉快,从而保持旺盛的精力。人际交往的时间与空间范围越大,个人精神生活就越丰富、越愉快,而孤独不合群的人则往往有更多难以排除的烦恼和苦闷。一个富有远见的成功者,总是会充分利用环境空间提供给自己的条件,使自己有足够的时间与外界保持必要的联系,使与自己相关的各种关系始终处于融洽状态。而且,良好的人际关系还能帮助自己从容应对突如其来的各种变故,实现平稳起落而不是大起大落。

三、自我认识功能

在雅典德尔斐神庙的门楣上刻着这样一句箴言:"认识你自己。"撇开其中深奥的哲学意蕴不说,在这里,认识自己的重要性显然是自古以来一直被人们充分确认的。斯芬克司女妖的谜语——什么动物早上长着四只脚,中午长着两只脚,晚上长着三只脚——更是隐含着两个关于如何认识自我的问题,即"人是什么"和"我是谁"。

的确,在现实生活中,每一个处在社会关系中的人都必须不断地完善对自己的认识与评价,不断地自问一声"我是谁"。但问题是,要想真正准确认识和把握自己,并非易事。很多时候只有通过人际关系的积极作用,才能实现认识自我的目的。人的自我认识的水平是在人际交往中不断形成、发展和提高的。

◇ **小贴士 1-1**

1. 交友不是打猎。
2. 与朋友的交情,看距离就知道。
3. 信任是一种勇气。
4. 由于别人所想所思与你往往不一致,因此,人际关系中的自以为是和自作多情多数情况下只会导致自己的尴尬。
5. 在人际关系中,不要愚蠢地考验别人的耐心——别人的耐心往往比我们以为和想象的更脆弱。
6. 不要冲动,它既让自己难受,也让别人生厌。
7. 宽容、理解、自信、谦虚一直是人际关系中无往而不胜的法宝。
8. 学会了耐心听别人讲话,就找到了接近别人的路。

通过人际关系,人们可以借助他人来正确地评价自己。人际关系可以检验出人性的品质,可以总结出自己与他人相比之下所体现出来的得与失、成就与问题、进步与不足,从而对自己形成一个更加客观的认识。一个人在自己比较熟悉的交往圈子里时间久了,总会对自己形成一些相对确定的认识及评价,但这些未必是完全准确的。也许,当你进入一个更高层次的交往圈子,你会发现原先做出的自我评价其实过高了。人的一生就是一个通过与社会、与他人的密切联系,不断认识自我、提升自我的过程。

总之,正确处理好人际关系,是我们人生道路上的一件大事。我们必须学会在与他人的交往中准确认识别人,客观评价自己,合理对待距离(即心理距离,人际关系中应该也必然存在人们心理上、情感上的差异与距离)。我们应该努力学会并掌握人际关系的知识与技巧,做到自觉而有意识地调整自己的行为、心态,调整与他人之间的相互关系。只有这样,我们才能使自己活得更自然、更愉快,在人生的旅途上走得更顺利、更潇洒。

【本章小结】

人与人之间的相互关系,是人类生存和从事一切社会活动的必然前提。人与人之间建立相互联系的行为和活动就是交际。交际是人际关系的黏合剂,是整个社会有机联系的链条。交际的性质体现在:它是一种社会行为;它是一种个体实现行为;它是一种以信息传播为目的的行为。

人际关系是以交往为媒介的人与人之间的相互联系。它存在于人际认知、人际情感、人际行为之中。它既是物质关系,也是精神关系。它体现的是一种心理的关系与距离。人际关系的本质就在于它是组织、集体、社会的构成因素,并以此促进社会个体的成熟与完善。

人际关系的分类是相当复杂的,本书将其分为三种基本类型、四种混合型和一种无规则型。三种基本类型是主从型、合作型、竞争型;四种混合型是主从—竞争型、主从—合作型、竞争—合作型、主从—竞争—合作型;无规则型也可称为临界型或边缘型。

良好的人际关系具有三种主要功能:①信息沟通功能。人际关系可以帮助人们有效地传递信息、交流情感、增进了解。②自我调节功能。人际关系可以帮助人们进行自我心理调节。心理健康的人往往是喜欢与人交往的人。③自我认识的功能。人际关系可以帮助人们借助他人来正确地评价自己,使自己在与他人、与社会的密切联系中,不断认识自我、提升自我。

【复习与思考】

一、思考题

1.如何理解人际关系?

2.人际关系有哪些基本功能?

二、案例分析

小张是一个极有上进心的大学生,非常喜欢参加各种社会活动,并往往争取担当活动的"主角",指挥、领导其他同学。他最喜欢讲的话是"我是这么想的,就这么定了,你们照着做没错"。但临毕业时,他却发觉"指挥"不灵了,而且,越来越多的人(包括以往的好友)与自己有了距离感,他感到困惑和孤独。

问题:为什么小张感到困惑和孤独?他该如何进行自我调节?

第二章
人际关系构建

哈利·欧佛垂曾说过:"建立良好人际关系的方法是要首先引起别人的渴望。凡能这么做的人,世人必与他在一起,这种人永不寂寞。"社会心理学的调查研究表明,良好的人际关系是一个人心理正常发展、个性保持健康和生活具有幸福感的重要条件之一。

和谐、友好、积极、亲密的人际关系都属于良好的人际关系,对于一个人的工作、生活和学习是有益的;相反,不和谐、紧张、消极、敌对的人际关系则是不良的人际关系,对一个人的工作、生活和学习是有害的。

第一节　建立良好人际关系的原则

一、宽容原则

宽容,指宽宏大量、心胸宽广,不计小过,容人之短,忍耐性强。宽容是一个有自信心,有坚定意志,有远大目标和理想,开朗、豁达的人对他人的谦让,他不是怕人,不是没有力量反击人,而是为了团结人,为了减少不必要的麻烦和心理障碍,而主动地容忍人。此原则要求我们在人际交往过程中,一是遇到非原则性问题的冲突和矛盾时,要有耐心并保持宽容忍让的态度。二是不要用放大镜来照对方的不足,应以豁达、开阔的胸怀来容纳别人的缺点。

【案例 2-1】

武则天时代,有一大家庭,五世同堂,人口多达百余人,却是和乐融融,在当地大有名气,后来美名传到了武则天那儿。武则天大为惊讶,亲自向老家长请教治家之道。这位白须飘飘的老者给武则天挥书写了一个字——忍。

历史上能够成大事业者,多半都有很大的气量,能容纳各方面的人才。齐桓公不记管仲一箭之仇,任命管仲为宰相,最后成就霸业。唐太宗把犯颜直谏的魏征对他的批评写在屏风上,当作"镜子",随时对照。撒切尔夫人当上英国保守党领袖之后,为了争取前领袖希思一派的支持,把竞选期间希思一派将她身世翻出来作为攻击目标这件事丢在脑后,热情邀请希思参加自己领导的"影子内阁",表现出一种捐弃前嫌,不计旧恶的气量。孔子说:"人不知而不愠,不亦君子乎?"现代的人们更应多些君子之心,少点甚至无小人之腹,有乐于吃亏的精神。

而培养宽容的方法有:其一,将心比心。孔子说:"己所不欲,勿施于人。"其二,大事清楚,小事糊涂。清代杰出画家、文学家郑板桥说过这样一句话:"难得糊涂。"一个人心中有了大目标,有了自己的原则,就不会因小失大,不计较小的得失,不因日常的小摩擦而发怒。像近代著名民族英雄林则徐所说的那样:"海纳百川,有容乃大。"其三,严于律己。唐代文学家韩愈说:"古之君子,其责己也重以周,其待人也轻以约。"

二、理解原则

理解原则,主要指关系双方在人际行为中互相谅解、互相同情。任何正常的人际关系都是建立在相互理解的基础上,只有相互理解,才能心心相通,才有同情、关心和友爱。人们绝不会随便地去爱一个陌生人,也不可能盲目地去和使自己感到莫名其妙的人交朋友。孟子说:"人之相识,贵在相知;人之相知,贵在知心。"相互理解,能消除人际关系发展中的某些消极因素,如猜疑、嫉妒等,使人际关系不致朝着恶化的方向发展。如何坚持理解原则?

1. 要互相了解

特别是要了解对方的理想、抱负、人格等状况,并以此为基础进行自我认识;了解彼此之间的权利、需要、义务和行为方式。

2. 要互相体谅

朋友之间应当互相体谅,互相包涵,而不能斤斤计较,不能吹毛求疵。孔子说:"益者三友,损者三友。友直、友谅、友多闻,益矣;友便辟、友善柔、友便佞,损矣。"

3. 要互相同情

急友之所急,想友之所想。关心朋友的痛苦和需要,尤其是在危急时刻能够理解朋友的心情,分担朋友的痛苦,给朋友以慰藉和力量。

4. 要善于"心理换位"

所谓"心理换位",就是双方在矛盾、冲突面前,相互交换一下观察、思考问题的角度,各自站在对方的立场上去解释和推测其行为的动机。

三、真诚原则

真诚原则,就是指人们在人际交往时,要以诚相待。一个高尚的人,首要的标准是真诚,既不欺人也不自欺。我们只有用自己的真诚,才能换得别人的信任和支持。

拉罗什弗科说得好,对别人不诚恳的人,最后对自己也不会诚恳。说谎话的人所得到的是说了真话也没有人相信。流传于民间,家喻户晓的"狼来了"的故事,就是一种确证或鞭笞。俗语说,人心换人心。信息反馈原理告诉我们,有良好的信息输出,才能有良好的信息反馈,实现人与人之间的心理交融。

心诚意善,历来是一种美德。儒家的经典著作《大学》有"诚其意者,毋自欺也",提倡"慎独",在个人独处的时候,也好像是有"十目所视,十手所指"一样,不自己欺骗自己。《中庸》里说:"至诚无息","君子诚之为贵",也是讲"诚的内心修养"功夫。古语说:"心诚则灵","良药苦口,惟病者能甘之;忠言逆耳,惟迷者能受之","精诚所至,金石为开",这些说法,都是对真诚及其作用的高度评价。

坚持真诚原则,彼此坦直、说真话。在践行真诚原则方面,鲁迅为我们树立了一个榜样。

【案例 2-2】

鲁迅在待人处世方面,曾给自己订出如下原则:"对于交友和处事,凡是看不上眼的事皆要批评,凡是认为不对的事不轻易放过。"鲁迅在处理与林语堂的关系时,就是这样做的。本来他们俩关系十分密切,可是后来林语堂变了,鲁迅思想也进步了,鲁迅便毫不迁就,对林语堂多次批评。可是,林语堂毫不悔改,最后,鲁迅不得不与他断交。

需要特别指出的是,在人际关系中,不分时间、不分地点,"纯粹的真实""绝对的诚实"也是不足取的。即不要把真诚的原则绝对化,要注意讲话的场合和方式。

四、平等原则

人们在谈论和要求平等时,多是指人格平等。人格平等一般是指尊重他人的自尊心和感情,不干涉他人的私生活,不践踏他人的人身权利。人格平等意味着人与人之间没有人身依附关系,相互是独立的。因此,建立密切的人际关系,对领导干部来讲,要礼贤下士,将心比心;对一般公民来讲,要以诚相见,宽厚待人。

平等是人们进行人际交往的基本原则。在交往中必须坚持这样一个前提:每个你面对的人,都是与你一样的有尊严的人。社会交往中,人需要彼此尊重。在比自己强的人面前,不要畏缩;在比自己弱的人面前,不要骄纵。学问有深浅,地位有高低,但所有的人,人格都是平等的。

【案例 2-3】

杭州图书馆有个"来者不拒"的规矩,即欢迎任何进图书馆看书的人。即使乞丐也可以阅读,唯一要求是洗手。此规矩始于 2003 年,流浪者和乞讨人员进入杭图,当时确实引发了某些读者的非议,有人就找到图书馆馆长褚树青投诉。褚树青说:"你要嫌脏,图书馆这么大,可以换个地方。总不好我出面让他出去,我也没有这样权力。反过来,如果周围的人对你有意见,我是不是也可以让你出去。"不过连褚树青自己也没想到,这句话不仅上了网络媒体,而且成了一句名言——"我无权拒绝他们入内读书,但您有权选择离开。"

1. 对等法

包括情感对等、价值对等、地位对等、交往频率对等。无数的事实证明,及时回报他人的善意且不嫉妒他人的成功,这不仅会赢得他人必要而有力的支持,而且还可以避免陷入不必要的麻烦。嫉妒逼人不仅难以使自己"见贤思齐",虚心向善,而且也会影响自己的心情和外在形象,更主要的是,这会使自己失去盟友和潜在的机遇,甚至还会树立强敌。因为一般来说,被别人嫉妒的人大多都不会是弱者,以"一报还一报"的心理,他也不会对你太客气。

你怎样对待别人,别人就会怎样对待你。

一个过路人到加油站问路,并打探前边镇子的人怎样,加油站职员反问他从前住的镇子怎样,过路人回答:"糟透了"。职员于是说:"我们这个镇子的人也一样。"随后,第二个人驾车来到这里,并问了相同的问题,当驾车员回答说他们原来镇子的人很友好后,职员说:"我们这个镇子的人也完全一样。"德国大诗人海涅是犹太人,常常遭到无理攻击。在一次晚会上,一个旅行家对他说:"我发现了一个小岛,这个岛上竟没有犹太人和驴子!"海涅不动声色地反击道:"看来,只有你我去那个岛上才能弥补这个缺陷。"在这里,海涅使用的就是反击对等法。

2. 谈心法

谈心法重在"心"字,就是实实在在地说心里话,是用一种兄弟、朋友般的商量口气交换意见、沟通思想、传递信息和讨论问题,而不是盛气凌人、装腔作势、一句一顿以及拖腔拉调。

3. 求同法

一个人要与他人建立密切和谐的人际关系,可与他人共同参加业余文化娱乐及体育活动,在这些活动中,关系主体作为普通一员加入其中,或在球场上驰骋,或在湖畔垂钓,或随音乐起舞,或一同争论问题,大家平等论争,两无猜忌,在轻松活泼的气氛中,和谐的人际关系就油然而生了。

五、自信原则

自信是主体对自身品质、能力、素质、人际关系等确认后所形成的一种对主体自我的肯定态度和与人交往时的从容风度。自信是人际交往的基础,事实证明,在人际关系之中有无自信和自信心的强弱,对人际交往的过程和结果都会产生十分深远的影响。

一个人如果具有很强的自信心,在人际交往过程中就会做到待人亲切自然、礼节优雅有度、外表不卑不亢、举止落落大方、行为进退自如;一个人有自信,就能够对己对人都有一个实事求是、客观公允的评价,就会把握好相处的尺度,不会大悲大喜、忽冷忽热、真假难辨,让人无所适从。

在美国佛罗里达州,有一所专门培养企业领导人的学校,这所学校有一门很特别的课程,就是每天出操、上课时,学生都要大声地连续呼喊:"我能行! 我能行!"这所学校的创办人认为,一个成功的人,一定要有"我能行"这样一种强烈的成功意识和自信心。

自信与身份、地位之间没有必然的联系。有人位高权尊,喜欢指点江山、颐指气使,但那不是真正的自信。因为他的自信是外在的,支撑他的东西是权力、地位等,而这些东西一旦离他而去,他立马就会变得失魂落魄、萎靡不振,好像缺少了主心骨,这种人哪有真自信和真自我? 有人虽是一介布衣,但其精深的修养、不凡的谈吐、朴实的为人,会使他在精神上显得强大和自信。

自信不等于自大。自大是精神上的狂妄无知和心理上的自卑相结合的畸形产物,在人际关系中,常常令人不快和厌烦。没有以相互尊重为前提的自信,必然演变为自大,也必然为别人所排斥和不齿。正如朱熹所说:"凡人立身行己,应事接物,莫大乎诚敬。'诚'者何? 不自欺、不妄之谓也;'敬'者何? 不怠慢、不放荡之谓也。"

六、适度原则

适度原则,主要指人际交往中的一切行为都要得体,合乎分寸,恰到好处。

1. 自尊适度

自尊是获得他人尊敬的前提条件,"人必其自敬也,然后人敬诸"。但是,自尊有个适度的问题。一要防止自尊过弱。自尊过弱,是指缺乏必要的自尊心,其结果会导致自卑、自暴、自弃甚至自杀,这是"自我"迷失的一种表现。由于自己瞧不起自己,而大大减弱了人际吸引力。二要防止自尊过强。自尊过强,是指过于看重自己的尊严和价值的心理现象,其结果会导致虚荣心的滋长,滑到自傲或自负的极端,是自我膨胀的一种表现。由于过于看重自己,还会把本来可能建立关系的人拒于千里之外。

2. 表现适度

这里的表现,指自我表现,也可以称为自我暴露或自我表露。自我表现或表露只有在适度的时候,才能正确而充分地发挥它的作用。自我表现有余,会使对方觉得本性轻浮、自我炫耀、好拉关系,甚至被怀疑别有用心;自我表现不足,会使对方怀疑本性孤僻和冷淡、不善交际,因此避而远之。当然,自我表现的适度是相对的,其信息量多少、程度深浅、速度快慢,由交往对象、交往事件、交往情境决定,并没有一个统一的、固定不变的标准或评价尺度。

3. 期望适度

期望,既指角色期望,也包括自我期望。皮格马利翁效应的产生,就是热心期望的结果。期望过低,会影响自我潜能的发挥,会使期望者的某些要求得不到满足。期望过高,由于其难以实现,往往会由失望变为自卑,会使对方产生被苛求感,达到无法承受和不能接受的程度,也会使自己由于期望不能实现而感到失望,甚至对对方产生某些不正确的看法。因此,要做到期望适度,对自己要正确审视,尽量使期望与个人实际相符;对他人不要苛求,力求使期望值既适当又合理。

4.交频适度

即交往频率适度,指的是单位时间内交往的次数。任何人际关系,都是通过一定的交往次数而建立起来的。一般说,交往频率越高,关系双方越容易相互了解,也越容易满足各自的需要,就越容易建立亲密的关系。交往频率过低,难以建立亲密的人际关系,而且还会使本来的亲密关系产生裂痕,变得淡漠、疏远起来。"远亲不如近邻"就是这个道理。当然,交往频率过高,也会给人际关系带来不利的影响。因为交往是需要时间和精力的,将时间精力用在不必要的交往应酬上是浪费,容易使人反感甚至讨厌。

第二节　影响人际交往的心理因素

人们在交往过程中总希望能得到对方的理解,总希望交往能够顺利进行并达到预期的目的。但是,事实却常和人们的愿望相悖。那么,除去客观环境、个人地位、地域差距等一些原因外,还有些什么心理因素影响人们在交际过程中相互理解、相互感知呢? 主要有以下几种。

一、第一印象

第一印象在同陌生人的交往中显得十分重要。人们初次相遇,总是要首先观察对方的衣着、相貌、举止及其他可察觉到的动作反应,然后根据观察到的印象对对方作出一个初步的评价。交往未及深入,第一印象就已产生。虽然第一印象是在很短的时间内根据有限的、表面的观察资料所得出来的,但由于它的新异性和双方鲜明的情绪色彩,却能在人的脑海里留下深刻的烙印。正因如此,现实生活中有些人过于看重第一印象,甚至"一眼把人看死"。

第一印象有时和一个人的气质相吻合,有时和一个人的气质大相径庭。一些骗子利用人们看重第一印象的心理而打扮得衣冠楚楚,谎称高干子弟、演员、记者等招摇撞骗,许多人凭借这种好的"第一印象"而对其产生信任感,结果上当受骗,后悔莫及。

同样一个人,不同的人会对他产生不同的第一印象。如对一个蓄长发留胡须的男青年,有的人认为他流里流气,有的人却觉得他很时髦、很"派"。对一个衣着不整的人有人会觉得他大大咧咧、比较随和,有人则认为他颓废赖散、缺乏生活自理能力。

为此,我们在交往中要尽量避免受第一印象的影响,要把第一印象作为一种信息储存在脑子里,不要武断地对一个人作出结论。不要第一印象好,就对其格外倾心,无所顾忌;第一印象不好,就对其傲慢无礼,拒之千里。要想对一个人理解得准确,有待于交往的进一步深化。

尽管如此,我们在人际交往过程中还是要尽量给别人留下一个好的第一印象,那种以无所谓、漫不经心以及狂狷落拓的态度对待别人的方式是不可取的。这是因为,并不是所有的交往都能深入地进行下去,特别是在现代生活节奏加快的情况下,人与人之间的交往愈趋频繁,每个人每天都要接触许多陌生的面孔,要求别人摒弃第一印象,逐步加深对自己的了解和认识,在许多情况下是不现实的。虽然那种带有偏见的第一印象在以后的交往中能得到不断整合、校正,但那是一个很困难的过程。现实生活中不乏第一印象不好而未能建立密切人际关系的例子。

美国学者伦纳德·曾宁博士在他所著的《接触:头四分钟》一书中指出,结交新认识的人时,头四分钟至关重要。给人第一印象的好坏决定双方关系是继续发展还是仅停留在相识阶段,有时还可影响到一个人的前途和命运。为了给对方一个好的第一印象,他认为,结交新朋友时,起码要高度集中精神四分钟,而不应一面与对方交谈,一面东张西望,或另有所思,或不断匆匆改变话题,致使对方不悦。另外,在这种场合需要某种事实上的"演戏","绝对的诚实"有时候是不合适的。比如,当谈到你的身体、工作或生活时,就算你的身体真有某种不适,或生活、工作上有什么不如意,也不能如实说,因为第一次接触并不是抱怨的时机。因此,要给对方留下好的第一印象,没有一定的计谋或不懂人际交往的常识也是难以做到的。

二、成见效应

成见效应也叫概面效应,这是指观察某个人时,他的主要的、比较突出的特征和品质掩盖了其他的特征和品质,从而以偏概全,以点概面,使知觉者形成某种成见。产生成见效应也是由于在掌握有关知觉对象信息很少的情况下作出总体判断的结果。好的或不好的印象都会在人的脑中形成某种成见,现实生活中常常有这样的例子:某人常干坏事,偶尔干一件好事,别人看不见、想不到是他干的,即使看见了,也会以为他在假装积极。一个平时循规蹈矩的人干了一件出格的事大家则会茫然不解"你们搞错人了吧""真没想到他会这样"。这都是一些僵死的、凝固的看问题的方式,是一种形而上学思想的表现。成见效应往往会影响到人们的相互交往。比如在一个集体中,当你对某人印象好时就觉得他处处顺眼,"爱屋及乌",甚至他的缺点错误也会觉得可爱;当你对某人印象不好时,就觉得他处处不顺眼,"憎人及物",对其优点和成绩也视而不见。这种心理状态必然会影响人际关系的融洽与和谐。

三、定型作用

定型即刻板化,是指在人们头脑中形成的关于某个人或某一类人的刻板印象。一般来说,定型的产生是以有限的过去的经验为基础,在有限的信息基础上所作的结论。定型的产生有时源于人的群体归属,如在人们脑子里,知识分子书生气十足,工人阶级总是粗犷豪放,会计都是精打细算,教授必然白发苍苍。一个人看他人时,常常不自觉地按年龄、职业、民族等特征对他进行归类,并根据已有的关于这类人的刻板印象作为判断其个性的依据。

比如在一些人的眼里,方下巴是坚强意志的标志,宽大的前额象征智慧,粗硬的头发意味着坚强,大大的眼睛象征着聪颖,胖人则心地善良,厚嘴唇则忠厚老实等。定型作用在人际交往中有利有弊,一方面,它会导致在认识别人过程中的某种程度的简化,有助于人们对他人作概括的了解。另一方面,倘若仅在非本质方面作出概括而忽视了人的个别差异,就会形成偏见。根据这种偏见去看待周围的个体,必然会作出错误的判断。

第三节　建立良好人际关系的策略

一、恰当的自我介绍

从交际心理看,人们初次相见,彼此都有一种了解对方的意愿,都有一种渴望得到对方尊重的心理。我们坐在办公室里,听到敲门声,就知道有人来了。开了门,见到进来的是一位陌生人,立刻会想他是谁呢,来干什么。一种渴望了解对方的强烈愿望油然而生。来客应在这个时候,及时、准确、简要地做出自我介绍,使对方渴望了解的愿望得到满足,这也是对对方的一种尊重。

如果主人也及时地向来客做自我介绍,也把自己袒露出来,双方就可以赤诚相见,一拍即合,后面的事情就好办多了。相反,见面之后,羞羞答答、遮遮掩掩,老半天不做自我介绍,就会使对方感到失望,特别是当对方已经猜测出你是谁,来干什么之后,还不能及时做自我介绍,场面就难堪了。

自我介绍时,要镇定而充满自信,清晰大方地报出自己的姓名,充满信心的姿态容易赢得对方好感。嗫嚅模糊的自我介绍,流露出羞怯心理,会削弱对方的信任感,使彼此沟通产生阻隔。

由于交际的目的、要求不同,自我介绍的繁简程度亦应有所区别。简单的自我介绍,只要讲清姓名、身份、目的、要求即可。复杂的自我介绍,还要介绍自己的经历、资历、性格、专长、经验、能力、兴趣。一般参加聚会、演讲、发言和联系工作时的自我介绍,应简明扼要;求职、交友的自我介绍,应详尽。

做自我介绍不仅仅是对自己基本情况的客观陈述,也包含着对自己的评价。做自我评价,既不能过高,也不能过低,关键在于掌握分寸。一要自识,俗话说:"知人者智,知己者明;知人易,知己难。"要对自己做出准确的评价,就非有自知之明不可。二要自谦,在做自我评价时,应适当地留有余地,一般不宜用"很""最""极""第一"等比较极端的词。

【案例 2-4】
著名的哑剧大师、喜剧表演艺术家王景愚是这样介绍自己的:"我就是王景愚。人称我是多愁善感的喜剧家,实在是愧不敢当,只不过是个'走火入魔'的哑剧迷罢了。你看我这 40 多公斤的瘦小身躯,却经常负荷许多忧虑与烦恼,而这些忧虑和烦恼,又多半是自找的;我不善于向自己所敬爱的人表达敬与爱,却善于向憎恶的人表达憎与恶,然而胆子并不大。我虽然很执拗,却又常常否定自己。否定自己既痛苦又快乐,我就生活在痛苦与快乐的交织网里,总也冲不出去。在事业上人家说我是敢于拼搏的强者,而在复杂的人际关系面前,我又是一个心无灵犀、半点不通的弱者,因此在生活中,我是交替扮演强者与弱者的角色。"

在这里,王景愚没有借别人的赞誉之辞大吹大擂,而是在自我介绍中严格剖析自己"多愁善感的喜剧家""敢于拼搏的强者"等盛名之下其实难符的所在,如实地历数自己的弱点,这种恰到好处的自我评价会给人留下较好的印象。

二、优化整体印象

在人际交往时,会彼此形成有关对方的印象。这种印象的好坏会影响对他人的个性特征的推论,喜欢还是厌恶,是否愿意继续交往,以及交往的深度。当然还会影响对对方行为的评价,如果是同事的话,还会影响团结和一起工作的效率。

进行录取面试,着手一份新的工作,进入一个新的单位,会见一位重要的人物……人们总是竭尽努力,给他人留下一个良好的第一印象。第一印象又叫初次印象,是指人们在最初的交往中,对对方的面容、衣着、风度、谈吐、气质等所形成的鲜明印象。

为什么第一印象显得特别重要?因为第一印象常常深刻地影响着人们对人对事的看法,并制约着他们对人际关系和人际交往的态度和处理方法。美国心理学家阿希通过实验证明,人际交往中所获得的初期信息对人的判断和理解具有极大的影响,并成为形成第一印象的坚实基础和材料。印象是如何获得的?

1. 从容貌和服饰上得来

当初次碰到某人时,我们马上注意到他的外表、衣服式样和颜色、举止方式等。一个衣冠不整、邋邋遢遢的人和一个装束典雅、整洁利落的人在其他条件差不多的情况下,同去办分量相当的事,前者很可能受到冷落,而后者则更容易得到善待。特别是到一个陌生的地方,给别人留下一个美好的印象更为重要。着装艺术不仅给人以好感,同时还直接反映出一个人的修养、气质与情操,它往往能在他人尚未真正认识你之前,向别人透露出你是何种人物,因此在这方面稍下功夫,就会事半功倍。

2. 从气质、风度上得来

有的人相貌平平,但让你感到可亲近,别有魅力;而有的人虽然衣冠楚楚,相貌堂堂,但给人的感觉却是不可亲近,缺乏令人欣赏的特征。这就是气质,由气质产生的美感,是不受服装打扮和年龄制约的,它总是随时随地自然地流露出来。气质美主要表现在言行举止上,一举手,一投足,说话的表情,待人接物的分寸,皆属此列。

气质高雅的人的表现特征有:仪表修饰得体,言辞幽默不俗,态度谦逊,接人待物沉着稳定,落落大方,彬彬有礼,让人一见便肃然起敬。气质高雅的人很受人尊重、喜欢,大家都认为这样的人办事稳重,有分寸,有高度的责任感。所以,许多大公司经常委派这样的人员负责公关部的接待工作,用以树立公司的形象,赢得客户的信赖并愿意合作。拥有这种气质类型的推销员,其工作业绩往往比较突出。因为这种气质给人的感觉是诚恳、实在、不虚妄,容易让人产生信任感。

【案例 2-5】

　　周恩来总理的政治家、外交家的风度和魅力人人皆知,全世界都敬佩。然而,周恩来总理自我形象的优化,并不是从天而降的,而是在长期的革命实践中艰辛磨练的结果。在周总理的学生时期,由于他浓厚的苏北口音和初次面对大众讲话的怯场心理,他的第一次演讲未获成功。后来他一边学标准语音,一边对镜练习演说,端详仪容,注重步态、风姿,苦练记忆力,培养即席、脱稿讲演的能力。

　　当他成为国家总理时,仍不忘个人形象对于外交的意义,但凡出席社交场合,尤其是国际活动,他都十分注意仪容装饰。虽然有时忙得连胡须都没时间刮,但一旦有外宾要接见,他便会在乘车途中把脸刮得干干净净。正是由于长期磨练,才使周恩来培养成特有的君子风度,神情自若、言谈和蔼、举止斯文、服饰端庄、精神饱满和正气浩然等,使他成为中华民族的象征和人们的楷模。

　　古罗马学者普洛丁曾说,要把自己当作一块顽石,用雕刻家的美学眼光和手,凿去不必要部分,把曲的雕直,把粗的磨光,直到这块顽石成为美的综合体,否则你绝不罢休! 优化整体印象就应当具有这种矢志不移的雕琢精神。

三、避免伤害——批评的艺术

　　金无足赤,人无完人。在人际交往中,对成绩和优点需要真诚地肯定和赞扬,对错误和缺点更需要善意地批评和指出。但是,在批评他人时,首先要学会尊重他人,深入自己的内心,去发现自己身上存在的缺点,然后再指出他人的错误和不足,使他人心悦诚服地接受批评、帮助。

　　卡耐基指出侄女约瑟芬的错误时,总是说:"约瑟芬,你犯了一个错误,但上帝知道,我所犯的许多错误比你更糟糕。你当然不能天生就万事精通,成功只有从经验中才能获得,而且你比我年轻时强多了。我自己曾做过那么多的愚蠢傻事,所以我根本不想批评你或任何人。但难道你不认为,如果你这样做的话,不是比较聪明一点吗?"卡耐基一开始就谦虚地承认他也会犯错误,并不是无懈可击的,然后再批评约瑟芬,这样就不会难以入耳了。

　　一个学生因违章停车而堵住了学院的一个入口。一位导师冲进教室,用非常凶悍的语气问道:"是谁的车堵住了车道?"当车主回答时,那位导师吼道:"你马上给我开走,否则我就把它绑上铁链拖走。"导师的批评虽然给学生以强烈的刺激,使他深刻地反省自己的错误,但同时也会伤害学生的自尊心,对人际关系产生极为不利的影响。其实,他可以采用完全不同的方式处理,友善地问:"车道上的车是谁的?"并建议说,"如果把它开走,那别的车就可以进出了。"

　　闻名遐迩的心理学家史基诺,经由动物实验证明:因好行为而受到奖赏的动物,其学习速度快,学习效果亦较佳;因坏行为而受处罚的动物,则不论学习速度或学习效果都比较差。最近的研究显示,这个原则用在人身上也有同样结果。不适当的批评不但不会改变事实,反而只会招致愤恨。

另一位心理学家汉斯·席尔也说:"更多的证据显示,我们都害怕受人的指责。"因批评而引起的羞愤,常常使员工、亲人和朋友的士气大为低落,无益于矫正错误。

【案例 2-6】

俄克拉荷马州的乔治·强斯顿,是一家菅建公司的安全检查员。检查工地上的工人有没有戴上安全帽是强斯顿的职责之一。据他报告,每当发现有工人在工作时不戴安全帽,他便会用职位上的权威要求工人改正。其结果是,受指正的工人常显得不悦,而且等他一离开,就又把帽子拿掉。

后来强斯顿决定改变方式。第二回他看见有工人不戴安全帽时,便问是否帽子戴起来不舒服,或是帽子尺寸不合适。并且,他用愉快的声调提醒工人戴安全帽的重要性,然后要求他们在工作时最好戴上。这样的效果果然比以前好得多,也没有工人显得不高兴了。

历史和现实都表明,高明的批评者大都注意在批评他人时辅之以必要的赞扬和鼓励。美国总统林肯就是一位高明的批评者。他在指出他所要批评的一位将军的严重错误之前,先称赞了这位将军。

【案例 2-7】

林肯在信中说:"我已任命你为波多麦克军队的统帅。当然,我这样做是有很充足的理由。但我想,你应该知道有些事我对你并不十分满意。""我相信你是位勇敢多智的将领,那是我所喜欢的。我也相信你不会把政治与你的军职混淆起来,在这事上你是对的。你对你自己很有信心,那是一种极有价值的,同时也是一种不可或缺的性格。""你有志气,这在相当范围之内,是有益无害的。但我想,在柏恩赛将军统领军队时,你姑息你自己的个人意志而竭力地阻挠他,在这事上,你对国家,以及对一位功勋卓著、享有盛誉的军官,都是有过的。"

四、善用赞美效应

由皮革马利翁效应可以引申出另一个人际关系与人际交往中常见的心理效应——赞美效应。它是指对别人品质、能力、表现乃至相貌、身体等因素的赞美,使别人受到巨大鼓舞,并由此而发生积极地向着别人所赞美的优点和方向接近的明显变化,如更加开朗大方,更加自信幽默,更富于合作精神,更积极进取,更善解人意等。

某大学有一位女生,才貌平平,乏善可陈,既不招男同学喜欢,更无人追求她。有个好事的男生为了戏弄她,于是装出喜欢她的样子,不断地给她打电话、写信、献花,赞美她聪明能干。女生信以为真,从此变得自信非凡,积极进取,学习刻苦,成绩优异,热情开朗,颇有人缘,成了一个人见人爱的女孩,正应了"女人因可爱而美丽"那句话。结果,连一开始只是想恶作剧的那个男生,最终也发自内心地喜欢上了她。在这里,赞美和追求作为一种正面的行为,起到了激励的作用;而女生则以向着美与善方向行进的、近乎脱胎换骨的变化,来回报鼓励者。

赞美和鼓励是引发一个人内在潜能的最佳方法。肯·布兰查德是《一分钟管理》的作者,他推荐大家使用"一分钟赞美""抓住人们恰好做对了事的一刹那"的方法去赞美他人。如果你经常这么做,他们会觉得自己称职,工作有效率,然后他们会用更大的努力来博得赞美。

【案例 2-8】

美国 20 世纪 20 年代,查理·夏布是全美少数年收入超过百万的商人。1912年,安德鲁·卡内基独具慧眼,任用夏布为新成立的"美国钢铁公司"第一任总裁时,夏布才三十八岁。为什么安德鲁·卡内基每年要花一百万聘请夏布先生呢?这几乎是等于每天支付三千多元。难道夏布先生是个了不起的天才?还是夏布先生对钢铁生产比别人懂得多?都不是。夏布先生说,为他工作的许多人,他们对钢铁制造其实都懂得比他多。

夏布之所以获得高薪,主要是因为能够处理人事、管理人事。他说:"我想,我天生具有引发人们热忱的能力。促使人将自身能力发挥至极限的最好办法就是赞赏和鼓励。来自长辈或上司的批评,最容易折丧一个人的志气。我从不批评他人,我相信奖励是使人工作的原动力。所以,我喜欢赞美而讨厌吹毛求疵。如果说我喜欢什么,那就是:真诚、慷慨地赞美他人。"

【案例 2-9】

社区内新开设的店都装了自动门,可是附近有一家超级市场却没有安装。在每天早晨和下午太太们纷纷买东西的时候,有个小男孩常站在超级市场玻璃门外,替手里大包小包拿了好多东西的太太拉开大门,让她们从容地走出来。

有一次,有位太太问那小男孩:"你一定得到了许多小费吧?"

那小孩有点诧异地回答:"什么?她们都没有给我钱,可是她们都对我说:'你好棒!''谢谢你!'"

卡耐基认为:你若要在某方面去改变一个人,就把他看成他已经有了这种杰出的特质。莎翁曾说:"假如你没有一种德行,就假装你有吧!"更好的是,公开地假设或宣称他已有了你希望他有的那种德行,给他们一个好的名声来作为努力的方向,他们就会痛改前非,努力向上,而不愿看到你的希望破灭。

【案例 2-10】

　　纽约布鲁克林的一位四年级老师鲁丝·霍普斯金太太,在学期的第一天看过班上的学生名册之后,对新学期的兴奋和快乐却染上一丝忧虑的色彩。今年,在她班上有一个全校最顽皮的"坏孩子"——汤姆。他三年级的老师不断地向同事或校长抱怨汤姆所做的一切"坏事"。他不仅爱搞恶作剧,还跟男生打架,逗女生,对老师无礼,在班上扰乱秩序,而且似乎有愈演愈烈的趋势。他唯一值得称赞的是他能很快地学会学校的功课,并且运用得非常熟练。

　　霍普斯金太太决定用赞扬的方式来面对汤姆。当她见到她的新学生时,她说:"罗丝,你穿的衣服很漂亮。爱丽西亚,我听说你画画很不错。"当念到汤姆的名字时,她直视着汤姆,对他说:"汤姆,我知道你是个天生的领导人才,今年我要靠你帮我把这个班变成四年级最好的一班。"之后她也一直强调这点,夸奖汤姆做对的一切,并赞扬说他的行为证明他是一位好学生。有了值得奋斗的美名,这个九岁大的男孩也的确没有令她失望,最终,汤姆真的成了一个好学生。

五、学会说话——语言的运用

　　语言是人们表达思想、传播信息、交流感情、获取知识的工具。说话是人类特有的一种技能,也是人类各种行为中最基本的行为方式。常言道,一句妙语三冬暖,恶语伤人六月寒。实践表明,良好的语言交际行为是维系和巩固人际关系的纽带,它能使人与人之间增进感情,加深了解,消除隔阂,甚至使对立的双方化干戈为玉帛。反之,也可使人与人之间日渐疏远,甚至反目成仇。

　　所谓会说话,主要是指在与他人沟通时,说话的内容正确,条理清楚,逻辑严密,准确得体,巧妙有趣,真正使说话成为一种扣人心弦的力量。在现实生活中,有些人因为不会说话而失去了知心朋友,而另一些人则由于会说话而增加了新的朋友;有些人因为说话不高明而使人产生误解、得罪了人,而另一些人由于说话巧妙而解开人际疙瘩,使本来有成见的人回心转意。总之,会说话就像一种润滑剂,不仅能保证人际关系正常运转,还能使它朝着优化的方向快速地运转。

　　在与他人沟通的过程中,说话情真意切,是最基本的要求。有人说:"一两重的真诚价值胜过一斤重的聪明。"在与他人的交谈中,唯有真诚的心与情感,才能生出磁石般的吸引力,唤起他人的热诚。正如谚语所说:"有了巧舌和诚意,你能够用一根头发牵来一头大象。"

【案例 2-11】

　　曾任美国总统的尼克松曾在 1952 年竞选时严重受挫,后来,他作了一次震撼美国的演说,以真诚和朴实的形象赢得了人心。当时,尼克松是年轻的参议员,竞选总统的艾森豪威尔将他视为竞选的伙伴。正当他为竞选四处奔走时,《纽约时报》突然刊登了一篇抨击他在竞选中秘密受贿的文章。此新闻不胫而走,舆论大哗,压力越来越大。

尼克松被迫在电台发表了半小时讲话。全国 64 家电视台、754 家电台将各种镜头、话筒都对准了尼克松。更为严峻的是,演说之前,他得知竞选班子的高级顾问已决定要他在广播讲话结束后立即提出辞呈。在这关键时刻,尼克松采取了一个政治史上罕见的行动,把自己的财务史全部公开,从自己的家产,一直谈到他的欠债。这样,尼克松首先得到了听众的同情。紧接着,他话锋一转,详细说明自己的经济收入情况,连如何花掉一分钱都告诉听众——从操心为孩子矫正牙齿,到改装锅炉等款项都一一陈述。他还告诉大家,"这次竞选提名之后,确实收到一件礼物,就是得克萨斯州有人送给我孩子的一只小狗"。

当他讲完走出广播间时,到处都是欢呼声。有 100 万人打电话、发电报或寄出信件,几乎每个著名的共和党人都给尼克松发了赞扬的函电,从邮局寄来的小额捐款达六万美元。全国听、看这次讲演的竟多达 6000 万人。真诚的演讲,使事实得以澄清,还使尼克松得到了大批的支持者。

说话是运用语言的过程。在说话中,运用什么样的语言,对于说话的效果,是大不一样的。在人际交往中,毫无疑问,应当使用礼貌性语言。许多服务行业做作业人员上岗前都要接受专门的训练,其中最突出的是运用礼貌语言的训练,不会说礼貌语言的人不能得到工作。

日本富士山下有一所培养经理的学校,其训练因要求严格被称为"地狱训练"。学校里有一名教员专门指导学员与人交往中的出言吐语,并教会每个学员待人接物中做到既恰如其分又充满活力地说"是"。在课堂上,老师绘声绘色地带领学生,高声练习文明礼貌的对话,比如:请、请原谅、对不起、请关照、可以吗。学员每天早晨四点半起床,第一件事就是练习口语,包括英语和文明对话。校长说,他们要培养出日本最文明、最有教养的人才。

判断一个人是否"会说话",一个最重要的标准就是看他说话是否得体。有个故事,说的是主人请客,准备了一桌饭菜。一会儿先来了两个客人,可还有一个左等右等也没来。主人说:"该来的还不来。"这两个客人想:"那我们是不该来的倒来了。"于是,一个客人告辞说:"对不起,我还有点事儿,失陪了。"他刚走,主人又说:"不该走的走了。"剩下的客人听了也多心,以为主人是说自己该走却赖着不走,于是说了句"我有事,也该走了",就拂袖而去。主人这两句不得体的话,竟把客人全部撵走了。因此,要正常地进行人际交往,不能不注意说话的得体性,力求使之恰当贴切。

说话和听话相辅相成。说话能抓住中心、说到点子上的人,听话往往也能迅速抓住要点,掌握对方说话的逻辑线索;而说话巧妙的人还能听出对方话中有话,听出弦外之音。有位哲人说过:"善于听的人,别人欢迎,自己长智。"人与人之间的许多误会和冲突往往是由于不善于聆听造成的。

【案例 2-12】

　　马歇尔·麦卢汉在美国获得荣誉学位之后,搭机返回加拿大老家,刚好碰到一位朋友。"你来干吗?"这位朋友问他。"来拿我的 LLD(法学博士)。"麦卢汉答道。这话恰好被旁边的人听见了,等到他在蒙特利尔下机时,海关检查员严密地逐件搜查他的行李。"说出来吧!"那个检查员终于说,"你把 LSD(迷幻药)藏在哪儿了?"麦卢汉很惊讶又很生气,检查员才终于明白是误会了,连连道歉。这个故事给我们的启发便是:必须认真用耳朵去听别人说话。

六、运用非语言因素

　　"此时无声胜有声",说的是非语言因素在人际交往中的地位和作用。美国学者朱迪·C.皮尔逊认为,非语言交际包括身体动作、面部表情、空间利用、触摸行为、声音暗示、穿着打扮和其他装饰品,等等。

　　人们总是通过自我表现来改善在他人心目中的印象。通过控制自己的非语言行为,来引起其他人的有利反应。当与重要人物交往时,微笑比较多,身体更前倾,保持较高频率的目光接触,在同意对方的观点时不住地点头。心理学研究和日常生活经验证明了这样做通常会获得对方的较高评价。

　　有时非语言因素要比说话更能体现出一个人是否真诚。首先,注意对方一闪而过的细微的表情。这种表情通常会暴露出对方的真实情感和情绪。其次,注意对方说话时的声调。当某人扯谎时,平均音调总比说真话时高一些,在话里面还有着许多停顿和刻意的修饰。再次,利用与对方的目光接触。说谎话的人往往躲避对方的目光,或目光闪烁不定。最后,说谎话的人在说话时常常无故地动着手,或摸着身体的其他部位。

　　运用非语言因素的主要技法。

　　1. 注意民族性

　　由于有基本相同的生理结构和社会实践活动,人类有共同的思想感情及其表达方式,也就有本质上一致的非语言因素系统,因此言语不通的各个民族的人,在某种限度内能运用非语言交际。但是,非语言因素也的确具有民族性。

　　非语言因素的民族差异,主要表现在两点:一是不同的民族有不同的言语符号。二是不同的民族中,同样一种非语言符号也许具有不同的意义。

　　唤人过来,中国人一般是右手前伸,掌心向外,由上而下地向着被呼唤的人招手。英美等国招手唤人,却是掌心向里。在某些国家,如斯里兰卡,食指勾动是有感情色彩的——慢慢勾动是不太客气的表示,甚至有可能要揍对方;勾动很快则可能表示友好。在日本,一般不能用这种手势来招呼人,因为在习惯上,这是用来召唤狗的。

　　拥抱接吻,在中国一般只用以表达爱情;在西方,则还可以用于友谊,甚至一般关系中的人际交往。再如,中国人生气、急躁时,常跺脚以示发作,汉字"躁"字以"足"为义符,就透露了这一体态和"急躁"的意义联系,而德国人却用跺脚来叫好。

2.打好手势

手势作为非语言因素之一,对每个交际者来说,本来"库存"就不多,变来变去也不会有很多的花样。因此,言谈中手势的运用,一定要讲究明确、精炼、自然、活泼和个性化。

握手是一种典型化的体态交际艺术。握手须用右手,伸出左手与人握手是不礼貌的,也不可戴着手套握手。对不同对象要采取不同的握手方法,对长者、身份高者,握手时须稍稍欠身致意,并最好以双手去握。大方、优雅、热情地握手,一定会给对方留下彬彬有礼、友好亲善的印象。

3.讲究姿势

"站有站相"——站立着与人谈话时,身体要正对着接受者;腰板挺直,不可晃动;两脚叉开,身体重心可移于一脚或平分于两脚,两脚切忌抖动。"坐有坐相"——入座时,应当轻而稳。坐的姿势要端正、大方、自然。

4.把握表情

表情指表现在面貌或姿态上的思想感情。把握表情就是把一定的思想感情力求得体地表现出来,也就是对自己的面部表情要适度控制。表情的核心内容是笑的问题。把握表情的基本要求是善于笑,笑的时机恰当,时长合宜,笑态得体。

5.活用眼神

运用眼神的常见方法有三种。

一是环顾,即视线向前做有意识的自然流转,以照顾全视野内的交际对象的方法。这种方法,适用于有较多接受者的场合。

二是专注,即目光注视着对方。如果是在有较多交谈者的场合,则指把目光较长时间地停留在某一个人身上,然后再变换注视对象的方法。在两个人的语言交际过程中,眼对眼有完成感情和情绪的微妙交流等非凡作用。

三是虚视,即目光似视非视的方法。这种方法只适用于与众多的人进行言语交际的场合,如记者招待会、演讲会等。

以上三种运用眼睛的方法,都要求使用者不但要具备有意识的控制能力,而且要自己赋予眼光以一定的感情色彩。交际者总是最先注意到对方的眼睛,并且对眼神的褒贬色彩最为敏感,因而在非语言交际的全过程中,都必须自觉地明确使用某种眼神的目的性,以期达到最佳交际效果。

第四节　克服人际关系障碍的方法

一、驱除社交恐惧心理

产生恐惧心理的原因是,对自己能力的不信任,唯恐受到别人的拒绝和耻笑。虽然主观上有与人交往的强烈欲望,但却不敢进入社交场合,对参加社交活动感到情不自禁的紧张和恐惧,回避与他人的交流和交往。

根据心理学专家的调查,每个人初次参与社交活动,都会有一定的恐惧心理,就像演员初次登台表演感到紧张一样。但大部分人能够克服这种恐惧和紧张,逐步适应。事实证明,越是害怕就越是不愿参加社交活动,久而久之,就形成了社交恐惧症。

恐惧与自卑有着紧密的联系。自卑是一种不健全人格的反映。一般来说,自卑感强的人较多是性格内向、勤于反思而又敏感多疑者。他们自尊心也很强,但他们不是积极进取以获得自尊,而是消极退避以保护自尊。为了追求一种不使自尊心受到伤害的安全感,为了不在别人面前暴露自己的弱点而不愿坦率地与人交往,对集体性的或富有竞争性的社会活动采取躲避态度。

驱除社交恐惧心理的方法有以下几种。

1. 树立信心

例如,不要因为自己是清洁工就自认低人一等,也不要因为考不上大学就自觉矮人三分。要记住马克·吐温的话:"远离那些设法贬抑你的志气的人们。"

2. 扩大知识面

从书本杂志、日常生活中获取多方面知识,使自己充实起来。培养自己多方面的兴趣,注意激发自己的兴趣点。有意识地阅读一点有关社交知识的书籍,了解和掌握一些社交礼节,这样可以使自己增强勇气,从容不迫地与别人交往。

3. 做好充分准备

在每次交往之前,要认真分析交往的时间、地点等情境方面的具体情况,还要分析交往对象的性格、特点及可能提出的问题等具体情况。根据对多方面情况的冷静而客观的分析,在主观上,有针对性地做好准备。

例如,参加一个会议时,可事先根据会议的性质,准备好一个发言提纲,对要谈的重点内容反复熟悉几遍,增强记忆,这样可以帮助你减弱心理上的紧张感,一旦面临问题时,因为有了充分的准备,你就会觉得心里踏实,临阵不慌。

总之,克服社交恐惧心理,是一个多种因素综合治理的过程,只要你能有意识地去克服,加强社交能力的锻炼,对社交活动积极参加而不是消极回避,那么,社交恐惧心理是能够逐步消除的。

二、避免自我发怒

在现实生活中,当一个人与他人发生矛盾,或遇到不顺心的事,或受到侮辱、侵犯,常常容易动怒。上火发脾气并不能解决问题,怒气常常搅乱正确的判断。盛怒之下人容易失去理智,忘却法则,导致人际关系中的强烈"地震"。因此,应当避免或消除自己在人际交往中上火发脾气的现象。

1.善于忍耐

先哲们说得好,伟大的人物在限制中才能表现自己。忍耐痛苦,但其果实却香甜。西汉时,韩信在街上受恶少胯下之辱,愤怒的热血一下子涌遍周身,可他咽下了这口气,从恶少胯下钻了过去。当韩信功成名就时,还到处找当年的恶少,对他表示感谢。这一千古流传的故事形象地说明了不发脾气或制怒的首要条件——忍耐,化一时的怒气为奋发的动力。当然,忍耐是有限度的,不能绝对化。当正义受蹂躏的时候,当人格受无端侮辱的时候,一味忍耐,则是软弱的表现。关键是忍耐要适当、适时。

2.平等待人

下属办错了事,有些领导居高临下,大声训斥,似乎天经地义;儿女不听话时,有的父母常火冒三丈,轻则破口大骂,重则棍棒相加,似乎理所当然;学生犯了错误,有的老师把桌子一拍,审讯似的训一通甚至将其赶出教室,似乎合情合理……领导、家长、老师之所以在下级、子女、学生面前常发脾气,是因为他们觉得自己居人之上。如果能与对方平等相处,动之以情,晓之以理,耐心劝诫,及时阻止,问题就不会发展到使人动怒发火的地步。

3.转移怒气

在你生气或者完全失去理智的时候,千万不要做出任何决定。对物不对人,对事不对人,是息怒之道。有些人在自己要发脾气时,懂得赶紧离开这个典型环境,想一想生活中美好的东西;或者把自己关起来,闭目养神,在寂静中灭掉怒气之火;或者拼命地工作、活动、转移注意力;或者说几句笑话,让笑声化解怒气,减轻情绪上的压力。转移怒气的方式很多,每个人可根据自己的情况,寻找一个或几个适合自己的方式。

【案例 2-13】

民族英雄林则徐,脾气暴躁,有几次差点因发脾气误了大事。他奉命到虎门销烟前后,为了不因怒而误事,特意在自己的居室和办公地点贴上"制怒"的条幅。每当要发脾气时,他就看看这两个大字,便如同听到了无声的命令,慢慢地变得心平气和,三思而后行了。

三、羞怯心理的疏导

羞怯是大多数人都有的一种普通情绪体验,但若达到一种不正常的程度,或者与自卑感联系在一起时,就会严重妨碍人际交往。极度羞怯的人,对与他人交往通常会感到一种无形的压力,似乎自己正在被人审视,不敢迎视对方的目光。他们缺乏交往的信心和勇气,生怕自己在别人面前失态出丑,对自己的神态举止和言谈过分敏感,处处谨小慎微,把自己搅得心慌意乱,如此恶性循环,形成一种条件反射般的害怕心理。

美国斯坦福大学社会心理学家秦姆巴杜教授说:"许多名人在公共场所看上去好像并不羞怯,然而他们却抱怨自己心中隐隐约约地遭受着不完善心理的煎熬。"他的调查表明,40%的美国人都认为自己有羞怯的弱点。羞怯在东方国家出现的频率更高,尤其在女性中更为普遍。

如何帮助羞怯者克服羞怯心理?

1. 激发自信心

看不到自己的长处,自我否定,是羞怯者在交往中常见的心理反应。因此,为了激发羞怯者的信心和鼓起他的勇气,让他迈出艰难的第一步非常重要。这一步一定要选择他能迈过去,并能享受成功的体验,迈出这一步后,他就会感到,多年来横在自己面前的障碍,原来不过是一层纸而已,所谓的不可逾越,实在是庸人自扰。

2. 想象法

引导羞怯者通过想象来克服害羞、胆怯的心理。比如,我们可以让他坐在一张宽松的椅子上,要求他先微微闭上眼睛,想象自己不再羞怯,自己正自信地站在讲台前,神态自如,滔滔不绝地在发表讲演。

3. 空椅子法

这是心理咨询中完形疗法最常用的简易技术,即让来访者轮流扮演"优势力量"和"劣势力量"的角色,让来访者的内在双方进行充分的对话。我们在对羞怯者进行疏导的时候,也可以借鉴这种方法。

例如,对一个因自卑而羞怯者,我们可以运用"空椅技术",让他先成为劣势力量的受难者,并夸大自己在交往中因自卑而造成的交往障碍和内心痛苦,如果他开始厌恶这一角色,就让他变成压制他的优势力量这一方,并向"自卑的我"说话,然后我们就要求他扮演成自信、强大、进取的人。

四、把握好人际距离

距离是一个复杂而微妙的东西,因为它的存在,所以人们愿意接近、渴求接近、努力接近。人们把零距离或彼此之间距离很近的那些人,称之为亲人或朋友;把那些互不认识、即使同路而行亦视同陌路的人称之为陌生人;对那些彼此厌恶甚至敌对的人称之为敌人。

"有缘千里来相会,无缘对面不相识"这样的歌词唱的是距离的客观存在;"兄弟阋于墙""反目成仇"这样的成语说的是距离的产生与扩大;"昨夜星辰昨夜风,画堂西畔桂堂东"这样的诗句说的则是情爱这样一种特殊人际关系之中,某种令人伤感而无奈的特殊距离带给人的难以释怀的感受。

人际距离是一个心理变量而不是一个物理恒量。它每时每刻都处于变化之中,其发展和预期常常与人们的设想大相径庭,其最终的结果也往往出乎人们预料。怎样去协调、处理人际距离,使之保持在一个恰当的位置上?

关键是要学会根据自己的需要和可能,建立和调整相应的人际距离,并在人生的成长过程之中,逐渐在心中冶炼出一把能够自如地丈量爱恨情仇的特殊尺子,使自己少一分茫然,多一分自信。

五、学会"角色互换"

每个人具有不同的社会角色,在人际交往中人是作为特定的社会角色与他人交往的。由于我们习惯于从自己的角色出发来看待自己和别人的行为,就可能带上片面性。

例如,一个人在当儿子时,觉得父亲不能理解他的心理,而当他成了父亲以后,就学会了从父亲的角度来看待他的儿子;他当营业员的时候,觉得顾客老是在找麻烦,可当作为顾客去买东西时,则会以顾客的眼光来指责营业员的不尽职了……因为角度不同,看法也不同,达不到相互间的积极沟通,彼此不能谅解对方,因而造成交往障碍。

学会角色互换,也就是设身处地从对方的角度,把作为主体的自我当作客体的自我来审视和评价,这样就能较为公正地理解别人的想法,也能较客观地看待自己的行为得失了。

交往中的角色互换可包括两个方面。一方面是设身处地替对方着想,这样就能通情达理地谅解对方的行为和态度。比如,你向一位朋友借用他新买的照相机,他有点舍不得。你就会想:这么小气,不够朋友。但若互换角色想一想:假如你的朋友向你提出这样的要求,你是否就一定能够毫无难色地一口应承呢?意识到别人的难处,你就容易宽容和理解别人了。

另一方面,通过角色互换,以对待"客观之我"的方式对待他人,就能采取较为适当的行为。你不希望别人在背后议论你,那你就先不要在背后说别人的坏话,也不要轻信他人搬弄是非。你愿意别人怎样对待你,你就应该怎样去对待别人。当你对别人作出某种行为或表示某种态度时,应当首先考虑到对方可能会产生什么样的感受和反应,并由此考虑调整或改变自己的行为,避免给对方造成伤害或带来痛苦。

【本章小结】

人际关系是一种错综复杂的社会现象,其存在和发展受多种规律支配。"没有规矩不成方圆",根据人际关系存在和发展的规律,良好人际关系的建立需要遵循多种原则,主要的原则是:宽容原则、理解原则、真诚原则、平等原则、自信原则和适度原则。"条条大路通罗马",在建立和处理人际关系过程中,具体运用的技术、技巧和方法是多种多样的,这里主要提及六种策略:恰当的自我介绍、优化整体印象、避免伤害——批评的艺术、赞美效应、学会说话——语言的运用、运用非语言因素。人际交往是自我与他人相互作用、相互沟通的过程。要建立良好的人际关系,必须注意处理好各种关系,克服人际关系的种种障碍。克服人际关系的障碍,常用的技法有驱惧、制怒、自省、自警、把握好距离和学会角色互换。

【复习与思考】

一、人际关系心理测试

你善于交际吗?请回答下面的问题:

1.一位朋友邀请你参加(他)她的生日聚会。可是,任何一位来宾你都不认识,你会

（　　）

A.你借故拒绝,告诉(他)她说:"那天已经有别的活动了。"

B.你愿意早去一会儿帮助(他)她筹备生日。

C.你非常乐意借此去认识他们。

2.在街上,一位陌生人向你询问到火车站的路径。这是很难解释清楚的,况且你还有急事,你会　　　　　　　　　　　　　　　　　　　　　　　　　(　　)

　A.你让他去向远处的一位警察打听;

　B.你尽量简单地告诉他;

　C.你把他引向火车站的方向。

3.你表弟到你家来,你已经有两个月没有见到过他了。可是,这天晚上,电视上有一部非常精彩的电影,你会　　　　　　　　　　　　　　　　　　　　(　　)

　A.你让电视开着,与表弟谈论;

　B.你说服表弟与你一块看电视;

　C.你关上电视机,让表弟看你假期中的照片。

4.你父亲给你寄钱来了,你会　　　　　　　　　　　　　　　　　(　　)

　A.你把钱搁在一边;

　B.你买一些东西,如油画、一盏漂亮的灯,装饰一下你的卧室;

　C.你和你的朋友们小宴一顿。

5.你的邻居要看电影去,让你照看一下他们的孩子。孩子醒后哭了起来,你会　(　　)

　A.你关上卧室的门,到餐厅去看书;

　B.你看看孩子是否需要什么东西。如果他无故哭闹,你就让他哭去,终究他会停下来的;

　C.你把孩子抱在怀里,哼着歌曲想让他入睡。

6.如果你有闲暇,你喜欢干些什么?　　　　　　　　　　　　　　　(　　)

　A.待在卧室里听音乐;

　B.到商店里买东西;

　C.与朋友一起看电影,并与他们一起讨论。

7.当你周围有同事生病住院时,你常常是　　　　　　　　　　　　　(　　)

　A.有空就去探望,没有空就不去了;

　B.只探望同你关系密切者;

　C.主动探望。

8.在你选择朋友时,你发现　　　　　　　　　　　　　　　　　　　(　　)

　A.你只能同你趣味相同的人友好相处;

　B.兴趣、爱好不相同的人偶尔也能谈谈;

　C.一般说来你几乎同任何人都合得来。

9.如果有人请你去玩或在聚会上唱歌,你往往　　　　　　　　　　　(　　)

　A.断然回绝;

B. 找个借口推辞掉;

C. 饶有兴趣地欣然应邀。

10. 对于他人对你的依赖,你的感觉如何? （　　）

A. 避而远之,我不喜欢结交依赖性强的朋友;

B. 一般地说,我并不介意,但我希望我的朋友们能有一定的独立性;

C. 很好,我喜欢被人依赖。

计分方法:

选 A 为 1 分,B 为 2 分,C 为 3 分。将各题得分累计。

结论:

分数为 26～30 分:你非常善于交际,你的伙伴们非常爱你,你总是面带笑容,为别人考虑的比为自己考虑的要多,朋友们为有你这样一位朋友而感到幸运。

分数为 16～25 分:你不喜欢独自一个人待着,你需要朋友围在你身边。你非常喜欢帮忙——如果这不花费你太多精力的话。

分数为 15 分以下:注意,你置身于众人之外,仅仅为自己而活着。你是一位利己主义者,要奇怪为什么你的朋友这样少,从你的贝壳中走出来吧!

二、案例分析

建立良好人际关系要遵循哪些原则? 请结合案例加以分析。

1.《艾子杂说》中讲到一则寓言:龙王与青蛙一天在海滨相遇,打过招呼后,青蛙问龙王:"大王,你的住处是什么样的?"龙王说:"珍珠砌筑的宫殿,贝壳筑成的阙楼,屋檐华丽而有气派,厅柱坚实而又漂亮。"龙王说完,问青蛙:"你呢? 你的住处如何?"青蛙说:"我的住处绿藓似毡,娇草如茵,清泉沃沃,白石映天。"说完,青蛙又向龙王提出了一个问题:"大王,你高兴时如何? 发怒时又怎样?"龙王说:"我若高兴,就普降甘露,让大地滋润,使五谷丰登;若发怒,则先吹风暴,再发霹雳,继而打闪放电,叫千里以内寸草不留。那么,你呢,青蛙?"青蛙说:"我高兴时,就面对清风朗月,呱呱叫上一通;发怒时,先瞪眼睛,再鼓肚皮,最后气消肚瘪,万事了结。"

分析讨论:

这则寓言说明了什么? 仔细分析龙王和青蛙的对话。

2. A 同学,男,21 岁,大学二年级学生。性格内向,高中时爱斜着眼看同一排的女生,从而引起对方的反感。后调换了座位,仍无法改变此行为,连男生也不愿意坐在他旁边。从此他被认为是难打交道的人,他也因此变得十分害怕与人交往,不敢正面视人,与人讲话时连嘴唇也颤抖。上大学后,情况更加严重,出席同学聚会也总是感到不自在,甚至说不出一句合适的话。分析讨论:

A 同学属于哪一种人际关系障碍?

如果你是 A 同学,你打算怎样去克服人际关系的障碍,重新建立良好的人际关系?

3. 胡顿先生在近海的新泽西州纽华城的一家百货公司买了一套黑色衣服。这套衣服刚

穿不久便褪色了。于是,他又回到了这家商店,打算退货。下面让我们来看一下不同店员的不同表现:

店员甲:"这种衣服,我们卖出去已经有几千套了,这是第一次有人挑刺。"

店员乙:"这种价钱的衣服起初都会褪一点色,那是无法避免的,因为是料子的问题。"

正当胡顿火冒三丈,准备与他们大吵一架时,那家百货公司的负责人走了过来。

他分成三个步骤来处理胡顿的事情。第一,他让胡顿从头到尾说出事情的经过,他则静静听着,没有插一句话;第二,当胡顿讲完那些话后,那两个店员又要开始与他争辩了,可是这位负责人却站在胡顿的立场上跟他们辩论;第三,他承认不知道这套衣服的质量这么差,而且愧疚地对胡顿说:"您尽管吩咐,我完全可以依照您的意思处理。"

刚才胡顿还想把这套衣服退掉,可是现在他却回答说:"我接受你的建议,我只是想知道,这褪色的情形是否是暂时的。你们有什么办法可以使这套衣服不再继续褪色?"

他回答胡顿:"先回去穿一个星期,如果到时仍然不满意的话,拿来换一套满意的,我们增加了你的麻烦,非常抱歉!"

最后,胡顿满意地离开了那家百货公司。

分析讨论:

为什么店员甲、乙不能与顾客胡顿建立起良好的人际关系?

胡顿由火冒三丈转变为满意地离开,负责人采用了什么技法克服人际关系的障碍?

请具体分析,负责人采用了什么策略与顾客胡顿建立起良好的人际关系?

第三章
人际沟通

在这个世界上，除了阳光、空气、水和笑容，我们还需要什么呢？

——苏格拉底

第一节　人际沟通的含义

当你在与人交谈时——

当你在打电话或接电话时——

当你在向公众发表演讲时——

当你在浏览书籍、阅读信件时——

你都是在从事同一件事——沟通。

正如阿尔文·托夫勒所说，与其说我们已经深深卷入信息时代，还不如说我们正处于沟通时代。那么，到底什么是沟通呢？

一、沟通的定义

"横看成岭侧成峰，远近高低各不同。"对于什么是沟通，可以说是众说纷纭，莫衷一是。据统计，有关沟通的定义竟达 100 多种。

沟通是用任何方法，彼此交换信息，即指一个人与另一个人之间用视觉、符号、电话、电报、收音机、电视或其他工具为媒介，所从事交换信息的方法。（《大英百科全书》）

沟通是文字、文句或消息之交流，思想或意见之交换。（《韦氏大辞典》）

沟通是意义的传递和理解。（斯蒂芬·P.罗宾斯）

沟通是什么人说什么，由什么路线传至什么人，达到什么结果。（拉氏韦尔）

沟通可视为任何一种程序，借此程序，组织中的一成员，将其所决定意见或前提，传送给其他有关成员。（西蒙）

从一般意义上讲，沟通就是发送者凭借一定渠道（亦称媒介或通道），将信息发送给既定对象(接收者),并寻求反馈以达到相互理解的过程。

在社会交往中,人们借助共同的符号系统如语言、文字、图像、记号及手势彼此传递或交换知识、意见、感情、愿望、观点和兴趣等行为,就是沟通。沟通在我们生活的所有领域都是至关重要的。

二、沟通的基本要素

沟通是一个互动的过程,沟通过程是由各种要素组成的一个信息的流动过程。发送者、接收者、信息、渠道、反馈和环境构成了整个沟通过程(见图 3-1)。

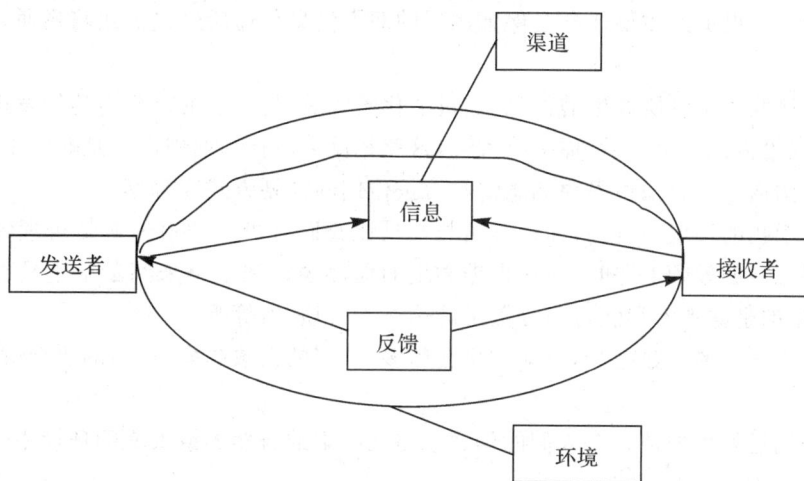

图 3-1　沟通过程模型

1.发送者

发送者,是信息的发送者,是沟通过程的主要要素之一。发送者的主要任务是信息的收集、加工、传递和对反馈的反应。

2.接收者

接收者是发送者的信息传递对象。他在接收传递信息的同时,也将新的信息注入其中,并且反馈给发送者。所以,在沟通这个互动的过程中,发送者与接收者在同一时间既发送又接收。接收者的主要任务是把发送者的思想和情感接收,并及时地把自己的思想和情感反馈给对方。

3.信息

信息就是发送者所发送的内容,是由发送者要与接收者分享的思想和情感组成的。所有的沟通信息都是由语言和非语言两种符号组成的,思想和情感只有在表现为符号时才得以沟通。

语言中每一个词都是表示某一种特定事物或思想的语言符号,语言符号也是非常复杂的。通常指用来进行口头和书面沟通之用的词语。

非语言沟通是我们不用词语进行沟通的方式。如面部表情、手势、姿势、语调和外表等。人们给非语言符号赋予特定的含义。如打哈欠意味厌烦或疲倦,皱眉表明疑虑,不看着别人的眼睛可能是隐瞒着什么东西等。

4. 渠道

渠道是信息经过的路线,是发送者把信息发出和接收者接收和反馈的手段。在面对面的沟通中,渠道主要是声音和视觉,我们相互听和看,我们熟悉的大众媒介中有收音机、电视机、报纸、杂志等渠道。还有其他渠道如利用非语言符号,如握手(接触)、着装(视觉)、尊敬的语气(声音)。渠道的主要任务是保证沟通的双方信息传递所经过的线路畅通。

5. 反馈

接收者接收发送者所发出的信息,通过消化吸收后,将产生的反应传达给发送者称为反馈。例如,我给你说一个笑话,你哈哈大笑,这就是反馈。在沟通中反馈是非常重要的一环,因为反馈让沟通参与者知道思想和感情是否按他们的计划方式来分享。

在没有干扰的环境中,面对面地发送与接收让我们有机会知道他人是否理解并领会信息传达的意思。如教师上课时,往往根据学生的面部表情和眼神来判断学生是否理解了所讲内容,学生的坐立不安和注意力分散可能是有些厌烦了,等等。

在沟通中参与的人数越少,反馈的机会越多;参与的人数越多,反馈的机会就越少。

6. 环境

环境是沟通发生的地方。人们的沟通总是在特定的自然的或人文的环境中进行的。环境对沟通产生重大影响。

发送者、接收者、信息、渠道、反馈、环境是沟通的六大要素。

三、人际沟通的含义

人际沟通是人类沟通中最重要的沟通之一,目的是分享信息、传达思想、交流意见、表示态度、交流感情、表达愿望等。人际沟通是指一种人与人之间展开的有意义的互动历程。包括三个重要的内涵:

第一,人际沟通是一种历程,在一段时间内,是有目的地进行一系列的行为。与你的亲人饭后闲聊,或和你的好友千里一线牵的电话聊天,甚至你使用网络在聊天室与网友们交谈,都是一种人际沟通。而在每一个沟通的历程里,都会产生意义。

第二,人际沟通是一种有意义的沟通历程。沟通的过程中,其内容表现出的是"什么",其意图是所传达的理由是"为何",以及其重要性——此沟通"有多重要"。

第三,人际沟通是沟通双方一种有意义的互动。双方对在沟通的过程中以及沟通之后所产生的意义都要负责任。

英国文豪萧伯纳说过:"假如你有一个苹果,我也有一个苹果,而我们彼此交换这些苹果,那么,你我仍然是各有一个苹果;如果你有一种思想,我也有一种思想,而我们彼此交换这些思想,那么,我们每个人将各有两种思想。"

篮球场上的乔丹和皮蓬说:"我们两个在球场上的沟通相当重要,我们从相互的眼神、手势、表情中获知对方的意图,于是,我们传、切、突破、得分。但是,如果我们失去彼此间的沟通,那么,'公牛'的末日就要来临了。"

四、人际沟通的功能

人际沟通具有心理、社会和决策等功能,和我们的生活息息相关。

1. 心理功能

为了满足社会需求和他人沟通。心理学认为人是一种社会的动物,人与他人相处和沟通就像需要食物、水、住所等一样。如果人失去了相处机会与接触方式,就会产生一些症状,如产生幻觉等。我们平常可与其他人闲聊琐事,即使是一些不重要的话,也能使我们满足彼此互动的需求,因而感到愉快与满意。

为了加强肯定自我而和他人沟通。由于沟通,我们能够探索自我以及肯定自我。有时要知道自己有什么专长与特质可借由沟通从别人口中得知。与他人沟通后所得的互动结果,往往是自我肯定的来源,人都想被肯定,受重视,从互动的结果中就能找到部分的答案。

2. 社会功能

人际关系提供了社会功能,凭着社会功能我们可以发展与维持与他人的关系。我们必须通过与他人的沟通来了解他人。凭着沟通的历程,关系得以发展、改变,或者维系下去。因此,在与某人做第一次的交谈后,我们可能会决定和此人保持距离、接近他抑或远离之。

3. 决策功能

我们时刻都在做决策,不论是要不要去看电视,明天要穿哪一套衣服,还是是否该给对方一个微笑,都是在做决策。有时决策是靠自己就能做出的,但有时候却需和别人商量后才能一起做出。而沟通满足了决策过程中的两个功能,即促进信息交换和影响他人。而正确和适时的信息沟通是做有效决策之关键。有时是自己的观察,有时是从阅读,有时是从传播媒介得到信息,但有时也是与他人沟通之后而获得许多信息。同时,我们也通过人际沟通来影响他人的决策,如和朋友去买衣服,他的询问意见与你的传达意见之间的互动就可能会影响到结果。

五、人际沟通的类型

仁者见仁,智者见智,根据不同的划分标准,可以把人际沟通分为不同的类型。

◇　**小知识 3-1**

沟通的类型

按沟通流向:上行沟通、下行沟通、交叉沟通、平行沟通

按不同途径:正式沟通、非正式沟通

按沟通行为：口头、书面、非语言沟通（行为和肢体语言）

按沟通范围：内部沟通、外部沟通。

但是一般来说，人际沟通可分为口头沟通和书面沟通。

口头沟通最常见的形式是听话、说话、交谈和演讲；书面沟通则包括阅读和写作等一切传递、接收书面文字或符号的手段。

1. 口头沟通

沟通中的绝大部分信息是通过口头传递的。口头信息沟通方式灵活多样，它既可以是两人间的娓娓深谈，也可以是群体中的雄辩舌战；既可以是正式的磋商，又可以是非正式的聊天；既可以是有备而来，又可以是即兴发挥。

口头信息沟通是所有沟通形式中最直接的方式。它的优点是快速传递和即时反馈。在这种方式下，信息可以在最短时间内被传送，并在最短时间内得到对方回复。如果接收者对信息有疑问，可以迅速地反馈过来，这样发送者可以及时检查其中不够明确的地方，并补充说明，做出有效的改进。

但是，口头沟通也存在缺陷。信息在传送过程中存在着失真的可能性。每个人都以自己的偏好接收信息，以自己的方式诠释信息，这样接收者最终在自己脑中重建的信息与最初的含义很可能存在偏差。而且，这种沟通方式并不是总能省时。

（1）听话

听话就是在沟通过程中有效接收发送者以口头方式传递的信息。

（2）说话

说话和听话是沟通技巧的重要组成部分，两者相辅相成。说话是发送者把信息传递给接收者并让其理解的过程。

（3）交谈

交谈是听和说的综合，是指谈话双方（不限于只是两人）以面对面为主要方式进行信息交流的过程，是双向交流的互动过程。

（4）演讲

演讲是沟通者面对听众就某一问题以口头语言为主要形式，身体语言等非语言因素为辅助形式，系统地阐述自己的观点和主张的真实性社会活动。

2. 书面沟通

书面记录具有长期保存、有形展示、法律保护等优点。把东西写下来，可以促使人们对自己要表达的东西更加认真地思考。因此，书面沟通显得更加严密，逻辑性更强，条理更清晰。书面语言在正式发表之前能够反复修改，减少了情绪、他人观点等因素对信息传达的影响，使作者所欲表达的信息能够被充分、完整地表达出来。而且，书面沟通给接收者留有相当大的思考余地，可以让他充分理解这些信息。

当然，书面沟通也有缺陷，相对于口头沟通而言，书面沟通耗费时间较长。同等时间的交流,口头比书面所传达的信息要多得多。据统计,花费一小时写出的东西只需一刻钟就可以说完。书面沟通的另一个缺点是,不能及时地提供信息反馈。口头沟通由于是面对面的交流,接收者对听到的东西可以及时提出自己的看法。而书面沟通缺乏这种内在的反馈机制,其结果是无法确保所发出的信息被收到,也无法确保对方正确理解了发出的信息。发送者往往要费较长时间来了解信息是否已被接收并被准确地理解。

第二节 人际沟通的技巧(上)
——口头沟通

语言是心灵秘密的忠实反应。

——约翰·瑞

每个人从出生以来就一直处在一个人际沟通的环境中。但有的人际沟通是良好的,有的则并没有发挥作用,甚至出现一些相反的结果。例如,一个朋友对我们说的话没有听明白,产生了误解,就会影响友谊;演说时,不了解听众需要听什么,就会令听众厌烦等。

所以,需要学会如何进行良好的人际沟通,正确传达信息。

口头沟通的技巧包括听话、说话、交谈、演讲等技巧。本章主要介绍前三种,因为在日常生活中,人与人之间的口头沟通主要是借助这三种方式完成的。

一、听话的技巧

【案例 3-1】

曾经有个小国使者到中国来,进贡了三个一模一样的金人,金碧辉煌,把皇帝高兴坏了。可是这小国不厚道,同时出了一道题目:这三个金人哪个最有价值?

皇帝想了许多的办法,请来珠宝匠检查,称重量,看做工,都是一模一样的。怎么办? 使者还等着回去汇报呢。泱泱大国,不会连这种小事都不懂吧?

最后,有一位退位的老臣说他有办法。皇帝将使者请到大殿,老臣胸有成竹地拿着三根稻草,把第一根稻草插入第一个金人的耳朵里,这稻草从另一边耳朵出来了。第二个金人的稻草从嘴巴里直接掉出来,而第三个金人,稻草进去后掉进了肚子,什么响动也没有。老臣说:第三个金人最有价值! 使者默默无语,答案正确。

这个故事告诉我们,最有价值的人,不一定是最能说的人。老天给我们两只耳朵一个嘴巴,本来就是让我们多听少说的。善于倾听,才是成熟的人最基本的素质。

人际沟通是一种双向的行为,我们在说的同时也必须去倾听。据了解,学生在学校平均每天有 46% 的时间是在听,而其中的 66% 是听他们的老师讲课。听实际上是一种重要的沟通方式。哈尔·博伊尔指出,现在没有一个人愿意听别人讲话,好的听众拥有广阔的市场。那么如何倾听呢?

(一)学会倾听

1.专注地倾听

这是指用身体给沟通者以"我在注意倾听"的表示。它要求你把注意力集中于说话人的身上,要心无二用。忌"左耳进,右耳出",别人的讲话在自己的心中没有留下任何痕迹。专注不仅要用耳,而且要用全部身心,不仅是对声音的吸收,更是对意义的理解。

首先,要学会排除干扰。

影响沟通的潜在的干扰很多,既有内部的,例如,有时候你自己处在某种特别的情绪状态之中,比如很恼火,或得了感冒或患牙痛,或者是刚好临近吃饭或休息的时间,你觉得很饿也很累;也有外部的,比如房间内的喧闹,电话铃声或者客人来访,说话人不恰当的穿着打扮、脸部表情或体态语言等等外在因素。这些因素都会干扰你的倾听。

你可以通过注意力聚焦的方式来排除干扰,具体做法如下。

(1)做做深呼吸

(2)寻找有趣的方面

好的听众总是会寻找机会问自己:"有哪些是我感兴趣的东西?"娱乐界的智者威尔逊·米纳兹曾说:"一位好的听众不仅到处受欢迎,而且到最后,他也会有所知、有所得。"

(3)注意参与的姿势

参与的姿势应该是放松而清醒的。保持坦然直率的姿势,手臂不要交叉,不要僵硬不动;要随着说话人的话做出反应。坐着的时候,要面向说话人,身体略向前倾。一个非语言的表现倾听的技巧就是随着说话人的姿势而不断调整自己的姿势。

(4)保持距离

无论坐还是站,都要和说话人保持一定的距离,既不要太近也不要太远。判断距离恰当与否的最好办法是看与你谈话的人在距离上是否感到舒服;如果他向后退,说明你离得太近了;如果他向前倾,说明你离得太远了。

(5)保持目光交流

眼睛是心灵的窗户,是最富有表现力的器官。所以,人们在沟通时,总是不由自主地用目光表达各种思想和感情。如果听众看着说话者,这不仅有利于听众集中注意力,而且也表明他对所讲内容感兴趣。

一般地说,听者应柔和地注视说话人,可以偶尔移开视线。凝视或斜视往往会使说话者对听话者产生不良印象。

同时注意,在谈论令人不愉快或难于解决的复杂问题时,要节制目光的直接接触。这是礼貌并理解对方情绪状态的表现,因为在这种情况下,眼睛总是盯着对方,可能会引起对方的反感。

其次,关注说话的内容。

孔子云:"三人行,必有吾师焉。"希腊也有句谚语,我们在路上遇到的每一个人,都有我们不知道的知识。听是一种最好的获得新信息的活动。在听话过程中,我们要以开阔的胸怀去自由地倾听,要关注讲话者的内容而不要急于评价或做判断。

再次,听清全部内容。

由于思维速度远远快于说话的速度,比如,大多数人在谈话时每分钟说 150 到 100 个字,而我们的耳和脑对语言的反应速度是说的四倍。所以,在听的时候,我们的思维有很大的空间任你漫游,分散你听的注意力,遗漏说话的内容,影响沟通的效果。

听清全部内容,就是要随时都听,集中注意力听。在与人交谈时,不要思前想后,用你全部的精神去听清全部内容。

最后,捕捉要点。

听话时捕捉到有用的信息,是非常重要的,这也是听话的基本目的之一。

要善于从说话人的言语层次中捕捉要点。一般人说话,有点像议论文的格式,开头是提出问题,中间是要点或解释,最后是结论或是对主要意思的强调或引申。要善于从说话人的语气、手势变化中捕捉信息。如说话人会通过放慢语速、提高声调、突然停顿等方式来强调某些重点。

2.移情地倾听

就是对说话者的情绪产生反应。听话不仅要听"话"而且要听话中之"音",弦外之"音"。即敏感地听出说话者的忧、喜、哀等各种情绪并对此作出相应的反应。移情倾听要求听者设身处地地设想:如果我自己处于那种环境会有什么感想。

3.公正地倾听

就是全面理解说话者想要表达的意思和观点。如何做到呢?

首先,要区别话语中的观点与事实。说话者在陈述事实时,往往会加入自己的观点,而且在表述时,常常将观点变成了事实。尤其是人们在表述偏见或喜爱时,就像在谈论事实。

例如,有个人常这样说:"我不具备文学方面的天赋,我永远也不可能成为一个作家,这是众所周知的。"显然,说话者将其作为一个事实在陈述。其实,这只是说话者心中的不满,是一种感觉而已。

其次,要控制自己的感情,以免曲解对方的话语。保持客观理智的感情,有助于你获取正确信息。尤其是当你听到涉及感情的令人不愉快的消息时,更要先独立于信息之外,来仔细核查事实。因为当我们把听到的话加上自己的感情色彩时,我们就失去了正确理解别人话语的能力了。

(二)学会恰当鼓励

倾听时,仅仅投入是不够的,你还要鼓励说话者表达或进一步说下去。正确的启发和恰当的提问可以达到这个目的。

1. 正确的启发

启发是指以非语言形式来诱导说话者诉说或进一步说下去的方式。

其一，身体与说话者保持同盟者的姿态。说话者站你则站；说话者坐，你则坐。其二，要不时地使用倾听的表示来承认别人所说的。其三，复述说话者的话，会使人更亲近。不要把说话拉回到你身上，相反，提出一些"附和性"的问题。

2. 学会提问

恰当的提问让说话者进一步知道你在关注，说话者也会因此深受鼓舞。

一般来说，提问可分为两类：封闭式提问和开放式提问。封闭式提问采用一般疑问句式，说话者几乎可以不假思索地用"是"或"不是"来回答。而开放式提问是指所提问题不能简单地用"是""不是"来回答，必须详细解释才行。

例如："我们可以准时到达北京吗？""我们什么时候到达北京呢？"

例如：相亲的小伙子问姑娘"你喜欢我吗？""你对我感觉如何？"

后者明显可以让我们获得更多的信息。因为提问的目的是鼓励说话者说话，所以，提问要因人而异，因情而异。多用开放式提问，以使对方有话可说。

二、说话的技巧

西班牙作家塞万提斯说过："说话不考虑等于射击不瞄准。"所以在说话前，必须要有充分的准备，凡事预则立。

那么，如何做说话前的准备呢？古人云"知己知彼，百战不殆"。第一步，当然要充分了解听话者。

(一)了解听话者

1. 了解听话者的需求

人们有各种各样的需求。听话者的需求情况决定着他们的兴趣和爱好。当你面对他们，你必须了解他们需要什么。

因为人们的需求是隐藏于内心深处的，所以你只能通过表面的语言和非语言信息来判断和了解。你可以通过合适的目光接触、非语言声音(如咳嗽)、脸部表情和肢体语言，获得听话者内心的需求信息。例如，在一个友好的交谈氛围中，听话者突然将身体向后靠，双手环抱。你应该知道，有些麻烦了。

2. 了解听话者的类型

根据听话者的注意水平，我们可以将听话者分成四类。

漫听型：这种听话者，在别人说话时，没有努力去听，他们的注意力不在此。在你努力陈述自己的观点的时候，他们眼神飘忽，甚至忸怩作态。有时候，他们还会去想一些其他无关的事情。而他们这种开小差的情形往往很快被说话者觉察。

浅听型：这类听话者流于浅表。他们只听到声音和词句，很少领会它们的含义和弦外之意。浅听听话者往往停留在事情的表面,对于问题和实质,他们深入不下去。浅听的最大危险是容易引起误会。在漫听的层次上,听者至少还接收了说话者没有放入话题的、另外的一些信息。但是,浅听型听话者却总是以为自己是在认真地听、认真地理解,因而他们更容易陷于错觉之中。

技术型:这类听话者会用更多的注意力和心力很努力地去听别人说话。但他们倾向于做逻辑性的听众,较多关注内容而较少顾及感受。他们仅仅根据别人说的话进行判断,完全忽视说话者的语气、体态和脸部表情,他们重视字义、事实和统计数据,但在感受、同情和真正理解方面却做得很不够。也就是说,技术型听众总认为自己已经理解说话人,但是,说话者却常常认为他们并没有被理解。

积极型:积极倾听要求听话者暂停自己的思想和感受,专注于说话者,注意自己的言语和非言语的反馈,告诉说话者你正在吸收他所说的一切,鼓励说话者继续说下去。这类听话者会为聆听付出许多,他们在智力和情感两方面都做出努力,因而他们也觉得特别累。积极听话者并不断章取义,相反地,他们会着重去领会别人所说的话的要点。他们注重思想和感受,既听言辞,也听言外之意。

听话者大体可分为以上四种类型。我们要根据不同听话者的特点,因势利导,达到顺利沟通的目的。

◇ **小知识 3-2**

根据听话者的类型采用适合的说话方法

漫听型听话者:不时地与这种听话者保持目光接触,使他专注于你的讲话,并不断地提一些问题,讲些他感兴趣的话题。

浅听型听话者:简明扼要地表述,并清楚地阐述你的观点和想法,不要长篇累牍,让听话者心烦,也不要含义太深,晦涩,可以经常这样说:"我的意思是……"

技术型听话者:尽量多提供事实和统计数据,把自己的感受直接描述出来,多做一些明显的暗示和提示,让听话者积极进行反馈,比如说:"你认为我所说的……"

积极型听话者:选择这类听话者感兴趣的话题,运用说话表达技巧,与听话者多进行互动反馈。例如,"我是这样想的,你认为如何?""你觉得什么时候……"

3.了解听话者的个性

曾有一位记者采访一位出名的歌星,问她:"人们都觉得你长得像著名影星林青霞,特别是你这头乌黑秀长的头发。对于这一点你有什么看法?"这位歌星当场怒火上升,抢过一把剪刀,"嚓嚓"几下就把自己的头发剪断,然后盯着那位记者问道:"你觉得我还像林青霞吗?"弄得那位记者极其尴尬。

这充分说明,如果我们在说的过程中不考虑对方的性格,那么往往会适得其反。上面这个例子中,那位记者本想赞扬该歌星,不想恰恰触犯了她的忌讳。

俗话说"见什么人说什么话",就其积极意义而言,就是想要与他人对话,要事先把握对方的个性,随机应变地采用不同的说话方法。

有一次,孔子的学生子路问孔子:"听到了是不是马上见之于行动?"孔子回答说:"有父亲、哥哥在,怎么能不向他们请示就贸然行事呢?"

过了一些天,冉有也向孔子问同样的问题,孔子回答说:"听到了当然要马上行动!"

公西华对此十分迷惑,不明白为什么同一个问题老师却有不同的回答。孔子解释道:"冉有办事畏缩、犹豫,所以我鼓励他办事果断一些,叫他看准了马上就去办;而子路好勇过人,性子急躁,所以我得约束他一下,叫他凡事三思而行,征求父兄的意见。"

公西华恍然大悟。

孔子正是看到了子路和冉有具有不同的性格(子路是强硬型,冉有是随和型),才有针对性地选择不同的回答。

在你作好上述准备后,就可以进行下一步了——决定恰当的话题。

(二)决定恰当的话题

每一个人都应该知道,让听话者感兴趣的不仅是你本身,更重要的是话题。双方都感兴趣的话题,才是沟通得以进行的关键。如果话题不适当,那么就不会达到有效地沟通的目的。

决定恰当话题的前提是寻找共同点。尽管社会生活是多姿多彩的,内容丰富的,但是当我们涉入社会,进行社交时,却发现找一个共同的话题并不容易。我们可以先利用一些常见的话题,与对方接近,打开沟通的局面。

◇　**小知识 3-3**

利用共同话题与对方接近
(适合制造话题的字眼)

收藏品、兴趣、小孩、交通

机器(汽车、电脑)、金钱、经营管理

交际(网络消息)

食物、酒、饮料

时事、新闻、热门话题

天气状况、气候

流行信息

旅游、休闲娱乐

异性

运动、体育比赛

电影、录像、电视剧

音乐

注：上述话题可根据听话者所在的场合、时间而分别使用。

◇　小贴士 3-1

选择话题时的注意事项

对于你不知道的事，不要冒充内行；

不要向陌生人夸耀你的成绩；

不要在公共场合谈论朋友的失败、缺陷和隐私；

不要谈容易引起争执的话题；

不要到处诉苦和发牢骚，这不是获取同情的正确方法。

(三)恰当地表达

格拉西安说过："说得恰当要比说得漂亮更好。"在说话技巧中，表达则是更为重要的一步。如何恰当地表达呢？

1.注意说话的具体场合

鲁迅先生曾讲过这样一个故事：一户人家生了一个男孩，全家高兴极了，满月的时候，抱出来给客人看——自然是想听到一些好话。

一个说："这孩子将来要发财的。"于是他得到一番感谢。

一个说："这孩子将来要做官的。"于是他收回几句恭维。

一个说："这孩子将来是要死的。"于是他得到一顿大家合力的痛打。

前两个客人明显说的是客套话，而后一个客人说的是客观事实，但为什么待遇不同呢？因为后一个客人说话不注意场合，在人家欢庆时说出不吉利的话。

所以，说话时无论是话题的选择、内容的安排，还是言语形式的采用，都应该根据特定场合的表达需要来决定，做到灵活自如。要注意场合的庄重与否、亲密与否、正式与否、喜庆与否。

2.注意听话的对象

说话必须考虑听话者的性别、年龄、文化层次和背景等因素。根据这些因素的差异来选择恰当的语言，才能让对方真正理解。见什么人说什么话，在什么山头唱什么歌，正是此理。

【案例 3-2】

1954 年，周恩来总理出席日内瓦国际会议，为了向外国人表明中国爱好和平，周恩来总理决定为外国嘉宾举行一场电影招待会，放映越剧艺术片《梁山伯与祝英台》。为此，工作人员准备了一份长达 16 页的说明书。周恩来看后笑道："这样看电影岂不太累了？我看在请柬上写上一句话就行——请您欣赏一部彩色歌剧电影：中国的《罗密欧与朱丽叶》。"果然一句话奏效，外国嘉宾都明白了这部电影要讲述的故事。

3. 充分利用说话的时机

对于说话人来说,要想达到预期的目的,取得好的效果,说话不仅要符合时代背景,与彼时彼地的情景相适应,还要巧妙地利用说话时机,灵活把握时间因素。

据说 1978 年 8 月 8 日,当日本外相园田来北京,准备和我国政府签订和平友好条约时,黄华外长到北京机场去迎接。飞机停在机场上,下起了大雨,有时还夹着雷声。园田走下了飞机,黄华外长迎上前去,随后陪着园田走进贵宾室。

园田:"到北京迟了,见到黄外长,旅途的疲劳便消失了。"

黄华:"你带来了及时雨。"

这些本是寒暄的话,但对外交家来说,则包含着更多的意思。黄华外长抓住时机,用"及时雨"形容园田此行,既表达了欢迎之意,又有预祝条约商谈成功的含义。

4. 说话时要情理相融,以情动人,以理服人

以情动人,以理服人,这是说话的两个方面,二者有机统一,互相交融,可以使说话取得良好的效果。

情动于衷而形于言,写文章如此,说话也不例外。说话要以情动人,必须注意以下几个方面。

首先,要真诚。说话者应该具有真诚的态度,取得听话者的好感,融洽感情,消除隔膜,缩短距离。真诚是说话最有效的营养素。心诚则灵,诚才能以心换心,心心相印。如果你对人持一种不信任态度,说话时必然闪烁其词,或故弄玄虚,或忸怩作态,或夸张失实,或遮遮掩掩,其结果往往是给对方留下浮夸虚假的印象,不利于相互理解和感情上的沟通,使你的说话黯然失色。

当然,我们说话时要坦率真诚,并不等于可以百无禁忌,对别人不愿谈及的事,应该尽量避免提及。正如莫罗阿所说,真诚不在于说出自己全部的思想,而在于在表达的时刻,永远表达当时所应该说的。

其次,要尊重。尊重是人的一种精神需要。尊重对方能启发对方产生自尊自爱的感情。如果你没有架子,平易近人,使对方感到你是他的知己,是他的良师益友,那么你们之间的心理距离将会大大缩短。相反,如果你高高在上,目空一切,自以为高人一等,指手画脚,只会令人不服。因此,要使你的讲话使对方接受,就必须尊重对方。

最后,要同情和理解。心理学研究表明,人们有一种"相信知己"的心理倾向,特别是当一个人处于矛盾之中,或遇到某些困难而又一时无法解决时,他会非常需要别人的同情和理解。此时此刻,强烈的同情心及满怀深情的言语,将使对方不由自主地向你打开心扉诉说一切。理解可以激起心灵的火花,产生善良和容忍,产生信任和动力。

动之以情,晓之以理。要使听话者对你的说话内容感兴趣,乐意接受,并且信服,最终要有充分的理由,要摆事实,讲道理。托尔斯泰曾说:"用语言表达出来的真理,是人们生活中的巨大力量。"确凿的事理正是说话的力量所在。

那么怎样才能做到以理服人呢？

材料和事实要准确可靠。俗话说，"事实胜于雄辩"，事实是说话的基础。

说理要充分透彻，有的放矢。利用已有材料进行分析说理，抓住事物的本质，问题才可迎刃而解。

《甄嬛传》有一个片断：甄嬛发现自己的贴身丫环浣碧在华妃的挑唆下，也想讨皇上的好，成为皇帝的妃嫔，一步登天，并且还欲与华妃联手一起设计陷害自己。在这样的情况下，甄嬛与她进行了一场情理动人的谈话。先叙从小到大的姐妹情，后告诉浣碧她原来是其父的私生女，两人是真姐妹。再诉说自己现在当妃嫔，与众女人共有一个夫君而处处被害之苦。然后保证，以后认其做妹，指一户好人家，省得在宫里受苦。一番话说得浣碧动情动心，认识到自己与姐姐荣损相依，更加一心一意。甄嬛的理说得环环相扣，说得人心服口服。

5.话不在于多而在于精

简洁精炼的言语最能吸引听话者的注意力。

首先，抓住重点，理清思路。这是说话的基本要求，也是说好话的前提。

我们平时与人寒暄或作简短交谈时是比较随便的，谈不上条理清晰。但在正式场合，比如报告会、讲座、演讲等，情况就不一样了。它要求说话者对所说的内容有深刻的理解，并对整个说话过程作出周密的安排。一般来说，有这样三点要求。

把握中心。作为一个高明的说话者，应时刻把主题牢记在心，不管怎样加插，不管转了多少个话题，都不偏离说话的中心。

言之有序。说话不能靠材料堆积吸引人，而要靠内在的逻辑力量吸引人，这样才有深度。话语的结构要求明了，要善于提出问题、分析问题、解决问题。观点和材料的排列，要便于理解、记忆和思考，所以要较多地采用由近及远、由浅入深、由已知到未知的顺序安排。当然，时间顺序最好按过去、现在、未来进行安排，这样容易被听者记住。

连贯一致。开场白非常重要，它直接影响到所讲内容的展开，不能一开口就"噌"地冒出一句让人摸不着边际的话。多层意思之间过渡要灵活自然，结尾要进行归纳，简明扼要地突出主题，加深听话者的印象。

其次，要言不烦，短小精悍。

言简意赅，以少胜多，听话者感兴趣，也便于理解，容易记住。那种与主题无关的废话，言之无物的空话，装腔作势的假话，听话者极为厌烦。

6.美化自己的声音

得体的声音，能够显示你的沉着和冷静，并吸引他人的注意力，也可以让过于激动或正在生气的听者冷静下来，更能引导他人支持你的观点，更有力地说服对方。

许多人认为声音是天生的，不可改变的。也有许多人认为只有经过专业训练的演艺人士才能做到自如地美化声音。这都是误解。其实，只要我们意识到声音的重要性，并自觉地加以修饰与改正，人人皆可得到美丽的声音。

一个良好的说话者，语调得体，节奏鲜明，并与你所谈的内容和你的态度互相配合。

◇ 小知识 3-4

四种常用的语调

用来表示惊讶、反问、设问、号召、鼓动、命令等，可提高升调，以加强效果，引起听话者留意；

用来表示自信、肯定、祈使和结束说话，可用降抑调，以表明你的态度、感情，便于鼓励听话者并促使他们去行动；

用来表示感叹、讽刺、愤怒、思索、怀疑、幽默等，可用弯曲调，以表示说话者的主动性，渲染话语的感情色彩，增强话语的感染力；

用来表示说明、叙述、解释等，可用平直调，以示庄重、严肃，便于把意思说得清楚、透彻。

三、交谈的技巧

交谈是人际沟通的重要组成部分。交谈的过程也就是人际沟通的过程，是运用一套共同规则和信息的过程。交谈是发生在人们面对面的互动中，需要参加者将谈话的焦点保持在一个特定的话题上，并且运用沟通技巧去提问和回答。

(一)良好的开头

俗话说，万事开头难，好的开头是成功的一半。与人交谈也是一样，开头的好坏，是决定这次交谈能否顺利进行、能否达到交谈目的的关键因素。

那么，怎样才能开好一次交谈的头呢？

首先，你的开场白若是表示感谢、述说一种希望，或是提出建议，等于告诉对方，你的态度既是尊重他们，也是有建设性的。使对方感到即使即将听到的可能是坏消息，但至少你是抱着帮忙的心意的。

其次，直接、诚恳、明确地说明你的动机和需求，会扫除对方心头疑虑，不再对你谈论话题的原因感到困惑。

迅速切入主题，可以让对方明白你是为了严肃的事情而来，你也可以采用其他方式来展开交谈，例如：

"我知道你对……很关切，我有个想法想说给你听听，也许对你会有帮助。"

"我感觉得出来，你真的很想知道别人怎么想。我可以告诉你一些别人的反应，也许有点用处。"

"我忽然想到，也许你并不知道……"

这些都是很实用的开场台词，可以帮你迅速、漂亮地展开交谈。注意：如果你在说完前三项的任何一项后稍作停顿，可使对方有接话或打断的机会，这样不仅表示你对他的尊重，也使对方不再处于被动地位而大大减轻了他的紧张。

态度与语调的诚恳是关系到对方对你的信任的关键。如果你是发乎至诚地进行沟通,对方也比较容易听进你的话。就算对方与你大唱反调,这条定律也仍然行得通。

诚实、衷心的交谈有时不免粗糙甚至笨拙,根本谈不上完美。但也唯有在交谈者不刻意追求表达方式的完美时,才会真情流露。对方面对这种自然的真诚,便会觉得"此人发乎至诚,我应该听听他要说些什么"。

(二)陈述信息和动机

交谈的第二步是陈述你的信息和动机。

首先,要切中要领。在交谈时,你无须按照特定顺序逐一说出各项,重要的是你能在对话进行到某一程度时,将你的想法传达给对方。

其次,在陈述信息时,切勿采取强制的口吻,最好让对方感觉是一种提议。提议可以引发对方深思,而强制推销的口气只会带来压力。在语言表述中,尽量使用中性色彩的词语叙述已成的事实,不要责难。因为责难无异于让对方拒绝你的建议和想法。卡纳基人际沟通重要原则之一就是:不批评,不责备,不抱怨。我们想以指责来纠正对象,却令他们因被指责而气恼,为自己辩解,甚至反过来攻击我们,或是只是对你无奈地说:"我不知道所做的一切有什么不对。"

(三)关注对方

交谈的第三步是关注对方。

交谈是一个互动的过程,在交谈过程中,你必须时时关注对方在说些什么,但不要贸然地根据自己的偏见下任何结论。因为自我的偏见会曲解对方而造成误读信息。尤其是当对方处在拒绝和抵制心态的情况下,必须注意不要让自己的偏见左右整个互动的过程。

你可以通过以下方法做到。

1. 反映

反映是将对方的部分或全部沟通内容反述给他,使他通过你的反述而对他的讲话和表现进行重新评估和做必要的澄清。反映需要一定的技巧,除了仔细倾听和观察对方情感外,还要选择最能代表其情感的词句,并且要避免使用固定的词句或陈词滥调,如"你是觉得……""你看来好像……""据我了解,你所说的是……"这些句式可以用来进行一些引导性的谈话。反映是帮助对方控制自己情感的技巧。

2. 重复

作为一种沟通技巧,重复包括对对方的语言的义释和复述。交谈者用看起来略微不同的词句去重复对方的话可以显得较为移情化,较少机械化。一般来说,交谈者的重复犹如回音壁。

请看下面的对话。

甲:我很难想象我的病对我的家人的影响,我希望他们继续生活得很好,就像我没病一样,我担心他们因我的病不能很快康复而感到痛苦。

乙:当你的病不能好转而对你家人有影响时,你很痛苦。你希望他们能像一切正常时那样生活,但你担心你的家人为你的病而感到烦恼和痛苦。

甲:是的,我实在为他们担心,我不想让他们烦恼。

乙:你很爱你的家人,事事为他们着想。

甲:当然,他们是我的一切。这是我情绪非常低落的原因,无论如何,我实在不愿意自己的病影响他们。

上述交谈的乙方只是对甲方的语言进行了义释和复述,没有加入任何个人情感或意见。

在运用重复时,交谈者一方常将自己的反应加在另一方语言之前,"我听到你刚才说……"或"听起来似乎……""根据我个人的理解你说的是……"像这样的开头语可帮助交谈者移情入境,并通过表达自己重复对方谈话的意向来帮助对方。

3.澄清

澄清是将一些模棱两可、含糊不清、不够完整的意思陈述清楚,其中也包含试图得到更多的信息。在澄清时,常用"我不完全了解你所说的意思,能否告诉我……""你的意思是不是……"

澄清的办法有以下几种。

其一,用举例的方法。将一个抽象的或含糊的意思与一个具体的实例联系起来。

其二,提出可能遗漏或前后不一致的内容,要求对方做必要的补充。

其三,用识别相同的观点或不同点的方法来澄清疑点。

其四,直接提问,问题用词应该简单明了,用对方能听懂的语言,要求的答复也应是简单而肯定的。

4.沉默

人们常说"沉默是金"。一点儿不假,因为沉默可以起到一种非常积极的作用,但有时是消极的,对有效的沟通起反作用。摆在交谈者面前的主要问题,是如何运用沉默以及如何最有效地运用沉默。

沉默就倾听人来讲,代表着不同的含义,从而使讲话得到的反馈有很大不同,进而对沟通质量有很大的影响。

沉默在交谈中有以下含义:当倾听人长时间对谈话没有反应时,说明对谈话毫无兴趣;当倾听人沉默不语,但保持良好的目光接触且不时点头或以微笑回应时,说明对讲话者的信任和支持;当倾听人长久沉默不语,但目光较长时间固定且面部表情与讲话人所要表达的情感相符合时,说明是受到讲话人的打动。

从下面的对话看沉默的技巧。

甲:我实在不知道把我的母亲留在老家由保姆照应是否对,我感到我应该把她老人家接到临汾家里照顾她。(皱起眉头)

乙:哦……(点头)

甲:你要知道……她怎么也不愿意来临汾和我们在一起,她说来到临汾不自由,没有伙伴像蹲监狱一般。可我们感到母亲就我这一个儿子,应该由我来照应,但是工作在临汾,使我好像没有尽到做儿子的义务一样。

乙:因此你希望自己照顾她?

甲:是的,但我没有办法,我在工作,母亲又不来,虽然我妹妹离母亲家不远也照顾得很好,但我总是感到……不知如何是好……(停顿)

乙:(保持沉默,并看着对方)

甲:……她不病还好点儿,一旦有病,我会因自己不能很好地照顾她而感到内疚,尽管我有心脏病。

上述交谈者的沉默是让对方有时间整理他的思想,并仔细考虑自己不能亲自照顾母亲的情感。在效果上沉默是告诉对方:"继续讲,我和你都在想这个问题,你还有什么要讲的吗? 我愿意听你讲。"沉默是让交谈者和对方汇集、整理思绪的有用技巧。虽然长期的沉默是令人不舒服的,但短时间的沉默是有效交谈的重要组成部分。

(四)有始有终

最后,那就是有始有终了。将彼此达成的共识做一个概述,心平气和地结束谈话。

【案例 3-3】

方丈妙答　化险为夷

明朝开国皇帝朱元璋幼时曾在皇觉寺为僧,当时在寺内墙上涂抹过一些打油诗以消遣时日。后来做了皇帝,怀旧之心顿生。他想起在皇觉寺为僧的那些日子,想看看那些打油诗还在不在。于是,驾幸皇觉寺。

朱元璋进入寺内,一言不发,四处寻找。方丈摸不着头脑,急忙启奏道:"圣上,您找啥?"

朱元璋气呼呼地说:"找啥? 找诗呀,朕当年题的那些诗呢?"

方丈方知大祸临头,"扑通"一声跪下道:"老僧该死! 老僧该死! 诗没了,我有罪!"

好在昔日这位方丈待朱元璋不错,朱元璋念及这一点,说:"朕念你当年对朕不错,免了你的死罪。"

"不过,"朱元璋厉声问道:"朕的那些诗你为什么不保护好呢?"

这时方丈稍稍安下心,答道:"圣上题诗不敢留。"

朱元璋奇怪:"为什么?"

方丈不慌不忙答道:"诗题壁上鬼神愁。"

朱元璋又问:"那你把它擦了?"

方丈奏道:"谨将法水轻轻洗。"

朱元璋追问:"一点痕迹也没留下?"

方丈又奏道:"犹有龙光射斗牛。"

"好！好！不敢留就不留吧。"朱元璋终于转怒为喜，笑逐颜开。他厚赐了寺僧而返。

第三节　人际沟通的技巧(下)
——书面沟通和非语言沟通

一、书面沟通的技巧

适合于口头沟通的原则同样适合于书面沟通。书面沟通的技巧就是要设法使读者有欲望读下去。这意味着：你要先确定想要表达的主要意思，然后找出合适的方式将它表达出来。不管是使用何种书面沟通方式，重要的是保证表达的内容能够被理解。

作为初涉社会的学生来说，运用书面沟通时必须牢记以下具体原则。

首先，先记下，后修改。也就是说，无论记成什么样子，先记下，然后花些时间润色。别老指望"立马成才"，"七步成诗"。老老实实地写下内容，并且认真地修改。

其次，合理使用空格、标题、段落和段首缩字。这些项目是视觉和声音信号中卓有成效的替代品，能起到强调重点、激发兴趣和刺激的作用，鼓励人们更加乐于吸取书面信息并防止他们找不到重点而产生乏味感。

再次，运用大字标题并选择不同字体(甚或摘要)，这些都可作为"路标"使读者更易于寻找。

最后，最重要的原则就是"简洁为贵"。口头沟通时所用的语言通常是无拘无束的，但要把思想诉诸文字写在纸上，人们常常觉得因为是在写作，所以必须使用一些比较正式的词语，如用"融资"代替"搞钱"，"生产"代替"做"，"参加"代替"入伙"，"然"代替"但是"，等等。这些不仅有损信息本身，还会阻碍读者流畅地阅读。

书面沟通要求你时时都必须把读者放在心上。好的书面表达大大有助于书面材料的理解，而且，当读者能理解你所写下的内容时，他们就获得了继续往下读的动力。只要你写得简单易懂，就能抓住读者的心，使他感觉到你写的东西值得一读，也值得重读，并且从中获取知识与力量，与你达成共鸣。

【案例 3-4】
一封信的美丽爱情

曾有一位师范学院的学生，毕业前夕反复与女友交谈，希望她能跟他一块去贫苦偏僻的山村当老师。但他女友思考再三，婉言拒绝。在这个男孩执教的第一个冬天，山村下了一场大雪，男孩触景生情，忆起大学时与女友一起在雪中嬉戏的情景，情不自禁地写下了一封长信，然后寄给了远方的女友。谁知女友读完信后心潮澎湃，毅然离开城市到山村与这位男孩厮守一生。男主人公说道，是这一封信改变了他的爱情。

因为,书面信息能够长期保存,所以这个"硬拷贝"是很有用的,它可以在任何时候为任何人所使用,通过文字可以将你复杂的思想表达清楚,文字形式也让接收者能够以自己的速度和方式来理解。

我们工作中通常所用的主要的书面沟通工具有信件、便笺和报告。

(一)信件

信件必须要清楚明了、简洁、有条理。

在写信之前先要确定写信的目的,问问自己:"我写这封信是想干什么?"将想要表达的意思说清楚,保证收信人能够理解它。保证语言简练、平实,尽量不用专业术语。尽可能使信件观点鲜明、中肯,不要让读者对你想要表达的意思有任何不明白的地方。

在你将自己的想法写出来之前先想一下,假如现在是在和别人交谈,你会怎么说。这样做显然是有帮助的。

书写信件的大致步骤如下:

写信说什么——这是信件的目的。你要先搞清楚究竟想对收信人说些什么,想让他们做些什么。

收信人——通常你应该清楚谁是收信人,并给予尊称。

事件的情形——首先告诉读者信的主要内容是什么。

产生的后果——接着阐明这一事件带来的后果。

解决的方式——然后可以建议一个可行的办法。

具体的办法——接着可以指出你会采取什么办法,或者你期望对方做什么样的改进。

用词的礼貌——即使对方使你很反感,在用词上必须表现得彬彬有礼,着重陈述事实而不能使用冒犯性的文字,否则不可能得到积极的回应。最后,尽量以一些祝福性的话语来结束这封信,让信的内容至少看上去是礼貌的。

◇ **小知识 3-5**

准确表达你的意思

开始动笔写信前,首先仔细整理归纳想要写的内容,以确保收信方能够准确地理解你的意思,以下的步骤——我们称之为 SCRAP 法——将帮助你加强记忆。

事件的情形——situation

产生的后果——consequences

解决的方式——resolution

具体的方法——action

用词的礼貌——politenes。

（二）报告

报告和信件结构相似，但是，由于报告往往比信件要长一些，所以还要遵循另外的一些规则。如有些报告的格式有统一的要求，那么就必须遵守。一般情况下，报告有以下内容和要求。

1.陈述事实，简要地说明事情发展的状况。为了表明关系，介绍一下背景状况。

2.发现问题，也就是写这份报告的原因。

3.说明产生问题的可能性，列出所有的可能性，逐一进行分析。即使并不是真正的原因，但至少也给出一定的方向范围。这一步很重要。

4.陈述观点，这是整份报告的"亮点"，要做到让报告对每位读者都具有吸引力，不要因为担心出错或使别人不高兴而省略这一部分。记住，只要报告合乎逻辑并且运用了系统的方法，就不会有什么大的问题。

5.建议是报告的主体内容，所以，文字要简洁明了，不要使用晦涩难懂的语句，尽可能多用短句。保证你的建议确实与存在的问题有密切的关系，不要牵扯无关紧要的东西。

6.不要长篇大论。在心中时刻提醒自己：报告是要给别人看的，整页整页的文字叙述只会令人厌烦。因此，在文字中多用一些大标题、小标题、注释等引导读者阅读。还有，多列一些图表也会帮助读者理解复杂的内容。

7.摘要。摘要只有一两段的内容。如果没有足够时间详细阅读报告，通过看摘要，就可以大致了解事情的现状、存在的问题、问题产生的各种原因及你的建议等。用很少的文字覆盖这么多的内容可能比较困难，但是，对于任何一份报告来说，这都是必不可少的部分。完成整个报告之后，再着手这一部分内容。

8.参考信息。这部分列于报告后，内容包括上级给予的参考提纲，提纲的各项条款，还应包括给你安排这份报告的人的资料及对这份报告的要求——对这份报告来说这都是一些基本素材。

9.任务分析。这也是你写这份报告的原因。

10.参考文献及出处。参考文献指的是完成报告的过程中以各种方式用到的书籍或文章，无论是听到的还是看到的，都要一一列入参考文献一栏。

11.附录。一些对报告主体内容起辅助作用的信息应该列在附录里，例如数字、事例分析、费用、其他报告的结果等。虽然这些对你的报告的结果有很大作用，但是往往由于内容太多，而不能将其放到主体部分中去。一些基础的研究发现也应写在附录里。在报告任何一个需要的地方都应该标明参见附录。

12.最终定稿。进行文字校对后，再仔细读几次，发现问题，然后再让别人来检查一下，以便最终定稿。

◇　小知识 3-6

一份完整的报告包含的内容

封面

目录

摘要(有时称为引言、导言)

参考信息

任务分析

主体内容　　包括:目前状况陈述

　　　　　　　　　存在问题

　　　　　　　　　问题产生的各种可能性

　　　　　　　　　我的建议

　　　　　　　　　参考文献及出处

　　　　　　　　　附录

(三)便笺

便笺是最简便的一种书信。人们在日常生活中和工作中,临时遇到某事要告诉别人,然而由于某些原因不能面谈或由于手续上的需要,于是采用便笺。常用的便笺有请假条、留言条和托人办事条等。便笺的内容一定要简洁明了,要注明时间,末了要签署姓名。

二、非语言沟通技巧

(一)人际沟通中的非语言因素

非语言沟通是指通过某些媒介而不是讲话或文字来传递信息。交相闪烁的红绿灯、慷慨激昂的语调都属于此类。教师上课时,当看到学生们无精打采的眼神及百无聊赖的表情时,就明白学生已经通过无声的方式明确地表达了他们的厌倦之情。一个人的衣着打扮、谈话时的举止无不向别人传递某种信息。

非语言沟通的内涵十分丰富,包括身体语言沟通、副语言沟通等多种形式。

心理学家称非语言声音为副语言。最新的心理学研究成果表明,副语言在沟通过程中起着非常重要的作用。一句话的含义往往不仅取决于其字面的意义,还取决于它的弦外之音。

副语言分为口语中的副语言和书面语中的副语言。

口语中的副语言是通过非语言的声音,如重音、声调的变化、哭、笑、停顿来实现的。语音表达方式的变化,尤其是语调的变化,可以使字面相同的一句话具有完全不同的含义。例如,一句简单的口头语"真棒",当音调较低,语气肯定时表示的是由衷的赞赏,而当音调升高，语气抑扬时，则完全变成了刻薄的讽刺和幸灾乐祸。

书面语中的副语言是通过字体变换、标点符号的特殊运用以及印刷艺术的运用来实现的，例如某几个字加着重号或用黑体强调。

通过目光、表情、势态、衣着打扮等形式来传递或表达沟通信息称为身体语言。在沟通过程中，人们无不处于特定的情绪状态中。这种情绪状态，除了可以用直接的表达或副语言告知对方外，还可以委婉地以身体语言表达。

人们可以通过面部表情、手部动作等身体姿态来传达诸如攻击、恐惧、愤怒、愉快、傲慢等情绪或意图。例如，在你很忙碌的时候，有邻居来借件东西。你给了他东西后，他却仍然待在你家与你聊天，你内心肯定希望邻居赶快走，可是在表面上你只能很礼貌、专注地听着，只好通过东挪挪花瓶，西移移摆设来暗示这位邻居"该离开了"。除非这位邻居没有感觉或者太专注于自己的话题，否则谈话应该会很快结束。

沟通者的服饰往往也扮演着信息发送源的角色。人们习惯认为，穿黑色衣服是严肃、庄重的。如果一位领导穿着运动服在训斥下属，那么他说话的权威性将大大降低，下属容易产生不认同感，或者偏向认为领导只是很随意地说说。在正式的谈判中，如果有一方举止随便的话，很容易被对方视为轻视、不尊重自己，也就容易导致谈判失败。

距离和领域，即空间距离，也是一种非语言沟通形式。沟通双方所处位置的远近，会影响到沟通效果。

（二）有效运用非语言沟通

据有关资料显示，在面对面的沟通过程中，那些来自语言文字的社交意义不会超过35％，而65％是以非语言方式传达的。因此，正确运用非语言沟通，有助于你获得良好的人际关系。

1.丰富的表情

表情是仅次于语言的最常用的一种非语言符号，因此，交际活动中面部表情备受人们的注意。而在千变万化的表情中，眼神和微笑是最常见的交际符号。

眼神。注视的时候要掌握好时间长短。对于不太熟悉的人，注视时间要短；对于谈得来的人，可适当延长注视时间。注视的位置亦应选择适当。交谈中，目光应投放在额头至两眼之间；在舞厅、宴会以及朋友聚会时，目光以在两眼到嘴之间为宜；如果是熟人之间或家庭成员之间，注视的位置应在对方双眼到胸之间。

微笑。笑主要是由嘴部来完成的。微笑的基本特点是不发声、不露齿，肌肉放松，嘴角两端向上略微翘起，面含笑意，亲切自然，最重要的是要出自内心，发自肺腑。

2.合理的空间距离

常见的沟通距离有如图3.1所示的几种。

亲密距离。与对方只有一臂之遥，适合进行较敏感的沟通。只有较亲密的人，才允许进入该区，如果陌生人进入，人们通常会感到不舒服，并设法拉开距离。

私人距离。朋友之间交谈的距离,保持在一臂之遥到距离身体 1.2 米之间。

社交距离。延伸到 3.6 米远,适合于一般商务及社交往来。例如,多数办公桌的设计,都是要人们坐在社交区的范围内。

公共距离。更远至 3.6 米外,是人们管不到,也是可以不理会的地方。

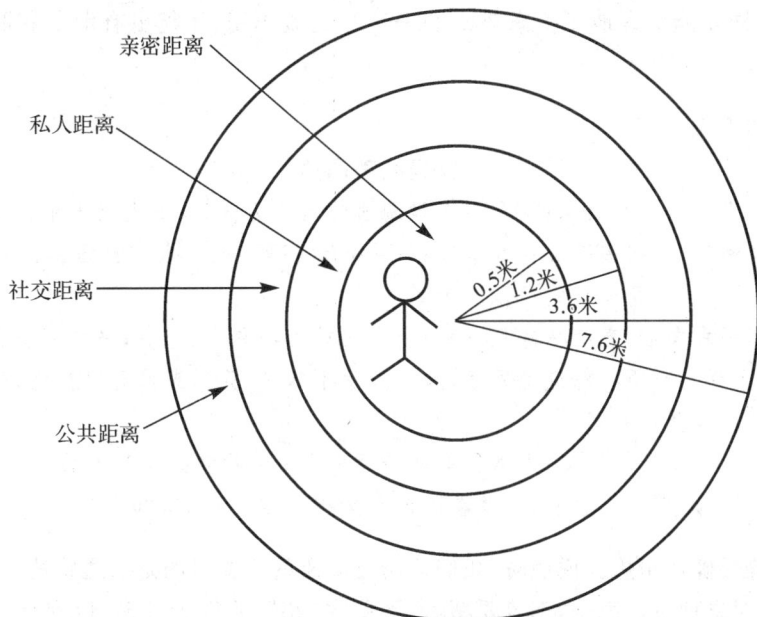

图 3.1　常见的沟通距离

国外有关研究表明,学生对于课堂讨论的参与直接受其座位影响。在倾向上,以教室讲台为中心,座位越居中心位置,学生对于课堂讨论的参与比例也就越大。

沟通中空间距离的不同,还直接导致不同的沟通效果,有些位置对沟通的影响力较大,有些位置影响力较小。同样是发言,站在讲台上讲与在台下自由发言所引起的反应是不同的,高高在上的讲台本身具有某种权威性。

3.恰当的副语言

一般来说,人在高兴、激动时,语调往往清朗、欢畅,如滔滔海浪;而悲伤、抑郁时则黯淡、低沉,如幽咽泉流;平静时畅缓、柔和,如清清小溪;愤怒时则重浊、快速,如出膛的炮弹。有时仅从一句话的字面看难以判定其真实的含义,而它的弦外之音则可传递出不同的信息。恰当的语调、音调和语速可以完整正确地传递人的信息和情感,加深沟通的程度。

4.优雅的态势

态势是说话者传情达意的又一重要手段,一种沟通“语言”。它包括说话者的姿态、手势、身体动作等既可以帮助说话,又可以诉诸对方视觉的因素。态势作为一种沟通语言,应怎样正确地运用它呢?

态势要美观。站着说话时,身体要伸直、挺胸、收腹,重心放在两腿之间,两臂自然下垂,形成一种优美挺拔的体态,使对方感觉到你的有力和潇洒,留下良好的印象。坐着说话时,上身要保持垂直于双腿,可轻靠在椅背上,以自然、舒适、端正为原则;双手可以放在腿上,或抱臂。无论是坐姿还是站姿,在非正式场合可随便一点,但在正式场合就应比较讲究。

运用态势要有明确的目的。我们在说话时,一举手一投足,都要使其有内在的根据和清楚的用意,这样才能更好地发挥态势语的表达和交流作用,才能更有助于获取说话的最佳效果。

◇　小知识 3-7

常见的势态语

点头表示赞成或同意;顿首用来强调所说话的力度;头部上扬表示惊奇或对某一事情突然明了;摇头是否定的信号;摆头表示怀疑;低头含有被压抑或屈从的意味;抬头是一种有意投入的动作。

肩部下垂向后,表明平静且灵敏;上举向前表明焦虑、惊慌;平举下垂表明沉着果断;向上突起表明愤怒或受恐吓;耸肩表示不知道、无所谓或无可奈何;拍拍肩部表示亲切或庆贺。

竖起大拇指表示赞美;手掌往前摊表示拒绝;紧握拳头表示力量;张开双臂表示欢迎;高举双臂表示胜利;双臂在胸前交叉抱住表示自信和进取。

运用态势要确切精炼。说话时,我们运用态势语的主要目的是沟通感情,补充或加强话语语气,帮助对方理解。因此,态势要精炼,不要太"花",要以少胜多,恰到好处。例如手势动作,要是不间断地随便使用,或者多次重复使用同一种手势,就有可能丧失它的功效。

【案例 3-5】

贝多芬年轻时曾师从著名作曲家海顿,后来因故师生失和。有一次,年老的海顿因听到自己的宗教剧《四季》在维也纳演奏而感动得晕倒了,贝多芬马上去扶他,并吻他的手。对孤寂和充满伤感的老人来说,没有任何言语能胜过这一关切的行为。

运用态势要得体。说话时要根据环境和对象运用各种态势语。在长辈和上司面前不要用手指指点点,更不要勾肩搭背,否则就会被看作是一种失礼行为。在同辈和亲朋好友面前可以随便一点,但也要掌握分寸,切忌用手指点他人的鼻子和眼睛。要时刻注意你的各种态势应与你的说话内容默契配合,自然灵活,恰到好处。

第四节　克服人际沟通的障碍的方法

人际沟通的障碍,是指导致信息传递过程出现噪声、失真或停止的原因或因素。

人际沟通障碍来自于环境、发送者和接收者三方面。认识人际沟通障碍有助于提高我们的沟通水平。想要排除沟通的障碍(无论你是发送者还是接收者),可以先从分析障碍的特性着手。分析的过程可以帮助你了解:人与人之间难免有沟通上的障碍;可能的障碍有哪些;这些障碍对你会造成什么影响;这些障碍对对方会造成什么影响。

了解上述问题之后,你就可以开始进行人际沟通过程中最重要也最艰巨的工作了,即排除沟通的障碍。当然我们不可能完全排除种种的沟通障碍,不过,了解障碍的本质并接受它们存在的事实,有助于你克服这些困难,排除障碍以进行沟通。如果你能找出形成障碍的原因,它们可能不再是干扰,反而成为信息的一部分了。下面,我们将探讨最常见的人际沟通障碍。

一、发送者的障碍

(一)障碍表现形式

1. 目的不明

导致信息内容的不确定性。若发送者对自己将要传递的信息内容、交流的目的缺乏真正的理解,即不清楚自己到底要向对方说些什么、怎么去说,也不知道接收者想听些什么,那么信息沟通的第一步便碰到了无法逾越的障碍。因此,发送者在信息交流之前必须有一个明确的目的和清楚的概念,即"我要通过什么通道,向谁传递什么信息,并达到什么目的"。

2. 表达模糊

导致信息传递错误。无论是口头演讲还是书面报告,都要表达清楚,使人一听即懂、一目了然,心领神会。若发送者口齿不清、语无伦次、闪烁其词,或词不达意、文理不通、字迹模糊,就会造成传递失真,使接收者无法了解对方所要传递的真实信息。

3. 选择失误

导致信息误解的可能性增大。对传送信息的时机把握不准,缺乏审时度势的能力,会大大降低信息交流的价值;信息沟通通道选择失误,则会使信息传递受阻,或延误传递的时机;若沟通对象选择错误,无疑会造成不是对牛弹琴,就是自讨没趣的局面,直接影响信息交流的效果。

4. 形式不当

导致信息失效。当我们使用语言即文字或口语和非语言(如手势、表情、体姿等)表达同样的信息时,一定要相互协调,否则会使人摸不着头脑;当我们传递一些十万火急的信息,若不采用电话、传真或网络等现代化的快速通道,而通过邮递寄信的方式,那么接收者收到的信息往往由于时过境迁而成为一纸空文。

(二)如何克服这类障碍

1.了解对方

在沟通之前必须做好准备,尽量了解对方。他们对沟通的主题已经知道了多少?他们的背景如何?有过哪些经验?在传达信息之前,先探知他们对主题了解多少,会让你沟通得更顺利。因为这么一来,对方在沟通过程中的质疑便减少了。

2.选择恰当的传递渠道和方式

沟通的本意应该是双向交流,要做到双向交流,你就应该使用对方听得懂的语言。根据接收对象的不同,调整表达方法的难度、风格和语气以适应听众的需要,并且表明你的感受。以你自己惯用的方式、语气发言也许可以令对方留下深刻印象,但是这种行为充其量只是单向表达自我,绝非双向交流。

3.传递完整的信息

作为传达信息的一方,有责任知道自己正在说什么。如果我们在说话或写报告时留下一些空白,没把信息完完全全呈现出来,接收者很可能会迅速以自己的假设、成见、理解(也许和我们的理解截然不同)把空白填满。如果我们一开始传送出去的信息不完整,对方当然不可能接收到完整的信息。

4.考虑接收者的观点和立场

有效的沟通者必须具有"同理心",能够感同身受,换位思考,站在接收者的立场,以接收者的观点和视野来考虑问题。若接收者拒绝发送者的观点与意见的话,那么发送者必须耐心、持续地做工作来改变接收者的想法,发送者甚至应该反思自己的观点是否正确。

5.充分利用反馈机制

进行沟通时,要避免出现"只传递而没有反馈"的状况。一个完整的沟通过程,要包括信息接收者对信息做出反应,只有确认接收者接收并理解了发送者所发送的信息,沟通才算完整与完成。要检验沟通是否达到目标,发送者只有通过获得接收者的反馈才能确定,可通过提问、聆听、观察、感受等方式。

二、接收者的障碍

(一)障碍表现形式

1.过度加工

导致信息的模糊或失真。接收者在信息交流过程中,有时会按照自己的主观意愿,对信息进行过滤和添加。现实生活中许多沟通失败的主要原因是接收者对信息做了过多的加工。例如:向上级汇报时,某些部下投其所好,报喜不报忧,所传递的信息往往经过层层过滤后或变得支离破碎,或变得完美无缺;而同样由上级传达下来的决策,经过逐级领会而添枝加叶,使得所传递的信息或被断章取义,或面目全非,从而导致信息的模糊或失真。

2. 知觉偏差

导致对信息理解的偏差。接收者的个人特征,诸如个性特点、认知水平、价值标准、权力地位、社会阶层、文化修养、智商情商等,将直接影响到对发送者的正确认识。人们在信息交流或人际沟通中,总习惯于以自己为准则,对不利于自己的信息,要么视而不见,要么颠倒黑白,以达到防御的目的。

3. 心理障碍

导致信息的阻隔或中断。由于接收者在人际沟通或信息交流过程中曾经受到过伤害和有过不良的情感体验,造成"一朝被蛇咬、十年怕井绳"的心理定势,对发送者心存疑惑、怀有敌意,或由于内心恐惧,忐忑不安,就会拒绝接收所传递的信息甚至抵制参与信息交流。

4. 思想观点差异

导致对信息的误解。由于接收者与发送者在认知水平、价值标准和思维方式上存在差异,往往会出现发送者的用心良苦却只换来对牛弹琴的局面,或者造成思想隔阂或误解,引发冲突,导致信息交流的中断以及人际关系的破裂。

(二)如何克服这类障碍

1. 保持客观公正的态度倾听和接收信息

作为信息的接收者,要分清信息中哪些是客观事实,哪些是个人观点,及时、有针对性地反馈相应信息,以保证沟通正常进行。

2. 专心聆听

你最好等到对方把完整的信息说完之后再作评估,不要因为自我的观念和认知理解的不同和局限,过早地加以判断,以免影响沟通的顺利进行。也就是说,在他说话的时候,你只要发挥集中注意力的能力,而不必运用分析的能力。因为当我们阅读或倾听他人说话的时候,只要我们一想到:"不,这样不对……"我们的注意力便不再集中,而开始根据以往的经验和知识分析对方的话。所以,我们应专心聆听,就像你在重复对方的思考过程一样,而不需要急着反驳他的论点,因为这并不是一场辩论。

3. 任何沟通对你都有用

在沟通中,当你对沟通主题不感兴趣时,你的责任就是不停地问自己:"我如何利用这些信息?"然后强迫自己全神贯注地沟通下去。其实不论你对主题的兴趣程度如何,你面对的讨论或阅读的资料都可以使你获得一些对自己有用的信息;即使你只是装作在专心听对方说话,也能够取悦对方,使你成为一个受人欢迎的沟通者。

4. 及时反馈

作为一个接收信息的人,如果不明确地表示自己是否听懂了,也就没有尽到责任。当然,有时候我们自以为了解了,而事实上却不然。如许多听别人说话的人,即使不懂也会不断地点头称是,该问问题的时候又错失良机。这样的行为绝对是不成熟、不负责任的表现,同时也会引起极大的麻烦。如果我们不懂装懂,以不完整的信息去进行工作,等于自掘陷阱,放弃主控权。

三、信息传递过程中的环境障碍

(一)外界干扰

沟通受到干扰而突然中断,形成障碍。例如——

你正在和一位学生谈事情,这时电话铃声响了。不管你接不接电话,你和学生之间的沟通已经中断了。

你正在看一份报告,一位同事走进来和你讲话。你把注意力从报告上转移到他所说的话上。这么一来,你所阅读的信息就被打断了。

各种大大小小的干扰,像噪声、光线、距离等等因素,经常会打断我们的沟通,由于这些干扰无所不在,我们很容易忽略这类的障碍。不过请记住:任何挡在传达信息者和接收信息者之间的事物都是沟通的障碍,就算它不会完全阻隔信息的传递,也会扭曲信息的内容。

想消除这一类使沟通中断的障碍,你必须先承认它们的存在,不要忽略这些干扰。如:你在沟通时被打断了,在继续交谈下去之前,应确定双方是否都完全了解刚刚所交换的信息。受到干扰之后,你可以向对方表示沟通已经中断,再重复一次刚刚说过的话,确定对方和你一样了解情况。如:你在阅读的时候受到打扰,等打扰消失之后,你可以重读刚刚读过的最后一二段。如果以上几个建议行不通,或是干扰很严重,无法继续沟通,你应该重新安排面谈、阅读或写报告的时间。

其次,选择恰当的时间和场合进行沟通。比如:在公共场合,应尽量避免在噪声比较大的地方交谈,像施工场地、十字路口,尽量寻找安静、舒适的地方如茶室、咖啡厅等,同时力求避免电话、手机等干扰。

(二)物质条件限制

没有电话,你自然无法与千里之外的人进行口头沟通。

(三)沟通渠道的不合理选择

用口头的方式布置一个意义重大、内容庞杂的计划,将使实际效果大打折扣。所以,在沟通过程中,要使用恰当的沟通渠道。"条条大道通罗马",说的正是达成目标的多种途径的意思。面对不同的沟通对象,或面临不同的情形,应该采取不同的沟通通路,这样方能事半功倍,否则,可能造成严重的后果。

综上所述,在人际沟通中,要克服沟通障碍,首先是树立正确的沟通理念,这就是:无论我是否同意你的观点,我都将尊重你,给予你说出它的权利,并且以你的观点去理解它,同时将我的观点更有效地与你交换。其次是运用有效的沟通技巧,只有掌握沟通技巧,才能取得最佳的沟通效果。

【案例 3-6】

春娇与志明的关系

志明与春娇都在大发房屋中介公司上班。春娇这几年来业绩表现相当令人羡慕，是公司超级业务人员；而志明加入大发还不到一个月，以前也没干过这行。两人毗邻而坐。

志明刚开始了解房地产中介这个行业及公司的一些销售制度等细节时，春娇十分热心地教他，在彼此聊天之际，春娇发现志明是一位计算机专家，而且随时都在用笔记型计算机；由于春娇也正打算买一台笔记型计算机，于是她向志明请教，那天傍晚志明推掉了每周一次打网球的聚会，留在公司示范他的计算机给春娇看，并教他一些购买计算机的诀窍。

有天，志明早早就到公司上班，一坐下来就接到一通电话，原来是春娇的一位很有潜力的大客户，有非常急的事找她，结果志明辗转了好几通电话，终于找到春娇。由于志明迅速传话的原因，春娇做了一笔大生意。

她找了一天邀请志明上一家豪华餐厅吃午餐，在言谈之间，听到志明谈到作为新进人员的一些挫折，整整听志明倒了一个小时的苦水，她又花了近二小时教志明各种成功的要诀。

再隔没多久，一对新婚夫妻拿着春娇的名片，来到了大发公司，当时春娇正与另一位可能的买主讲电话，于是她请志明协助招呼几分钟，并给他们倒杯茶。她这通电话讲了半个钟头，志明则浪费了他宝贵的时间在听那对夫妻抱怨房子有多贵。春娇终于讲完了电话，与这对夫妻交谈后才发现，他们连买车都有问题，于是，她很有礼貌地送走这对夫妻。

然后，她转向志明，请他帮她复制一把房子的钥匙，刚好志明正要出门，心想顺路。同时，春娇告诉他，只要报她的名，一定有打折。

当志明正准备离开时，春娇又拜托他，请他顺路将钥匙放在那幢房子大门的信箱上，而这栋房子也正是春娇最近一个新的销售案。不料，志明不但发现锁匠根本不认识春娇，也没有打折，而且那栋房子离城里蛮远的，根本不是春娇所讲的"顺路而已"。隔天，他请春娇帮忙替公司的广告想个绝妙好词，此外，他拜托她向经理提一下，是否可以将他的办公桌换一下，因为他背面的阳光实在太大了，照得背部挺不舒服的。

此时，春娇凑巧有急事要外出，在她离开之际，仍不忘答应及时回来帮志明做那两件事，同时，她告诉志明，麻烦他帮她把最近的一些房屋销售行情打印出来，一方面可以供她决定一个新案子的价格，一方面也可以让志明多熟悉这行业。

志明花了一个多小时，才将资料打印出来，他觉得这份资料相当不错，自己也多打印了一份。春娇回来后因为太忙，所以并没有提到那份资料之事，但志明一直在观察，春娇似乎并没有在为他想广告词及找经理传达他的办公桌事情。

第二天一大早,春娇遇到志明就询问他资料之事,志明推说忘了打印,因为他实在忙不过来了,其实根本就是不想拿出来。春娇还再次拜托他,今天一定要帮她打印一下,志明不知如何回答,只是问她那两件事,春娇拿出了一张纸,想了想写下了几个字,告诉志明,这是她花了一个晚上才想出来的,另外办公室之事,她奉劝志明还是不要提为妙,因为经理相当重视风水,不轻易动……

问题:

1.请分析为什么两人的关系愈来愈不好?

2.如果你是志明的话,你如何处理?

3.你认为两人关系要改善的话,原则为何?

分析:

1.请分析为什么两人的关系愈来愈不好?

答:

(1)一般而言,人际关系主要包括"工具性关系"与"情感性关系"两项因素。

(2)所谓"工具性关系"系以利益为基础,运用人际交往达到利益的获取。此项关系涉及公平交换的原则,假使双方均认为对方的行为有助于自己的利益,则此项"工具性关系"将继续发展,类似"以物易物"的行为,强调的是公平法则。

(3)所谓"情感性关系"则系以人情为基础,其中"面子"是十分重要的因素,运用人际交往过程中建立的人情维系彼此情感。俗话说:"留得一线情,日后好相看",但由于情感的因素影响人际关系的评价,互动涉入了情绪、感情,而变得无法客观地评价。

(4)志明与春娇在认识且共事之初,彼此"工具性"与"情感性"关系互动颇佳,但由于志明从协助春娇接待客户开始,无法得到他期望的报酬回馈,或者是春娇提供了较少的补偿给志明,所以心有不甘的志明,开始怀疑春娇的居心,彼此逐渐陷入"不信任"的关系状态,愈演愈糟糕。

2.如果你是志明的话,你如何处理?

答:

(1)首先"我"会评估改善与春娇关系对自己的价值程度。

(2)如果是低价值的话,则"我"会与春娇维持目前状况。"我"会学习如何拒绝别人,不勉强自己;若不知如何拒绝,则会抱着"吃亏就是占便宜"的想法,将事情往正面的方向设想。"我"不会指责或批评春娇,如此事情只会愈弄愈僵,同时也显示自己风度太差,不够成熟。

(3)如果与春娇恢复较佳的人际关系对自己是有价值的话,"我"会相信春娇的确也是在协助自己,感谢春娇的协助与提醒,消除自己心中的疑虑,而最重要的是信任对方。

3.如果两人关系要改善的话,原则为何?

答:

要把握人际互动"三F"及"三C"原则。

"三F"，即：Fate——相逢自是有缘，珍惜缘分；Face——给彼此面子，不忘时时赞美对方；Favor——受人点滴，抱以泉源。

"三C"，即：Credit——有信用，不以小人之心度君子之腹；Consist——说到做到；Commit——君子重承诺。

【专题知识】

东西方文化差异与跨文化交际

在全球化的浪潮中，跨文化交际正日益成为人们一种必备的交际模式。不同文化间的人际交往越来越频繁，越来越深刻。在这种文化交融的趋势中，人们发现，不同文化之间的差异并没有因为语言障碍的消失、通信手段的先进、大量信息的共享，以及主流强势文化的盛行而越来越小。恰恰相反，不同文化背景的差异构成了跨文化交流与合作必须面对的最重要的问题，不同的文化在相遇时，能否互相尊重、有效地沟通和理解，成为了跨文化合作成败的关键。诚如美国学者亨廷顿所言，文化之间的冲突，将成为全球化世纪中人类面对的最大的挑战。而理解文化差异则是消弭跨文化沟通障碍和冲突的前提和关键。

文化源远流长，包罗万象，无处不在，很难有统一的定义。根据世界著名跨文化与管理专家Geert Hofstede的定义，文化是一个人群的成员赖以区别于另一人群成员的共同思维方式，文化包括价值体系，价值观是文化的基石。

为了让人们更好地了解文化，Hofstede把文化比喻成洋葱，有很多层。最外表的一层称象征物（symbols），如服装、语言、建筑物等等，人的肉眼能够很容易看见；第二层是英雄人物性格（heroes），在一种文化里，人们所崇拜英雄的性格代表了此文化里大多数人的性格，因此，了解英雄的性格，很大程度上也就了解英雄所在文化的民族性格；第三层是礼仪（rituals），礼仪是每种文化里对待人和自然的独特表示方式，如中国文化中，重要场合吃饭时的位置安排，很有讲究，又比如日本人的鞠躬和进门脱鞋；最里面的一层是价值观（values），指人们相信什么是真、善、美的抽象观念，也是文化中最深邃、最难理解的部分。

各国价值观和准则的差异，造成各国人们的思维方式和行为规范的不同。本专题就是从东西文化不同的角度，介绍跨文化交际中的一些民族心理模式和交际规范。

世界文化大致可分为东方文化和西方文化两大部分，东西方文化差别很大，这种文化差异对东西方人的思想、观念、行为习惯等产生了较大的影响。西方文化主要是指欧美的英国、美国、加拿大，以及大洋洲的澳大利亚、新西兰等国家。东方文化一般是指以儒家学说为精神内核的东亚文化。一般指日本、中国、新加坡、韩国等国家。虽然这些国家在风俗习惯上略有不同，但由于人们的宗教信仰、价值观念、行为习惯、风俗礼仪、精神思想、意识形态等大致相同,从而具备许多一脉相承的文化。我们可以从他们的共同的文化内核中窥探到民族心理的差异及对跨文化交际的影响。

东西方文化的差异主要有三个方面。

1. 西方人重个人、重竞争,东方人重社会、重和谐

西方的个人主义价值观念是西方文化的内核。西方人的价值观认为,个人是人类社会的基础和出发点,人必须为自己个人的利益而奋斗,为自己才能维持社会正义,爱自己才能爱他人和社会,为自己奋斗也是为他人和社会奋斗。有个人才有社会整体,个人高于社会整体。每个人应该表现出自己的个性,一个人越是表现出自我个性,越能体现人生的价值。在英文的书面语中,"我"字无论何时都要大写,而"我们""你们""他们""你""他(她)",则不大写。从这个小小的侧面也可以看到,在英美文化中,"我"要比"我们""你""你们""他(她)""他们"的地位要重要。

与西方个人高于一切的价值观相对立,儒家伦理价值观念则以孔孟的仁义为核心,它强调社会第一,个人第二,个人利益应当服从社会整体利益。只有整个社会得到发展,保持稳定,个人才能得到最大利益。当二者发生冲突时,应把社会利益放在第一位。与此同时,儒家伦理注重家庭和社会上的人际关系与道德标准,强调亲属之间、朋友之间,应为一体,天下一家,讲群体意识。社会和群体是至高至尊的。例如:在中国传统文化中,说"我"时,常用"敝人""鄙人""寡人""不才""愚兄""愚弟"等谦词。而对人则常用尊称,例如"尊姓大名""贵姓"。又如:中国人常说"在家靠父母,出外靠朋友","远亲不如近邻",处理问题"要依靠组织"。强调人与人之间的相互依靠。

最有典型意义的例子是:一个美国人给一个日本人写信,日本人收到美国人的信,他一看马上就发火。因为美国人在信的开头,开门见山,将自己的要求放在最前面,后面才讲些客套话。所以日本人为了保持心理平衡,拿到美国人的信先看后面。而美国人看日本人的信,开始越看越糊涂,不知道对方要说明什么,前面都是寒暄等。美国人读日本人的信也是倒过来看,这种不同的书写方法反映着不同的价值观和思维方式。

由于西方人崇尚个人独立,在沟通交往过程中,一般不愿意干涉别人的私生活和个人隐私,也不愿意被别人干涉。在西方国家中人们特别重视隐私权。主要包括:个人状况(年龄、工作、收入、婚姻、子女等)、政治观念(支持或反对何种党派)、宗教信仰(信仰什么宗教)、个人行为动向(住何地方,与谁交往、通信)等。凡是涉及个人隐私的都不能直接过问。邻居之间推门直入、相识之人未经约定便来拜访、随便打听个人的隐私,都被看成失礼的行为。例如:在中国,看望病人说"多喝些开水"或"多穿些衣服",病人认为这是关心的表示,然而,病人若是西方人,他会感到是一种侮辱,因为这种话带有家长的口气,是对他独立人格的不尊重。

2. 西方人重利、重法,东方人则重义、重情

西方皆有人权宣言,明确政府有责任保护个人的权利,极力弘扬天赋人权说。在西方强

调个人权利为基准的社会里,个人的私利必然成为世人追求的唯一目标,人与人之间的情义道德则得不到人们的重视,并且受到冷落。与此同时,法律则受到重视。因为,在人人追逐个人权利和私利膨胀的西方社会里,只有依靠法律,才能解决人与人之间的矛盾。法律既可保护个人的权利,也可制裁人权的侵犯。

与西方相对照,东方人重义轻利、重情轻法。所谓义,指道义、仁义道德;所谓利,指物质利益、功利。讲求道德,不谋私利,不能见利忘义,不能驱义逐利,是做人的准则。正因为如此,东方人自古以来不太注重法律,而是把道义原则作为人们行为规范的准则。人与人之间主要靠道德维持,而不是靠法律约束。

在西方社会激烈竞争的商业环境中,人们注重务实和效率。特别是在交际活动中不喜欢过分的谦虚和客套。比如,一个西方人到他人家中做客,如果说"谢谢,我不想喝茶了",那就是真的不想喝了。如他想喝,就会说:"如果你正好要沏茶,我也喝一杯。"各人在法律允许范围内追求自身利益,绝不认为是不道德的,而对别人侵害自己利益的行为也绝不姑息。

东方人则重义、重情。"君子喻于义,小人喻于利"成了中国人人人皆知、代代相传的道德信条。每逢四时节庆,亲友之间总要走动走动,互致问候。如果遇到天灾人祸,亲友之间也常相互扶持和周济。比如:在餐桌上,西方人请客人喝酒吃菜只请一次,若被拒绝,不请第二次,否则意味着对客人的不尊重;而中国人则是三番五次地劝菜劝酒,以示热情。几个朋友一起外出吃饭,除非事先已讲明由某人请客,美国人习惯各付各的钱,而中国人常争抢着去付款。

3. 东方人谦恭含蓄,西方人个性外露

由于东方文化强调的是群体意识,强调和谐统一,谦恭含蓄成为一种美德,外露直白和个性张扬是不足道的。所以,当我们的工作受到称赞时,总是说"我们的工作仍有许多需要改进的地方"。中国人写的论文题目和书名中常出现"试论""浅谈""初探"之类的词语,而这在英美文化中绝少出现。在西方文化中尤其是英美,谦虚是不值得称道的,人们对表扬的话一般只是说谢谢。中国人请客吃饭,在丰盛的美味佳肴摆满桌之后,却说"没有什么好吃的,大家凑合着吃吧"。这种话对于欧美客人来说,真是难以理解,有时还会被误解为主人没有请客的诚意。而在美国人家里做客,男主人习惯说:"这是我夫人的拿手菜。"中国人常说"本人工作能力不足,请大家多多指教",以表示谦虚,否则就有自不量力、目中无人之嫌。在英美如对老板说这样的话,则十有八九被淘汰。有人做过实验,让美国人估计各自对所在集体的工作贡献的比例,其比例之和几乎总是超过100%,人们都过高地估计了自己所尽的力。但是,亚洲情况则恰恰相反,人们总是低估自己的贡献,这样整个集体中各自出力的比例之和总是少于100%。

多数西方人不喜欢过分的谦虚,绝不害怕锋芒外露。因此,中国人在交际中的"自贬""东方式的谦虚",西方人往往难以理解,甚至还容易产生误解。同时,他们大都性格豪爽,感情炽烈,拥抱礼、亲吻礼、吻手礼这些礼仪形式都淋漓尽致地表现了他们民族的性格特征和文化心理。

【案例 3-7】

美国老板大跳劲舞

小王在一家美资公司就职,对美国人的开放、活泼,他早有耳闻。他的老板是个 50 岁开外的美国人,非常幽默,平时总爱和下属打打闹闹,开开玩笑,大家都习以为常了。不过,有一次,小王着实被他这位过度活跃的老板吓了一跳。那天中午,小王和同事们照例去办公楼外的小食店吃桂林米粉。吃完后,大家心满意足地回到办公室。这时远远看到老板向他们走来,大家都做好打招呼的准备。谁知,老板径直走到小王跟前,放在背后的手,突然变出一顶牛仔帽,翻手戴在头上,随即模仿西部牛仔的样子,又是骑马,又是打枪。动作片演完之后,紧接着一段热舞。老板扭动着他不算灵活的腰肢,跳起了火辣、奔放的桑巴热舞。

这边老板跳得分外起劲,另一边员工看得目瞪口呆。小王看着眼前的老板,真不知道他要干吗。终于,老板停下了舞步,气喘吁吁地对小王说了句"Happy birthday!"这时,愣在一边的员工和小王才明白,老板这是祝贺他生日。一时没反应过来的小王,只会对着老板傻笑,连"Thank you"都忘了说。机灵的同事鼓起了掌,向老板致意,这才化解了尴尬。

事后,小王对老板的此举很是感动。他怎么也没想到,这么忙的老板居然还记得他的生日,连他自己都快忘了。不过,提到老板奇特的祝贺方式——那段热舞和牛仔表演,小王和同事们都连连摇头,感叹"吃不消,吃不消"。

看样子美国人开放和张扬的个性,我行我素,让素来以中规中矩出名的中国人一时之间难以接受。这种引人注目的事,能不做就不做的中国员工无法理解。

正因为东西方文化间存在差异,民族心理不同,所以我们在交际中,要了解并尊重对方的文化习俗,与其和睦相处。

【本章小结】

沟通,是简单而平凡的字眼,也是简单而经常的行为,但它会影响人的一生。人类的生存实践证明:有效、良好的沟通能力已成为人们必不可少的最重要的能力之一。

人际沟通是人们借助共同的符号系统如语言、文字、图像、记号及手势彼此传递或交换知识、意见、感情、愿望、观点和兴趣等的行为。其目的是分享信息、传达思想、交流意见、表示态度、交流感情、表达愿望等。人际沟通具有心理、社会和决策等功能。常见的人际沟通一般分为口头沟通和书面沟通。听、说、读、写是沟通能力的重要内容。如何学会听、学会说、学会写,则是每个人在社会生活中的必修课程。

本章分为四节,分别阐述了人际沟通的内涵、类型、作用及人际沟通的模式,人际沟通的技巧,影响人际沟通的障碍及如何克服障碍。并且从介绍人际沟通的基本要素出发,阐述沟通行为的基本原理和基本技巧。目的是让读者能更好地认识自己和理解他人,挖掘自身的沟通潜质,提高与他人的合作能力与和谐快乐的沟通能力。

【复习与思考】

一、思考题

1.你想一想,沟通对我们生活、工作有哪些重要意义?

2.回想一下你在过去与人沟通中有哪些经验与教训,说给大家听听。

二、心理测试

你会倾听吗? 请做一下小测试。

		几乎都是	常常	偶尔	很少	几乎从不
		5	4	3	2	1
态 度	你喜欢听别人说话吗?	5	4	3	2	1
	你会鼓励别人说话吗?	5	4	3	2	1
	你不喜欢的人在说话时,你也注意听吗?	5	4	3	2	1
	无论说话人是男是女,年长年幼,你都注意听吗?	5	4	3	2	1
	朋友、熟人、陌生人说话时,你都注意听吗?	5	4	3	2	1
行 为	你是否会目中无人或心不在焉?	5	4	3	2	1
	你是否注视说话者?	5	4	3	2	1
	你是否忽略足以使你分心的事物?	5	4	3	2	1
	你是否微笑、点头以及使用不同的方法鼓励他人说话?	5	4	3	2	1
	你是否深入考虑说话人所说的话?	5	4	3	2	1
	你是否试着指出说话者所说的意思?	5	4	3	2	1
	你是否让说话者说完他的话?	5	4	3	2	1
	你是否试着指出他为何说那些话?	5	4	3	2	1
	当说话者在犹豫时,你是否鼓励他继续说下去?	5	4	3	2	1
	你是否重复他的话,弄清楚后再发问?	5	4	3	2	1
	在说话者讲完之前,你是否避免批评他?	5	4	3	2	1
	无论说话者的态度和用词如何,你都注意听吗?	5	4	3	2	1
	若你事先知道说话者要说什么,你也会注意听吗?	5	4	3	2	1
	你是否询问说话者有关他所用字词的意思?	5	4	3	2	1
	为了请他更完整解释他的意见,你是否询问?	5	4	3	2	1

将你的得分加起来。如果你是——

90~100　你是一个优秀的听话者;

80~89　你是一个很好的倾听者;

65~79　你是一个勇于改进、尚算良好的倾听者;

50~64　在有效倾听方面,你确实需要再训练;

50分以下　你注意听别人说话吗?

三、案例分析

可怜的吴亮

吴亮这个星期一直为一件事困扰,所以几天都没出去打篮球。原来,他已经快30岁了,谈了好几次恋爱都没有成功,至今独身。家里人挺着急,托人给他介绍了个对象,约好这个周末见面。可是,吴亮很发愁,不知见了面怎么与这个女孩交谈。前几次他一直装得斯斯文文,光听女孩说,自己只是"是""嗯"个不停,女孩以为他很腼腆,觉得没劲。他想不出来应该怎么办,最后一想,管他呢,到时候再说,还是出去打篮球吧。

星期六下午五点多,吴亮着一身新衣去赴约会。由于他家在西城区,那个女孩在东城区,相距较远,所以把约会地点定在离姑娘家较近的大华影院门口。虽然吴亮已提早出门,谁知这天路上堵车,等吴亮赶到的时候,已经晚了十多分钟。

吴亮走到那女孩面前,急忙说:"不好意思,路上碰上堵车,真是的,早不堵晚不堵,偏偏这时候堵,真是对不起。"

女孩随意地说:"没什么,我也是刚到。城市人多,车也多,所以常常堵车——"

"就是嘛!唉,中国人也太多了。"吴亮急忙说,"你看这城市,到处都是人,每年还有不少外来民工涌入。每天叫喊控制外来人口,也不见那些贪官行动……"女孩眉头一皱,不过也没说什么,任凭他说下去。

"哦,你吃了晚饭吗?"姑娘趁吴亮说得口干之际插了一句。

"吃了,现在不饿。"吴亮随便应了一句。

两个人都沉默了。

吴亮忽然冒出一句:"咱们去看电影吧。""嗯!"女孩细声应了一声。刚到门口,吴亮"唉"了一声,女孩忙问:"怎么了?"

"也没什么,今晚的两个片我都看过。《黑客帝国》虽是大片,却让人看了不着边际。《魂断蓝桥》太老了,真没劲。"吴亮没兴趣地答道。

女孩迟疑了一下:"那咱们别看了吧。"

"行呀!不看这破电影,咱们上街随便遛遛。"吴亮大声说道。

街上车流不息,十分喧闹。两人一时间都沉默了。吴亮心想:她怎么不像前几个女孩一样,主动说话呢?

忽然,吴亮兴奋地问道:"你喜欢看篮球比赛吗?"女孩愣了一下,轻轻地说:"还行。"吴亮一听"还行",心中一喜,心想总算找到了她也喜欢的话题。于是,他不停地跟她讲今年的NBA联赛的近况,以及超级明星的流动情况。女孩一直默默地听,偶尔问上一两个小问题。

吴亮到最后也觉得兴味索然,两人又陷入了沉默状态。

"天色不早了,我得回家了。"女孩打破了沉默。

"哦,行,要不我送你回家吧。"吴亮有些沮丧地说。

女孩说:"不用,你家远,晚上坐车不方便,我一个人走就行。"吴亮心想也是,便不再坚持。于是,吴亮跟女孩说了声"再见"就回家了。

当然,吴亮又一次失败了。

问题：

1. 为什么吴亮又一次谈恋爱失败？

2. 你觉得吴亮属于什么样的人？

3. 你有什么建议，使吴亮成功地与这位女孩约会？

第四章

亲情　友情　爱情

————

感情有着极大的鼓舞力量，因此，它是一切道德行为的重要前提。

————凯洛夫

第一节　如何处理亲人之间的关系

一、亲子关系概述

亲子关系原是遗传学中的用语，是指亲代和子代之间的生物血缘关系，我们这里是指父母与子女（包括养父母子女、形成抚养关系的继父母子女）之间的相互关系。亲子关系，是家庭中最基本的关系之一，具有重要地位。其所以重要，一是它的普遍意义。从空间上说，人人都处在这种关系中。在几代同堂的传统家庭中，这种关系构成了上下辈之间环环相扣的链条式网络。从时间上说，任何个人，从呱呱坠地到白发苍苍，纵使家庭角色不断变换，但父母或子女的角色则伴随一生。任何家庭，尽管其成员代代更替，亲子关系却始终存在。二是它的密切程度。亲子关系就其自然属性来说是一种血缘关系。血缘的亲子关系是天然的，受到一定法律的确认和保护，存在一定程度的不可离异性和绝对的稳定性。婚姻法规定，"父母与子女间的关系，不因父母离婚而消除。离婚后子女无论由父方或母方抚养，仍是父母双方的子女，父母对于子女仍有抚养和教育的权利和义务。"在一定意义上可以说，亲子关系感情最为亲密。古人说，儿女为父精母血所生，天然的骨肉联系使亲子双方产生天然的感情依恋。父母子女之间的和谐融洽，是子女健康成长和家庭安宁幸福的基本前提。亲子亲密的感情是教育子女的巨大力量，它既可以成为子女接受父母正向教育的催化剂，也可以使子女容易接受父母的负面影响。但随着时代的变换和观念上的差异，在对待诸如生活理想、生活方式以及个人发展等，两代人之间往往会有不同的理解和行为模式，造成所谓的代沟。协调父母子女之间的关系，加深两代人之间的相互理解，建立新型的亲子关系，是当前现实生活中人们所关注的问题。

二、亲子关系相处原则

(一)平等互助

这是亲子之间最基本的道德规范,也是现阶段家庭中新型代际关系的标志。亲子之间应建立相互关怀、相互尊重、相互爱护、相互扶助、团结合作的同志式的平等关系。

平等尊重是家庭两代人之间情感的链条。这就是要坚持一般人际交往中的互惠吸引规律。社会心理学家通过大量的实验研究发现,人际关系的基础,是人与人之间的相互重视、相互支持。同样,亲子之间的关系也应是相互重视、相互支持。父母子女之间在人格上和家庭地位上应该平等。不存在谁归属谁,谁依附谁,谁服从谁的问题。这种平等的关系,规定了父母子女之间必须互相帮助。在子女年幼或不能独立生活的时候,父母必须承担抚养和教育的义务;在父母年老、无劳动能力或生活困难的时候,子女必须履行赡养扶助的义务。在家庭生活中,子女进入青少年期的一个显著心理特征,就是要求父母尊重自己,承认自我的存在价值,接纳自己,给自己带来肯定和赞扬。因此父母应该将子女看作同志、朋友,平等、民主地处理亲子关系。而要建立民主平等的亲子关系,父母和子女就必须做到在情感上互相激励,在人格上互相尊重,在困境、过失时互相帮助。父母子女要能朋友式地讨论问题和交流思想,民主平等地商量和处理家庭事务,"能者为师"。这种生活上的反哺,感情上的依恋,思想上的沟通,教育上的双向,正是家庭中平等互助的新型代际关系的生动体现。

(二)求同存异

父母子女间的良好沟通,必须消除或尽量减少由于代际差异所带来的心理障碍,做到相互关心、相互理解,在各种问题的看法、性格、兴趣爱好、心理需求等方面求同存异,相互主动协调代际关系。

所谓代际差异,是 20 世纪 60 年代末美国人类学家 M. 米德首次提出的一个社会学概念。他认为不同辈分的人在思想认识、心理状态、价值观、行为方式、生活态度以及兴趣爱好等方面存在着差异,所以往往对社会上发生的事情有不同的看法和解释,对应该争取实现的理想也持有不同的见解,他们很容易发生分歧和冲突。这种代与代之间的分歧和隔阂就是代际差异。

在家庭里,两代人之间的差异或矛盾是客观存在的,尤其在社会交往、伙伴友谊、文化娱乐、生活方式等方面更为突出。那么父母子女之间如何正确对待这种代际差异呢?

作为子女应虚心学习、继承老一代的优良传统,尊重他们的个性特点、兴趣爱好、习惯和生活方式,不能强求父母和自己完全一致。作为子女,在协调亲子关系上,很重要的是要理解父母对自己的一片苦心。要记住自己的每一个行动都牵动着父母的心,要时时关心父母的心情。关注他们的情感与难处,体会他们的要求和期望,绝不能因为自己的任性妄为,给父母带来痛苦和焦虑。要正确运用家庭教育环境的优势,向父母学习,孝敬父母,尊敬长辈,把父母当作自己成长的良师、朋友和向导,奋发向上,自立自强。

作为父母,要允许子女有别于自己。父母要理解子女的心理特征,接受自己不习惯的子女的个性特点和行为。父母要明确地认识到子女不是自己的手中之物,不是自己生命的延长,而是与自己有别的活生生的人,必须尊重子女成长的自身规律,不可越俎代庖,也不可剥夺子女"按自己的能力来设计自我"的愿望。子女有交友、情感、表现自我等需要,家长如果忽略或否定这些需要,他们就会感到失望、烦恼,产生对家长的抵触情绪。父母要正确地认识代际差异,对子女的观念、选择、爱好,要给予正确引导、理解和宽容。先进的东西也要向子女学习。

【案例 4-1】

A君是某大学计算机专业本科三年级学生,A君的父亲是泥瓦匠,带了一支工程队在上海打工,业绩不错,很受同行的尊敬。可是,他与自己读大学的儿子却不能融洽相处,常常因这样那样的问题发生冲突。有一年除夕,父亲与某亲戚发生了口角,儿子了解到事情原委,觉得父亲不对,就上前劝阻父亲。结果父亲大发雷霆,劈头盖脸地把A君臭骂一顿,若不是友人及时劝阻,A君差一点儿挨父亲的老拳。A君很伤心,觉得父亲蛮不讲理,于是一整天没理父亲。晚上,父亲没有和往年一样,与家人一起看春节联欢晚会。第二天,A君的床头放了一双崭新的鞋垫,正是A君正月初一穿新鞋所缺少的,看得出这是父亲昨天晚上赶做的。A君明白父亲是以此来向他道歉,但他仍然不能原谅父亲,大年初一也没按习俗向父亲拜年。

【案例分析】

A君与父亲之间的矛盾,就是典型的代沟冲突。A君的父亲以送儿子鞋垫的方式向A君表达了自己的歉意。遗憾的是A君得理不饶人,使得本可以及时缓解的情感氛围,持续阴雨连绵。在两代人的交往中出现分歧是正常的,如何正确对待和处理这些分歧很重要。年轻人不能觉得自己真理在握,就可以势不可挡,把长辈冲得落花流水,忘记应该对他们保持基本的尊敬和宽容。长辈久经岁月洗礼,饱经人生沧桑,苦难铸就了他们的个性。父与子有各自的价值观和是非判断标准。假如不能以妥善的方式保全父亲的面子,既解决问题又让父亲有台阶下,而去苛求长辈们不顾自己的面子和尊严,低头认错,甚至希望他们改变价值观念,改善早已习惯了的解决问题的方式,那是不可能的。

总之,父子之间存在代际差异,但并不存在根本利益冲突。双方通过学习提高认识,加强沟通,是可以互相理解,求同存异,互相促进的。

(三)尊老爱幼

1. 爱幼与抚幼,是父母应尽的道德义务

人类社会的延续和发展,靠生养教育后代来实现。从这个意义说,父母养儿育女,不是防老或续后的私事,而是为社会培育后代的大事。不管做父母的主观意识明确与否,客观实践本身就具有这样的社会意义。父母对子女要有无私的爱,而不是把子女当作自己出气的材料,把养儿育女当作谋求自身利益的投资。正如鲁迅所说:"一个村妇哺乳婴儿的时候,绝不想到自己正在施恩;一个农夫娶妻的时候,也绝不以为将要放债。只是有了子女,即天然相爱,愿他生存;更进一步的,便还要他比自己更好,就是进化。""觉醒的人,此后应将这天性的爱,更加扩张,更加醇化;用无我的爱,自己牺牲于后起新人。"

父母对子女的爱要适度。爱幼与抚幼,首先是生活上的抚养与照料,在各方面为他们的成长提供必要的物质条件。苏联教育学家马卡连柯认为,"爱是一种伟大的情感"。爱孩子,是教育孩子的前提和基础。他说:"没有父母的爱培养出来的人,往往是有缺陷的人。"但是父母应该讲究爱的分寸,不可陷入溺爱。过分的爱,只能形成以子女为中心的家庭,培养出冷酷无情、毫无心肝的利己主义者。尤其应当注意的是,不要以自己的幸福与理想来换取子女的幸福,这是一种盲目、娇纵的爱,只能培养出暴君和压迫者。

今天,随着人们经济生活水平的提高,不少经济能力较好的父母过分地溺爱自己的子女。饮食的高档化和生活的包办型,构成了爱的情感高度聚焦的抚育方式,使得不少家庭中的子女丧失独立生活能力或变得蛮横任性、极端自私。这种溺爱带来的消极后果是显而易见的。明智的父母应该以高度的伦理警觉和社会责任感,将感情引进理智的轨道,不致因自己爱的失误而导致后代的损伤。颜之推(南北朝的教育家)在1400多年前的告诫对今天的为人父母者仍有深刻的现实意义。他说:"吾见世间,无教而有爱,每不能然。饮食运为,恣其所欲。宜诫翻奖,应诃反笑。至有识知,谓法当尔。"意思是,我见世间有些父母,对子女不加教育,一味溺爱,常常不以为然。不论饮食言行,孩子想怎样就怎样。甚至该禁止的反而奖励,该斥责的却表示欣赏。这样积久成习。当孩子懂事时就会是非不辨,把错误的言行当成是理应如此。

学会教育子女。爱子首先要教子。高尔基曾经说过:"爱护子女,这是母鸡都会做的事,然而,会教育子女,这就是一件伟大的国家事业了……"做父母不仅要关心子女物质上的需要,更重要的是要注意子女思想品德的形成和发展。父母既是孩子的第一任教师,又是终生的教师,因而其教育往往具有其他社会教育形式所不具有的特点和作用。父母要理解子女的心理特点和新的需要,多给予体贴、关怀,尊重子女的独立性和自尊心;要放开手脚,让他们在实践中锻炼独立性,增强自立、自主能力;要能教而不怨,宽恕子女成长过程中难以避免的错误。总之,成功的教育艺术,需要家长具备明智的心理品质,在教育与培养子女的过程中,有必要在一定程度上超越家庭私情,以一种更广泛的社会道德价值标准和社会责任来处理亲子关系。要细心观察子女的个性特征,既要潜移默化地启发引导,又要给予子女一定的自由发展空间和机会。干涉过多,管得过死,什么事情都必须按着父母设计的模式行事,对子女的发展非常不利。同时,家长要在子女心目中建立可亲可敬、可以信赖求教的人师形象。

【案例 4-2】

最美妈妈

2011 年 7 月 2 日 12 时 15 分,杭州白金海岸小区居民吴菊萍女士抱着 15 个月大的儿子在花园散步,突然听见头顶上传来小孩哭声,还听见有个老太太大声喊:"别爬!"

吴菊萍说,因为阳光非常刺眼,模糊中看到是隔壁家的孩子挂在窗台上。"我当时也没细想,心里很急,踢掉高跟鞋,往楼下快速靠近几步。这时,听到楼上一声尖叫,我下意识地双手手臂一张,真是嗖的一下,很快很快,左手臂一阵剧痛,我整个人就倒下去了。"

"如果孩子偏差一点点,落在她脖子上,她可能高位截瘫;落在头上,就可能当场死亡。"金副院长不免感慨,"我也是一位 15 岁孩子的爸爸。我非常敬佩吴女士,这就是母亲的伟大!"

2. 尊老与养老,是子女应尽的道德义务

在人类自身发展的阶梯中,每一代人都是承上启下的一级台阶。个人在家庭中的角色,也会从子女向父母转换。子女之所以必须敬养父母,不仅仅是对父母养育之恩的报答,也体现了后一代人对前一代人的人格尊敬与价值肯定。所以尊老养老不仅是中华民族的传统美德,而且也是新时代的社会公德。正所谓"百善孝为先"。在中国孝不仅是一种义务,更是一种情感。

孔子的学生曾参从低到高把孝分为三个层次。第一个层次是尽到赡养父母的责任,这是作为子女晚辈对父母最起码的责任。不过仅仅做到物质上的供养和生活上的照顾是不够的,真正的孝不仅表现在语言与行动上,更体现在具有对父母发自内心的真爱,即对父母要有精神上的安慰与感情上的体贴。真正的孝是情动于内衷,敬生于外表,这是最难得的。孝是一种情感,一种对父母的挚爱和尊敬,真正的孝情养不养还在其次,亲不亲才是重要的。中国人之所以把孝与敬联系,道理就在于此。这是孝的第二个层次。从更广泛的意义上说,孝不仅是一种个人的情感,而且还包含了社会性的意义。当子女为社会国家作出了贡献,得到社会的肯定和赞誉,便会给父母带来莫大的荣誉。这便是孝的第三个层次。由于自己的成功,使父母受到世人的尊敬,给父母一种生命得到延续的满足,这是孝之极致。这样中国人的孝道通过从低到高的递进在个人与社会、家庭与国家的相互统一关系中,得到了高层次的升华。于是就有了"修身、齐家、治国、平天下"的逻辑演绎。

在现代社会里,亲子关系仍然是人生最重要的社会关系。虽然传统孝道存在着一些需要修正和改良的地方,但总的说来,它仍然值得我们继承和发扬。尤其是随着社会经济水平的提高及社会保障体系的健全,老年人的生活条件有了显著的提高和充足的物质保障,对于父母们的精神关怀与感情上的体贴的意义就显得更为重要。现代社会似乎存在着一种人际关系契约化、法律化的趋势。如果亲子之间仅仅是一种赡养的经济关系,那么,责任将取代情感,温情将变成负担,亲人将形同路人,家庭也将失去意义。因此,子女应该理解体谅父母们的心情,做好精神上的赡养,丰富他们的精神生活,在某种意义上说这比物质上的赡养更为重要。

【案例 4-3】

黄香温席

黄香九岁的时候,母亲就去世了。他自小懂事,帮父亲干活时很勤劳,读书时很刻苦,对父亲也很孝顺。当夏季炎热的时候,他拿扇子给父亲扇凉,晚上为父亲把床上的枕、席也扇凉,驱赶蚊虫;冬季寒冷时,他替父亲把被窝暖热。黄香成年后知识渊博,成为国家的栋梁之材,受到人们的赞扬和爱戴。

第二节 如何处理师生之间的关系

一、师生关系概述

师生关系是教育过程中人与人之间最基本、最重要的关系。其重要性并不在于关系本身,而是这种关系所产生的教育效应。从教师方面来说,是要把学生培养、塑造成德、智、体全面发展的人,他在学生面前不仅仅是知识的传授者,而且更应该是一个人格榜样;从学生方面来说,是要通过接受教师的教育而达到自我成长、完善的目的,奠定人生发展的基础。这一特点使师生关系比其他人际关系具有更特殊的意义。

作为一种人际关系,师生之间也处在相互影响、相互作用之中,因而也免不了会有一些矛盾冲突。首先,师生在教育和教学过程中处于不同的地位,负有不同的职责。教师的主要责任是教,学生的主要责任是学。教师的严格要求不一定会被全体学生所理解和接受,学生便可能产生消极抵触的情绪;学生的特点、困难、意见被教师忽视,也会造成师生之间的隔阂和情绪上的对立。其次,师生在知识、社会经验、世界观和人生观的成熟性方面存在客观差异,如果彼此不能正确对待,缺乏相互之间的沟通和交流,师生关系就会疏远、冷淡,给教育工作造成困难。此外,教师不关心、热爱学生,缺乏教育工作责任感,甚至偏爱、歧视一些学生,或者学生不尊重教师,自由散漫,学习松懈等,都会影响教和学的积极性,导致师生关系的对立和紧张。因此,协调师生关系,教师和学生都应遵循一些伦理规范。

二、教师如何协调与学生的关系

教师首先必须塑造良好的师德。有一位著名教育家曾说过:"作为一名教师,他自己受了多大程度的教育和教养,在多大程度上使这种教育和教养成为他自己的财富,他只能在这样大的程度上对别人发生教育的影响,而且必然发生这种影响。"从这句话中可以看出,教师自身的学识与道德水平即师德,在潜移默化中直接或间接地影响着学生,也影响着学生对他的看法,进而影响着师生关系。一个具有良好师德的教师,才会具备优良的素质。具体表现在,精神焕发,精力充沛地进行教学,并有坚毅、乐观的性格,严整刚毅的志向与力量。教师要以自己的品行为学生树立榜样,使学生在潜移默化、耳濡目染当中不知不觉中受其影响,也形成坚强的意志与自制力,因而更富有理性,善于思考,发奋学习,从而进一步提高学习效率。教师的身体力行,不仅使学生的学习有了提高,而且使学生受到感染,更加敬慕教师,从而增进了师生关系。如果这位教师不仅做不到以上方面,且在上课时无精打采,语言粗俗,不仅不能成为学生的榜样,反而对学生产生不良的影响,就无从谈起师生关系了。所以教师的良好的素质影响着师生关系。

在教师对待学生的态度和行为方面,根本的要求是热爱学生,诲人不倦,这是教师处理与学生关系的基本行为准则。要教育学生,首先必须热爱学生,这不仅是教师的天职,也是培养学生、塑造学生美好心灵的前提,是顺利进行教学工作、提高教学质量的重要条件。在教学过程中,热爱学生,是进行教育的感情基础。教师爱的情感,能促使学生产生积极的情绪,从而转化为学生接受教育的内在动力。所谓"亲其师,信其道",教师对学生诚挚的感情,平等的尊重,才能引起学生对教师的崇敬、信任和亲近,营造出良好的教学气氛。

三、学生如何协调与教师的关系

学校是学生所处的最主要环境,学生总是力求适应,力求被老师接受、喜欢和欣赏。除了学生之间的关系外,师生关系可以说构成了大学生人际关系的重要方面。和中小学相比,大学师生的个人交往范围要小得多,而且具有自发性、偶然性且多局限于知识学习方面。使不少大学生在对老师的关系上表现得拘谨和胆怯,更不知如何去建立和谐良好的师生关系。当师生关系良好时,学生处于安全环境下,会感到对外部环境的适应,形成健康的心理状态,有足够的自信,从而以积极的态度学习,提高学习效率。反之,学生总是提心吊胆,心理处于不健康的状态,注意力会分散,自卑、消极,知识加工能力无疑会降低,造成学习成绩低下。

从社会心理学的角度看,教师因在教育过程中处于主导地位,他们与大学生交往的作风、方式往往会对师生关系起重要作用。但俗话说"一个巴掌拍不响",学生的自觉能动性也对师生关系起重要作用。在师生关系的相互作用过程中,作为老师应该是学生的良师益友,应该做到关心、尊重、爱护学生,作为学生也应有积极的态度,这样才能建立起和谐良好的师生关系。那么作为大学生,应当如何去做呢?

首先,必须尊敬老师。"一日为师,终身为父",表达了人们对老师的尊敬。随着社会的发展,人们的很多观念都发生了变化,但尊师的主流一直没有变。对于任何一个人来说,尊师都是做人的一个最基本的准则。人来到世上除了父母的养育之恩,就是老师的传授之德。人类文明的传承和延续,首推老师之功。老师对学生"传道、授业、解惑",毫无私心和保留。教师在培养造就人才的事业中乐于做人梯,让学生踩着自己的肩膀攀登科学高峰,用自己心灵的火花去点燃学生心灵的灯盏,用知识在学生的心灵中盖起摩天大厦。这种对人类文明的无私奉献难道不值得我们去尊敬和爱吗?

【案例 4-4】

程门立雪

　　宋熙宁九年进士及第,当时,河南人程颢和弟弟程颐在熙宁、元丰年间讲授孔子和孟子的学术精要(即理学),河南洛阳这些地方的学者都去拜他们为师,杨时被调去其他地方做官他都没有去,在颍昌以拜师礼节拜程颢为师,师生相处得很好。杨时回家的时候,程颢目送他说:"我的学说将向南方传播了。"又过了四年程颢去世了,杨时听说以后,在卧室设了程颢的灵位哭祭,又用书信讣告其他同学。程颢死了以后,杨时又到洛阳拜见程颐,这时杨时大概四十岁了。一天杨时拜见程颐,程颐正在打瞌睡,杨时与同学游酢恭敬地站在一旁没有离开,等到程颐睡醒来时,门外的雪已经一尺多深了。

　　其次,对老师应有礼貌。礼貌是尊重他人的表现,每一个人在心理上都有得到别人尊重的需要,学生对老师有礼貌正是内心尊敬老师的反映,可以缩短师生之间的心理距离,产生积极的效应。在和谐的师生关系氛围内,教与学双方都会以积极主动,而且富有创造性的热情的态度去完成和实现教学过程,并且双方都能达到一种理想而满意的效果。因此大学师生人际关系的和谐协调发展,是具有极其重要的意义的。

　　再次,多想想老师的困难和苦衷。师生之间既有长幼之分,又是同志朋友间的平等关系。相互之间应该真诚友爱、坦诚相见。的确,教师也难免有这样那样的缺点,或者对教师工作感到厌倦,或者教学质量不够理想,或者动辄责骂学生等。作为学生,应当主动地、个别地找老师交换意见,陈述自己的想法,婉言指出他们的缺点,"老师,你这样做与教师身份不够符合","老师,你错了"。但是我们也应看到,老师生气、发怒、批评、教训无非都是期望我们成为好学生,取得好成绩。老师也是人,也有自己的七情六欲。因而作为一个学生,无论在哪一位老师面前都应记住自己的学生角色,即使遇到老师误解了自己的情况或对自己的评价欠公正,也应积极沟通,设法让老师了解或理解你,切不可当面顶撞,防止分歧公开化、扩大化,更不该背后议论,把关系弄僵。如果与老师的分歧一时难以统一,可以求同存异,保留自己的不同意见。若老师对你做出不公正的处理,你也要保持冷静,除了进一步向老师陈述自己的意见外,还可以通过正常的组织程序向上级组织反映,维护自己的合法权益。

　　最后,在专业学习过程中多与老师交往。这是在大学建立和谐师生关系最重要的一个方面。大学老师与学生交往中比较多的是专业课的教学过程,作为大学生学好每门课程是达到培养目标的要求,所以你必须对教师所教授的课程专心致志,认真听课,刻苦钻研课程内容,专心去探究该课程的基本知识、基本技能,认真完成作业。多去请教,多与教师探讨,在请教与讨论中学习知识,学习教师治学的方法,也可在请教中为教师做些教学中力所能及的工作,在这些教学交往中增进了解,和谐师生关系。

【案例 4-5】

　　王星是一个大二的学生,品学兼优,被确定为入党考察对象。但在党组织进行考察的时候,班主任却推荐了班级里的另外一个各方面表现都很好的同学入了党。王星很苦恼,感到难以理解。但他没有选择沉沦,也没有对班主任心存芥蒂,而是主动找班主任沟通。班主任给他讲了入党的基本条件。他也发现了自身的缺陷:平时比较孤傲,与同学关系一般。经过沟通,师生关系恢复融洽。王星也经过自己的努力改善了同学关系,最终入了党。

第三节　如何处理朋友之间的关系

一、友谊的含义和价值

(一)友谊的内涵

　　友谊是人与人之间一种美好而又亲密的情谊,是一种崇高的道德力量,是激励人前进、促进人全面发展的精神力量。或者说,友谊是以个人之间在情感上的互相依恋为前提,建立在思想、志趣、爱好、利益等一致的基础上的个人之间关系的一种形式,是人的一种永恒的需要。

　　良好的人际关系离不开真挚的友谊。古罗马哲学家西塞罗说:"没有友谊,世界仿佛失去了太阳。"古希腊作家斯托贝说:"财富不是朋友,而朋友却是财富。"这些至理名言说明了人类具有一种共同的需要——友谊。交往产生友谊,友谊加深交往。交往和友谊,皆源于人的情感生活。真正的友谊是人与人之间的亲密情谊,体现的是人与人之间的友爱,是相互间爱的给予。有的人常常不易接受别人的批评,却能接受朋友的规劝,正是由于知道友谊的体现者——朋友,是爱护他尊重他的。

　　真正的友谊是一种崇高的道德力量,是人类把美德化为情感的无偿赐予,它能沟通心灵、美化生活、稳定和巩固社会。友谊可以成为鼓舞人们前进的力量,使人从情感上把自己与他人的前途和命运联系起来,相互之间开诚布公,畅所欲言,一起分享喜悦,一起分担不幸。培根说:"友谊的一大奇特作用是,如果你把快乐告诉一个朋友,你将得到两个快乐;而如果你把忧愁向一个朋友倾吐,你将被分掉一半忧愁。"有的人出于私利以对自己有用还是无用的势利眼光来择人交友,这只不过是庸俗卑劣的人情交易。

　　友谊还是心灵的默契。人间美好纯洁的情感的缔结是彼此真诚的祖露,需要平等、互尊、互助、互爱的心灵默契。真正的友谊是不掺杂任何杂质的。朋友需要的时候不请自来,朋友有难的时候奋不顾身。真正的友谊要经得起考验,廉颇蔺相如如果没有先国家之急而后私仇的宽大胸怀,便不会有负荆请罪的动人场面。友谊不是某些人的专利,只要怀有一颗真诚的心,将心比心,你就会得到真正友情的回报。能把真诚赠给朋友,你会赢得更多朋友,多一个朋友多一个世界,蓦然回首,你不再是孤寂的独行人。

(二)友谊的价值

歌颂友谊的诗句人们百听不厌,李白的"桃花潭水深千尺,不及汪伦送我情",苏东坡的"但愿人长久,千里共婵娟",王维的"劝君更尽一杯酒,西出阳关无故人",王勃的"海内存知己,天涯若比邻",千百年来,人们念着它们,受着它们的感染,演绎着一幕幕动人的篇章。

大学生友谊对于大学生的成长具有特殊的意义。既具有青年期情感依恋和人际交往的一般意义,又对大学生的心理发展和社会化进程具有特殊的意义。同学友谊不但会促使大学生发现自我,理解他人,从而推动自我意识的发展,还会促进大学生互相学习,互相帮助,加速社会化的实现。除此之外,大学生友谊是每一个大学生在人生中极其独特珍贵的一份精神财富,它比中学时代的友谊要深沉、理智,又比毕业后进入社会阶段复杂的交情要单纯、真挚。

有了友谊,就有了朋友,就有了关心自己的人,生活就有了意义。所以友谊对于人生,就像炼金术士所要寻找的那种点金石。它能使黄金加倍,又能使黑铁成金。一个人的智力有限,考虑问题时免不了有所欠缺,朋友的忠告使你少走弯路;一个人的精力有限,不可能把古往今来人类所创造的专业知识全部掌握,不同专业门类的朋友将帮你扩大知识面;一个人不可能遍游天下明山秀水,居在美国的朋友会向你侃起纽约的繁华,走过古文明遗址的朋友将跟你谈起金字塔的雄伟……

二、真挚友谊的基础

我们首先来看这样一个故事:很久以前,在恒河之滨,有个三口之家——猎人、他年幼的儿子和一条忠诚的狗。他们之间亲密无间,过着美好的生活。每当猎人外出打猎,狗就在家看护着他的儿子,从不懈怠。有一次,猎人刚回来就被眼前的景象震惊了——儿子不见了,只看到那条满嘴是血的狗。他突然有一种天塌地陷般的悲痛:无限信赖的朋友背叛了自己,它吃掉了自己的儿子!怒火燃烧着他的胸膛,他颤抖的双手举起了猎枪,对准那条似乎有些疲惫的狗。可怜的狗,它来不及哼一声就倒下了。这时,儿子从床底爬了出来,哭叫着说:"爸爸,你走后,有一条大蟒窜到屋里,我好怕啊!幸好有我们的狗保护我,它们开始打架,后来,可怕的大蟒终于被它咬死了!""什么?你说什么?"猎人陷入深深的懊悔和痛苦之中。为了纪念他的忠心的朋友,他在河滨修了一座塔,把狗埋在塔的下面。但是,从这以后,他和他儿子再也见不到他们最亲密的朋友了。

这个故事引人深思,也给了我们以下启发:真挚友谊的基础是信任。没有信任的友谊就如沙堆上的楼房,不用多久就会倒塌。朋友之间没有信任,轻会导致分手,重则酿成不可挽回的悲剧。毛泽东对周恩来,无论是在战争年代还是建设年代,总是深深地信任着他,周恩来也从不怀疑这种信任,正是这种高度的相互信任,使他们带领中国革命走向胜利。

真挚友谊的基础是志同道合。即朋友之间要有共同的理想、志向和追求。当然,交朋友要有宽大的胸怀,要有"海纳百川,有容乃大"的精神,对朋友不要苛求,更不要过于计较小节,要知道世界上没有完人,要求过高,便没有了朋友。但也不能把标准定得太低,不辨黑白,不明是非,凭一时之江湖义气,一时谈得来,便成挚友,那是万万不可的。所以,真朋友难交,真友谊不易得。

【案例 4-6】

三顾茅庐

汉末,黄巾事起,天下大乱,曹操占据朝廷,孙权拥兵东吴,汉宗室豫州牧刘备听徐庶和司马徽说诸葛亮很有学识,又有才能,就和关羽、张飞带着礼物到隆中卧龙岗去请诸葛亮出山辅佐他。恰巧诸葛亮这天出去了,刘备只得失望地回去。

不久,刘备又和关羽、张飞冒着大风雪第二次去请。不料诸葛亮又出外闲游去了。张飞本不愿意再来,见诸葛亮不在家,就催着要回去。刘备只好留下一封信,表达自己对诸葛亮的敬佩和想请他出来帮助自己挽救国家危险局面的意愿。

过了一段时间,刘备吃了三天素之后,准备再去请诸葛亮。关羽说诸葛亮也许是徒有虚名,未必有真才实学,不用去了。张飞却主张由他一个人去叫,如他不来,就用绳子把他捆来。刘备把张飞责备了一顿,又和他俩第三次去请诸葛亮。当他们到诸葛亮家前,已经是中午,诸葛亮正在睡觉。刘备不敢惊动他,一直站到诸葛亮醒来,才彼此坐下谈话。

诸葛亮见刘备有志替国家做事,而且诚恳地请他帮助,就出来全力帮助刘备建立蜀汉王朝。

共同的兴趣、爱好是联结友谊的纽带。兴趣是个体对客体的有意选择并力求认识的一种倾向,兴趣的进一步发展就表现为爱好。在集体生活中,一部分兴趣广泛的同学比较容易结交朋友,就是因为共同的兴趣爱好促进了友谊的建立和发展,促使他们互相接近,有更多的共鸣,有良好的沟通。

真挚的友谊经得起时间和风雨的考验。恩格斯花了整整 20 年的时间在其父亲经营的公司,干着他称之为"该死的生意经"的事情,从精神上、经济上一直无私地支持着马克思的工作和生活。正是这种伟大的友谊,造就了跨时代的巨著——《资本论》。人生在世,美丽的青春年华都会像流水一样一去不复返,唯有朋友间的真挚友谊不会枯萎,可以天长地久。

三、努力播种友谊

友谊的播种也需要遵循一定的原则。

平等原则。人际交往作为人与人之间的心理沟通,是主动的、相互的、有来有往的。人都有友爱和受人尊敬的需要,都希望得到别人的平等对待。人的这种需要,就是平等的需要。尽管人与人之间各方面情况不同,但是朋友双方在人格上是平等的,在心理上是对等的,平等是建立良好人际关系的前提。用句老话就是"爱人者,人恒爱之;敬人者,人恒敬之"。只有保持平等的心态才能保持真正的朋友关系。现代社会生活中,人们要获得友谊,发展友谊,就要与人为善,与人为善就是在播种友谊。

相容原则。人际交往中的心理相容,即指人与人之间的融洽关系,与人相处时的容纳、包涵、宽容及忍让。要做到心理相容,应注意增加交往频率,寻找共同点,为人处世心胸开阔,宽以待人。要体谅他人,遇事多为别人着想,即使别人犯了错误,或冒犯了自己,也不要斤斤计较,以免因小失大,伤害相互之间的感情。只要有利于事业、团结,做出一些让步是值得的。不同的人有着不同的性格、爱好,在社会生活中要获得友谊,须学会宽容,善于原谅。"人非圣贤,孰能无过。"善于原谅他人的人,就是宽以待人、心地坦然、谦虚自重的人。

诚信原则。友谊的发展过程是朋友之间相互影响、相互愉悦的情感体验过程。要做到真挚诚实、信用可靠。信用即指一个人诚实、不欺骗、遵守诺言,从而取得他人的信任。与他人以诚相见,以诚相处,才能以心换心。人离不开交往,交往离不开信用,要在相互了解的基础上充分信任朋友和讲信用。

选择原则。"交往"与"交友"是不同的,交友要有所选择,要注意慎交友,交益友。与品行高洁、善解人意、知书达礼、思想健康的人交友,自己也会获益匪浅。如果与道德低劣、见利忘义、损公肥私、不重情义之人交朋友,对自己的人生修养、人格发展和理想追求都将带来损失。当然要获得真挚的友谊,须严于律己。严于律己就是要求自己具有较高的思想境界,品行端正,作风正派。

【案例 4-7】

大二学生周某,家境富裕,因此就产生了优越感,看不起同学,在班里也没有什么朋友,生活过得并不如意。他的父亲在深圳经商,因为做生意的需要,经常请朋友们吃饭,朋友们也很多。周某在父亲身上得到了启示,觉得只要有钱,不怕没朋友,因此,他向父亲要了些钱,准备请同学吃饭,买一些礼物送给同学,目的是为了交上几个朋友。

金钱能买到友谊吗?朋友之间的交往固然需要有一定的开支,但感情才是友谊的本质属性,我们需要的是真诚的友情。那么怎样获得真挚的友谊,保持发展朋友关系?

以诚相见,以心换心。有句格言说得好,获得朋友的最好办法,就是你自己成为别人的朋友。交友必须以诚相见,以诚相处,没有忠诚得不到友谊。对朋友的忠诚,也就是以友爱之心去换取友爱之心。古人云:"朋而不心,面朋也;友而不心,面友也。"友谊的诚挚和热情,首先表现在对朋友的推心置腹,向朋友袒露自己的内心世界,让朋友分享自己的快乐和分担自己的忧愁。只有关心和理解别人的人,才会得到别人的理解和关心。不能光想向别人索取友谊而自己却不向别人奉献友谊。

广交友。尽量扩大友谊圈,广交一般朋友。这不仅有助于寻觅知音,更重要的是可以开阔视野、增长见识,从而促进情感升华、道德发展、思想和心理不断成熟。而且知心朋友往往是在广交的一般朋友中选择。

慎交友。大学生的人际交往必须有所选择,不能无目的地滥交朋友。在朋友的选择上,我们要寻求品质高尚的好朋友;在相知的程度上,要追求知心朋友;在交往的方式上,要提倡"君子之交淡如水",反对拉拉扯扯的酒肉之交。法国有句谚语叫"酒肉之交非善邻",我国古训也有许多这方面的警言,如汉代刘向的所谓"以财交者,财尽则交绝。以色交者,华落而爱渝",说的都是朋友之交淡如水的重要意义。

主动伸出友谊之手。友谊是美好的、无私的。渴望友谊的人,珍视友谊的人,总是首先向前半步,将自己的友谊之手主动伸向对方。同时,这也是培育真挚友谊的关键一步。它要求我们主动敞开心灵的门户,对别人真心感兴趣。只要我们悉心地关注自己周围的同学,就会发现几乎每一个同学都有许多可供我们学习借鉴和需要我们关心帮助的地方。一个真正热爱生活的人,必然是对别人真心感兴趣的人。一个人只有对别人真心感兴趣,才会真正体验到他对别人友谊的需要和别人对他的友谊的需要,才会真正感受到生活的丰富、充实和可爱。主动伸出友谊之手,还要求我们心中总装着一些人。久而久之,形成习惯,种下友谊,心装着的便是一些真实而诚挚的朋友。

第四节　如何处理恋爱关系

一、爱情与人生

(一)爱情的含义

爱情是一对男女基于一定的客观物质基础和共同的生活理想,在各自内心中形成的对对方最真挚的仰慕,并渴望对方成为自己终身伴侣的最强烈、稳定、专一的感情。同时,恋爱是在一定的社会文化状态下,两性间以共同的生活、理想为基础,以平等互爱和自愿承担相应义务为前提,以渴求结为终身伴侣为目的,按一定道德标准自主地结成的一种具有排他性和持久性的特殊的社会关系。

马克思主义的爱情观不同于"唯精神论"和"唯性欲论",它认为爱情是人类独有的感情,爱情具有自然属性和社会属性。自然属性是爱情产生的生理条件和生理基础,而社会属性则起着主导和支配作用,制约着自然属性。爱情的自然属性和社会属性是辩证统一的。爱情的产生有一个过程,一般是在异性间自然交往的基础上发展为友谊,进而发展到爱情的,这需要经历一个由感性到理性、由片面到全面、由认识浅到认识深,进而相互肯定、相互融合的过程。李大钊说过:两性相爱,是人生最重要的部分,应保持它的自由、神圣和崇高。

(二)恋爱与责任

俄罗斯著名的教育家苏霍姆林斯基在《爱情的教育》一书中指出,人能够学会建造伟大的建筑物——水电站、宫殿、宇航船和核潜艇,但是如果他没有学会真正地爱,他仍是一个自然人。要想学会爱首先必须懂得爱是一种责任。美国著名心理学家弗洛姆在《爱的艺术》中明确指出,爱是主动给予,而不是被动接受。在爱的过程中,一个人给予另一个人他的欢乐、他的兴趣、他的理解、他的知识、他的幽默、他的爱慕、他的生命活力的全部表达方式和全部证明方式。这样,他也使另一个人丰富起来,通过提高他自己的生命感,他也提高了另一个人的生命感,他以自己对生命和生活的热爱去燃起另一个人对生活的热爱,充实另一个人的生命。弗洛姆还提出,爱的基本因素是关心、责任、尊重和认识。责任意味着照顾、关心,也意味着尊重。爱不是统治,不是占有,爱是把人当人对待,以信任交换信任。可见,爱的核心因素是责任。责任不是从外部强加于人的东西,而是一种完全自愿的行为。只有具有深重的责任感,才会去真挚热烈地关心和尊重自己所爱的人,只有具有强烈的责任意识,才能使人享有道德的尊严,使人在爱的过程中得到精神的升华。

(三)爱情的价值

恋爱是四年大学生活的一个重要主题,大学生的心里也总是激荡着爱情的涟漪。恋爱的美好不仅仅在于初恋时羞涩的浪漫,热恋时奔放的热情,更体现为成熟的爱情带给人的满足感与幸福感。成熟的爱情往往要经过长期恋爱的过滤。由好感不知不觉地走向爱,这是恋爱的最初阶段。许多人在共同工作、学习的接触中,从结识、产生友谊导致爱的萌生,双方基于外貌、职业、社会经济地位和家庭背景等客观条件而相互吸引,此时,对于不足之处,人们是很乐意设法加以改正的。因此,费尔巴哈睿智地指出:"爱就是成为一个人。"正是恋爱使人成为一个完整的人,使人生充满意义与价值。恋爱体现为两人在感情上彼此不能分割的亲密关系。两个相爱的人大多希望相互陪伴,永远在一起,这也是爱人关系不同于其他关系的特点。这倒不是说两人必须形影不离,而是说他们在感情上彼此不能分割,价值观、信仰、审美情趣等方面的共同性使他们在精神上相互伴随。在恋爱期间,一般不会有太多的困难和灾难的考验,但双方也必须为这种考验的到来做好准备。总之,爱情是人生的重要组成部分,真正的爱情能给人以鼓励,给人以力量,给人带来精神上的愉悦,生活上的充实,促进人的自我完善,促使人去不断追求事业上的成功。

二、大学生与恋爱

(一)单相思与爱情错觉

单相思是指异性关系中的一方倾心于另一方,却得不到对方回报的单方面的爱情。爱情错觉则是指在异性间的接触往来关系中,一方错误地认为对方对自己有意,或者把双方正常的交往和友谊误认为是爱情的来临。爱情错觉是单相思的另一种形式,它常会使当事人想入非非,自作多情。

【案例 4-8】

　　某班男生生病住院了,同班的女生结伴到病房探望,其中一位细心的女同学带去了一只随身听,内有一张流行歌曲唱片,嘱咐他安心养病。因为这张唱片尽是些情歌,这位男生误认为女生对他有意,兴奋之余约她幽会。结果是这位男生被婉言拒绝,很是狼狈。

爱情以双方的互爱为前提,单相思与爱情错觉都是恋爱心理的一种认知和情感的失误。单相思使某些学生陷入痛苦的境地,处于空虚、烦恼,甚至绝望之中。处理不好对以后的恋爱婚姻生活都将产生消极的影响,因此,陷入单相思的大学生要及早止步另做选择。要想克服单相思和爱情错觉,重要的是正确理解爱情的深刻含义,同时用理智驾驭情感,尊重对方的选择,不可感情用事。

(二)区分好感与爱情

好感与爱情是青春期男女交往时常碰到而又难以区分的两种情感。对某一异性的好感有时也颇像爱情。好感也可能是强烈的,你可能很快就醉心于他(她),从而引起感情上的冲动,犹如萌生了真正的爱情一般。由于少男少女往往分不清好感与爱情的区别,常常滥用自己的感情,被初次的感情冲动弄得身不由己。其实好感有可能发展为爱情,但好感并不等于爱情。

爱情与好感的区别是:爱情除了有感情冲动之外,还需要有相互间的深入了解,人生观、志趣等方面的高度一致,而好感却不一定有这些因素,它以印象为支点。只有当吸引双方的已不是容貌、举止言谈等外在印象,而更主要的是内在的精神品质时,真正的爱情才有可能产生。

(三)区别爱情与异性友谊

爱情与友谊是两种不同性质的感情,都是人们彼此间相互倾慕而产生的一种深厚感情。它们有着诸多共同点,例如两者都源于彼此的好感;都敬慕对方的优点,在与对方的相处中学习对方的长处,以补充、完善自我;都存在给予,友谊是感情的交流与多方面的互助,而相爱的人更多的是互相帮助与奉献。爱情自友谊开始,友谊贯穿爱情的始终,但友谊又不等于爱情,两者有质的区别。

第一,友谊的对象是广泛的,爱情是专一的。友谊存在于同性、异性、师生、亲子之中,爱情则只限于异性之中,恋爱双方有明显的排他性,男女双方总是有意无意地想两个人在一起,又总想避开熟人,寻求两人独处。而友谊并非如此。

第二,敬慕的指向不同。友谊多表现为对对方的志趣、爱好、能力、才干的敬慕,而爱情除此之外,还有对异性本身的兴趣,存在异性间那种性爱的吸引力。感情的强弱不同。友谊是同事、同学、同志等之间的一种平等的、诚挚的、亲密的感情,是平和的、坦诚的。而爱情是热烈的、神秘的,双方在心中都把对方视为自己的一部分,感觉亲密无间,自觉或不自觉地参与对方的事,关注对方的生活。

第三,感情的时间长短、空间范围不同。友谊可以是暂时的,也可以是长久的。友谊随时可能产生,新的朋友随时有可能出现,旧的朋友也有可能因环境、观念不同而关系破裂。而爱情是持久的、专一的、稳定的。友谊的空间很大,而爱情的空间很小,爱的空间仅仅能容纳两人。

第四,承担的义务不同。友谊只承担一定的社会道德义务。而由于恋爱的目的与归宿就是两性的结合,组成家庭,爱情除了一般的社会道德义务以外,还要承担保持爱情基础的义务,缔结婚姻以后,还要承担法律义务。

严格区别爱情与友谊,是青年人特别应该加以注意的问题。如果界限划分不清,则会带来很多心理困扰,严重者甚至可能引发心理问题,乃至社会问题。两者关系把握得好,既能促使爱情的稳定,又能使朋友间的友谊更加巩固;两者关系把握得不好,可能使爱情死亡,家庭破裂,友谊中断,并进而陷入无边的苦恼之中。

三、培养健康的恋爱心理与行为

(一)树立正确的恋爱观

恋爱观就是一个人对恋爱和爱情所持的基本观点和态度。教育家马卡连柯曾说:"学会爱人,学会懂得爱情,学会做一个幸福的人,这就要学会尊重自己,就要学会人类的美德。"恋爱观是人生观的一个组成部分,正确的恋爱观有助于大学生良好的人格的形成,推动大学生养成良好的个性品质,并能指导大学生的恋爱实践,使他们能够正确处理成才与爱情的关系。

1. 提倡志同道合的爱情

在恋人的选择上最重要的条件应该是志同道合,思想品德、事业理想和生活情趣等大体一致。应该是理想、道德、义务、事业和性爱的有机结合。一般情况下,异性感情的发展是沿着熟人—朋友—好朋友—知己—恋人这一线索发展的,当一个男性成为一个女性心中任何人都不能代替的角色时,爱情就可能降临。在分享快乐和痛苦、共同成长的过程中,爱情就会产生和发展。

2. 摆正爱情与学业、事业的关系

爱情并不是人生的全部,人生除了爱情还有更重要的事业。爱情与事业是人生中不可缺少的两个重要方面。真正的爱情可以促进事业的发展,成功的事业又使爱情更加牢固。爱情与事业如果处理适当,人生发展可能少很多波折;反之,则可能带来悲剧。"生命诚可贵,爱情价更高,若为自由故,两者皆可抛"的诗句,充分展现了人们把自由放在第一位的高尚情操。

对于大学生来说,在大学期间的事业就是学业,只有把学业放在第一位,人生目标才有可能实现。爱情是美好的,但如果放弃了人生的主要目标去追求爱情,那么爱情一定不会美满,人生目标也会被耽误。因此,广大大学生应该明确树立学业第一的思想,使人生的航程沿着正确的方向延伸。

当然,并不是说大学生之间不能存在爱情,对爱的追求本身并没有什么错。但为了事业的成功,任何一个有使命感的热血青年都应以事业为重,首先抓好学业。当然,对已经产生的爱情应该正确分析。积极、高尚的爱情会对大学生道德观念的形成和发展起推动作用,志同道合基础上的恋爱,在一定程度上有助于增强大学生的独立感、责任感,加速成熟;相反,庸俗的爱情则会使大学生留恋或追求低级趣味,甚至行为越轨,最终走向深渊。要发挥爱情的正面作用,抑制其负面作用。爱情是有条件的,只有等到大学生心理发展相对成熟、人生观相对稳定、社会阅历相对丰富、经济相对独立时,才有可能使恋爱的成功率相对增大。而随着社会生活的逐步发展,社会变革的幅度增大,人的社会化过程相对延长,心理成熟时间也在后移。从这些因素上看,大学生特别是大学低年级学生是不宜谈恋爱的。

归纳起来大学生应这样把握好自己,处理好大学中的恋爱问题。

首先,要稳住心神,不急于恋爱。因为四年大学生活毕竟短暂而简单,且工作没着落,经济不独立,而毕业后可能不处一地又是必须面对的现实问题。所以为了摆脱青年人特有的孤独感而恋爱,为了害怕别人的嘲笑而恋爱,则只能带来无尽的烦恼与惆怅。莎士比亚曾说:"爱情是建立在共同的物质和精神基础上的。要相信,天涯处处有芳草,不愁他日无知音。"

其次,如果学生对未来事业和婚姻家庭有认真的考虑,在共同学习、生活和丰富多彩的课余活动中,建立了深厚的友谊和爱情,并且双方能驾驭各自的感情,把爱情和学习统一起来,双方就应排除各种困难和障碍,终成眷属。因为真正的爱能够鼓舞人,能够唤醒内心沉睡着的力量。为了这刻骨铭心的爱,付出多少代价都是值得的。

最后,爱情可能是甘露,给人以幸福与快乐,也可能是苦水,给人以痛苦与烦恼。所以,爱情的建立,应有利于职业的选择和事业的发展,有利于彼此的身心健康,有利于家庭幸福和社会安定。要珍视爱情,也要珍视事业,记住歌德的名言:理想和爱情是伟大行为的双翼。

3.懂得爱情是一种相互理解,是相互信任,是一份责任和奉献

理解对方是为个人和对方营造一种轻松快乐的氛围,没有人追逐爱情只是为了被约束,相互信任是自信的表现,自己都不相信自己值得别人去爱的人,别人会全心全意爱他吗?责任和奉献则意味着个人道德的修养,它是获得崇高爱情的基础。

(二)发展健康的恋爱行为

一个人的言谈举止是文明修养、心理成熟度的反映,同时也是阻碍或促进恋爱成功的重要因素。

1.恋爱言谈要文雅,讲究语言美

交谈中要诚恳坦率自然,不要为了显示自己而装腔作势,矫揉造作;不能出言不逊,污言秽语,举止粗鲁;相互了解,不要无休止地盘问对方,使对方自尊心受损。否则只会使对方厌恶,伤害感情。

2.恋爱行为要大方

一般来说,男女双方初次恋爱,在开始时常感到羞涩与紧张,随着交往的增加会逐渐自然与大方。这个时期要注意行为举止的检点。有的人感情冲动,过早地做出亲昵动作,使对方反感,影响感情的正常发展。

3.亲昵动作要高雅,避免粗俗化

高雅的亲昵动作发挥爱情的愉悦感和心理效应,而粗俗的亲昵动作往往引起情感分离的消极心理效果,有损于爱情的纯洁与尊严,有损于大学生的形象,同时对旁人也是一种不良的心理刺激。

4.恋爱过程中要平等相待,相敬如宾

不要拿自身的优点去比较对方的不足,以此炫耀抬高自己,戏弄贬低对方。也不宜想方设法考验对方或摆架子,这些都可能挫伤对方的自尊心,影响双方的感情。

5.善于控制感情,理智行事

恋爱中引起的性冲动,一方面要注意克制和调节,另一方面要注意转移和升华,参加各种文娱活动,与恋人多谈谈学习和工作,把恋爱行为限制在社会规范内,不致越轨,要使爱情沿着健康的道路发展。这也是人格成熟的标志。

(三)培养爱的能力与责任

爱是一种能力,也是一门艺术,更是一种需要我们终生学习和不断前进的活动。大学生应该理智地对待爱情,要能把握自我,控制自我,克服爱情的狂热性,控制表达方式的轻浮性,正确认识爱情生活中的矛盾性,失恋时要能正确把握自己,不使自己沉湎于悲观、失望的情绪之中。学习爱的能力包括两方面。

1.学会迎接爱的能力

包括施爱的能力和接受爱的能力。一个人心中有了爱,在理智分析之后,要敢于表达、善于表达,这是一种爱的能力。一个没有爱心的人是个自私自利的人。一个人面对别人的施爱,能及时准确地对爱做出判断,并做出接受、谢绝或再观察的选择,这也是一种爱的能力。缺乏这种能力的人,或是匆忙行事,或是无从把握。大学生要具有迎接爱的能力,就应懂得爱是什么,有健康的恋爱价值观,知道自己喜欢什么,需要什么,适合什么。还应对自己对他人对万事保持敏感和热情,应主动关心他人,热爱他人。当别人向你表达爱时,能及时准确地对爱的信息做出判断,坦然地做出选择。能承受求爱或拒绝求爱所引起的心理扰乱。

2.学会拒绝爱的能力

对自己不愿或不值得接受的爱应有勇气加以拒绝。拒绝爱要注意两个方面:一是在并不希望得到的爱情到来时,要果断,勇敢地说"不",因为爱情来不得半点勉强和将就。如果优柔寡断或屈服于对方的穷追不舍,发展下去对双方都是不利的。二是要掌握恰当的拒绝方式,虽然每个人都有拒绝爱的权利,但是珍重每一份真挚的感情是对他人的尊重,也是一种自珍,同时是对一个人道德情操的检验。不顾情面,处理方法简单轻率,甚至恶语相加,结果使对方的感情和自尊心受到伤害,这些做法是很不妥当的。

【案例 4-9】

莎是一名本科大二的学生。上大一的时候遇到了一个叫昕的和她同届又是老乡的哲学系男生,从此陷入感情的困扰。昕是个很心细的人,也很能理解别人的感受,莎慢慢地对他产生了依赖感。莎以为自己在他心中很重要,可后来发现并不是这样,昕对很多女生都很好,并把感情当成儿戏,莎的同学还看见他和别的女生手拉手地逛街。于是莎决定不再理他。几个星期后,昕约莎出来,想恢复与莎的交往。莎陷入了矛盾之中,一方面她知道昕是个三心二意的人,另一方面心底里又放不下昕。

【案例分析】

在这个例子当中可以看出莎欠缺爱的能力,由于她对昕的犹豫态度从而使得自己处于被动受困的局面。在这种情况下,莎首先应客观审视这段感情是不是可以被看作真正的爱情,昕是不是值得自己付出感情的人,毕竟爱是需要正确的对象的,错爱不是真爱。在得出一个理智的答案后,莎就应反复明确地表明自己的态度,这样既挽回了尊严,使自己免受进一步的伤害与欺骗,又可以给三心二意者一个警示:玩弄他人感情的人必将遭到爱情的嘲笑与遗弃。

3. 提高恋爱挫折承受能力

大学生的恋爱受多种因素的制约,因而在追求爱情的过程中遇到各种波折是在所难免的。前面所提到的单相思、爱情错觉、失恋等等恋爱心理挫折对大学生的心理承受能力就是一种考验。如果承受能力较强,就能较好地应付挫折,否则就有可能造成不良后果。因此,提高恋爱挫折承受能力对大学生的心理健康是非常重要的。失恋不失志。当爱情受挫后,用理智来驾驭感情,通过增强理智感,分析原因,总结经验教训,寻找解决问题的方法和途径,在新的追求中确认和实现自己的价值,从而提高自己的心理承受能力和思想水平。通过适当的情绪调节、宣泄和转移,如做一次旅行,或是找知心朋友倾诉一番,或是把注意力转向学习、活动,来减轻痛苦。人对失恋的应对方式反映了一个人心理成熟水平和恋爱观。一个人能够理智地从失恋中解脱出来,往往会使自己变得成熟起来。

4. 发展爱的能力,培养爱的责任

苏联著名教育家马卡连柯说:"爱的力量只能在人类非性欲的爱情素养中存在。他的非性欲的爱情范围愈广,他的性爱也就愈为高尚。"发展爱的能力,并不是非要具体到对某一异性的爱,可以是更广泛意义上的爱。我们的亲人、同学、朋友、祖国和人民,都值得我们去热爱。发展爱的能力,就是要培养无私的品格和奉献精神,要培养善于处理矛盾的能力,有效地化解消除恋爱和家庭生活中的矛盾纠纷,为恋人负责,为社会负责,才能创造出幸福美满的婚恋。

爱是一门博大的艺术,是一种值得我们终身学习,并不断使之走向完美的活动。大学生只有克服不良恋爱动机,不断探索爱的真谛,不断完善自己对爱情的认识,树立起正确的恋爱观,把个人的发展与社会的需要结合起来,人生才会充实、丰富而有意义。

【本章小结】

亲情、友情和爱情,都是人的社会情感生活不可或缺的重要内容。对亲情、友情、爱情的不同对待和处理,直接关系到大学生的健康成长。在大学生的家庭关系中,处理好子女与父母的关系尤为重要。孝敬父母是大学生处理家庭关系的基本准则。师生关系是大学生最重要的人际关系之一。尊敬师长是大学生处理这一人际关系的基本准则。同学关系是大学生最直接又最广泛的人际关系。真正的友谊要靠真诚去播种,靠热情去浇灌,靠原则去培养,靠谅解去护理。处于青年期的大学生,由于生理的成熟,性意识的觉醒,自然产生了对爱情的向往和追求。正确认识爱情的本质,认识爱情在人生的位置,是建立正确恋爱观的基础,也是大学生谨慎驾驭爱情之舟的前提。

【复习与思考】

一、思考题

1.什么是亲子关系? 子女应如何处理与父母之间的隔阂?

2.学生应如何处理好与老师的关系?

3.真挚友谊的基础是什么? 怎样培养真挚的友谊?

4.什么是爱情? 结合实际,谈谈你对爱情与学业的关系的理解。

二、讨论题

父子协议

六年前,天津市社科院 59 岁的副研究员郝麦收与他的独生儿子签订了一纸"父子协议"。协议条款简单明了,说到底就是两句话:儿子要承担自己的高等教育经费,独自面对谋业、创业、结婚成亲、培育子女等一系列人生大事;父母要承担自己的养老费,要独自料理日常生活中的各种事宜。

此事经媒体曝光后,人们给郝麦收去信去电,咨询、提问、探讨、责难的,不计其数。对此,郝麦收这样解释,他看到,身为独生子女,对于父母、家庭无限期的依赖,是阻碍儿子自立成长的最大陷阱。同时,作为老年问题研究者,他还看到,身为独生子女的父母们,正在面临着一个无法回避的现实——"四二一"式的父辈与子辈倒三角的家庭结构,已经挖掉了"养儿防老"的人口基础。他说:"那份协议是亲子关系革命的一次实验,我们要与子女共同成长。"

儿子郝丁坦言,最初,他有一种被抛弃的感觉,他恨他的父亲,他以沉默来表达他的怨恨。然而,当他不止一次在深夜回家,看到一直坐在沙发上等候他的父亲不知不觉中睡着的样子;当他经常在自己的床头上,看到父亲悄悄地从报纸上为他剪下的各种招聘广告资料;当他在人生的道路上终于步入良性发展之后,他开始体味到在看似冰冷的那纸协议的字里行间深藏着的父爱。终于,协议签订六年之后的一天,郝丁生平第一次流着泪拥抱了父亲。

郝家的"父子协议"引起最大异议的是它似乎有违儿女赡养老人的中国传统的孝道。有人给郝麦收写信说:"你们和儿子订一份这么'硬'的协议,等你们老了之后,儿子真不管你们了,你们的晚年该多么凄凉!"更有人直白地问郝麦收:"以后的孩子还有没有赡养老人的义务呢?"郝麦收肯定地回答:"有义务,但主要是对社会的义务。"

郝丁说:"因为这份协议,我更敬重、更敬爱我的父亲,因为他给了我一种现代社会为人父、为人子、为一个人的重要理念,那就是'责任'。"

(资料来源:《华夏日报》2003年3月10日)

问题:

你对这纸"父子协议"有什么看法? 如果你的父母也与你签订这样的协议,你能接受吗? 你该如何处理?

毕业了,爱情怎么办

小王与小张是同学们公认的情投意合、郎才女貌的一对。美丽的校园到处都留下了他们的美好的记忆。在这里,他们一起成长、进步、相恋。但现在要毕业了,双方父母都希望他们能回到自己的身边,回到各自的家乡城市工作,而且这对他们今后的发展也有利。为此,他们陷入深深的痛苦当中,抉择两难。

问题:

如果你也碰到这样的情况,你会如何处理?

第五章

上司　同事　部下

人际关系是人们在物质交往和精神交往中发生、发展、建立起来的人与人之间的心理关系。它是职业生涯中一个非常重要的课题,特别是对大公司的职业人士来说,良好的人际关系是舒心工作、安心生活的必要条件。如今的毕业生,绝大部分是独生子女,刚从学校里出来,自我意识较强,来到错综复杂的社会大环境里,更应在人际关系上调整好自己的坐标。

零点集团的调查数据显示:每个人一生中要消耗50%以上的时间来打理和经营自己的职业生涯,这就不可避免地要处理或简单或复杂的人际关系,尤其在职场中,人际关系显得尤为重要。来自美国哈佛商学院的研究报告证实:45%以上的求职者是通过人际关系直接或间接得到工作机会的,建立人际关系网络将在21世纪的商业社会中发挥巨大作用。

从人力资源的角度来看,每个人都是职场上的一个节点,跟各种各样的人有各种各样的联系,无论亲属关系、工作关系,还是生意场上的关系、学业上的关系,一切就像六度空间理论所形容的那样,"人们可以透过熟悉的人去接触其他人",社会就是一个巨大的网络。

第一节　如何与上司相处

随着竞争越来越激烈,人们越来越意识到,在职场中处理好人际关系的重要性。而与上司关系的处理,显得特别重要。因为能否和上司和睦相处、获得上司的信任和支持与职业前途密切相关。

一、与上司相处的原则

要想胜任一个部门的主管,必须要获得上级的全面支持,这样才会在公司里获得必要的信息资源和帮助。但是,在与上级相处的过程中,我们也要明白自己在公司里的定位,并掌握与上级相处的一些原则,这样才能顺利开展自己的工作。

(一)要有敬业精神

敬业精神是个常谈常新的老话题。从与领导关系的角度讲,当前有相当一部分人就严重缺乏敬业精神,而同时还有相当一部分人不善于表现敬业精神。

经常听人这样谈论老板和公司:"我要应付那些我不愿做的事。为什么一定要给那个讨厌的工头干活。老板一点也不了解我、信任我。"

在工作中,我们的信条应该是,我的工作永远要使老板满意。在我们的事业生涯里,把集体的目标作为自己的目标,并更深地理解之(如果老板的目标和自己的不一致,那么我绝不留下,而另换门庭),尽可能地不断付出,而不寻求马上报答,这样会使我们得到比酬劳更重要的东西,这就是信任。

我们提倡敬业,但也提倡会敬业,这里有三方面的技巧要注意:

第一,对工作要有耐心、恒心和毅力。

第二,苦干要加巧干。勤勤恳恳、埋头苦干的敬业精神值得提倡,但必须注意效率,注意工作方法。

第三,敬业也要能干会"道"。"道"就是让领导知道或感受到你付出的努力。要知道,领导是没必要也没那个义务,花时间去仔细探究这些细节的。

(二)知己知彼,服从第一,与上司保持步调一致

古往今来,下级服从上级似乎是天经地义的。但现实是,现在的人过于强调"个性",遍地是"刺头"。而对上级的服从不仅体现出个人的素质,也体现出自己的敬业精神以及对本单位的认可和对别人的尊重。所以应该善于服从,巧于服从:

第一,对有明显缺陷的领导,积极配合其工作是上策。

第二,当领导交代的任务确实有难度,其他同事缩手缩脚时,要有勇气出来承担,显示你的胆略、勇气及能力。

第三,主动争取领导的领导,很多领导并不希望通过单纯的发号施令来推动下属开展工作。

作为一名主管,要想获得上司的支持,就要学会尊重上级,服从领导,与上司保持步调一致。要做到这一点,首先要了解上司的工作目标、承受的压力、工作的长处和弱点以及行事风格,并利用自己了解的这些内容来与上司建立一种以双向期待为特点的工作关系。这符合双方的需要。当然,我们要想稳定这种关系,还需要经常向上司汇报工作,行为处事处处表现出诚实可靠,并且有选择地占用上司的时间和他所提供的其他资源。

上司只是上下级关系中的一半,构成上下级关系的另一半是部下,因此与上司建立富有成效的工作关系,做到与上司保持步调一致,还需要部下对自身的需求、自己的长处和弱点以及自己的风格有清楚的认识。

有位下属和他的上司每次出现意见分歧时都会发生矛盾。上司的典型做法是坚持己

见,绝不让步;而这名部下就和他较劲,坚持认为自己正确。在争执的过程中,他把内心的不满化作犀利的言辞,狠狠抨击上司的错误。而他的上司变得更加固执。后来争吵的结果是他尽量避免与上司进行任何有可能引起冲突的谈话。

但是,当他就这个问题与同事交换意见时,发现他对上司的做法就像在辩论中对持相反观点的人的做法一样显得言辞过激。尤其是当对方是有权势的人,他的不满就会更加强烈。由于他想和上司讨论问题,但又往往达不到讨论的目的,于是他决定要改变这种状况,因此首先就要解决自己的心理问题。后来每当他和上司的谈论陷入僵局时,他总是克制自己的急躁情绪,向上司建议双方暂停,各自考虑一段时间之后再继续讨论。他在做法上的这一小小变化收效甚大,因为当他们重新讨论时,双方已经消除了分歧,便能够以更灵活、更有效的方法解决问题,从而作为下属的他也达到了与上司步调一致的目的。

(三)关键地方多请示

作为一名主管级人物,在向上级汇报情况时,上级一般有两种心态:一是怕麻烦,二是显示权力欲的心态。许多下属并不了解领导怕麻烦的心理,请示无的放矢,把握不住关键,凡事不分大小,从不自己决定,却统统推给领导,给领导增加负担,结果弄得领导很不高兴。

朱其明是办公室的年轻小伙子,刚刚被提拔为部门主管。在他心目中,主任是绝对权威,凡事都得经过主任批示自己才能执行。有一次,某单位借一份文件,朱其明立刻跑到主任那里请示能不能把文件外借,主任忙于一件很棘手的事情,很不耐烦地回答:"什么事都来问我,没看见我正在忙吗?要你干什么用的?"结果,朱其明讨了个没趣。

事情无论大小都向领导请示是不明智的,领导的主要精力应放在管理大事和把握关键上。但还有一些下属喜欢自作主张,事无大小只要领导交给他办,领导就不用再过问了,一切由他包揽,这样也是不明智的。聪明的下属,总是善于在关键的地方,恰到好处地向领导请示,征求他的意见和看法,把领导的意志融入正专注的事情。这是下属主动争取领导的好办法,也是下属做好工作的重要保证。这样既体现了自己对领导的重视,又体现了自己工作的严谨和细心。

某省在一次会议结束后举办招待宴会,工作人员在安排座次时,由于不熟悉军队编制,也没有向会议主管领导请示,就自作主张地把两位大军区级部队首长安排在一个角落里,远离省委、省政府的领导,大家知道后感到非常尴尬。事后,工作人员受到了严厉的批评。关键的地方往往是容易出问题的地方,中国人历来重视资格与座次,那位工作人员恰恰栽在这里。不难设想,纵然是良辰美酒也只能是虚设了。如果在关键处出了问题,下属肯定是"吃不了兜着走了";同时,领导也受到牵连,不能不承担责任,结果对大家都不利。

(四)工作要有独立性,能独当一面

下属常常误认为上下级关系是条单行道,忘记了自己也有责任创建有效的工作关系。加利福尼亚的组织心理学家迈克尔·史密斯指出:"我们应该记住老板只不过是接受了一个严峻任务的普通人,他不可能解决所有问题,所以下级要承担自己的责任,别指望上司是包办一切的完美家长。"

任何一个上司都不喜欢他的下属不能按时完成任务,没有比不能解决自己分内问题的职员更使经理浪费时间的了。下属工作有独立性才能让领导省心,领导才有可能委以重任。适时地提出独立的见解、做事能独当一面、善于把同事和领导忽略的事情承担下来是一个好下属必备的素质。解决好自己面临的困难,有助于提高你的工作技能、打开工作局面,同时也会提高你在上司心目中的地位。

(五)维护领导的尊严

一般来说,上级在下级面前都有保持一定尊严和权威的心理。下属在与其相处时,不能目空一切,无视上级,否则,会引起上级的反感。尊重上级并不就是对上级领导唯唯诺诺,而是主要表现在对上级工作的支持和服从。

在与上级相处时,要注意以下几点:尊重上级的职权;维护上级的威信;尊重上级的工作业绩;理解上级工作的甘苦。要牢记领导的尊严不容侵犯、面子不容亵渎。领导理亏时要给他留下台阶;当众纠正领导是万万不可的;领导的忌讳不要冲撞;消极地给领导保面子不如积极给领导争面子。

一般地讲,领导者的面子在下列几种情况下最容易受到伤害,必须多加注意:

第一,领导出现失误或漏洞时,害怕马上被下属批评纠正。

第二,领导至上的"规矩"受到侵犯。

第三,有些人对领导不满,虽不当面发泄,却在背后乱嘀咕,有意诋毁领导的名誉,揭领导的家底,殊不知"纸里包不住火",没有不透风的墙,被领导知道后后果可想而知。

第四,有些领导能力不强,最怕下属看不起自己。

因此,对上级提出批评要讲究技巧。发现上级的缺点和错误,下属应本着以事业为重的态度,对上级提出批评,但要注意方式方法,下级应尽量使气氛轻松一些;注意时机的选择,避开上级领导情绪激动、心情不好的时候;注意选择合适的批评场合,如在一些非正式的场合提出批评,否则会导致上下级关系紧张。

(六)避免越权

作为一名主管,我们有自己的工作职责,在日常工作中,尽全力去完成自己的分内工作就行了。当然,如果有更多的时间,我们也可以帮助下属完成一些工作,除非出现特别情况,千万不要对上级职责范围内的工作指手画脚,这种越权行为容易引起上级的猜疑。

(七)学会争利

在利益面前,不要逆来顺受,也不要过分谦让,应大胆地向领导要求自己应该得到的。"丑话说在前头",在接受任务时谈好报酬更易让领导接受。争利要把握好度,既不争小利,不计较小得失,又不得过分争利。向领导要求利益大有学问,关键要把握好火候和技巧。

第一,执行重大任务以前,争取领导的承诺。

第二,要求利益要把握好"度",见机行事。

以上几点是主管与上级相处需要掌握的一些基本原则,当然,在具体的工作中,我们还要学会察言观色,把握双方相处时一些比较细微的原则,这样才会有利于自己的发展。

二、与上司相处的技巧

职场人士,特别是职场新人感到比较头疼的一件事情就是不知道如何与上司相处。对于女员工,和男上司走得太近会引来流言蜚语,不和上司交往则是对上司的漠视;而对男员工来讲,和男上司走得太近会被别人说你溜须拍马,如果是女上司,那就更为头疼……诸如此类的事情困扰着每一个在职场打拼的现代人。不过,也不要失望,方法总比问题多,与上司相处的技巧还是有的。

(一)了解上司

兵家说:知己知彼,百战不殆。在职场中也是一样,对上司的背景、工作习惯、奋斗目标及他喜欢什么、讨厌什么等了如指掌,于你大有好处。马萨诸塞州一家咨询公司的总裁约翰娜·罗斯曼认为,了解上司的目标和期望对下级来说是很重要的,这样你就可以让老板清楚你在其中能够起到的作用。此外,上司的缺点往往能给你成长的机会。一个精明强干的上司欣赏的是能深刻了解他,并知道他的愿望和情绪的下属。

【案例 5-1】

年轻的小王非常聪明,能力又强,所以大学毕业后,很快就应聘到一家规模很大的贸易公司的杭州分公司工作。经过一段时间的努力,他被分公司的李经理看中,调到经理办公室当起了秘书,干得倒也有声有色。

这些天小王很兴奋,因为总公司的张副总经理要来他们分公司视察工作。由于他工作出色,李经理点名让他陪同一起向张副总经理汇报工作。小王心想机会来了,他一定要精心准备一番,在副总经理面前好好表现一把,不光能让李经理脸上有光,说不定以后还可以调到总公司工作。所以在张副总经理视察期间,小王总是抢着介绍公司的某些具体情况,侃侃而谈,娓娓道来,从现状到未来发展趋势、从具体工作到宏观评价无一遗漏。有时对自己了解得不太准确的情况,也能灵机一动,迅速做出汇报。对张副总经理给公司布置的任务,小王都毫不犹豫地承诺下来。视察结束后,小王还给张副总经理留了名片,表示今后张副总要办什么事,无论公私,都可以直接找自己。

送走张副总经理以后,小王对自己的表现有些沾沾自喜,可是他却发现李经理的脸色有些不对头,李经理并没有表扬他,只说了一句:"辛苦了。"没过几天,小王被调到销售科当业务员去了。他怎么也没有想到会是这个结果,郁闷极了。

【案例分析】

作为下属,在工作中应该有积极主动的精神,辅佐自己的领导做好接待的准备工作,并在接待的过程中做好服务和补充工作。但是,关键时刻下属不是主角,是领导背后的影子,对自己在职场中的位置和角色必须有清醒和明确的界定。小王由于忽视了对自己位置和角色的界定,"积极主动"过头,出现"越位"现象,抢了领导的风头,导致喧宾夺主的境况,才会聪明反被聪明误。

小王在接待上级领导过程中,一是汇报工作越位,本来应由领导来汇报的情况,他抢先汇报;二是表态越位,超越自己的身份,胡乱表态。在工作中,下属热情过高造成工作越位,只要不是"武大郎"式的领导,一般都不会过于计较。但下属必须严格把握好自己,因为热情过高,表现欲过强而造成工作越位,往往会在不知不觉中干预领导的职权范围,这对领导来说,是绝对不能容忍的。如果下属经常犯这样的毛病,领导就会设法来"制裁",最直接的做法就是请之另谋高就。

(二)用心倾听

在与上司交谈时,我们通常会很紧张地注意他对自己的态度是褒是贬,其实这种态度很不必要。当上司讲话的时候,要排除一切使你紧张的意念,专心聆听。眼睛注视着他,不要呆板地埋着头,必要时作一点记录。他讲完以后,你可以问一两个问题,真正弄懂他的意图。记住,上司不喜欢那种思维迟钝、需要反复叮嘱的人。

(三)积极工作

成功的领导者希望下属和他一样,都是乐观主义者。有经验的下属很少使用"困难""危机""挫折"等词语,而把困难的境况称为"挑战",并制定出计划以切实的行动迎接挑战。

(四)善意地建议你的上司

假如你受到领导的赏识,而你对上司的工作又有所建议时,不妨采取下列方法善意提醒他。

首先,你要试试风向。试探上司是开明的人还是固执的人,揣测他会有什么反应。如果发现他表现出防卫的姿态,最好迅速改变话题。

其次,你最好逐级反映你的意见,越级会减少你说话的分量,降低别人对你的信任。要注意你不能立即举出值得抱怨的事例,上司会认为你无中生有。所以,你必须搜集足够的事实,再提出批评。

再次,你不能光指责上司的错误,要给他提供更好的处理问题的资料。你也可以换个角度向上司求助,好让他自己察觉哪里出了问题,或许还不要你指出来,他就会体察到你的难处。

最后,也是最重要的一点是,所有的光荣都要归于上司。你的建议目的是为了改善工作,不是出风头。因此,问题解决了,光荣要归功于上司,这样才能使你身处顺境,免得遭人嫉妒。

(五)遵守诺言

只要你的长处超过缺点,上司就会接纳你。他们最讨厌的是不可靠,没有信誉。如果你承诺的一项工作没有兑现,他就会怀疑你能否守信用。而当工作内容你确实难以胜任时,要尽快向他说明。虽然他会有暂时的不快,但要比到最后失望时产生的不满好得多。

(六)减少亲密接触的机会

和上司要保持一定的距离,不要以为和上司像朋友一样相处,事业就会有大好前景。亲密的关系很可能会成为你升迁的最大障碍,因为每个上司都不喜欢被别人看成只提拔"亲信"。此外,和上级的亲密接触往往会暴露你日常生活中别人不易察觉的弱点,这些弱点可能成为你事业发展的障碍。

(七)公私要分明

不要将工作上的事情和生活中的问题牵扯到一起。这也是一条自我保护法则。和上司距离近了,彼此的了解也就多了,你可能会知道上司生活中的一些隐私,这很可能在无形中成为你和上司的交往进一步发展的隐患。

(八)不要老是抱怨

"经常有同事向我抱怨说,一个家境优越的男同事,无论做什么事,都爱和别人拧着。这时候,我就会开导这位同事,别老抱怨!"一家公司的经理黄小姐说,"其实,这种情况在每个单位都会发生。有时,一些人就是会无缘由地抱怨人、抱怨事,甚至抱怨自己生不逢时。"

"在我做普通职员的时候,我也遇到过这种人。"黄小姐说。那时,黄小姐有一位男同事,无论什么都抱怨。看到别人生活好,他抱怨;看到人家坐的车好,他抱怨……不用说,这个爱抱怨的男同事是个不受大家欢迎的人。"换作是我,我只会关注与工作相关的事。"黄小姐说。

"其实,企业会保护员工的情绪,而抱怨只会产生反作用。任何上司都不喜欢将抱怨挂在嘴边的人。"黄小姐说。

(九)善于消除上司的误解

领导误解了下属,有其主观上的原因,更有客观上沟通不足的原因。在企业中,领导处于一个中枢性的岗位,事务繁重,责任重大,他可能通过各种渠道,如人事档案、他人的汇报、平时的印象、特殊的考验而对你有所了解，但一般而言，他不会主动去找自己的下属进行沟通。这样，他便缺乏对你的全面、直接和感性的认识，容易受他人意见的蒙蔽和受本人直觉的左右，因而对你的言行产生认识误差。

下级面对领导的误解，最明智的态度应该是及时主动地去消除它，不让它成为定型之见，也不应该去消极回避和等待，也许正在这段黑暗的日子里，好的机缘便与你擦肩而过，让你悔之莫及。对此，下面为你提供了一些很好的建议。

主动沟通，积极接触。俗话说："理不讲不清，话不说不明。"既然领导已明显地表露出他对你的某些看法，而且他不可能会主动找你谈心，那么你应该主动地走上前去，看准机会，向领导展示你的真实个性和真正意图，从而使领导能对你有一个较为全面的了解，进而消除对你的误解。有些话憋在肚子里就会产生敌意，而一旦谈出来就会化为轻烟而散，同时还可趁机表现自己的才干和忠诚，从而使领导对你的看法有一个巨大的转折和飞跃。

领导在你工作的环境中有着重大的影响，不会与领导相处的人，很难轻松愉快地工作。而消除上级的误解是与领导相处融洽的重要环节。

当然，你一定要显示自己的真诚，向领导多提供一些正面的信息，培养自己在领导心中的良好形象。同时，对自己的一些缺点也不妨勇敢地承认，以便使领导能充分感受到你的真诚和坦率。特别是对领导业已指出或有所察觉的缺点，更是要承认，同时你也不妨为自己表白几句，加上几句辩护。自然，最后你定要表示改正的决心，这样便让领导有权威感。

三、如何与不同类型上司相处

上司，有很多种，贤明通达之士，自然是好相处，如果不尽如人意，我们该怎样对付？上司的类型是各种各样的。为了适应不同的上司的做事风格，你就必须善于保护自己、掩护自己，能应付各方面人物，应付各种局面。所以说，聪明些、圆滑些，并不是毛病，恰恰是作为一个下属应具备的素质。

上司类型	相处之道
冷静型上司	一切工作计划，你提供建议，但不要自作主张，等到计划决定后，你只要负责执行便好。至于执行的经过，必须有详细记载，即使是极细微的地方，也不能稍有疏忽。但执行中所遇到的困难，你最好能自行解决，不必请示。事后报告，也要力求避免夸张的口气，轻描淡写为好。
豪爽型上司	他自己长于才气，所以最爱有才气的人。当机会未到时，你仍很愉快地工作，并做得又快又好，这表现了你游刃有余的能力。同时还要随时留心机会，一旦发现机会，就要好好把握。切记所计划的一切要十分周详，然后见机提出，只要一经采用便可脱颖而出。

续表

上司类型	相处之道
热忱型上司	逢他对你表示特别好感时,不要完全相信而认为相见恨晚,必须明白他的热情并不会持久,要保持受宠不惊的常态,采取不即不离的方式。"不即"可使他热情上升的走势和缓,不致在短时间内便达到顶点,同时延长了彼此亲热的时间;"不离"可使他不感失望。如果你有所主张或建议,也要用"零卖"的方法,不要"整批发售",如此才能使他对你时时都感到新鲜。
健忘型上司	当他在讲述某个事件或表明某种观点时,下属可装作不懂,故意多问他几遍,也可提出自己不同的看法,故意引起讨论来加深上司的印象。最后,还可以对上司的陈述进行概括,用简短的语言重复给上司听,让他也牢牢记住。
傲慢型上司	谨守岗位,落落寡合。这样,他虽然傲慢,但为自己的事业着想,也不能专蓄那些食利的小人,完全摒斥求功的君子。一有机会,你就该表现出你独特的本领,只要你是个人才,不愁他不对你另眼相看。
小人型上司	保持个性上的相对独立;保持工作上的相对热情;保持人格上的相对自尊;保持交往上的相对距离;保持生活上的相对融洽。
阴险型上司	只有如临深渊,如履薄冰,兢兢业业,一切唯上司马首是瞻,卖尽你的力,隐藏你的智。卖力易得其欢心,隐智易使其轻你,轻你自不会防你,轻你自不会忌你。如此一来,或许倒可以相安无事。像这种地方原本就不是好的久居之所,如果希望有所表现的话,劝你还是速作远走高飞的打算。

第二节　如何与下属相处

职场中,下属和上司构成了两极。领导者善于协调人际关系,上下左右关系融洽,工作上共同协作,集体士气就高,凝聚力就能增强。那么,领导者应如何处理好与下属的关系,即领导者应如何与下属相处呢?

一、与下属相处的原则

毫无疑问,渊博的学识和不断的创新是事业成功的基础。然而,把一个概念转化为成果,离开他人的合作,任何人,无论是伟人还是凡夫,都无法实现。每个管理者都希望自己的想法、自己的思路得到落实,下面的问题也能够及时反馈,那么在与下属相处时就要把握以下原则。

(一)要保持距离

搞清楚自己所扮演的角色,弄清楚自己是"卖"什么的,摆正自己的位置,明晰主管的主要任务,站在这样的立场,才不至于"错位",才不会做不该做的事,说不该说的话。主管应该扮演领导者、教练、绩效伙伴、变革者四种角色,作为经营者的代言人,站在公司的角度来看问题、处理事，领导激励下属完成任务，训练下属，提高他们的技术和能力，共同完成部门的绩效。

（二）要提高自己的领导水平和任职能力

管理者应该紧扣要事，进行有效的自我管理，知道哪些事是应该自己亲自去做的，哪些事是应该授权别人去做的，哪些事是应该拒绝的，哪些事是在浪费自己的时间，使自己工作效率低下的。

（三）要加强沟通

学会和下属沟通的技巧，了解下属心里所想、工作所需，要倾心长谈，及时表扬，发现错误及时批评，定期对下属工作进行绩效评估、谈话，指出他们工作中的优缺点，帮助他们进步。同时，掌握公司内外部沟通渠道方式，如开会、写报告等，以此来保证组织流畅沟通。

（四）会辅导和培育下属

一个好主管应该是好的教练，会支持辅导下属，帮他们提高技术能力和工作水平，复制自己的能力，使下属能很快"上道"，能独当一面，"水涨才能船高"，自己才会慢慢脱离事务性工作，腾出精力做重要及关键的事，必要的时候也有人接班。

（五）要尊重信任，适当放权

不是和下属说笑话，下属会觉得轻松，而是给下属一定的权利，让他们自由地施展自己的才能，他们才会感到真正的快乐。学会有效激励下属，挖掘下属的潜能，了解员工需求，调动大家的积极性，让下属自动自发地去工作，不仅是"胡萝卜加大棒"，还要让员工自动地往前走，运用综合性的激励手段、方法，赏识和鼓励员工，在支付员工物质薪水的同时支付员工精神薪资，以满足员工各个层面的需求，以达到效果最大化。

（六）会有效委派工作

在委派工作之前要给员工解释工作的重要性，委派工作时，要给下属做出有效的指示，目标明晰、准确，规定期限，并进行监督、检查，给予适当的支持，保证下属完成工作的有效性、高质量、高效率，最终达到理想的目标。

作为主管管理下属要尽心尽力，动之以情，晓之以理，要遵循管理原则，对事不对人，公事公办，灵活机动，要在正确的时间、正确的场合、用正确的方法做正确的事，只有在做的过程中不断掌握这些技能，提高自己的管理水平，才能在今后的工作中游刃有余，事半功倍。

二、与下属相处的技巧

(一)"让我感到我的重要"

劳伦斯有这样一个信条,即在每个人的脖子上都有个无形的胸卡,上面写着"让我感到我的重要"。这句话揭示了与人相处的关键所在。其意思是说,我们每个人都要求得到承认。每个人都有情感,希望被喜欢、被爱、被尊敬。作为一个人,我们有特有的抱负、渴望、理想和敏感。

你的下级会说:"我没有你那么高的权威,没挣你那么多钱,没有你那么大的房子和受过那么高的教育;但和你一样,我们也是人。我有家庭。当和孩子闹翻后,我心里难过,心猿意马,无法专心工作。当孩子获得奖学金时,我自豪,想站在屋顶上大喊。"

(二)"认识我"

给人亲近感的最好方法就是以名相称,特别对那些和你没有工作上来往的人。

例如,在邮局里,一声"早安,莎莉"(伴随着微笑)让莎莉感到十分开心。她回家后告诉丈夫:"信不信由你,我们工程部副主席居然认识我。他叫我的名字。我只是 250 人的技术中心里的小人物呵!"

(三)亲临现场

亲临现场是高效管理的一个好办法。首先,上司须知道谁在干活。并向下属请教,让他们描述自己的工作,显示他们的技艺。同时,上司也能学到许多在办公室里学不到的东西。另外,它给上司提供一个学习人们自身,甚至是工作以外的有益东西的机会。并了解他们的业余爱好、家庭、他们的问题和长远打算。反过来,上司也可以把这些事告诉他们。重要的是,上级还能结识除办公室以外的人。上司与下属之间相互尊敬和理解。而人们也会喜欢为他们喜欢的人做事。

(四)实现真正的宽容

宽容是容忍我们不同意的事。举一个例子,你的助手正修订一个时间表,重新设计悬挂零件以克服其疲劳破坏。他正在和材料试验室、工艺部门和台架试验部门打交道,以求得结果。但是,你知道找工艺部门根本没用。过去,他们只会提出问题而不能解决问题。即使这样,你是不是在责备他之前,保持冷静,让他提出一个经过试验的最终设计呢?

(五)"一分钟经理"

实现真正的宽容要按某种方式和同事工作。"一分钟经理"就是这种方式的简单化解释。它要求所有的人都制定自己的工作目标,即每个人都积极参加自己目标的制定过程。

一旦开始实施,人们就要知道做什么、怎样做。如果执行得不好,如拖沓、怠慢,上司就应及时向有关责任者指出,切不可拖着不处理。

一分钟表扬是很重要的一环。假如你工作干得很好,你的上司没表扬你,将会怎样?你会想:"我干吗这么卖力?没人关心我工作干得好坏。我是多么富于创造和卓有成绩;而臭手托尼竟和我挣得一样多。"定期表扬是极好的动力源和兴奋剂。当表扬显示出对成功的理解时,尤为如此。

(六)表现人性的一面

以下是两条最有助于老板和下属的沟通交流及理解的建议。

(1)有错认错。

(2)公开批评自己。

一旦犯了错误,就马上承认。有老板对员工说:"如果你犯了错误,必要时,自己走上断头台,让人家砍头好了,通常大家会谅解的。"

另外,幽默感和自嘲是很有益的。它表明你是一个普通的人,而不是老顽固。幽默感能使你摆脱尴尬局面,化干戈为玉帛。

(七)不跟下属争功

在带领一个团队时,在总结工作时要把错误都揽在自己身上,把功劳都记在下属身上。在某大公司的年终晚会上,老板刻意表扬两组营业成绩较佳的员工,并邀请他们的主管上台。第一位主管好像早有准备,一上台便滔滔不绝地畅谈他的经营方法和管理哲学,不断向台下暗示自己在年内为公司所作的贡献,让大家听了很不是味儿。而第二位主管一上台便多谢自己的下属,并庆幸自己能有一班如此拼搏的下属,最后还一一邀请下属上台接受大家的掌声。当时台上、台下的反应自然不言而喻。像第一位主管那种独占功劳的人,不但会令下属不满,老板也不会喜欢;而第二位主管能与下属分享成果,令下属感觉备受尊重,日后自会继续奋力拼搏。

(八)助人发展自我

助人发展自我是完善人性的另一个热门理论。在某方面培训人们时,实际上,就是在更大的范围内为他们打开了机遇大门,以开发他们还未利用的能力、技巧、资质和智慧,使人们超越自我成为可能。

给下属一项任务,他在完成时运用了新发现的能力,这帮助了他发展自我,作为上司你也可以和他共享其乐趣。反过来,这也使他增强了自信心,以便今后在前人没走过的路上迎接更大的挑战。

如果他跌倒了,上司应去指导他,使他能重新爬起来,鼓励他,以克服他对第二次失败的恐惧。不采用托儿式教育去培养他们,让他们在大风大浪里学习,增强他们的自信心。

（九）把参加管理发展为共同占有

作为一个上司,不论多么聪明和富于创造,也不可能面面俱到;而集体的智慧才是取之不尽、用之不竭的。在制订计划时,向每一个参加者灌输占有意识。一个好的领导者必须能够适应一个生机勃勃的集体,不是压制它,也不能要求集体买你个人的账。

【案例 5-2】

又想做哥们儿,又想做老板

在办公楼里,有员工这样抱怨:"真不知道经理这些天是怎么了。昨天下班的时候他还和我们一块儿出去,像以前那样又说又笑的。可今天他把我叫到办公室里,为了一件进展缓慢的工作把我训了一通。一会儿把我当朋友,一会儿又要做我的老板。没想到获得提拔后他会这样对待我们,太让人失望了。"

被这样抱怨的经理显然混淆了经理人与普通员工的角色。作为一个经理人,最不讨巧的事情是得时常纠正手下的行为。如果既想做老板,又想做员工的知心朋友,到头来只会两头不讨好:下属们会对你的"两面派"行为怀恨在心,上司也会怪罪你办事不力。

对策与预防:由普通员工提升为经理的人应召集所有下属开一次会,指出由于角色的变化,他的处事方式将与从前作为一个普通员工时有所不同。开诚布公地谈谈这一变化,将有助于大家作出适当的调整。要想扮演好新角色,不该再介入是非长短的闲聊,因为你现在的任务是支持团队中的每一个成员;应该在团队里扮演一个能看到日常工作中管理决策影响的经理身份,而不是普通雇员的身份,把与群体相处及工作的经验带到经理会议上去交流;不应该将新角色扮演得过火,与过去的同事作出没有必要的疏远;不要因为当了经理就一口官腔,摆出一副高明的姿态,这样不仅会使就地提拔的好处丧失殆尽,还会在你与员工之间造成隔膜与不和。

第三节　如何与同事相处

同事之间友好和平、快乐相处不是件简单的事,也不是件复杂的事,但一定要用心,也只有处理好同事之间的关系,才能把工作做得更好、更完善。

一、与同事相处的原则

人的一生中除与家人相处以外,相处频率最高、时间最多的就是同事了。为了改善同事间的交际环境,促使交际融洽和谐,需遵循下列十项原则。

(一)保持距离

有人把人际交往的距离准则比作"刺猬理论",这是很有道理的。尤其是同事之间,因为观念、文化、知识、性格等方面的差异,必然会影响到处世态度和交际方式。如果同事之间交际过近过密,有时会因相互的个性差异而发生碰撞,这反而会损害彼此间的关系。再则,同事之间虽是事业的合作者,但却又是利益的竞争者,在名和利面前同事又往往会充当掣肘者。所以,同事相处既要密切配合,又要保持适当的距离,这样才能减少不必要的摩擦,使彼此少受伤害,这样也有利于友情的发展和延续。

(二)互相信任,互不猜疑

一方面要求自己言必行,行必果,让对方感到你是可信的。另一方面也要求自己心胸坦荡,给予对方充分的信任,遇事不要先猜疑。很多非常牢固深厚的友谊都是由于互相猜忌而引起破裂,甚至夫妻之间也会因此而分离。

由于受各种主、客观因素的影响,同事之间必然有亲疏之分。志趣、情趣、性格相投的同事也许会接触得多一些,交谈得多一些;而志趣、情趣、性格不那么相近的同事可能就交往得少一些,交谈得少一些。有时你见别人正谈得投机,可当你要参与进去时,他们却又缄口不言了。这时你千万不要神经过敏,不要以为他们准是在议论你。倘若你无端猜测,就会影响你与同事之间的关系,使交际环境笼罩上阴云。

有句俗语说:"猜疑把你我都变成了蠢驴。"然而,我们还是经常推断别人的反应和行为。我们常以为事物是不变的,人是不变的。有时,我们根本观察不到与过去情况相比已发生了微妙的变化,而这些变化可能促使人们采用与过去不同的行为方式。

为了说明这点,下面介绍一个例子。

菲尔的剪草机坏了,上周日他恰好要用,于是他想找他的邻居吉米去借。路上,菲尔想起了这样一件事。

"去年春天,我向吉米借修树剪子,他说剪子要磨,不能用了。可是,第二天我看见他就在用那把剪子修树。一月份,我向他借清路机时,他也是这样打发我的。这种邻居,干吗要找他?"菲尔走到吉米的家,敲了敲门。吉米一开门,菲尔就嚷了起来:"吉米,留着你那破玩意吧。你就是求我把剪草机拿走,我也不要了。"

(三)口有遮拦

"祸从口出",这是自古就有的警策之言。同事之间如果彼此比较信得过、合得来,可以多谈一些、谈深一些,但也不可信口雌黄。面对同事中某些与己关系较疏的人,交谈时你就更需要谨慎一些。这是因为,在我们的同事当中,确实有人会散布某些谗言、流言、毁言、诬言,你如果口无遮拦,就有可能被人利用而深受其害。所以,当你对某些同事还不很信任的时候,你只能"逢人只讲三分话,不可全抛一片心"。你也不可在人前随意议论他人的长短以及兜售自己的某些隐私或亮出自己的某些底线。这样,就不会因口无遮拦而吃亏上当。

同事间在进行言语沟通时首先应该懂得该说什么,不该说什么,与同事讲话要讲究方式方法,不可因为自己一时逞口舌之快,直言不讳,而触击了别人的伤痛,使别人不愉快。讲话时要认清形势,分清场合,不要因为不合时宜的批评使人面子上过不去,从而使对方怀恨在心。为人说话小心谨慎可使自己置身于进退自如、攻守有余的位置,牢牢把握住人生的主动权。老话"多吃饭身体好,少说话威信高"就是告诉我们少说话多办事,以免祸从口出。

有些人天生就是直肠子,与别人说话总是不顾场合,有时虽然是好心却不知不觉地伤害了对方,在工作中交往的都是同行,说话十分讲究,直来直去很容易得罪人。一旦知道因为说话得罪了人,要尽力找机会向对方道歉,以求得对方谅解,但不能经常这样,因为自己太直肠子得罪人而要以赔礼道歉取得别人原谅,长此下去会让对方觉得你是口是心非,有意这样做。应该找出自己犯错误的原因,从而彻底改正这些毛病。

(四)互相支持,互相帮助

同事之间互相支持、互相帮助是圆满完成工作任务的前提,只有工作愉快、轻松、和谐了,才能彼此产生好感,才能有时间和心情交流,才会有良好的氛围。如果每天连工作都一团糟,那是没有心情对待任何人和事的。

同事有困难,通常首先会选择亲朋帮助,但作为同事,应主动问询。对力所能及的事应尽力帮忙,比如,同事家里有困难或急事你要及时到场,积极协助解决。这样,同事会记住你的恩情。即使是一些鸡毛蒜皮的小事,也要肯帮忙。例如,有人来电话找你的同事,恰逢你的同事不在,你接听电话时要询问对方,如属可以转告的内容要积极转告;如属不宜转告的内容,可将有人来过电话的事设法告诉你的同事。这样,会增进双方之间的感情,使关系更加融洽。

(五)不伤害人

伤害人,是指蓄意制造矛盾、布设陷阱,坑害、中伤、打击同事。比如,有意披露同事的隐私,中伤贬损别人;到领导面前进谗言或离间同事间的关系、伤害同事间的感情,等等。这些行为,既坑了同事也害了自己,它对融洽同事间的关系是极为不利的。

(六)学会尊重

一方面要自尊,另一方面要尊重别人,不要随意插手别人工作范围内的事情,以免伤害别人的自尊。当你有能力帮助别人时,要把握好分寸、时机和方法。

俗话说,礼多人不怪。同事之间在交际中也要重视礼仪。例如,早晨上班,进了工作场所或办公室向同事打个招呼、问一声好,对创造一个良好的工作气氛很有好处。这时,切忌把家庭之中的不快情绪带到工作场所。同事帮了你的忙,要诚心地表达你的谢意。下班前,若有事要先走,应对同事说一声:"对不起,我有事先走一步!"因为你对同事的尊重,彼此之间也就多了一分亲密感,这对构建良好的人际环境是很有益的。

(七)不可张狂

现代社会虽然崇尚个性凸现、才干张扬,但你在同事面前最好不要张狂自负,不要处处炫耀自己的能耐。如果你张狂自负,必然会引起同事的反感,招致嫉妒,这样你的人际环境将会变得非常糟糕。尤其是初涉工作岗位的年轻人,更要谦虚谨慎,致力于在工作中显露自己的才干,而不要以张狂的表现来炫耀自己。

(八)避免争吵

在日常生活中,人们往往会与三种人发生争吵:一是不一起共事的人,二是家人,三是同事。这三种争吵会产生三种不同的结果。与不一起共事的人发生争吵,吵过之后双方走人,一般不会使争吵和矛盾再引发面对面的碰撞。家人之间因为有血缘或亲情关系,一般吵过之后会重归于好。而同事间若是发生争吵,麻烦就比较大了。因为同事之间争吵之后仍然要在一起共事,甚至要相互竞争,这种特别的关系就使得同事间争吵后的情感裂缝比较难以弥合,情感创伤难以平复,使同事间的人际环境长时间地蒙上阴影。所以,与同事交往最忌讳争吵。同事之间倘若发生矛盾,要忍一忍、让一让,相互克制,尽量避免发生正面冲突。

(九)平等待人

同事当中,有各方面条件都占优势的佼佼者,也有身处劣势的平平者,比如,有的享有祖荫的权势或有较硬的社会关系,而有的则是普通的百姓;有的家里有较强的资财实力,而有的则相对比较贫寒;有的人处世头脑比较敏捷机灵,而有的人则比较木讷呆板;甚至在人的长相上,也有容貌俊逸和其貌不扬之分。同事间无论主、客观条件存在怎样的差异,你在与同事相处时都一定要注意做到平等待人,尤其是在人格上要一视同仁。如果你在与同事相处中明显地表现出趋炎附势的态度,甚至为了一己之利而搞小圈圈和小山头,那你势必会遭到另一部分同事的反感,甚至憎恨。这样,就等于你在自己的人际环境中埋下了隐患,一旦周围发生戏剧性变化,你将在自己缔结下的同事关系中尝到苦果。在你的同事中,有的在辛勤工作几十年后面临着退休,有的初涉工作岗位或从外地、外单位刚刚调来。对即将退休的老同事你要格外尊敬,勿让其感到"人走茶凉"。如果你在他将要退休之际便表现出"凉意",那么他可能会因此而发泄心中的不平,进而损害你的形象。对初来单位的新同事,你也不可欺生,要像对别的同事一样尊重他,否则他会因此而忌恨你,给你今后的同事关系埋下隐患。

(十)心热脑冷

与同事相处,切忌"心冷脑热"。因为,你待人心境冷漠,势必在言行举止上表现出对同事的冷淡,这样同事就不可能跟你关系融洽。在处理人际关系中,如果你头脑发热,就容易感情冲动,为一些鸡毛蒜皮的小事跟同事闹翻;抑或由于你头脑发热处事不周,使某些道德欠佳的人抓住你的辫子而落井下石。而"心热脑冷",则是对同事要有一颗温暖的心,相处时要充满热情;需要有一个冷静的头脑,切不可由着自己的个性,心血来潮而为所欲为,进而在自己的同事关系中种下蒺藜。

二、与同事相处的技巧

即使你不加班,一天也有 8 个小时和一班同事在一起,随之问题便产生了:与家人是亲情,与朋友是友情,与恋人是爱情,但与同事之间的关系却十分复杂。究竟该如何处理这种关系呢,下面便教你几招。

(一)切忌背后议论人

千万不要在背后议论同事,即使有人开头,也要尽量避免这种话题,日常生活中遇到别人在你面前说另一个人的坏话时,你要微笑,不要插嘴。千万要端正自己的态度,不要被他的话左右你的思想,更不能学习他的做法,这是同事间最大的忌讳,不仅伤害到别人,也给自己惹来一身的麻烦。同事之间以友好、和谐为重,这需要我们用心来经营。

不在人背后议论,除了不跟其他同事议论外,还要注意在跟自己的亲戚朋友交往时,也应该尽可能地避免背后议论人。不负责任的议论,不仅失去了交往的目的,而且会伤害同事间融洽的感情。特别是在大庭广众之下,尽可能避免说别人的短处。有时言者无意,听者有心,传扬出去会挫伤他人的自尊心。

(二)要善记也要善忘

善记,是指要把别人对自己的恩德随时放在心上。无论谁的帮助,也无论是否真正起到作用,起到多大的作用,我们都应该常记心头,适时适度地向人表示感谢。切忌"过河拆桥"。

善忘,是相对于"善记"而言的,在自己帮助过别人后,切不可显露出一种有恩于人的态度,以免对方觉得难堪。毕竟人与人相处,总会有互相帮助的地方。

(三)以诚待人

当你苦于难以和同事相处时,殊不知你的同事可能也正在为此焦虑不堪。在工作和生活中要学会忍让,相处中你要学会真诚待人,"人心换人心,四两换半斤"就是这个意思。别人不愿和你在一起,一定是你有不值得别人亲近的地方,不愿和你相处,一定是你有让人讨厌的地方。要反省自己言行是否有不妥的地方,是否对别人造成伤害,从而学会道歉,接近对方,同时与对方多一些沟通与交流。遇到问题时一定要先站在别人的立场上为对方想一想,这样一来,常常可以将争执湮灭在摇篮中。

在与同事沟通和交流之前必须要搞清谈话内容和事实,要洞悉同事的脸色和行动,要尊重对方的意见,不要说些对方不爱听的话语,要给对方留有说话的余地,适当保持积极的心态,主动去接触同事,尽可能用自己的真情和爱心去帮助别人,使同事关系尽快地亲近起来。

在与新老同事相交时,都要诚实可靠,避免说大话。要说到做到,不放空炮,做不到的宁可不说。

以诚信待人,还包括要尊重他人的隐私。知道的不要说,不知道的也不要问。以此赢得人家的尊重与信任。

在同一个单位工作,彼此间免不了会有不愉快的事情发生,与同事发生矛盾后,争取积极主动地找对方沟通,抛开昔日成见,真诚和善地对待对方。刚开始时,对方可能心存芥蒂,认为这是一个圈套,但经过一段时间后矛盾就会解决。

(四)学会互相欣赏

"同事之间的合作就好像婚姻一样。两个来自不同家庭的人之所以能走到一起,依靠的是相互间的那份欣赏。"提及怎样和同事相处,周先生笑着作了这样的比喻。

周先生在一家外企工作,他和另外 3 个人共用一个办公室。周先生说,既然是同事,在工作上肯定会有合作的问题。很多合作不成功,并非技术原因,而是性格问题。其实,专业技能只是门槛,更多的时候,一个人想要赢得各方肯定,靠的是人缘。

"刚进公司的时候,我挺不注意这方面的,那时总认为别人不如自己。"周先生坦白道。那时候,周先生所在办公室的气氛非常不好。有时周先生走进办公室,正聊得热火朝天的其他 3 位同事突然不讲话了。这让周先生怀疑,同事们是不是在说他的坏话。

静下心来,周先生从自己身上找到了原因:是自己不会欣赏同事。找到原因后,周先生开始和他们接近。时间一长,同事们都说:"刚来的时候周先生太'酷'了,我们都不敢和他讲话。"

"其实,每个人身上都有值得别人学习的地方。"学会了欣赏别人的周先生总算明白了这个道理。

(五)对自己的错误或者同事的误会应主动说明

同事之间经常相处,一时的失误在所难免。如果出现失误,应主动向对方道歉,征得对方的谅解;宽容是美德,也是增进人际关系的重要方法,人无完人,总会犯错,为什么不可以原谅呢? 我们要有广阔的胸怀,对双方的误会应主动向对方说明,不可小肚鸡肠,耿耿于怀。对别人的缺点应持包容和担待的态度,并想办法用自己的长处去弥补,这就是我们常说的好朋友应该是互助的,好夫妻应该是互补的。当然,容忍也是有限度的,容忍并非无原则的迁就,要建立在"互相"的基础之上才能发展良好的关系,但至少你应该先做到宽容。

(六)找到共同爱好

小陈刚刚大学毕业,现在就职于一家电脑公司。"刚上班那天,我发现办公室里大部分都是年轻人,我还很高兴,认为自己能很快融入这个团队当中。"小陈说。可过了没多久,小陈就发现自己想错了。

按常理,办公室里有同龄人,原本应该是件好事。因为同龄人之间最容易相处,但实际上,这些同龄人相处起来非常难。小陈发现,办公室里的这些年轻人不知为什么,总带着要和他较量一下的架势。这从一些小事上可以看出来。有一次,小陈在办公室说:"今天天气可真冷啊!"没想到一位同事立刻笑着说:"不会吧?你连这天气都受不了,是不是有病啊!"把小陈弄得哑口无言。

"天天低头不见抬头见的,总这样不行啊!"小陈心里嘀咕着。终于,细心的小陈发现,这些年轻的同事都喜欢玩网络游戏。"有了!"小陈计上心来。他开始学习一些游戏知识,有意无意地和大家往这个话题上聊。果然,没多久,他就和同事们打成了一片。

【案例 5-3】

小红是今年刚毕业的大学生,经过几轮的笔试和面试,可谓是过五关斩六将,终于以较好的成绩如愿地被一家规模颇大的合资企业录取,做了前台秘书。年轻漂亮的小红意气风发,刚参加工作就想好好表现,得到公司的认可。

到单位上班后,小红整天笑容满面,礼貌热情,抢着接待客人,对公司的其他部门的同事也是问寒问暖,大家都夸奖她伶俐能干。可她发现前台的其他四个同事对她很冷淡。其中,赵姐的资格最老,已经来公司三年了,另三位来的时间也不短。小红在上班过程中明显地感觉到赵姐对她的敌意很深,问她什么事都爱搭不理的,而另三位同事唯赵姐马首是瞻,对她也是冷冷淡淡。

刚开始,小红没有太在意,心想我做好自己的工作就行了。后来发现这很困难。因为她们前台接待的客人很多,工作头绪又多,她虽然受过培训,但毕竟初来乍到,还有很多业务不甚熟悉,公司方方面面的情况也不是很清楚,需要同事们的指点和帮助,同时,前台工作的性质本来也需要大家的配合和协助。认识到这一点,小红开始反省自己,是不是自己哪些方面做得不好,使得同事讨厌自己。她决心改变做法,让同事喜欢自己。所以,接下来的日子,小红经常为同事们打水、打饭、跑腿,脏活累活抢着干,天天赵姐长赵姐短,虚心向赵姐她们学习。有一次,人力资源部经理过来问她:"工作怎么样?和同事们处得怎么样?"小红当着赵姐她们的面回答说:"经理不用担心,赵姐她们经验丰富,经常教给我很多东西,也经常帮助我把工作做好。"经理满意地走了。

慢慢地,小红发现赵姐她们对待她的态度变了,不再那么冷淡了。在小红坚持不懈的努力下,终于有一天,赵姐对她说:"小红,今天跟我们一起吃饭吧。近一段时间你也辛苦了,以后我们一起好好相处,把工作做好。"小红欣慰地笑了。

【案例分析】

小红的问题是刚到单位,还摸不清状况,就急于表现自己的能力,急于表现自己的出类拔萃,不注意与自己部门的同事搞好关系,打成一片。这样就使得部门里的其他同事很难接受她,视她为潜在的竞争对手或是异己力量,甚至会联合起来一起排挤她,使她的工作陷入被动。因此,新人到岗后,不要马上高调地介入工作,而应该先熟悉组织内部、外部的人际环境,再决定自己应该采取怎样的姿态去加入工作。这样,才容易融入群体,站稳脚跟。再者,一旦发现同事中有敌视你的人,不能不在意,一定要及时洞察他敌视你的原因,了解后马上采取有效措施予以化解;否则,积怨会越结越深,给工作和团结带来不利影响。小红就是及时发现问题后反省自己,主动修复关系,最终和敌视她的前辈们和睦相处,打成一片。

三、如何与不同类型同事相处

与同事相处大有学问,只有"因人而异""看人兑汤",讲究策略、区别对待,才能既不得罪于人,又不吃亏于己。否则,弄不好,一不小心便会冒犯别人,成了冤家对头,有时甚至会影响到自己的事业和前途。

同事类型	相处之道
口蜜腹剑者	敬而远之,虚与委蛇。要尽量检点自己,不可让他抓住你的把柄。
挑拨离间者	最好防微杜渐,不让其插足其间。除与他保持一定的距离外,还要与其他同事处好关系,使其陷入孤立无援的境地而无所作为。
尖刻者	保持距离,听到一些闲言碎语当作没听见,千万不要动怒,以免惹鬼上身。
吹牛拍马者	不可与他为敌,没必要得罪他。平时笑脸相迎,和平共处,不可有意孤立招惹他,否则他可能成为你的绊脚石。
翻脸无情者	如果他翻脸,你不要理睬,不必提以前的恩怨,只当没听见。不必和他一般见识,反正无利害冲突,各走各的路。
雄才大略者	如果利害一致,可与之一起共创事业。如一山不容二虎,也可与之合纵以挂六国相印,相秦以连横合并天下,各取所需,各享盛名,各得其利。如以上行不通,可全心全意帮助他,自己至少也能留下识才的美名。
愤世嫉俗者	对于他无所谓好不好,只要对公司无害,没什么好说的。即使对公司弊端的指责是对的,你也切不可当应声虫。

【案例5-4】

沟通不力,同事反目成仇

逯鹏是公司销售部的一名员工,人比较随和,不喜争执,和同事的关系处得都比较好,但是,前一段时间,不知道为什么,同一部门的张力老是处处和他过不去,有时候故意在别人面前指桑骂槐,对跟他合作的工作任务也都有意让逯鹏做得多,甚至还抢了逯鹏的好几个老客户。

起初,逯鹏觉得都是同事,没什么大不了的,忍一忍就算了。但是,看到张力如此嚣张,于是一赌气,告到了经理那儿。经理把张力批评了一通,但结果是,从此逯鹏和张力成了绝对的冤家了。

【案例分析】

逯鹏所遇到的事情是在工作中常常出现的一个问题。在一段时间里,同事张力对他的态度大有改变,这应该是让逯鹏有所警觉的,应该留心是不是哪里出了问题。但是,逯鹏只是一味地忍让,这个忍让不是一个好办法,更重要的应该是多沟通。逯鹏应该考虑是不是张力有了一些什么想法,有了一些误会,才让他对自己的态度变得这么恶劣。他应该及时和张力进行一次真诚的沟通,比如问问张力是不是自己什么地方做得不对,让他难堪了之类。任何一个人都不喜欢与人结怨,如果沟通及时,可能他们之间的误会和矛盾在比较浅的时候就会消失了。

但结果是,逯鹏到了忍不下去的时候,选择了告状。其实,找经理来说明一些事情,不能说方法不对,关键是怎么处理。但是,在这里,逯鹏、经理、张力三人犯了一个共同的错误,那就是没有坚持"对事不对人",经理做事也过于草率,没有起到应有的调节作用,他的一番批评反而加剧了两人之间的矛盾。正确的做法是应该把双方产生误会、矛盾的疙瘩解开,秉着以事业为重、加强员工的沟通来处理这件事,这样做的结果肯定会好得多。

【本章小结】

本章主要介绍职场中重要的三大关系:上司、同事和下属。既要有原则又要和谐共处。首先我们要了解对方,根据对方的类型针对性地采取相应的方法和技巧。妥善处理三大关系,为自己创造和谐的职场生态环境。

【复习与思考】

一、思考题

1.如何与新上司相处?

2.新上司面对强势下属怎么办?

3.如何与不欣赏自己的上司相处?

4.职业女性如何与上司相处?

5.如何与同事和谐相处?

6.同事间怎样避免冲突?

7.职场新人如何巧对"卖老"同事?

8.如何做一个让下属拥戴的好上司?

二、技能实训

实训 1

为了支持下属企业的发展,阿清被调入一家下属小型公司工作。在所在的部门,阿清各方面都是鹤立鸡群。而阿清的上司,各方面条件都比她差很多,还是一个年轻的女孩子,就因为是早进此单位而成为了领导。但为了本部门的工作尽快正常运转起来,阿清还是尽心竭力地帮助她。

但是,部门工作步入正轨后,阿清发现上司对她的戒心也越来越重,而且领导本着支持她的下属的原因,不听阿清的辩解,总是训斥阿清要全力支持她。"真想什么都不管让她自己折腾去,可是又放心不下,公司领导那边也不好交差,怎么办呀?"阿清说。

问题:请你给阿清一些职场建议。

实训 2

小陈在一家医药公司从事销售工作,最近在工作和人事方面遇到了一些不愉快。小陈是个性格比较急躁的人,平时在和同事讲话时语气总是很急,有时难免让同事不满。另外,小陈平时比较粗心,所以很多时候容易落下话柄。其实小陈并没有任何的坏心眼,他也很着急自己的脾气。

问题:作为同事,你将如何帮助小陈?

第六章
礼仪与商务礼仪

人无礼则不生,事无礼则不成,国无礼则不宁。

——荀 况

第一节 礼仪的渊源与含义

礼仪在现代生活越来越被重视和被普遍地使用。在社会生活中,人们常常被要求遵守礼仪,行为符合礼仪要求,按照某种礼仪举行活动。人们对礼仪的认识和理解又是多种多样的:如礼仪即礼貌,表现为待人和气、友善、客气、和蔼可亲;或者礼仪即懂规矩,表现为守秩序、听话、服从;还有人理解礼仪即文明行为,即坐有坐相、站有站姿、行为得体、彬彬有礼;还有的人把礼仪作为一种具体的形式如鞠躬、作揖、磕头、跪拜等等。究竟什么是礼仪,以及礼仪是怎样产生的呢?

一、礼仪的历史渊源

礼仪是一个复合的语词,它包括"礼"和"仪"两部分。按照我国古辞书《说文》的解释,"礼也,所以事神、致福也",即礼是用来"事神""致福"的形式。如祭祀、跪拜、鞠躬、点头都是在致礼,或行礼。《辞源》中解释说,"仪"即"法度,标准",如古书《国语》中说,"度之于轨仪",《淮南子·修务》中说,"设定的制度、法则、规范",去行礼,去"事神""致福",去表达某种敬意。所以《辞源》对礼仪做了这样的明确概括:"礼仪,行礼之仪式。"

礼仪是伴随着原始宗教的产生而产生的。有了原始的宗教,就有了原始宗教的祭祀活动形式,就有了人类社会最初的礼仪。原始宗教产生于史前社会的后期,当时的人类——原始先民,在其生活的实践中,认识到许许多多的自然现象与自己生活有关系,有的自然现象对人类的生活有益,有的又有害。有的自然现象同时具有给人以祸和福的两面,比如由雷电引发的森林大火,既可能使人被火烧死,而烧死的动物,又为人类提供熟食,开始了人类由生食到熟食的转变。当时的原始先民,不可能认识这些影响人类命运的自然现象发生的原因和规律,他们对自然现象充满了神秘感,充满了敬畏和恐惧。于是各种原始宗教、原始崇拜便由此而生,如万物有灵论,如拜物教,如图腾崇拜、祖先崇拜,等等。为了表达这种崇拜之意,人类生活中有了祭祀活动,并在祭祀活动的历史发展中,逐渐地完善了相应的规范、制度,形式为祭祀礼仪。

人类最初的礼仪,主要是对自然物,表示了对神秘不可知的自然界的敬畏和祈求。后来,逐渐地把这种敬畏扩展到人类自身,首先转到那些由于在人类与自然界斗争中创造了奇迹、做出了贡献的先贤先哲。

1.中国古代礼仪的渊源

中国古代,对伏羲氏和神农氏的崇敬,是因为他们在人类与自然界的斗争中,教会人们种植农作物;人们崇敬大禹,是因为他为人民治水;人们崇敬尧、舜,因为他们率领人们与自然斗争并且形成了人类最初的社会秩序。在这种崇敬中,尧、舜、伏羲、神农……都是被当作神来崇敬的。他们是超然于人类之上的神。

在中国,由崇拜自然物转到人类自身的另一种模式,即由对龙的崇敬扩展到对君王的崇敬。我国古代典籍中,有许多关于龙的记载和描绘,龙威风凛凛、张牙舞爪的形象活跃于水、陆、空之中,超越了空间条件的限制等。但是以生物学的观点来考察,在动物界的物种发展过程中,根本就没有龙的存在。实际上龙是中国古人对自然界的恐惧和崇拜而想象出来的图腾。龙是和水联系在一起的,如战国时代的荀子在《劝学》中就说:"积土成山,风雨兴焉;积水成渊,蛟龙生焉。"唐朝的刘禹锡在其写的《陋室铭》中也说:"……水不在深,有龙则灵。"人们企盼自然界赐福,企盼风调雨顺,因而也就崇拜作为主持云雨的龙神。我国的考古工作者发掘证明,距今5000多年以前,中国就有了玉制的龙的饰物出现。从人类把对神、对自然力的恐惧和敬畏转向人类自身之后,随着人类社会生活的发展,人们表达敬畏、祭祀的活动日益纷繁,逐步形成种种固定的模式,而终于形成为礼仪规范。可见,从礼仪的产生和发展来考察,礼仪是人类社会生活发展的需要,是人类社会关系的一种必然要求和必然的反映。这一点,也可以从我国历史发展过程中礼仪规范的形成和变迁中得到进一步的证明。

2.西方礼仪的渊源

英语表示礼仪的单词"etiquette"来源于法语。而在法语中,"etiquette"原意是法庭上的通行证。古代的法国法庭,为了显示司法活动的威严和保证司法活动正常有序地进行,制定了许多法庭的规定,并将这些规定印在或写在一张长方形的通行证上,发给进入法庭的每一个人,使其入庭后遵循。这个通行证就叫作"etiquette"。进入英语后,这个词的意义有所扩大,不单指法庭上的通行证,而是泛指人际交往的通行证。因为在社会生活的各个方面,人们都必须遵守一定的规矩和准则。所以,《新英汉辞典》在解释"etiquette"时便给出两个义项:(1)礼节,礼仪;(2)[总称](同业间的)规矩、成规、格式。

西方的礼仪主要是在社交活动中形成的规范行为。在古希腊和古罗马的诗歌中,在荷马史诗《奥德赛》中,在中世纪斯堪的纳维亚有关上帝和英雄的古老传说中都有记述。斯堪的纳维亚古代史诗《伊达》就详尽地叙述了当时用餐的规矩。举杯敬酒大有学问,一旦失礼就得受罚。在《爱的艺术》这部诗作中,古罗马的年轻诗人奥维德告诫同龄人,用餐时不可狼吞虎咽,也不可贪嗜杯中物。追求情侣的男子,却可以用手指蘸酒,用这种"会燃烧的液体"在餐桌上大书特书,表达自己炽热的爱情。在奥维德看来,这样做是完全合乎礼节的。

晚期的一些著作则为人们规定了一整套的行为规范。1976 年汉堡出版的麦兰杰斯的著作《论接待权贵和女士的礼仪——兼论女士如何对男性保持雍容态度》就是一例。西班牙人佩特斯·阿尔冯希于 1204 年出版了第一部《行为准则》。此后,相继有了王室贵族及资产阶级社会所应遵循的行为准则。

二、中国礼仪的发展阶段

1.礼仪的起源阶段

这一阶段约在公元前 21 世纪的夏朝产生之前。综合考古学、民族学的材料可以发现,这一时期我国的原始民族在游牧生活中已经形成了一些对后世颇具影响的礼仪规范。原始的政治礼仪、宗教礼仪、婚姻礼仪等等在这一时期均有雏形。据考证,距今约 50 万年前的北京山顶洞人,就有了礼的观念和实践。山顶洞人缝制衣服以遮羞御寒,把贝壳穿起来,挂在脖子上来满足审美的要求。族人死了,要举行宗教仪式,并在死人身上撒赤铁矿粉。这种宗教仪式便包括了参与者在活动过程中的交际礼仪。

到了新石器时代晚期,人际交往礼仪已初成规模。根据半坡遗址和姜寨遗址提供的民俗学资料表明,那个时代,人们在交往中已经注重尊卑有序、男女有别了。在房子里,家庭成员按照长幼席地而坐,老人坐上边,小辈坐下边;男人坐左边,女人在右边。他们用两根中柱把主室分为两个半边,右边中柱是女柱,左边中柱是男柱,男女成年时在各自的柱子前举行成年仪式。这种礼仪在今天的纳西族中仍然传承。

炎黄时期,传统礼仪已渐至严密,且逐渐被纳入礼制的范畴。这一时期是我国原始社会后期,是私有制、阶级和国家逐渐形成的时期,因而反映在礼仪上,也是由氏族社会的交际礼仪向阶级社会的交际礼仪逐步过渡的时期。历史上有过"礼理起于大一,礼事起于遂皇,礼名起于黄帝"之说。《商君书·画策》说:"神农之世,男耕而食,妇织而衣,刑政不用而治,甲兵不起而王。神农既后,以强胜弱,以众暴寡,故黄帝为君臣上下之义,父子兄弟之礼,夫妇匹配之合,内行刀锯,外用甲兵,故时变也。"足见当时社交礼仪之盛。

尧舜时代,国家已具雏形,同时,民间交际礼仪得到了进一步的发展。延续几千年的重要礼节如拜、揖、拱手等,此时已广泛地运用于社交活动之中了。据文献记载,尧舜时代的礼仪已经具有了系统性。《书经·虞书·舜典》说:"慎徽五典,五典克从,纳于百揆。"即为官者必须五典完美。所谓"五典",指父义、母慈、兄友、弟恭、子孝等五常,或说父子有亲,君臣有义,夫妇有别,长幼有序,朋友有信。《通典》认为,"自伏羲以来,五礼如彰,尧舜之时,五礼咸备"。"五礼"即吉礼、凶礼、军礼、宾礼、嘉礼。

2.礼仪的形成阶段

这一阶段大约在公元前 21 世纪到公元前 771 年的夏商周三代时期。

　　从夏朝建立起,中国社会进入了奴隶制社会。由于大规模地利用奴隶劳动,生产力比原始社会有了更大的发展,与之相适应,社会文化也得到了较大的发展。在这一阶段,奴隶主阶级为了维护本阶级的利益,巩固自己的统治地位,修订了比较完整的国家礼仪和制度,提出了极为重要的礼仪概念,如"五礼"等,确定了崇古重礼的传统。

　　在西周,出现了中国历史上第一部记载礼的书籍,这就是《周礼》。人们通常认为,传世的《周礼》和《仪礼》是周公的遗典,它们与其释文《礼记》一起,统称"三礼",是关于各种礼制的百科全书。其中,《周礼》偏重政治制度,《仪礼》偏重行为规范,《礼记》偏重对礼的各个分支做出符合统治阶级需要的理论说明。由这"三礼"所涉及的各种礼制的总和,涵盖了中国古代礼的主要内容。

　　3.礼仪的变革阶段

　　这一阶段约在公元前 771 年到公元前 221 年的春秋战国时期,是我国奴隶制向封建制转变的过渡时期。

　　这一时期,三代之礼在许多场合废而不行。一些新兴利益集团开始创造符合自己利益和巩固其社会地位的新礼。学术界百家争鸣。以孔子、孟子、荀子为代表的思想家们系统地阐述了礼的起源、本质和功能等问题,第一次从理论上全面而深刻地阐述了社会等级秩序的划分及其意义,以及与之相适应的礼仪规范、通用义务。

　　孔子站在奴隶主阶级的立场,将奴隶制开始崩溃、封建制开始兴起的春秋时代,看作是"礼坏乐崩""邪说暴行"不断发生的大乱局面。远在公元前四百多年的周朝时,孔子就"制礼作乐",他提出的六艺,包括礼(礼仪规范)、乐(音乐)、射(武功、射箭)、御(武功、乘马)、书(书法)和数(数学)。孔子把六艺作为六种科目,要求统治者的接班人,必须学习六艺,"养国之道,乃教之以六艺"。至此开始,礼就成为儒家学说中的重要内容。作为儒家学说的创始人的孔子,对礼仪非常重视,他曾明确要求他的弟子们努力做到"非礼勿视,非礼勿听,非礼勿言,非礼勿动"。孔子之所以这样重视礼,是因礼代表了孔子理想中的一种政治局面。

　　这种政治局面其一就是"和",孔子反对往来征战、相互杀伐,主张以仁爱之心待人,"和为贵",因而"仁爱"与"和"成为了周礼的重要内容。孔子的门生们进一步解释了"和"具有的两个意思,和——相应也,互相适应,如一唱一和就是表达这个意思。同时"和"的含义中有"刚柔得道"的意思,也就是刚柔得体,恰恰合适。总之,礼要求人们行为得体,彼此协调有序。

　　孔子理想的政治局面的第二个方面的要求就是"让",即"互相谦让",不要争,要安分守己,"己所不欲,勿施于人"。

　　孔子理想的政治局面的第三个方面就是"序",即"秩序""顺序",孔子强调在人们的相互关系中,在人际关系中,必须要"有序",即遵守"君君臣臣,父父子子","贵贱有等,亲疏有体,长幼有序"。

　　总之,从孔子制立六艺开始,礼作为六艺的重要内容,它包含了孔子的政治理想和追求,并作为一种工具,去维护统治阶级的统治。孔子的六艺学说和理论,随着社会历史的发展和变迁,也有着调整和变迁的过程。到了汉代,儒家再讲六经、六艺,已明确为:"诗、书、易、礼、乐、春秋"。这里,礼、乐,依然作为六经、六艺的重要内容而保存和发展。

从孔子制礼作乐之后,礼仪作为一种规范,由于它对社会生活的调节作用,由于它对人际关系的调节作用,于是出现了"礼治"的主张和实践。中国几千年的文明历史中,礼治的主张日益得到统治者的赞同,也日益繁杂和完备,形成了包容极其广泛的社会行为规范。中国也由此以具有数千年悠久文明传统而著称于世。

孟子发展和改造了孔子的"礼治"理论,提出了适合地主阶级理想的"仁政"学说。其中心内容是主张"以德服人",即"德治"。"仁政"学说的理论基础便是他的抽象的天赋道德的"性善"论。礼仪范畴被置于他的唯心主义道德体系之中。孟子认为,像恭敬、辞让这样的礼节,是人生来就有的,因此,人要达到礼的标准,根本问题在于主观的反省,尽可能减少自己的各种欲望。

荀子十分注重建立新的封建等级制度,提出了"隆礼""重法"的主张。他把礼看成检验尺寸的法度,检验重量的权衡,检验曲直的绳墨,检验方圆的规矩。他认为,礼的中心内容是"分"和"别",即区别贵贱、长幼、贫富等等级。他说,"礼者,贵贱有等,长幼有差,贫富轻重,皆有称(恰当)者也"(《荀子·富国》)。礼就是要使社会上每个人在贵贱、长幼、贫富等等级中都有恰当的地位。这种等级制度,不是奴隶制下完全按照宗族血缘关系的世袭等级制了,而是根据新的封建生产关系,按照地主阶级的标准建立起来的等级制。荀子还认为,礼是法的根本原则、法的基础,也是做人的根本目的和最高理想。人性本来是恶的,因此需要礼仪等制度和规范去引导人们,调节人们的行为。

4.封建礼仪的形成、强化和衰落阶段

这一阶段大约从公元 221 年的秦、汉时期到公元 1911 年的清末。

这一时期礼仪的重要特点是:尊君抑臣、尊父抑子、尊夫抑妻、尊神抑人。西汉唯心主义思想家董仲舒总结秦王朝覆灭的教训,认为秦朝申不害、商鞅、韩非的法治,刑罚苛重,以及过重的徭役和赋敛,造成上下严重对立,是激起农民起义的重要原因。他要求统治者采取德治和法治兼顾,并着重以封建的仁义道德去教化人民,"罢黜百家,独尊儒术",把以孔子为代表的儒家思想定为封建社会的统治思想。儒家讲君君、臣臣、父父、子子,讲仁、义、忠、信等。董仲舒在此基础上提出了"三纲""五常"的学说。"三纲"即"君为臣纲,父为子纲,夫为妻纲"。"五常"即仁、义、礼、智、信。"三纲"和"五常"是"天"的意志的表现,"三纲"的主从关系是绝对不可改变的。

在漫长的封建历史演变过程中,董仲舒的这一学说,一直作为人们的礼仪准则,它一方面起着调节、整合、润滑人际关系的作用,作为一种无形的力量制约着人们的行为,使人们循规蹈矩地参与社会生活,另一方面,它又成为妨碍人类个性自由发展、阻挠人类平等交往、窒息思想自由的精神绳索。直到清朝末年,尤其是民国时期,西方文化大量传入中国,传统礼仪制度和规范才逐渐被时代所抛弃,科学、民主、自由、平等的观念迅速深入人心,新的价值观念和礼仪标准才得到传播和推广。

5.现代礼仪阶段

这一阶段大约从 1911 年民国初期直到现在。这是中国现代礼的形成和发展时期。这一时期大致经历了两个阶段。

一是半殖民地半封建时期的礼仪。1840 年鸦片战争后,中国沦为半殖民地半封建社会。封建礼仪加上西方资本主义的道德观,形成了独特的大杂烩式的半殖民地半封建礼仪。

二是 1949 年新中国成立,新型的社会关系和人际关系确立,标志着中国的礼学和礼仪进入了一个崭新的历史时期。人民当家做主,人与人之间的同志式的互助合作关系代替了对抗关系。虽然在一段时期内,优良的民族传统、良好的礼仪礼俗,被作为"封资修"货色扫进垃圾堆,但是,改革开放的大潮使礼仪获得了新的生命,在学习和借鉴西方礼仪的同时形成了现代礼仪。

三、礼仪的含义

纵观礼仪的产生和发展,我们概括礼仪的定义为:指一定社会结构中,在国际交往、社会交往和人际交往中表示尊敬、善意、友好的方式、程序、行为、规范和惯用形式以及实施交往行为过程中体现于语言、仪表、仪态、气质、风度等的外在表象。

礼貌、礼节、礼仪的关系:

礼貌、礼节、礼仪都是人们在社交中表现出来的尊敬和友好的行为,三者本质上是一致的,但又有自身特殊含义和要求,它们之间既有联系,又有区别。

礼貌是人与人交往中,通过言谈、表情、举止等表示敬重和友好的行为,体现了一个人的修养、文化层次和文明程度。

礼节是礼貌的具体表现,它是人们在日常生活中,特别是交际场合中,相互问候、致意、祝愿以及表示相互尊重的惯用形式。如握手礼、鞠躬礼、迎宾礼的惯用程序等都属于礼节的范畴。

礼仪是人们对较大或较隆重的场合共同认可的程序。包括在礼遇规格、礼宾秩序等方面应遵循的礼貌、礼节要求。

礼貌通常是指在一般场合下交往过程中的行为规范;而礼仪是指在特定场合或较隆重场合下交往过程中的行为规范。礼貌还多指个别行为,如同事见面互相打招呼,而礼仪是指在社会交往过程中,自始至终以一定程序、方式来表现的完整行为。如签字仪式就是按照礼宾秩序及其他国际惯例进行,通过会场布置、签字、交换文本、握手、共饮香槟酒以示祝贺、合影留念等一系列规范的行为来体现礼仪的要求。

第二节　礼仪的特征与意义

一、礼仪的特征

与其他学科相比,礼仪具有一些自身独具的特征。这主要表现在其规范性、限定性、可操作性、传承性、变动性等五个方面。

1.规范性

礼仪指的就是人们在各种交际场合待人接物时必须遵守的行为规范。这种规范性,不仅约束着人们在一切交际场合的言谈话语、行为举止,使之合乎礼仪,而且也是人们在一切交际场合中必须采用的一种“通用语言”,是衡量他人、判断自己是否自律、敬人的一种尺度。总之,礼仪是约定俗成的一种尊敬人的惯用形式。因此,任何人要想在交际场合表现得合乎礼仪,彬彬有礼,都必须对礼仪无条件地加以遵守。另起炉灶,自搞一套,或是只遵守个人适应的部分,而不遵守不适应自己的部分,都难以被交往对象所接受、所理解。

清代学者李子潜在他编写的“三字经”《弟子规》中,要求他的学生从早到晚在饮食起居、言谈举止、接人待物方面必须按照礼仪程序去做。“晨必盥,兼漱口。便溺回,辄净手。冠必正,纽必结。袜与履,俱紧切。置冠服,有空位。勿乱顿,致污秽。衣贵洁,不贵华。上循分,下称家……步从容,立端正。缓揭帘,勿有声……凡出言,信为先。诈与妄,奚可焉……奸巧语,秽污词,市井气,切戒之……”这古训对当代大学生提高自身礼仪修养仍有指导意义。

【案例 6-1】

总理与鞋

在外事活动中,周恩来总理十分注重礼节。他病重期间,重要的外事活动都坚持参加。后来病得连脚板也肿起来,他原来的皮鞋、布鞋都不能穿,只能穿着拖鞋走路。参加外事活动时,工作人员关心总理,让他穿着拖鞋参加外事活动,认为外宾是能够理解的。周总理不同意,他慈祥而严肃地说:“不行,要讲礼仪嘛!”于是,他让工作人员为他特制了一双鞋。

2.限定性

礼仪,适用于普通情况之下的、一般的人际交往与应酬。在这个特定范围之内,礼仪肯定行之有效。离开了这个特定的范围,礼仪则未必适用。这就是礼仪的限定性特点。理解了这一特点,就不会把礼仪当成放之四海而皆准的东西,就不会在非交际场合拿礼仪去以不变应万变。必须明确,当所处场合不同,所具有的身份不同时,所要应用的礼仪往往会因此而各有不同,有时甚至还会差异很大。这一点,是不容忽略的。

3.可操作性

切实有效、实用可行、规则简明、易学易会、便于操作，是礼仪的一大特征。它不是纸上谈兵、空洞无物、不着边际、故弄玄虚、夸夸其谈，而是既有总体上的礼仪原则、礼仪规范，又在具体的细节上以一系列的方式、方法，仔细周详地对礼仪原则、礼仪规范加以贯彻，把它们落到实处，使之"言之有物""行之有礼"，不尚空谈。礼仪的易记易行，使它能被人们广泛地运用于交际实践，并受到广大公众的认可，而且反过来，又进一步地促使礼仪将简便易行、容易操作为第一要旨。

4.传承性

任何国家的礼仪都具有自己鲜明的民族特色，任何国家的当代礼仪都是在古代礼仪的基础上继承、发展起来的。离开了对本国、本民族既往礼仪成果的传承、扬弃，就不可能形成当代礼仪。这就是礼仪传承性的特定含义。作为一种人类的文明积累，礼仪将人们在交际应酬之中的习惯做法固定下来，流传下去，并逐渐形成自己的民族特色，这不是一种短暂的社会现象，而且不会因为社会制度的更替而消失。对于既往的礼仪遗产，正确的态度不应当是食古不化，全盘沿用，而应当是有扬弃、有继承，更有发展。

5.变动性

从本质上讲，礼仪是一种社会历史发展的产物，并具有鲜明的时代特点。一方面，它是在人类长期的交际活动实践之中形成、发展、完善起来的，绝不可能凭空杜撰，一蹴而就，完全脱离特定的历史背景。另一方面，社会的发展、历史的进步，由此而引起的众多社交活动的新特点、新问题的出现，又要求礼仪有所变化，有所进步，推陈出新，与时代同步，以适应新形势下新的要求。与此同时，随着世界经济的国际化倾向日益明显，各个国家、各个地区、各个民族之间的交往日益密切，他们的礼仪随之也不断地相互影响，相互渗透，相互取长补短，不断地被赋予新的内容。这就使礼仪具有相对的变动性。了解了这一点。就不会把它当作一成不变的东西，而能够更好地以发展、变化的眼光去对待它。也不会对礼仪搞"教条主义"，使之一成不变，脱离生活，脱离时代。

二、礼仪的原则

在日常生活之中，学习、应用礼仪，有必要在宏观上掌握一些具有普遍性、共同性、指导性的礼仪规律。这些礼仪规律，即礼仪的原则。

礼仪的原则一共有八条。它们同等重要，不可缺少。掌握这些原则，将有助于更好地学习礼仪，运用礼仪。

1.遵守的原则

在交际应酬之中，每一位参与者都必须自觉、自愿地遵守礼仪，以礼仪去规范自己在交际活动中的一言一行、一举一动。对于礼仪，不仅要学习、了解，更重要的是学了就要用，要将其付诸个人社交实践。任何人，不论身份尊卑、职位高低、财富多寡，都有自觉遵守、应用礼仪的义务，否则，就会受到公众的指责，交际就难以成功，这就是遵守的原则。没有这一条,就谈不上礼仪的应用、推广。

2.自律的原则

从总体上来看,礼仪规范由对待个人的要求与对待他人的做法这两大部分所构成。对待个人的要求,是礼仪的基础和出发点。学习礼仪、应用礼仪,最重要的就是要自我要求、自我约束、自我控制、自我对照、自我反省、自我检点,这就是所谓自律的原则。古语云:"己所不欲,勿施于人。"若是没有对自己的首先要求,人前人后不一样,只求诸人,不求诸己,不讲慎独与克己,遵守礼仪就无从谈起,就是一种蒙骗他人的大话、假话、空话。

3.敬人的原则

孔子曾经对礼仪的核心思想有过一次高度的概括,他说:"礼者,敬人也。"所谓敬人的原则,就是要求人们在交际活动中,与交往对象既要互谦互让,互尊互敬,友好相待,和睦共处,更要将对交往对象的重视、恭敬、友好放在第一位。在礼仪的两大构成部分中,有关对待他人的做法这一部分,比对待个人的要求更为重要,这一部分实际上是礼仪的重点与核心。而对待他人的诸多做法之中最要紧的一条,就是要敬人之心常存,处处不可失敬于人,不可伤害他人的个人尊严,更不能侮辱对方的人格。掌握了这一点,就等于掌握了礼仪的灵魂。在人际交往中,只要不失敬人之意,哪怕具体做法一时失当,也不能算是失礼。

【案例 6-2】

孙中山与代表

1912 年 1 月 1 日,孙中山在南京就任临时大总统。就任典礼结束后,他亲自把代表送到大堂阶沿。代表们请孙中山先生留步,他却说:"我是人民的公仆,诸位是人民的代表,所以就是主人,我应当送你们到堂阶下。"

4.宽容的原则

宽容的原则的基本含义,是要求人们在交际活动中运用礼仪时,既要严于律己,更要宽以待人。要多容忍他人,多体谅他人,多理解他人,而千万不要求全责备,斤斤计较,过分苛求,咄咄逼人。在人际交往中,要容许他人有个人行动和独立进行自我判断的自由。对不同于己、不同于众的行为耐心容忍,不要求其他人处处效法自身,与自己完全保持一致,实际上也是尊重对方的一个主要表现。

5.平等的原则

在具体运用礼仪时,允许因人而异,根据不同的交往对象,采取不同的具体方法。但是,与此同时必须强调指出——在礼仪的核心点,即尊重交往对象、以礼相待这一点上,对任何交往对象都必须一视同仁,给予同等程度的礼遇。不允许因为彼此之间在年龄、性别、种族、文化、职业、身份、地位、财富以及与自己的关系亲疏远近等方面有所不同,就厚此薄彼,区别对待,给予不同待遇。这便是社交礼仪中平等的原则的基本要求。

6.从俗的原则

由于国情、民族、文化背景的不同,在人际交往中,实际上存在着"十里不同风,百里不同俗"的情况。对这一客观现实要有正确的认识,不要自高自大,唯我独尊,以我画线,简单否定其他人不同于己的做法。必要之时,必须坚持入乡随俗,与绝大多数人的习惯做法保持一致,切勿目中无人,自以为是,指手画脚,随意批评,否定其他人的习惯性做法。遵守从俗的原则的这些规定,会使我们对礼仪的应用更加得心应手,更加有助于人际交往。

7.真诚的原则

礼仪上所讲的真诚的原则,就是要求在人际交往中运用礼仪时,务必待人以诚,诚心诚意,诚实无欺,言行一致,表里如一。只有如此,自己在运用礼仪时所表达的对交往对象的尊敬与友好,才会更好地被对方所理解,所接受。与此相反,倘若仅把运用礼仪作为一种道具和伪装,具体操作礼仪规范时口是心非,言行不一,弄虚作假,投机取巧,或是当时一个样,事后一个样,有求于人时一个样,被人所求时另外一个样,则是有悖礼仪的基本宗旨的。将礼仪等同于"厚黑学",肯定是行不通的。

8.适度的原则

适度的原则的含义,是要求应用礼仪时,为了保证取得成效,必须注意技巧,合乎规范,特别要注意做到把握分寸,认真得体。这是因为凡事过犹不及,运用礼仪时,假如做得过了头,或者做得不到位,都不能正确地表达自己的自律、敬人之意。当然,运用礼仪要真正做到恰到好处,恰如其分,只有勤学多练,积极实践,此外别无他途。

二、礼仪的作用

"读书是学习,使用也是学习,而且是更重要的学习",学习的目的全在于运用。当前,礼仪之所以被提倡,之所以受到社会各界的普遍重视,主要是因为它具有多重重要的功能,既有助于个人,又有助于企业,也有助于社会。

1.礼仪有助于提高人们的自身修养

在人际交往中,礼仪往往是衡量一个人文明程度的准绳。它不仅反映着一个人的交际技巧与应变能力,而且还反映着一个人的气质风度、阅历见识、道德情操、精神风貌。因此,在这个意义上,完全可以说礼仪即教养,而有道德才能高尚,有教养才能文明。这也就是说,通过一个人对礼仪运用的程度,可以察知其教养的高低、文明的程度和道德的水准。孔子曰:"质胜文则野;文胜质则史。文质彬彬,然后君子。"意即:内心品质超过礼仪修养即不注重礼仪修养,则是粗野;而只注重外表修饰而忽略内心修养,则显虚浮;只有既重视内心修养的提高又重视礼仪修养,这样的人才是真正的君子。由此可见,学习礼仪、运用礼仪,有助于提高个人的修养,有助于"用高尚的精神塑造人",真正提高个人的文明程度。

2.礼仪有助于塑造良好的个人形象

个人形象,是一个人仪容、表情、举止、服饰、谈吐、教养的集合,而礼仪在上述诸方面都有自己详尽的规范,因此学习礼仪,运用礼仪,无疑将有益于人们更好地、更规范地设计个人形象、维护个人形象,更好地、更充分地展示个人的良好教养与优雅的风度,这种礼仪美化自身的功能,任何人都难以否定。当个人重视了美化自身,大家个个以礼待人时,人际关系将会更和睦,生活将变得更加温馨,这时,美化自身便会发展为美化生活。这也是礼仪的运用所发挥的作用。

3.礼仪是塑造企业形象的重要工具,有助于提高企业的经济效益

对企业来说,商务礼仪是企业价值观念、道德观念、员工整体素质的整体体现,是企业文明程度的重要标志。商务礼仪可强化企业的道德要求,树立企业的良好形象。商务礼仪是将企业的规章制度、规范和道德具体化为一些固定的行为模式,从而对这些规范起到强化作用。"世界一流的饭店组织"之一的白天鹅宾馆的成功经验之一就是:大胆引进外国管理酒店的先进经验,结合本国国情和当地具体环境,制定一整套严格的、切实可行的管理制度和服务规范,并始终不渝地执行。

让顾客满意,为顾客提供优质的商品和服务,是良好企业形象的基本要求。礼仪服务能够最大限度地满足顾客在服务中的精神需求,使顾客获得物质需求和精神需求满足的统一。以礼仪服务为主要内容的优质服务,是企业生存和发展的关键所在。它将通过服务者的仪容仪表、服务用语、服务操作程序等使服务质量具体化、系统化、标准化、制度化,使顾客得到精神层面的满足,给企业带来巨大的经济效益。

【案例 6-3】

一口痰的故事

中国长江医疗设备厂准备引进"大输液管"生产线,欲与美国客商约瑟先生合作。经过详细的考察,约瑟先生对企业的发展和管理很满意,他已经决定要与该厂长期合作。双方决定第二天正式签订协议。长江厂的范厂长请约瑟先生到车间参观。车间井然有序,约瑟先生赞许地点着头。突然,范厂长感到嗓子不适,本能地咳了一声,到车间的墙角吐了一口痰,然后连忙用鞋擦去,地面上留下了一片痰迹。

第二天一早,翻译送来了约瑟先生的信,信中写道:"尊敬的范先生,我十分佩服您的才智和精明,但是您在车间里吐痰的一幕使我彻夜难眠。恕我直言:一个厂长的卫生习惯可以反映一个工厂的管理素质,况且,我们今后生产的是用于治病的输液管。贵国的成语说得好:人命关天! 请原谅我的不辞而别,否则上帝会惩罚我……"

4.礼仪有助于促进人们的社会交往,改善人们的人际关系

古人认为:"世事洞明皆学问,人情练达即文章。"这句话,讲的其实就是交际的重要性。一个人只要同其他人打交道,就不能不讲礼仪。运用礼仪,除了可以使个人在交际活动中充满自信,胸有成竹,处变不惊之外,其最大的好处就在于它能够帮助人们规范彼此的交际活动,更好地向交往对象表达自己的尊重、敬佩、友好与善意,增进彼此之间的了解与信任。假如人皆如此,长此以往必将促进社会交往的进一步发展,帮助人们更好地取得交际成功,进而造就和谐、完美的人际关系,取得事业的成功。

5.礼仪是国民素质的体现和国家文明的标志,能推进社会主义精神文明的建设

一般而言,人们的教养反映其素质,而素质又体现于细节。反映个人教养的礼仪,是人类文明的标志之一。一个人、一个民族、一个国家的礼仪,往往反映着这个人、这个民族、这个国家的文明水平、整体素质、整体教养。古人曾经指出,"礼义廉耻,国之四维",将礼仪列为立国的精神要素之本。而在日常交往之中,诚如英国哲学家约翰·洛克所言:"没有良好的礼仪,其余的一切成就都会被人看成骄傲、自负、无用和愚蠢。"荀子也曾说过:"人无礼则不立,事无礼则不成,国无礼则不宁。"反过来说,遵守礼仪,应用礼仪,将有助于净化社会的空气,提升个人、民族、全社会的精神品位。当前,我国正在大力推进社会主义精神文明建设。其中的一项重要内容,就是要求全体社会成员讲文明、讲礼貌、讲卫生、讲秩序、讲道德,心灵美、语言美、行为美、环境美。这些内容与礼仪完全吻合。因此,完全可以说,提倡礼仪学习、运用,与推进社会主义精神文明建设是殊途同归、相互配合、相互促进的。这种社会主义的礼治,对于我国的现代化建设,是不可或缺的,也是我们弘扬中国的礼仪文化的具体体现,将使我国更强、更好、更美地自立于世界之林。

第三节　商务礼仪的准则

商务礼仪就是公司或企业的商务人员在商务活动中,为了塑造良好的个人和组织形象而应当遵循的对交往对象表示尊敬与友好的规范或程序,是一般礼仪在商务活动中的运用和体现。

商业礼仪有六大准则。

一、认清主客立场

根据待客之道,主方立场为保护者,而客方扮演的则是被保护者的角色。例如:在接待时,我们往往走在来宾的左前方,此乃沿袭西方古俗而来。由于古代枪手习惯瞄准左方,基于安全考虑,于是强调以右为尊。

上下楼梯要特别注意。上楼梯时应让领导、来宾走在前方,以防止对方不慎跌落;下楼梯时则让领导、来宾走在后方,以便随时给予保护。

作为一个引导者,则应走在来宾的前方引领方向,且在转弯处、楼梯间及进出电梯时都应放慢脚步,等待客人。从这些细节亦可表现出我们体贴客人的心意。

进电梯时先让领导、来宾进入,出电梯时则相反,以免电梯门不慎夹到来宾。以上所述虽是看似不重要的小事,实则不然。这些事情不仅可以反映出我们个人的修养,客人更能因此感受到我们的真诚与可靠。

二、遵守时间及珍惜生命

时间等于金钱，时间等于生命，商场上最看重的莫过于守信了，而守时即守信的表现。珍惜时间就是珍惜他人和自己的生命，所以与人相约一定要守时。特别是我们正朝着国际舞台大步迈进，此时此刻更要学习外国人守时的好习惯，因为文明愈进步的国家愈珍惜生命，也愈强调守时的重要。

商业行为强调精、准、快，但不能因此争先恐后而不讲次序，反而更应注重排队礼貌。尤其在金融业，绝不能因大客户上门，就让等候已久的其他客户忍受别人插队的不公平待遇。

会餐中如欲喝酒也该讲究礼貌，千万不要有劝酒的行为。酒喝多了会伤身，同时酒后开车后果不堪设想，既损人又不利己。所以商业行为中注重对方的生命权亦是很重要的一环。

三、自重与尊重他人

在商业行为中良好的介绍礼仪是尊重他人的第一步。不管介绍任何人，都要完整、清楚地说明对方的姓名、职务或职称及服务单位，以示尊重之意。

绝对不要犯随便弯身至桌面下捡拾物品的禁忌，特别是有女士在座时更要注意，因为"桌面以下是女人的敏感部位"。可叫服务员帮你捡掉在地下的东西，否则会很失礼的。

名片在现代社会中已被人格化了。名片是一个人的象征，因此收放名片均要合度，才是尊重自己也尊重别人的表现。拿到别人的名片要仔细收好，接待人员应将名片持在腰部以上位置，小心不要污损或是拿来玩耍。给别人名片时，记住清楚复诵一次自己的名字，以免对方误念。交换名片的适当时机是用餐前或用餐后，而不宜在用餐中交换；开会也是一样，不宜在会间交换。拿到别人的名片要对它的内容表示兴趣，不可连看也不看的就收进皮夹里，那是很不礼貌的行为。

无论是指引还是介绍，都不可单手指人，正确方式应将掌心朝上，拇指微微张开，指尖向上来做指引或介绍，这才是尊重他人的行为。

四、多用商量语气

在商业会谈的礼仪中，商量是一门艺术，重点要学习如何彼此尊重，对领导者而言尤其重要。当我们有求于人的时候，不论是上司还是部下都适宜采用询问商量的口气，如多用"可不可以？"或"好不好？"或"May I？"让对方有考虑的时间及空间，因为他有权选择说 Yes 或是 No。

在办公室中，常见的情况是员工要请假，却摆出一副理直气壮的样子。如："老板，我明天有事，要请假。"同样，上司也常这样叫员工："这件事情下班前一定要完成。"这些口气不仅让对方很难表达意见，而且同时还会造成或加大双方的隔阂。因此如果能学习采用如："老板，我明天有事处理，能否向您请个假？""小陈，这件事情很紧急，下班前能不能帮我完成？"等温和商量的语气，会使人感到受尊重，也容易获得正面的答复，更能使事情顺利进行，使谈话气氛和谐愉快。

五、避免惊吓他人

开会时,如物品不慎掉落需要捡拾时,应先告知身旁的人如"对不起,我捡支笔",然后再俯身去拾捡,切切不可直接弯身取物,以免吓着身旁的人。

走路或与人交谈时,千万不可把手放在服装口袋里,这样会使人缺乏安全感,会使人对你有为人轻浮、无所事事的印象。另外,将双手交叉盘于胸前也是很不礼貌的行为,因为欧洲人认为隐藏双手,不让别人看见是敌意的表示,所以一定要将双手露出,如果天气很冷可戴上手套。

用餐时不可将刀、叉、筷子等尖锐的东西指向他人,这样会使别人产生恐惧感。柜台人员与客人谈话的时候,也不要将笔尖朝向别人,诸如此类的行为都会使人感到不安。

六、尊重他人隐私

每个人都希望拥有自己的空间和不为人知的秘密。所以,在公共场所不要随意谈论他人隐私,或以爱打听的姿态而自居。有些过于私人的问题还容易造成尴尬的场面,应尽量避免公开谈论,诸如婚姻状况、年龄、体重、三围以及薪水、穿着品牌、使用的化妆品品牌等。

与人交谈时,如果对方不愿主动提及某事,必有其原因或有难言之隐,此刻最不应该"打破砂锅问到底"。如果你知晓了别人的困难,又没有能力替人分忧解劳,记住千万不要在背后幸灾乐祸,这是很不道德的行为。

【本章小结】

本章着重介绍了中外礼仪的起源和中国礼仪的发展历程,提炼出礼仪的含义:礼仪是指一定社会结构中,在国际交往、社会交往和人际交往中,表示尊敬、善意、友好的方式、程序、行为、规范和惯用形式以及实施交往行为过程中体现于语言、仪表、仪态、气质、风度等的外在表象。

分析了礼仪、礼貌、礼节的关系。阐述了礼仪的特征:规范性、限定性、可操作性、传承性、变动性。分析了礼仪对我国现代化建设和精神文明建设的作用并介绍了商务礼仪的准则和商务人员应具备的礼仪素质。

【复习与思考】

一、思考题

1.礼仪的含义及与礼貌、礼节的关系。

2.礼仪的特征。

3.从中国的礼仪发展谈谈对礼仪的认识。

4.商务礼仪的准则。

二、案例分析题

3 万元学礼仪值不值

武汉市儿童医院花了 3 万元请来专业礼仪老师对医护人员进行礼仪培训,在医院内外引起了波澜。部分职工表示不可理解,医院生存关键在于医疗质量,礼仪培训这套花架子没必要搞。也有人说 3 万元搞礼仪培训是把钱往水里丢,不如发给职工。

尽管有少数异议者,医院还是按计划进行了为期 4 天的礼仪培训,效果很好,经过培训,医院医生、护士的站、坐、言、行都有了很大的转变,体现了高素质。(摘自《羊城晚报》)

问题:

1.3 万元学礼仪值不值?

2.结合礼仪的作用谈谈你的认识。

第七章
职业人士形象设计

只有留给人们好的第一印象，你才能开始第二步。

——海罗德

第一节　职业人士如何塑造个人形象魅力

形象魅力是什么？谁也难以一言以蔽之。

人们迷恋于魅力，人们寻求着魅力；然而，它却忽隐忽现，若即若离，从语词上探源，魅力隐含着一种超自然的神秘，它本来似乎是与魔怪精灵有缘。汉语中"魅"是古代传说里的山泽鬼怪。魅这种传说中的山鬼出没于荒凉之境，是神秘的、令人恐惧的。

饶有意趣的是，在英语中，表意为魅力的有三个词，也都与魔怪有缘——charm，意为魅力、魔力，可作为行魔法解，很可能魅力即由神秘的魔力魔法引申而来；enchantment，意为魅力和妖术，也有用魔法迷惑之义；glamour，同样也是意为魅力、魔力。

一、形象魅力的外在特征：外表吸引力

外表吸引力可分两种。

一种是静态的外表吸引力，包括五官、身体、发式及妆容等，这些非常表面的特质，甚至可不用亲眼见到本人，只需凭着照片便可评断美、丑。一般人口中所说的美，便是这种外表的美。

另一种吸引力则是经由言行举止所表达的动态吸引力。脸部神情、举手投足、说话的声调或语气等，都是促成这类美的重要条件。一般而言，动态吸引力深受社交技巧影响。那些社交技巧高超的人，常能借着语言或非语言的表达能力，超越先天外表限制，散发出内在的风华。

描绘静态吸引力和动态吸引力，中国的古典文学就有很精彩的范例。

【案例 7-1】

宋玉写的名篇《神女赋》，写楚襄王梦遇巫山神女的故事，开始写女神的"貌丰盈以庄姝兮，苞温润之玉颜。眸子炯其精朗兮，撩多美而可观……"即只见神女，她体貌丰满端庄，文雅美丽，皮肤滑润，容颜如美玉，眸子炯炯闪光，体态丰盈而安闲。这里写的是静态美，接着描写女神"宜高殿以广意兮，翼放纵而绰宽。动雾以徐步兮，拂墀声之珊珊……"她适于在宽广的殿堂中自由舒展，像鸟儿尽情展开双翅一样。她飘动着薄雾般的轻纱，缓缓走下台阶，衣裙拂地的响声珊珊。她朝襄王的车帷张望，两眼像秋水将要掀起波澜。挥动长袖整理衣襟，往来徘徊心神不安。这里，宋玉写的是神女的动态美，她的姿态、动作、步态、眼神，写她极美的风韵及至显示其内心情感。我们可以看到，神女的静态美和动态美有机地结合在一起，而显示其美的神韵、更吸引人的仍是动态美的描写。

静态吸引力来自遗传，动态吸引力却可经由后天的学习而获得。换句话说，人能借着一些学习来的行为模式，展现出独特的吸引力。

静态吸引力在人际互动的最初阶段颇占优势。然而，动态吸引力（表达力）在稍后有更关键的影响。那些懂得适度表达自己的人，即使貌不出众，一样能在与人初相遇的情景里，吸引他人，受人喜爱。

二、形象魅力的内在特征

1. 人格魅力的光辉——真善美

魅力形象的重要内在特征就是人们常说的人格魅力。有较高内在价值的形象必然散发出人格魅力的光辉。哲学家休谟说："最柔和的慈爱，最无畏的坚毅，最温厚的情感，对德行的最崇高的热爱，所有这一切都成功地使他震颤的心房充满生气和力量。"这充满生气和力量的人，足以令人仰慕，因为他身上散发出人格魅力的光辉。人格魅力，它含有凝重感，甚或是磅礴感，而且携挟着激荡力和感召力。那些散发出人格魅力之光的人，不是超人，他们和寻常的人一样，并不特别引人注目。但他们的人格必有超出常人之处，必有人格的独特和优美之处。他们可以被称为高尚的人。

个人品质的吸引力，根本在于一种使人喜爱、仰慕并渴望接近的性格品质，这种反映一个人的精神和品德的内在属性——人格魅力，能像磁铁一样使众人聚集在他的周围。尽管东方和西方在文化背景上存在差异，但在最高层次上的观念是相通的，人格魅力的最高标准或最完美的标准就是真善美。

人格魅力的光辉见诸不同的人：有的强烈，有的柔和；有的长久，有的短暂。不少英雄、杰出人物具有人格魅力，但又不仅仅止于他们；因为人世间，真正优美的人格也钟情于平凡的人，虽然他们往往并不觉得自己有此魅力。

【案例 7-2】

奥里亚娜·法拉奇,意大利著名的女记者,她采访过许多当今的风云人物。

当她采访阿莱科斯·帕那古利斯时,感到了前所未有的震撼。这位希腊抵抗运动的斗士,经受了监狱中无数骇人听闻的折磨,而始终不屈不挠,连敌人也以爱慕和尊敬的眼光视他为一个象征。法拉奇在一篇采访记的最后写道:

法:阿莱科斯,作为一个人的含义是什么?

帕:意味着有勇气,有尊严。意味着相信人类。意味着去爱,但不允许让爱成为避风港。意味着斗争和胜利。你看,差不多像占卜林在他的诗《假如》中所写的那样。按你看,人是什么?

法:阿莱科斯,我说人应该是你那样。

人格的另一要素是真诚。我国著名翻译家傅雷先生说:"一个人只要真诚,总能打动人的。即使人家一时不了解,日后便会了解的。"以诚待人,会在人与人之间架起心灵之桥,通过这座桥,打开对方心灵的大门。真诚待人是赢得人心、产生魅力的必要前提。

人世间存在着不正义或邪恶的现象,而一般来说,人们或多或少地有向往正义和美好事物的倾向。因此,有正义感或道义感的人,往往能使人感受到他们的人格魅力。

一位心理学家说:"该发怒时发怒的人具有魅力,该批评时敢于批评的人具有魅力。该发怒时也笑嘻嘻,该批评时也一团和气的人不可能有魅力。"这是因为前者有是非原则,有正义感;而后者表现出一种庸俗作风,他们可能讨好少数人,但多数人对他们是鄙视的,即使是被讨好的人说不定也会在内心看不起他们。

正义感展示出两面:一面是嫉恶如仇,一面是同情心。没有正义感的人冷漠、自私、怯懦,他们是"自我本位"的人。稍有是非心、辨别力的人都会对他们心怀戒意。心理学家说:"没有魅力的男性就是没有义愤感的男性,没有魅力的女性就是看到别人的孩子遇到危险也漠不关心,他们缺乏同情心。"

2. 形象的知性魅力——才华

内在魅力另一重要特征是知性魅力,即魅力形象具有学识、智慧和才华。

【案例 7-3】

诗人拜伦塑造了风流浪漫的唐璜,但是他比自己笔下的主人翁多了一种不幸,由于幼时患过小儿麻痹症,而留下了终生残疾,他成了一个瘸子。尽管他是瘸子,当时却有许多淑女美妇为他而神魂颠倒。拜伦曾不无自负地说:"自特洛伊战争之后,任何一个人都没有像我这样被抢夺过。"他简直成了男性"海伦"。是什么勾魂摄魄的魅力,使众多美女子毫不介意他生理上的缺陷,而对他倾心痴迷呢?诗人的气质风度,脱俗不凡的个性异禀,这些无疑都散发着魅力光彩;还有不可忽略的——他才华横溢。当时的英伦三岛和欧洲大陆,不乏风流倜傥的美男子,但是,在众多痴迷拜伦的女人眼里,他们同瘸子拜伦相比就黯然失色了。

　　才华、学识,是一种知性魅力,是一个人博学多知、善于思考、观念新颖、思路清晰、见解独特、风趣幽默等综合素质的体现。它主要得自于后天的求索,即使是天才也莫不如此。富有学识的人,从来就很受人们的赞赏和倾慕,并能获得一定的声誉。有知性魅力的人倍受人们的尊重,这被尊重都是勤劳学习的结果。歌德说过:"最伟大的天才,最著名的大师,他对自己总是提出无尽的要求,为培养自己付出不可名状的辛劳。"

　　3.幽默的魅力效应

　　"多一分幽默,给您带来潇洒和魅力"——幽默作家如是说。它在魅力形象中有不可缺少的作用。幽默是一种含笑的魅力,不知幽默为何物的人,犹如不辨花的芳馨,很难真正领略生活的美感。

　　有幽默感的人,一般都善解人意,随和而给人以亲近感;这映照出一种性格美,由此也平添丰盈的魅力。而幽默感匮乏者,就难免使人感觉到枯燥乏味,甚至令人望而生畏。即使受宠于造物主而天生丽质,其魅力也必定会减损几分。

　　幽默能帮助人在社交活动中做到神态自若。神态自若是一种心理平衡,它融合了我们能笑自己的勇气和对别人的真诚关怀。幽默可以消除紧张情绪,创造一种轻松愉快的工作气氛,绝大多数人愿意与那些有幽默感的人打交道。

　　如一位艺术家所说,"幽默也是魅力形象的重要组成部分",就因为"幽默能让人们在快活的境界中交流思想与观点,就像音乐那样,它是使陌生人走到一起并成为朋友的共同点"。有幽默感的人具有一种化解力,能化解人际交往中的紧张心理,缩小心灵之间由于陌生或成见而形成的距离,化解冷场、过分严肃乃至对立冲突之类的尴尬;他们能给人带来轻松的欢笑、活跃的气氛和怡愉的温馨。这样的人,谁不乐意与之亲密交往呢!

第二节　职业人士如何塑造仪容美

　　仪容主要指人的容貌。容貌在很大程度上取决于先天条件。容貌的美有天生丽质和精神气质之分。有的人天生丽质,但无精神气质,只是一尊死气沉沉的雕像;有的人并不漂亮,然而气质风度俱佳。因此不能把容貌美绝对化。就是容貌姣好的人,也有其不足之处,不可能十全十美。修饰打扮一番可掩饰其不足以增强魅力。适当的容貌修饰,会使营销人员容光焕发,充满活力,在营销活动中给人留下良好的个人形象。

　　皮肤好比是人体的窗口,通过它,可以反映出人的健康、年龄和情绪状况。健美的皮肤,应该是湿润的、有弹性的、光亮细腻的。健美的皮肤需要科学的护理和保养。人的皮肤可分为中性、油性、干性和混合性四种类型。每个人必须了解自己的皮肤性质,以便选用不同的化妆品,并采用不同的保养方法。

　　皮肤护理在日常生活中至关重要。要保护好自己的健美皮肤,必须遵循良好的生活方式。诸如正确的生活态度、积极的锻炼、充足的睡眠、自我按摩、控制烟酒等,都是日常生活中健肤美容的重要因素。

一、肌肤的基本护理

(一)洗脸

清洁面部可以去除新陈代谢产生出的老化角质、空气中的细尘、彩妆等残留物,同时也可以清洁肌肤。洗脸时应遵守以下几点:

使用洗面乳的方法是将洗面乳放在手上揉搓起泡,泡沫越细越不会刺激肌肤,泡沫需揉搓至奶油般细腻才算合格,让无数泡沫在肌肤上移动以吸取污垢,而不是用手揉搓。

基本上是从皮脂分泌较多的 T 区(眉毛端和鼻梁)开始清洗,额头中心部皮脂特别发达,要仔细清洗。手指不要过分用力,轻轻地由内朝外画圆圈滑动清洗。

用指尖轻柔仔细地清洗皮脂腺分泌旺盛的鼻翼及鼻梁两侧,这一部分洗不干净将导致脱妆及肌肤出现油光。

鼻子下方容易长青春痘,须仔细洗净多余的皮脂,用无名指轻轻揉搓,既不会刺激肌肤又可完全除污垢。

注意,嘴巴四周也要清洗,脸部是否仔细洗净,重点在于有没有注意细小的部位,清洗时以按摩手法从内朝外轻柔描画圆弧状。

下巴和 T 区一样,也容易长粉刺。洗脸时往往容易忽略这个部位。洗脸时应由内朝外不断画圈,使污垢浮上表面。

面积较大的脸颊部位需要特别仔细的关照。清洗面颊的诀窍是,不要用指尖接触皮肤而是用指肚,使指肚充分接触脸颊的皮肤,以起到按摩清洁的作用,洗脸的重要技巧是不要太用力,以免给肌肤带来不必要的负担。

洗脸时要记得洗到脖子部位,下巴底部、耳下等也要仔细洗净,粉底霜没去除干净将使肌肤引发各种问题。

冲洗时用流水(水龙头不关)充分地去除泡沫,冲洗次数要适度,在较冷的季节,需使用温水,以免毛孔紧闭而影响了清洗效果。

洗脸后用毛巾擦拭脸上水分时,不可用力揉搓,以免伤害肌肤。正确使用毛巾的方法是将毛巾轻贴在脸颊上,让毛巾自然吸干水分。

(二)面部营养的补充

通过卸妆及洗脸去除污垢后,便是补充随污垢一起流失的水分、油脂、角质层内的天然保湿因子等物质,使肌肤回复原来的状态,化妆水、乳液可以发挥它们的功效。

1. 使用化妆水的方法

化妆水的任务绝对是补充水分,它的首要职责是补充洗脸时失去的水分,用充足的水分紧缩肌肤,使它变得柔软,紧接在其后的乳液才容易渗入。

（1）将两片化妆棉重叠，倒入充足的化妆水，使水分刚好浸透整片化妆棉。

（2）两指各夹一片蘸满化妆水的化妆棉，按在脸上，使肌肤感受到冰凉感。每半边脸用一片化妆棉。

（3）首先，由两颊中心朝外侧浸湿，其次，浸湿易流汗的 T 字区及鼻翼四周，接着，由下而上拍打整个脸部，直到肌肤觉得冰凉为止。

（4）容易因水分不足而干燥的眼部周围要集中浸湿，唇部也要补充水分，眼睛四周及唇部在白天也要记得用化妆水补充水分。

用化妆水充分补充洗脸所失去的水分后，再用乳液补足水分、油分，使肌肤恢复到原来的状态，这点相当重要。乳液含有肌肤必要的养分，这些养分调配得十分均匀，是每日保养肌肤不可缺少的，乳液的主要功效是恢复肌肤的柔软性，并为接下来的化妆做好准备。

2.乳液的使用方法

（1）先用手掌温热皮肤，使毛孔张开，乳液也容易浸透且能加强滑润感。

（2）分别在脸上额、两颊、鼻、下巴五处部位，由中央朝外、由下朝上地边画圆边涂抹均匀。

（3）轻柔地按摩眼睛四周敏感部位，脸部都涂好后，用手掌捂住脸部，让乳液渗入并去除黏腻感。

3.面霜

除去化妆水与乳液以外，面霜也是一种护肤的佳品。一般人认为面霜属油性，因此油性肌肤的人不应使用，其实这是不正确的认识。本来，面霜的作用是在肌肤渗入含有水分的保湿剂后，制造油分保护膜，使它继续保持湿润。因此一般认为这是替皮脂分泌少的干性皮肤补充人工皮脂膜，但它对天然皮脂膜十分充裕的油性皮肤也是有益处的。特别是脂多但水分相当缺乏的油性皮肤，面霜更是帮助皮肤保持水分的良好营养品。

二、肌肤的特殊护理

按摩最大的作用是促进新陈代谢，加强血液循环。因为夏天强烈的紫外线及户外与冷气房内的温差所引起的生理机能下降，会引起肤色暗沉、肌肤干燥等有碍肌肤健康的现象。按摩的确是有效的保养法，而且，要使化妆品充分融合，按摩是最适合的手段。

有些人认为按摩是产生皱纹的主要原因，其实他们担心的是过度按摩会对肌肤造成负担。利用毛孔张开、皮肤柔软的沐浴时间，在 3～5 分钟内边放松心情边按摩，将不致给肌肤带来任何副作用。

按摩的诀窍是双肘尽量伸展，手平行地朝内拉回，指尖不要太用力，手指横向移动，自然能防止肌肤产生皱纹。手指由下到上、自内向外轻轻触摸，以逆时针方向做螺旋状动作。整个手掌推压皮肤，对深部皮肤施压，可加速血液流动，也能收到效果。

按摩的步骤是：

（1）将适量的按摩面霜取出；

(2)先用手掌温热面霜,然后迅速点在额、两颊、鼻、下巴等五个部位;

(3)双手中指及无名指同时从下巴朝脸颊以螺旋状按摩,颊部面积大,可分两个阶段进行;

(4)用双手的中指及无名指从额中心朝太阳穴以螺旋状按摩;

(5)鼻翼处力量可强些,指尖做圆形运动,凹凸的细部仅用中指即可;

(6)由下巴处朝左右脸侧分开,经过嘴唇边直达鼻子中端处;

(7)左右中指与无名指交互使用,由鼻梁上端抚到鼻梁下端,鼻侧也用同样的方法;

(8)上眼睑由眼端移向太阳穴,下眼睑由眼端按向眼尾,眼端及太阳穴轻压即可;

(9)脖子朝下巴处轻抚。由于皱纹容易沿横方向出现,所以按摩方法是由下往上轻抚。

三、化妆技法

化妆是生活中的一门艺术,适度而得体的妆容,可使职业人士在政务、商务和社交生活中达到振奋精神和尊重他人的目的。

◇　　**小知识 7-1**

化妆历史

在几千年前,埃及人和苏美尔人就已知晓化妆的方法。

埃及的化妆术早在纪元前就经地中海传到了希腊,稍后,又传到了罗马。在罗马,化妆术达到登峰造极的地步。"波帕埃香膏"(即面粉、牛奶和草莓汁调成的面膏)当时需求量相当大。罗马的显贵们每逢洗澡都要在浴盆里加一些龙涎香和没药树香料,而按摩者、修指甲者和修脚匠更是不可缺少。人们把玫瑰香粉敷在肩上、颈上,用埃及染料画眉,用红色、金色指甲油增添指甲的光泽,用从泰尔城进口的朱红香膏涂抹嘴唇。

罗马帝国衰亡之后,化妆术在欧洲一蹶不振,它越洋过海到了东方。到了后来,化妆术又经西班牙、意大利,兜了一个大圈子,重返欧洲。

(一)正确认识自己

化妆的目的是突出自己的优点,修饰缺点,因此我们有必要了解一下人的面部的基本结构和特点。人们常说"五官端正"就是指人的面部五官比例要协调匀称,这是五官美的前提。端正的五官,其位置是有一定规律的,这个规律就是三庭五眼(见图 7-1)。

三庭是指:上庭——从额头的发际线到眉线;中庭——从眉线到鼻底线;下庭——从鼻底线到颏底线。这三庭的长度是相等的。

五眼是指从正面看,右耳孔到左耳孔之间的脸部横向距离正好相当于自己五只眼的宽度。一个人的脸型如果符合这个比例,就产生匀称感,如果不符,就要在化妆时运用一定的技法进行调整和弥补。

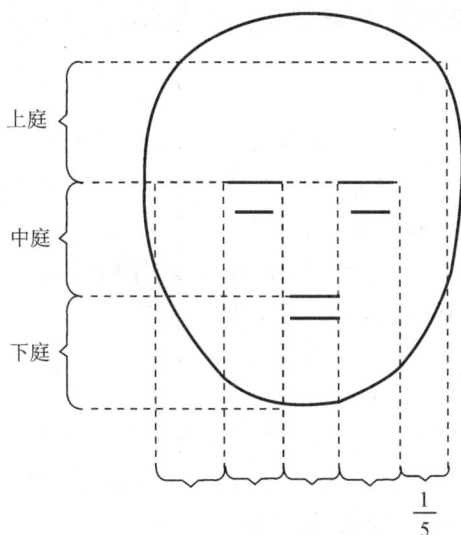

图 7-1　五官的位置比例

1.化妆的准则

生活中的美容化妆,以修整统一、和谐自然为准则。恰到好处的化妆,给人以文明、整洁、雅致的印象。浓妆艳抹、矫揉造作,过分的修饰、夸张,是不可取的。

2.化妆品的选用

化妆品种类繁多,必须正确地选择和使用。根据功用化妆品可以分为三大类:清洁化妆品,用于清洁皮肤;护肤化妆品,用于保养皮肤;修饰类化妆品,用于修饰化妆。使用化妆品要注意,一是根据自己的肤色选择;二是根据自己的皮肤类型选择;三是要注意化妆品的质量;四是不要频繁更换化妆品。

3.适宜的妆色

化妆的浓淡要视时间、场合而定。在白天日光下,工作时间、工作场合,适合化淡妆。浓妆艳抹,厚厚的粉底,重重的唇膏,与周围的工作气氛不相宜,让人感觉你不是在认真工作,甚至认为你不稳重。在这样的环境中,应当力求表现自然、质朴,采用不露痕迹的化妆手法。晚上参加舞会、宴会等社交活动,可穿着艳丽、典雅的服装,在灯光照耀下妆色可浓些,可使用发亮的化妆品。旅游或运动时,不要化浓妆,在天然秀丽的风光中,最宜表现一个人的自然美。

4.化妆时应注意的问题

(1)一般不要在众人面前化妆,因为那是非常失礼的,是对他人的妨碍,也是不自重的举动。假若需要补妆应到房间去。

(2)不要非议他人的妆容,每个人都有自己的情趣和化妆手法,一定不要对他人的妆容评头论足。

(3)不要借用别人的化妆品,这既不卫生,也不礼貌。

(二)化妆的方法

妆容有晨妆、晚妆、上班装、社交妆、舞会妆、少女妆、主妇妆、结婚妆等多种形式,它们在浓淡的程度和化妆品的选择使用方面,都存在一定的差异。职业人员在工作岗位上应当化淡妆,有人将这一规定简洁地叫"淡妆上岗"。

工作妆的主要特征是简约、清丽、素雅,具有鲜明的立体感,既给人以深刻的印象,又不容许显得脂粉气十足。总的来说,就是要清淡而又传神。

1. 化妆的程序

(1)清洁面部

化妆必须在清洁的面部进行,这项工作是十分重要的。用洗面奶等清洁类化妆品洗脸,用水冲净,然后涂护肤类化妆品,如乳液、护肤霜、美容蜜等。其目的有两个:一是润泽皮肤,二是起隔离作用,防止带颜色的化妆品直接进入毛孔。

(2)基础底色

使用底色的目的是遮盖皮肤的瑕疵,统一皮肤色调。应根据自己的脸型选择粉底,突出面部的优点,修饰其不足。不要用太白的底色,否则会让人感到失真,最好是选用两种颜色的底色,在脸部的正面用接近自己天然肤色的颜色,均匀地薄薄地涂抹。在脸部的侧面,可用较深底色,从后向前,由深至浅均匀地涂抹,因为深色有后退和深陷的作用,这样做可以增强脸部立体感。在面部需要表现深陷的部位,都可以巧妙自然地使用深底色。

(3)定妆

上完底色后用粉定妆,目的是柔和妆面、固定底色。可使用粉饼或散粉,粉的颗粒越细效果越自然,粉色不要太白,否则会让人感到像"挂霜"一样,粉一定要涂得薄而均匀。

(4)画眼线

画眼线是为了放大双眼,增加眼睛的神采。画眼线时,眼线笔紧贴睫毛根部,由外眼角向内眼角方向描画,上眼线比下眼线重些,上眼线从外眼角向内眼角画十分之七长,下眼线画十分之三长。

(5)画眼影

画眼影的目的是表现眼部结构的整体化妆风格,强调眼睛的立体感。选择的眼影颜色要适应自己肤色及服装色,也可以用腮红或阴影色代替。涂眼影时,贴近睫毛部位要重些,眼角部位也要重些,然后用眼影刷轻轻扫开去,与鼻侧影自然相接。

(6)眉毛的修饰

修饰眉毛是给眼睛这幅美妙的图画配一个精彩的画框。眉毛的生长规律是两头淡、中间深,上面淡、下面深。标准眉形是在眉毛的2/3处有转折。描画时,应根据眉的这种生长规律将其修饰得接近于标准眉形,将眉笔削成扁平状,沿着眉毛的生长方向一根根地描画,这样描出的眉毛有真实感,不要画成黑乎乎的一片。修饰眉形要根据自己的脸型:如果脸盘宽大,眉毛就不宜修得过细;五官纤细的人,不要将眉毛修饰得太浓密。

(7)腮红

使用腮红的目的一是表现皮肤的健康红润,二是利用腮红的位置和方向来矫正脸型。面颊红润,会给人留下生气勃勃、精神焕发的印象。腮红的中心应在颧骨部位,刷腮红用腮红刷从颧骨处向四周扫匀,越来越淡,直到与底色自然相接。圆脸型的人,腮红的形状应是长条形的,以减弱胖的感觉,长脸型的人刷得宽些,以增加胖的感觉。腮红的颜色,白皮肤的人可选淡而明快的颜色,如浅桃红、浅玫瑰红,皮肤较黑的人,腮红色可深一些,暗一些。

(8)涂口红

涂口红可以加深嘴的轮廓,使其生动润泽、富有魅力。涂口红时应先用唇线笔勾出理想的唇形,若嘴唇过大、过小,或太厚、太薄,应注意修饰,然后用口红在轮廓内涂抹。若在唇的外缘用深色口红,内缘用浅色口红,更可以使嘴唇丰满,有立体感。口红的颜色,应根据肤色的不同选择,还要注意不同的场合选用不同的口红色。

◇ **小知识 7-2**

不同脸型的化妆矫正

长脸型的人,在化妆时力求达到的效果应是:增加面部的宽度。胭脂,应注意离鼻子稍远些,在视觉上拉宽面部。涂抹时,可沿颧骨的最高处与太阳穴下方所构成的曲线部位,向外、向上抹开去。粉底,若双颊下陷或者额部窄小,应在双颊和额涂以浅色调的粉底,造成光影,使之变得丰满一些。眉毛,修正时应令其成弧形,切不可有棱有角的。眉毛的位置不宜太高,眉毛尾部切忌高翘。

圆脸型给人可爱、玲珑之感,若要修正为椭圆型并不十分困难。胭脂,可从颧骨起始涂至下颊部,注意不能简单地在颧骨突出部位涂成圆形。唇膏,可在上嘴唇涂成浅浅的弓形,不能涂成圆形的小嘴状,以免有圆上加圆之感。粉底,可用来在两颊造阴影,使圆脸瘦削一点。选用暗色调粉底,沿额头靠近发际处起向下窄窄地涂抹,至颧骨部下可加宽涂抹的面积,使脸部亮度自颧骨以下逐步集中于鼻子、嘴唇、下巴附近部位。眉毛,可修成自然的弧形,可作少许弯曲,不可太平直或有棱角,也不可过于弯曲。

方脸型的人以双颊骨突出为特点,因此在化妆时,要设法加以掩蔽,增加柔和感。胭脂,宜涂抹得与眼部平行,切忌涂在颧骨最突出处。可抹在颧骨稍下处并往外揉开。粉底,可用暗色调在颧骨最宽处造成阴影,令其方正感减弱。下颌部宜用大面积的暗色调粉底造阴影,以改变面部轮廓。唇膏,可涂丰满一些,强调柔和感。眉毛,应修得稍宽一些,眉形可稍带弯曲,不宜有角。

三角脸的特点是额部较窄而两腮较阔,整个脸部呈上小下宽状。化妆时应将下部宽角"削"去,把脸型变为椭圆型。胭脂,可由外眼角处起始,向下抹涂,令脸部上半部分拉宽一些。粉底,可用较深色调的粉底在两腮部位涂抹、掩饰。眉毛,宜保持自然状态,不可太平直或太弯曲。

　　倒三角脸型的特点是额部较宽大而两腮较窄小,呈上阔下窄状。人们常说的"瓜子脸""心型脸",即指这种脸型。化妆时,掌握的诀窍恰恰与三角脸相似,需要修饰部分则正好相反。胭脂,应涂在颧骨最突出处,而后向上、向外揉开。粉底,可用较深色调的粉底涂在过宽的额头两侧,而用较浅的粉底涂抹在两腮及下巴处,造成掩饰上部、突出下部效果。唇膏,宜用稍亮些的唇膏以加强柔和感,唇形宜稍宽厚些。眉毛,应顺着眼部轮廓修成自然的眉形,眉尾不可上翘,描时从眉心到眉尾宜由深渐浅。

2. 职业男士美容原则及方法

　　在以往,许多人都以为美容化妆是女人们的偏好,堂堂男子不屑于涂涂抹抹,似乎越是不修边幅、胡子拉碴就越能显示男子气概。事实上,"爱美之心,人皆有之",男性当然也不例外,甚至有些男士比女性更加注意自己的仪表,但在习惯上,多数男士不愿公开承认这一点,怕人讥笑。

【案例 7-4】

　　据有关资料,20 世纪 80 年代末,我国某大城市的一家大型商场,曾经通过摄像机对职员和顾客进行录像调查,统计结果发现,在同一时间内男性照镜子的人数竟然多于女性,只是大多数男子在照镜子时不像女性那样坦然,而是尽量避开别人的视线,表现出一定的隐蔽性。

　　这一调查结果,十分真实形象地反映出男性爱美求美又心怀顾忌的微妙心态。其实,修饰装扮、美化自我不是女性的专利,当今世界,光顾美容院的男士越来越多,在许多国家,人们不仅研制生产了各种各样的男子专用化妆品系列,还相继开设了专为男性服务的美容院和健身院。在我国,男士美容业也逐渐受到人们的重视。一向以持重含蓄著称的男士,开始表现出对美化自身前所未有的要求和热情。事实上,健身、美容、化妆也确实使不少男士受益匪浅,许多人都因此增添了自信和生活乐趣。所以,当今社会,男子汉们应当堂堂正正地追求自身的美化,把自己清新、整洁、容光焕发的现代男子汉风采尽情地展现在世人的面前。

　　每一位职业男士,都希望自己获得上司的信任和公众的好感,更愿意赢得同性的尊敬和异性的青睐,从而给人留下深刻而美好的印象。要做到这一点,适当的修饰装扮和容貌的美化是必不可少的。从根本上看,职业男士美容和女士没有本质的区别,都是借助修剪、描画、晕染、遮掩等修饰手段达到美化容颜的目的。但应当提醒大家注意的是:职业男士们在做这一切的时候,不能像女性那样精描细画,一团脂粉气,而应当着力表现自己的气质美和风度美,面部化妆要淡泊自然、不露痕迹。每个男子都有与别人不同的独特个性与外表,要寻找出最适合自己的外部形象,就要对自己的外形特征进行认真分析。如若你是一位性格内向、外表秀气、举止文静的人,为表现阳刚之美,留个短平头或蓄一脸胡子,显得极不协调。因此男子的美也必须是外在美和内在美的统一。职业男士美容的原则其实很简单,清洁整齐,精神爽利。

职业男士美容的基本内容:洁肤、护肤、剃须、美牙。

(1)洁肤。在清洁方面,男子由于生理因素、活动量大,皮肤比女性粗,质地硬,毛孔大,表皮容易角质化。同时男子的汗液和油脂分泌量多,在室外工作的机会多,皮肤上的灰尘和污垢积聚多,清洁皮肤非常重要。职业男士也应每日用洁面乳,清除肥皂不能去除的污垢,而且洁面乳相对温和,在清洁皮肤时,不会吸干皮肤本身的油分,洗面后没有绷紧、干燥的感觉。

(2)护肤。空调房内空气干燥,易令皮肤表面的水分流失,所以整日在开着空调的写字楼内工作或经常出差的职业男士皮肤容易缺乏光泽,老化松弛,滋润是唯一的解决方法。滋润皮肤的产品要选择适合自己皮肤的护肤霜,万万不可油腻,否则,油光满面,又吸引尘粒,反为不美。若在涂抹时进行自我按摩可使疲倦的皮肤放松。

(3)剃须。男子经常剃须可以使面部清洁,容光焕发。剃须是男子美容的一项重要内容。剃须的程序为:

首先,清洁皮肤。剃须前,洗净脸部。在剃须时,因剃刀会对皮肤产生刺激,或轻微地挫伤皮肤,若脸上或胡须上有污物,会引起皮肤感染。

其次,软化胡须。先用热毛巾捂敷胡须,使胡须软化。若用手工剃须刀剃须,再将剃须膏或皂液均匀地涂抹在胡须上,以利于刀锋对胡须的切割和减轻对皮肤的刺激。

再次,正确剃刮。剃须时应绷紧皮肤,以减少剃刀在皮肤上运行时的阻力。年长者或体弱者,皮肤易起褶皱,更应绷紧,使之产生弹性。剃须的顺序是,从左到右,从下到上,先顺毛孔剃刮,再逆毛孔剃刮,最后再顺刮一次。千万不要东刮一刀,西刮一刀。

最后,剃后保养。职业男士刮胡须后的护理十分重要。因为刮胡须对皮肤的刺激和损害每每令皮肤粗糙,日子久了,便回天乏术。为了在新皮肤膜再生之前保护好皮肤,应在剃后用热毛巾敷上几分钟,然后涂擦刮须后护肤品。

(4)美牙。发黑、发黄的牙齿,在启齿谈笑之时,显得不雅,因此,有的人不敢说话、不敢笑,怕露出牙齿觉得有碍观瞻,或者说话、笑时,用手掌遮遮掩掩作羞涩状。久而久之,形成了社交心理障碍。所以,职业人员越来越重视自己的牙齿,体会到其重要性,不惜花钱去美容牙齿,以修饰其不足之处。

那么,是什么原因导致牙齿变黑变黄的呢?通常是由于长期吸烟和喝浓茶所造成的,天长日久,牙齿表面就会染上一层"茶锈"和"烟渍"。"饭后一支烟,赛过活神仙",多少年来,吸烟一直被许多职业男士当作一种消遣和享受,也被认为是有男子气概的表现。这种误解不知使多少青年误入歧途,染上烟瘾,损害健康。因为烟叶中含有大量的尼古丁,它对人体有百害而无一利,长期抽烟不仅损害人体的心肺等内脏器官,同时更会严重影响皮肤的健康,嘴唇和牙齿首当其冲,受熏染最直接,最持久。因而嗜烟的人都唇色乌紫,牙齿焦黄,甚至伴有明显的口臭。这样的形象,在公众交往中是很难给人好感的。

作为职业男士,经常要与各种各样的人打交道,碰到爱抽烟的客户,偶尔陪着抽上一支,对方会认为你有涵养,善解人意,值得信赖。既显得礼貌,也无伤大雅。只是千万不能嗜烟成性,否则,你的外观美将大打折扣。同时也显得缺乏理智和文明的生活态度。

如果因为抽烟过度,已经出现了不健康的唇色和牙齿,要想彻底改变,最好的办法是坚决戒嗜烟陋习,同时去医院口腔科进行专门的治疗,大夫会借助牙齿洁治器来清除牙齿表层的色素和牙石。戒烟和治疗都需要一个过程,花费一段时间。

四、美发

(一)护发

职业人员的头发必须经常地保持健康、秀美、清爽、整齐的状态。要真正达到以上要求,就必须注意头发的洗涤、梳理、养护。

要重视头发的洗涤。任何一个健康、正常的人,头发都会随时产生各种分泌物。此外,它还会不断地吸附灰尘。当尘垢与分泌物或汗液混杂在一起,会产生不雅的气味,还会影响到头发的外观。

保持头发干净、清洁的基本方法是,按时进行认真洗涤。洗涤头发,最好是每日一次,并且贵在自觉坚持。即使难以做到每天洗头,也不宜拖得过久。

洗涤头发,一是为了去除灰垢,二是为了清除头屑,三是为了防止异味,四是为了使头发条理分明。此外,它还有助于保养头发。

(二)发型

头发的造型也是仪容美的重要部分。有位美容学家说:"发式是人的第二面孔。"恰当的发型会使人容光焕发、风度翩翩。发型设计要与脸型、体型、季节、年龄、职业、气质等因素相适应,体现和谐的整体美。

职业女士发型式样多,变化大,发型的选择更能体现个人的修养和品味,好的发型设计可以使人端庄文雅、美观大方,而且能起到修饰脸型、协调体型的作用。发型必须根据自己的脸型来设计,椭圆型脸是东方女性的标准脸型,可选任意发式。圆脸型应将头顶部头发梳高,使脸部增加几分力度,并设法遮住两颊。长脸看起来面部瘦削,发型设计应适当遮住前额,并设法使双颊显得宽些,方脸型应设法掩饰棱角,使脸型显得圆润些。额部窄的脸型,应增加额头两侧头发的厚度。

发型设计应根据季节变化而有所不同。夏天,应取凉爽、舒畅的短发,若留长发可梳辫或盘髻,这个季节头发不宜过长、过于蓬松;冬天衣服穿得厚,衣领高,留长发既美观又利于保暖;春秋季发型可长可短,比较随意。

发型应根据职业和环境不同而设计,礼仪小姐发型设计应新颖、大方;职业女性发型设计应文雅、庄重。参加晚宴或舞会,发型可以高雅、华丽。

职业男士的发型也要体现其性格、修养和气质。短发型可以体现青年人朝气蓬勃的精神面貌。长脸型的人不宜留太短的头发，下巴较方的人可以留些鬓发。瘦高的人应留长一点的发型，矮胖瘦小的人头发不宜长。

【案例 7-5】

　　华盛集团公司的卫董事长有一回要接受电视台的采访。为了表示郑重，事前卫董事长特意向公司为自己特聘的个人形象顾问咨询，有无特别需要注意的事项。形象顾问专程赶来之后，仅仅向卫董事长提了一项建议：换一个较为儒雅而精神的发型，并且一定要剃去鬓角。他的理由是：发型对一个人的上镜效果至关重要。

　　果不其然，改换了发型之后的卫董事长在电视上亮相时，形象确实焕然一新。他的发型使他显得精明强干，他的谈吐使他显得深刻稳健。二者相辅相成，令电视观众们纷纷为之倾倒。

【案例分析】

这一实例说明发型对商界人士的个人形象发挥着重要的不可替代的作用。

第三节　职业人士如何塑造仪表美

　　仪表，是指人的外表，包括人的容貌、姿态、服饰和个人卫生等方面，它是人精神面貌的外观。仪表，在人际交往的最初阶段，往往是最能引起对方注意的，人们常说的"第一印象"多半就是来自一个人的仪表。一个举止潇洒、相貌俊朗的人比一个面孔丑陋、体态臃肿的人更能打动人；一个衣着得体的人总比一个衣衫不整的人给人们的第一印象要好。因为，仪表端庄、穿戴整齐者比不修边幅者更有教养，也更懂得尊敬别人，这已成了一般人的思维定势。

　　仪表美是一个综合概念，它应当包括三个层次的含义。

　　其一，仪表美是指人的容貌、形体、体态的协调优美。如体格健美匀称，五官端正秀丽，身体各部位比例协调，线条优美和谐，这些先天的生理因素，是仪表美的基本条件。

　　其二，仪表美是指经过修饰打扮以及后天环境影响形成的美。天生丽质这种幸运并不是每个人都能够拥有的，而仪表美却是每个人都可以去追求和塑造的，即使天生丽质，也需要用一定的形式去表现。无论一个人的先天条件如何，都可以通过化妆、服饰、外形设计等方式使自己具有仪表美。

　　其三，仪表美是一个纯朴高尚的内心世界和蓬勃向上的生命活力的外在体现，这是仪表美的本质。真正的仪表美是内在美与外在美的和谐统一，慧于中才能秀于外。一个人如果没有道德、情操、智慧、志向、风度等内在美作为基础，那么，多好的先天条件，多么精心的打扮，也只能是一种肤浅的美，缺少丰富深刻内涵的美，不可能产生魅力。因此，一个人的仪表是其内在美的一种自然展现。

【案例 7-6】

有趣的实验

行为学家迈克尔·阿盖尔曾做过实验,他本人以不同的装扮出现于同一地点,结果却截然不同:当身着西装的他以绅士模样出现时,无论是向他问路还是问时间的陌生人,大多彬彬有礼,这些人看似属上流阶层,颇有教养;而当迈克尔扮成无业游民时,接近他的人以流浪汉居多,或是来对火或是来借钱。

一、通过包装实施印象管理

衣服长期以来就是个人在社会中特定的角色或地位的标志。根据一个人的衣服,人们可以对一个人加以辨别、认可和确认。早期的服装标志可以追溯到旧石器时代。那时,猎人用自己捕杀的动物皮或骨头来装扮自己,借此来炫耀他们的收获。千百年来,首脑们或领导人都喜欢采用某些装饰品,用以向朋友和敌人表明自己的身份。王冠、头饰,以及独特的服装形式在每个社会都被保留下来,以供上流社会的人穿戴。通过教皇、主教以及其他封建教堂的官员们的穿衣习惯,我们可以了解教会的等级制度。即使在当今社会,我们仍可以从部队军装上的标记非常清楚地了解一名军人的职务和地位情况。以衣服作为标记如此清晰地表明一个人的地位和职务情况,就是一个通过着装来实施印象管理从而影响他人行为的绝好例子。某些服装饰品表明了(如今仍在表明)人们的职务和权力,因此也就影响了能够辨别这种形象的人们的行为。

当你步入一个房间,即使房间里没有人认识你或以前曾经见过你,但是,他们仅仅基于你的外表就可以对你的如下十个方面做出推断,他们甚至还可以做出更多的推断:

(1)你的经济水平;

(2)你的文化程度;

(3)你的可信任程度;

(4)你的社会地位;

(5)你的老练程度;

(6)你家族的经济地位情况;

(7)你家族的社会地位情况;

(8)你的家庭教养情况;

(9)你是不是成功人士;

(10)你的品行。

二、着装的技巧

(一)着装原则

衣着影响着一个人生活的各个方面。每人的具体情况千差万别,无论什么身份、地位,如何穿着可反映其审美能力，道德、礼仪水平。要使着装后的个人形象富有神韵和魅力，应遵循以下原则。

1. 整体性原则

正确的着装，能使形体、容貌等形成一个和谐的整体美，服饰的整体美构成因素是多方面的，包括：人的形体和内在气质，服装饰物的款式、色彩、质地、加工技巧乃至着装的环境等等。正如培根所说："美不在部分而在整体。"孤立地看一个事物的某个部分可能不美，但就整体看却可能显得很美。

2. 个性原则

一个人所穿的服装往往能传达出性格、爱好、心理状态等多方面的信息。着装的个性原则不单指通常意义上的个人的性格，还包括一个人的年龄、身材、气质、爱好、职业等因素在外表上的反映所构成的个人的特点。有的人穿上崭新的服装，觉得浑身不自在，变得傻愣呆板，就因为这衣服不是他的个性表达，而是外加的壳。各式服装有自己的风格和内涵，理解服装应如同理解自身一样，才能找到适合自己穿的衣服。只有适合自己的着装，才能与自己的个性和谐一致，才能烘托个性、展示个性，保持自我以别于他人；只有当服饰与个性协调时，才能更好地发挥其效应，塑造出自己的最佳形象和礼仪风貌。

【案例 7-7】

在香港选美大赛中，上海姑娘利智，个性化的服饰打扮使她得了高分。为了强化人们对她的魅力印象，她做了自我设计：一是发型，当时香港的女郎喜好短发，利智留着过腰的长发，有一种飘逸感；二是服装，她不趋当时的流行款式，为自己做的首饰格外夸张，非常引人注目。这些设计果然帮助她赢得了桂冠，荣获"亚洲小姐"的美誉。

所谓修饰的个性化，未必是指奇装异饰，而更在于它的脱俗，不随波逐流。当靡丽浮华成为时髦时，反其道而行往往更可能显示出独特的美；莫洛亚说过："拒绝一致性的时尚，倒也是一种标新立异，最朴素的往往最华丽，最简单的往往最时髦，素装淡抹常常胜过浓妆艳服。"

服饰打扮的优雅，是人们尤其是爱美女性所企求的。至于如何才能获得优雅，人们见仁见智，看法大相径庭。优雅的服饰打扮，以其自然、柔和而不造作过火，让人不感惊诧，却又使人感知其和谐的美韵。在这方面，索菲娅·罗兰颇有一番经验，她认为，并不是非得着裘佩珠才能显示出优雅，质朴才是优雅的灵魂。她现身说法地写道："近十五年来，我发现了凡质朴和得体的服装便是最优雅的。这不是自我约束，而是对什么是真正的吸引力的深刻理解。"高明的修饰打扮是美化人、衬托人、显示人的，而不是反过来使人成为服饰、化妆品的附庸，甚至淹没在浓妆艳服中。

【案例 7-8】

　　列夫·托尔斯泰曾对安娜·卡列尼娜和她的服饰之间的关系，做过如下的描绘：

　　"吉提每天看见安娜，他爱慕她，而且常想象她穿淡紫色的模样，但是现在看见她穿着黑色衣裳，他才感觉到他从前没有看出她的全部魅力。他现在用一种完全新的、使他感到意外的眼光看她。现在他才了解安娜可以不穿淡紫色，她的魅力就在于她的人总是盖过服装，她的衣服在她身上绝不会惹人注目。她那镶着华丽的花边的黑色衣服在她身上就并不醒目，这不过是一个框架罢了，为人注目的是她本人——单纯、自然、优美，同时又快活又有生气。"

【案例分析】

　　服饰打扮为我所用，安娜是深谙这个审美前提的，"她的魅力就在于她的人总是盖过服装"。若是让服装盖过人本身，那就是得不偿失、舍本逐末了。

　　3. TPO 原则

　　TPO 原则即着装与时间、地点、仪式内容相配的原则。（Time 时间、Place 地点、Occasion 场合，这三点称为 TPO。）

　　（1）时间原则（Time）

　　时间涵盖了每一天的早间、日间、晚间等三个时间段，也包括每年春夏秋冬四个季节的更迭，以及不同时期、时代。因此职业人士在着装时必须要考虑时间层面，做到"随时更衣"。

　　1）一天不同时间段的服饰变化

　　在通常情况下，人们早间在家中和户外的活动居多，无论外出跑步做操，还是在家里盥洗用餐，着装都应以方便、随意为宜。如可以选择运动服、便装、休闲服等，这样会透出几分轻松温馨之感。

　　日间是工作时间，着装要根据自己的工作性质的特点，总体上以庄重大方为原则。如果安排有社交活动或商务活动，则应以典雅端庄为基本着装格调。

　　晚间，宴请、舞会、音乐会一类的正式社交活动居多。此间，人们的交往空间距离相对会缩小，服饰给予人们视觉与心理上的感受程度相对增强。因此，晚间着装要讲究一些，礼仪要求也要严格一些。晚间着装以晚礼服为宜，以形成高雅大方的礼仪形象。

　　西方许多国家都有一条明文规定：人们去歌剧院观赏歌剧一类的演出时，男士一律着深色晚礼服，女士着装也要端庄雅致，以裙装为宜，否则不准入场。这一规定旨在强调社交场合的文明与礼仪，同时也体现着西方国家所具有的尊重他人，刻意营造优美环境与氛围的社会文化。

　　2）一年四季的着装变化

　　夏季以轻柔、凉爽、简洁为着装格调，服饰色彩与款式的选择要充分考虑给予他人的视觉与心理上的感受，同时也使自己感觉轻快凉爽。夏季切忌拖沓繁琐、色彩浓重，以免给自己与他人造成心理上的负担。尤其是女士更要注意这个问题,层叠皱褶过多的服饰会使人燥热难耐,而且一旦出汗还会影响面部化妆的效果,使人陷入十分窘迫的境地。

冬季应以保暖、轻便为着装的原则,避免着装过厚而显得臃肿不堪、形体欠佳,也要避免为了形体美观而着装太薄,影响体温而面青唇紫。

春秋两季着装的自由度相对大一些。春季穿厚一点并无人见怪,秋季穿薄一点也无人侧目,但总体上以轻巧灵便、薄厚适宜为着装原则。

(2)地点原则(Place)

特定的环境应配以与之相适应、相协调的服饰,以获得视觉与心理上的和谐感。

西装革履地步入金碧辉煌的高级酒店会产生一种人境两相宜的效果,而西装革履地走进破旧的农屋,便会出现极不协调、反差强烈的局面。

在静谧肃穆的办公室里着一套随意性极强的休闲装,穿一双拖鞋,或者在绿草茵茵的运动场穿着一身挺括的西装,穿一双皮鞋,都会因环境的特点与服饰的特性不协调而显得人境两不宜。

人们的服饰也要与特定的环境和气氛相和谐,所以有必要选择与之适宜的服饰款式与色彩,实现人景相融的最佳效应。

【案例 7-9】

裙裤的麻烦

郑小姐在一家国内的公司里工作。有一回,上级派她代表公司前往南方某城市,去参加一个大型的外贸商品洽谈会。为了给外商留下良好印象,郑小姐在洽谈会上专门穿上了一件粉色的上衣和一条蓝色的裙裤。然而,正是她新置的这身服装,使不少外商对她敬而远之,甚至连跟她正面接触一下都很不情愿。

【案例分析】

原来问题在于,国外商界人士的着装,一向讲究男女有别。崇尚传统的商界人士一直坚持认为:在正式场合穿裤装的女性,大都是不务正业之徒。所以,营销人员在正式场合的着装,唯独以裙装为佳,各种裤装都是不宜选择的。

(3)场合原则(Occasion)

场合原则是职业人员约定俗成的惯例,具有深厚的社会基础和人文意义。一定服饰所蕴含的信息内容必须与特定场合的气氛相吻合。否则,往往会引起人们的疑惑、猜忌,甚至厌恶和反感,导致交往空间距离与心理距离的拉大。

【案例 7-10】

1983 年 6 月,美国前总统里根出访欧洲四国时,由于他在庄重严肃的正式外交场合没有穿黑色礼服,而穿了一套花格西装,引起了西方舆论的一片哗然。有的新闻媒介评论里根自恃大国首脑,狂妄傲慢,没有给予欧洲伙伴应有的尊重和重视。里根的出访受到了这件花格西装严重的影响,如何解释都无济于事了。

一项研究表明,客户更青睐那些穿着得体的职业人员,而另一项研究表明,身着商务制服、佩戴领带的营销人员所创造的业绩要比身着便装、不拘小节的业务员高大约 60 倍。或许添置衣服要花一些钱,但它就像一项高明的投资一样,迟早会为你带来丰厚的回报。

4.整洁的原则

在任何情况下,服饰都应该是干净整齐的。不能粘有污渍,衣领和袖口处尤其要注意。特别是在夏季,衣服上很容易留下汗渍,应该及时换洗。服装应该是平整的,扣子应齐全,不能有开线的地方,更不能有破洞。内衣亦应该勤换洗。西服衬衫,应非常洁净。

穿皮鞋应该经常打油,保持鞋面光亮,一旦落上灰尘要及时擦去(这件事不要在人前做)。袜子要经常换洗,特别是汗脚的人,更要注意袜子的清洁。有些场合需要入室换拖鞋,如果袜子有臭味,会令人讨厌,自己也很难堪。

(二)服装色彩的搭配

服装色彩的选择和体形有着密切的关系。一般来讲,身体较胖的人适宜穿深色调的衣服,这样会给人以苗条的感觉。身体较瘦的人适宜穿浅色调的衣服,这样会给人以丰满的感觉。大花型的服装有扩张的效果,这会使瘦人看上去丰满些;穿上小花型的服装使人显得苗条。花色还可以适当修饰体形有缺陷的部分。比如女士腿型不美,可穿花裙,上着素色衣;而上身单薄可穿花衣素裙。总之,配色美是色彩对比与调和多样统一的一种形态表现。

◇ **小知识 7-3**

色彩特征

红色:热烈、浪漫、强烈;象征:幸福、喜悦、兴奋、快乐

黄色:最明亮、最活泼、最引人注目;象征:户外、开放、年轻、明智、好动、充满希望

蓝色:安静、寒冷、智慧

橙色:明亮、温暖;象征:冲动、华丽、欢乐、甜蜜、丰收

绿色:安宁、凉爽、舒适;象征:生命、环保

紫色:高贵、财富;象征:威严、华贵

灰色:稳重、可靠、柔弱、平凡、朴实

白色:圣洁、孤高、纯洁、高尚

黑色:庄重、洗练、肃穆、洒脱、高雅、沉稳

1.服装配色的三种主要方式

(1)同色的搭配。即由色彩相近或相同,明度有层次变化的色相互搭配造成一种统一和谐的效果。其中可以用一种颜色,以不同饱和度和深浅度相配,如蓝色连衣裙可以用深蓝色

做装饰色,看起来很和谐。也可以用一种颜色的数种色调来搭配,比如:青配天蓝,墨绿配浅绿,咖啡配米黄色等。从整体上看,如奶黄色上衣配棕黄色裤子或裙子,再配奶黄色或本白色皮鞋,这样的搭配可以给人端庄、稳重、高雅的感觉。一般而言,同色搭配时,宜掌握一个原则就是,上浅下深,上明下暗。

(2)相似色搭配。色彩学把色环上大约 90 度以内的邻近色称之为相似色。比如奶黄与橙、绿与蓝、绿与青紫、红与橙黄等。相似色搭配时,两个色的明度、纯度须错开,深一点的蓝色和浅一点的绿配在一起比较合适。若鲜绿色裙子配鲜黄色上衣,就显刺眼;若一件深绿色裙子配淡黄色上衣就好看多了。

(3)主色调搭配。指选一种起主导作用的颜色为主色,相配各种颜色,造成一种相互陪衬、相映成趣之效。采用这种配色方法,应首先确定整体服饰的基调,呈冷色调还是暖色调,是亮色调还是灰色调,是红色调还是绿色调。其次选择与基调一致的主色。最后再选出辅色。任何情况下,主色都起决定性作用,装饰色越少就越显鲜明,如在灰色的衣饰上加一道不大的深红装饰色就很悦目,如果多处加装饰色就显俗气了。主色调搭配选色不当,容易造成混乱不堪的局面,有损整体形象。

2.在服装的穿戴上还可以用下述六种方法使色彩变化达到不同的效果

(1)统一法。上下衣、帽子、鞋采用一个色调,如白色连衣裙配白手套、白色皮鞋,也可采用全身黑色、全身蓝色等,这种配色法往往产生一种和谐的效果。这种配色方式适合单位、团体、商业、服务业统一制服以产生同工作环境的和谐感。

(2)呼应法。上下装或上衣和帽子、鞋、提包等相呼应,如身着黑色裙子,上衣应着黑白条或黑白花上衣。

(3)点缀法。就是在统一完美的主色调(包括主色、陪衬)的基础上,加上非常醒目的小块色作点缀,使之起到画龙点睛的作用。以这种醒目色作点缀,效果清新、雅丽,别有风韵。

(4)对比法。也叫衬托法,即通过色彩的互相对比或衬托,来增强服装的美感。它强调的就是对比或衬托的魅力。例如,白色上衣配上黑色裤子等,这种黑与白、深与浅的对比,色彩明朗,格调新颖,对增加美感作用显著。

(5)照应法。就是同种色、类似色的彼此照应。例如,青莲色的套服,上衣印有红白色花纹,配上白底红花衬衣和白色镶红、莲色边帽子,类似花色的鞋、袜等等,红与红,白与白,莲色与莲色等色彩就能够互相呼应,相得益彰,引起和谐、统一的美感效果。

(6)衔接法。这种方法的要点是,让对比色通过一种中性色(如黑、白、金、银等色)的晕合,使人产生色彩连接的感觉。例如,红色的短袖衫、绿色的短裙,或是黄色的上衣、紫色的下装,就其色彩性质来说,均属对比色,因而看起来并不舒服。如果配上一条白色(或金、银、黑等任何一色)腰带,那么上下衣着的色调就会衔接起来,因而也就达到和谐统一的效果。

◇　小知识 7-4

服装色彩与肤色的搭配

皮肤黝黑的人,宜穿暖色调的弱饱和色衣着。亦可穿纯黑色衣着,以绿、红和紫罗兰色作为补充色。这种类型的女子可选择三种颜色作为调和色,即:白、灰和黑色。主色可以选择浅棕色。紫罗兰配上黄色、深绿色或是红棕色。深蓝色配上黄棕色或深灰色,都可以。此外,略带浅蓝、深灰二色,配上鲜红、白、灰色,也是相宜的。穿上黄棕色或黄灰色的衣着脸色就会显得明亮一些,若穿上绿灰色的衣着,脸色就会显得红润一些。此外,诸如绿、黄橙、蓝灰等色亦可。

面色红润的黑发女子,衣着最宜采用微饱和的暖色,也可采用淡棕黄色、黑色加彩色装饰,或珍珠色,用以陪衬健美的肤色。黄色镶黑色的衣着对这类女子最为相宜。不宜采用紫罗兰色、亮黄色、浅色调的绿色、纯白色。因为这些颜色会过分突出皮肤的红色。此外冷色调的淡色如淡灰等也不相宜。如果用蓝色或绿色,那就应采用饱和程度最大的色。

如果脸色红润,可采用非常淡的丁香色和黄色,不必考虑何者为主色。这种脸色的女子可穿淡咖啡色配蓝色,黄棕色配蓝紫色,红棕色配蓝绿色以及淡橙黄色、灰色和黑色等。

如果肤色较白,则不宜穿冷色调,否则会越加突出脸色的苍白。这种肤色的人最好穿蓝、黄、浅橙黄、淡玫瑰色、浅绿色一类的浅色调衣服。另外,以较重的黄色加上黑色或紫罗兰色的装饰色,或是紫罗兰色配上黄棕色的装饰色对这类女子也很合适。黄色部分最好靠近脸部,否则皮肤就会显得过于暗淡。

如果皮肤发灰,那么衣着的主色应为蓝、绿、紫罗兰色、灰绿、灰、深紫和黑色。蓝灰色可用深棕色作为补色。紫灰色可以用黄棕色作补色。绿灰色可用微红色作补色。紫色可以用灰黄做补色。这种肤色的女性衣着绝对不能采用白色,哪怕做装饰色也不行。

如果皮肤较黑,那么衣着主色最好采用冷色,装饰色可采用较暖的颜色。此类女子衣着以深紫、灰绿、棕红、棕黄以及黑色为佳。如果以黑色作为主色,那么装饰色宜采用紫罗兰色、黄灰色或灰绿色。作为黄灰色的补色,可采用紫罗兰色。作为蓝灰色的补色可采用浅棕色。作为绿灰色的补色,可采用樱桃色。此外,黄棕色的补色是灰紫。红棕色的补色,则是灰绿。装饰色一般可采用白色和黑色。

三、服装类型

(一)商务人员服装类型简述

商务人员一般应将自己的服装分为三类,即正式服装、职业便装、休闲服装。

1.正式服装

正式服装指在正规的、隆重的场合穿的服装。一般适用于晚间在办公室以外的场合进行商务活动,如与客户去戏院看戏或去参加交响音乐会,有时也用于单位的节日晚会等活动。男士的正式服装主要有西装套装、中山装、制服及民族服装。女士正式服装主要有西服套裙、旗袍、连衣裙、民族服装。目前男士最普遍使用的正式服装是西装套装。它要求质地比较考究,颜色统一,呈深色,系领带,配上黑色皮鞋。袜子的颜色要比皮鞋的颜色深。穿有跟的皮鞋,皮鞋颜色比服装的颜色深。女士穿透明的肉色丝袜,袜口不能落在裙口下,袜子不能有破洞。

在国外,人们在收到宴会请柬时,经常在请柬的左下角看到注有"正式的(formal)""非正式的(informal)",或"小礼服(black tie)"等字样。有时也写着"随意(casual)"。这些都说明宴会主人对着装的要求。如果是比较正式的宴会(晚宴等),主人又没有在请柬上注明对着装的要求,一般的人就会按通常的做法着装,而有的客人还会主动给主人打电话询问一下。可见,西方人在这方面是相当讲究的。宴会主人在请柬上对着装提出的要求,正是反映出主人对宴会性质的想法,即为了表示隆重、热烈或是亲切、友好等。

2.职业便装

职业便装也是职业服装中的一种,常用于会议、公司组织的活动或在办公室"非正式着装日"等普通上班场合。它不同于正式场合那么正规,颜色、质地没那么考究。但要求符合一切传统职业服装的标准:形象优美,干净合体,整洁端庄。一般男士上班应着西服、衬衣,有的企业还要求打领带,衬衣纽扣必须扣好。女士的职业便装包括衬衫裙子、套裙或合体的长裤、衬衫配夹克等。不可穿过于新潮和暴露的服装。除非要去参加体育活动,一般不要穿运动鞋或凉鞋。无论是否统一着装,上班的着装必须是庄重整齐的,它表明员工的责任感和可信程度,也表现了对他人的尊重。

3.休闲服装

休闲服装指家常服装、运动装等。如:T恤衫、牛仔服、运动服、夹克衫、羊毛衫。这些服装不应出现在正式场合和办公场所。休闲服有随便、宽松、舒适的特点,适用于外出旅游、参观游览或休闲在家。可以根据自己的特点、爱好去选择。如果在旅游和运动时,穿上正式服装,会让人感到拘谨,与轻松的气氛格格不入。

(二)西方传统礼服

礼服分为男士礼服和女士礼服,从广义上讲,礼服泛指一切适合于在庄重场合中或举行仪式时所穿的服装。

1.男士礼服

男士礼服分为晨礼服、小礼服、大礼服等。

(1)晨礼服又名常礼服。为日常用之礼服,上装为灰、黑色,后摆为圆尾形,其上衣长与膝齐,胸前仅有一粒扣。下装为深色底、黑条子裤,一般用背带,配白衬衫,灰、黑、驼色领带均可,穿黑袜子、黑皮鞋,可戴黑礼帽。晨礼服是白天穿的正式礼服,适合参加典礼、婚礼及星期天到教堂做礼拜等活动。

(2)小礼服也称小晚礼服、晚餐礼服或便礼服。这是晚间集会最常用的礼服,其上衣与普通西装相同,通常为全黑或全白,衣领镶有缎面,下装为配有缎带或丝腰带的黑裤。系黑领结,穿黑皮鞋,一般不戴帽子和手套。这种礼服适用于晚上举行的宴会、晚会、音乐会、观看歌剧等场合。

(3)大礼服也称燕尾服。黑色或深蓝色上装,前摆齐腰剪平,后摆剪成燕尾状,翻领上镶有缎面。下装为黑色或蓝色配有缎带、裤腿外侧有黑丝带的长裤,一般用背带,系白领结,可戴大礼帽,配黑皮鞋、黑丝袜,戴白手套。大礼服是一种晚礼服,适合于晚宴、舞会、招待会、递交国书等场合。

2.女士礼服

女士礼服也可分为晨礼服、小礼服和大礼服。

(1)晨礼服也称常礼服。晨礼服均为质料、颜色相同的上衣与裙子,也可以是单件连衣裙。一般以长袖为多,肌肤的暴露很少。可戴帽子和手套,也可携带一只小巧的手包或挎包。晨礼服主要在白天穿,适用于参加在白天举行的庆典、茶会、游园会和婚礼等。

(2)小礼服也称小晚礼服或便服。小礼服为长至脚背而不拖地的露背式单色连衣裙式服装,其衣袖有长有短,着装时可根据衣袖的长短选配长短适当的手套,通常不戴帽子或面纱。小晚礼服的地位仅次于大礼服,主要适合于参加晚上6点以后举行的宴会、音乐会或观看歌舞剧时穿着。

(3)西式大礼服也称大晚礼服,是一种袒胸露背的、拖地或不拖地的单色连衣裙式服装,并一定要配以颜色相同的帽子或面纱、长纱手套以及各种头饰和耳环、项链等首饰。大礼服是一种最正式的礼服,主要适用于在晚间举行的最正式的各种活动,如官方举行的正式宴会、酒会、大型正式交际舞会等。

随着礼仪从简趋势的发展,许多国家对于服饰的要求也有逐渐简化的趋势。除了特别隆重正式的场合穿礼服外,一般的社交场合穿礼服的机会不多,穿大礼服(燕尾服)的机会更少。现在人们对于服装的要求,着重合身、得体、舒适、美观、大方,讲究适合自己的身份、年龄、性格和不同的场合。

四、着装礼仪

(一)男装的礼仪

1.穿西装的规范

(1)西装有单件上装和套装之分,套装又分两件套和三件套。如果是三件套西装,在很正式的场合不可脱下外衣。一般非正式场合,如旅游、参观、一般性联欢会等,可穿单件上装配以各种西裤,也可视需要和爱好,配以时装裤。半正式场合,如一般性会谈、访问、较高级会议和白天举行的比较隆重的活动,应着套装,但也可视场合气氛在服装色彩图案上大胆一些,花格呢、粗条纹、淡色的大半都不失为恰到好处的选择。但在正式场合,如宴会、正式会谈、正式典礼及特定的晚间社交活动,必须穿着颜色素雅的套装,以深色、单色最为适宜,花格、五彩图案的选择是不合时宜的。

(2)西装的钮扣除实用功能外,还有很重要的装饰作用。西装有单排扣和双排扣之分,单排扣又有单粒扣、双粒扣、三粒扣之别。在非正式场合,一般可不扣扣子,以显示飘逸的风度;但在正式场合,要求将钮扣系上。单排两粒扣西装应系上面那粒长扣,三粒扣西装应系上面两粒或中间一粒;双排扣西装应当全部系上。

(3)西裤作为西服整体的另一个主体部分,裤腰大小以合扣后伸入一手掌为标准,裤长以裤脚接触脚背最为适合。西裤穿着时,裤扣要扣好。拉锁全部拉严。西裤的皮带一般在2.5~3厘米的宽度较为美观,皮带系好后留有皮带头的长度一般为12厘米左右。过长或过短都不合美学要求。

(4)穿西服,衬衫是个重点,颇有讲究。一般来说,与西服配套的衬衫必须整洁无皱褶,尤其是领口。西装穿好后,衬衫领应高出西装领口1~2厘米,白领露出部分与袖口露出部分应呼应,可有一种匀称感。在正式场合,不管是否与西装合穿,长袖衬衫的下摆必须塞在西裤里,袖口必须扣上,不可翻起。不系领带时,衬衫领口可以敞开;如系领带,应着有衬硬领的衬衫,领围以合领后可以伸入一个手指头为宜。衬衫袖长应比西装上衣袖长多出1~2.5厘米,这样可以避免西装袖口受到过多的磨损,而且用白色衬衫衬托西装的美观,显得更干净、利落,活泼有生气。夏季穿着短袖衬衫时,一般也应将下摆塞在裤内,穿着无衬软领短袖衬衫例外。

(5)领带是西装的重要装饰品,在西装的穿着中有画龙点睛的作用。领带的种类很多,大体分为一般型领带和变型领带两种。一般型领带有活结领带、方型领带、蝴蝶结领带;变型领带有阿司阔领带、西部式领带、线环领带等。从领带面料分,有毛织、丝质、化纤几种。从花型上分,又有小花型、条纹花型、点子花型、图案花型、条纹图案结合花型、古香缎花型等。领带以丝质的为上乘,使用最多的花色品种是斜条图案领带。这种领带分美式、英式两种,区别正相反:美式从左上斜到右下,英式从右上斜到左下。穿英、法式西服配英式领带,穿美、意式西服配美式领带,不宜错用。一般在正式或半正式场合,都应系领带。领带的系法也很有讲究,一般是扣好衬衣衣领后,将领带套在衣领外,然后将宽的一片稍稍压在领角下,抽拉另一端,领带就自然夹在衣领中间,而不必把领子翻立起来。领带必须保证绝对干净,其结要工整,如果脏污、旧损或歪斜松弛,不如不系。因为系领带是为了进一步表明精神、尊严和责任。领结是系领带最重要的部分,各种不同的系法可以得到不同大小形状的领结,可视衬衫领子的角度选择你所喜欢的领带系扎方法。但不论哪种系扎方法,领带系好后,两端都应自然下垂,上面宽的一片必须略长于底下窄的一片,绝不能相反,当然上片也不宜长出许多,致使带尖压住裤腰甚至垂至裤腰之下而不雅。如有西装背心相配,领带必置于背心之内,领带尖亦不可露于背心之外。领带的宽度不宜过窄,过窄会显得小气,应与人的脸型及西装领、衬衫硬领的宽度相协调。

（6）领带夹包括领带棒、领带针、领带别针等，有各种型号，主要功能是固定领带，并不应突出其装饰的功能。除经常做过大幅度的动作或领带夹为企业标志时用领带夹外，其他情况最好不用领带夹。佩戴时应注意，领带夹的位置不能太靠上，以从上往下数衬衫的第四粒和第五粒纽扣之间为宜。西装上衣系好扣了后，领带夹是不应被看见的。

（7）西装手帕的整理也很重要。西装手帕有装饰作用，是以熨烫平整的各种单色手帕折叠而成的，式样很多，如三角形、三尖峰形、任意形和 V 形等。插于西装的上衣口袋，根据不同场合需要，变化成各种图形。装饰手帕使用得当，能起到锦上添花的效果。

（8）西装衣袋的整理同样重要。上衣两侧的两个衣袋只作为装饰用，不宜装东西；上衣胸部的衣袋是专装手帕之用的，票夹、笔记本、笔等物品可置于上衣内侧衣袋。西裤的左右插袋和后袋同样不宜放鼓囊之物，以求臀围合适，裤型美观。

（9）正确选用西装、衬衫和领带后，尤应注意三者间的和谐搭配。整体协调会使你更风度翩翩，格外优雅。按一般规律，深色西装配穿白色衬衫，从来就是最合适的搭配。如果杂色西装，配以色调相同或近似的衬衫，结果也可能不坏。但带条纹的西装不可配以方格的衬衫，反之亦然。因为条条加块块，给人以散乱的感觉。总之，人们的一般思路是，衬衫和西装在色调上要成对比，西装颜色越深衬衫越要明快。同时也不能忘了领带的映衬作用。西装色调深沉稳重，领带的颜色不妨相对明快；而西装的色调朴实淡雅，领带则必须华丽而又明亮，否则看上去会模糊不清。当然，这也不是绝对的，假如西装与领带的色调一致，只要两者在颜色上有深浅变化，成为互补；或两者成对比色，且这种对比又是整套西装中唯一的对比，也是有特殊效果的。这里要提醒注意的一点是：西装和领带的花纹（如条纹型）不能重复；即使两者花纹不一样，可以相配，但图案也不宜太大，否则看起来过于奇巧。

◇　**小贴士 7-1**
西装、衬衫、领带的搭配方法

黑色西装，配白色或浅蓝色衬衫，系砖红色、绿色或蓝色调领带；

中灰色调西装，配白色或浅蓝色衬衫，系蓝色、深玫瑰色、褐色、橙黄色调领带；

墨绿色调西装，配白色或银灰色衬衫，系银灰色、灰黄色领带；

乳白色调西装，配红色略带黑色、砖红色或黄褐色调领带互补的衬衫会更显得文雅气派。

2. 中山装

中山装是我国的民族服装，也是我国男士的传统礼服。其前门襟有五粒扣子；带风纪扣的封闭式领口；上下左右共有四个贴袋，袋盖外翻并有盖扣。着中山装要整洁，熨烫要平整，衣领里可稍许露出一道白衬衫领。衣兜不要装得鼓鼓囊囊，内衣不要穿得太厚，以免显得臃肿。无论什么社交场合，都要扣好扣子和领钩。成年男子穿上一套合身的上下同质同色的毛料中山装，配上黑色皮鞋，会显得庄重、神气、稳健、大方，富有中国男子气派，着中山装可以出席各种外交、社交场合。在国外,当主人要求正式礼服时,我们穿着黑色中山装赴会,别人都会表示尊重和接受。在国内,我国规定,夏天炎热季节,正式场合也可穿硬领短袖衬衫系领带或质地较好的短袖敞领衫。不过受外来文化的影响,目前着中山装的男士普遍减少。

(二)女装的礼仪

女士的服装,比起男士服装更加丰富多彩、新颖别致。她们不仅要借服饰来显示自己美好的体态,还要以此来表现自己的修养和风格。

1. 职业女装的基本类型

就衣服而言,职业女装有三种基本类型:套裙、夹克衫或不成套的上衣以及连衣裙或两件套裙。在这三种类型中,每一种都要考虑其颜色和面料。

(1)套裙。裙式服装最能体现女性的魅力,恰到好处的裙子能充分显示女性美感与飘逸的风采。作为职业女性,其工作场所的着装有别于其他场合的着装,尤其代表着一个企业、一个组织的形象时,更要追求大方、简洁、纯净、素雅的风格。套裙以其严整的形式,多变却不杂乱的颜色,新颖却不怪异的款式,成为职业女性最规范的工作装。

1)套裙的款式。套裙有两件套和三件套之分,套裙的上装以西服式样居多,也有圆领、V字领等式样。上衣的长度既可短至腰际,也可长至臀部以下,下装是长短不同的各式裙子。套装的整体变化不大,但套装上衣的袋盖、衣领、袖口、衣襟、衣摆、下装的开衩、收边等等,都在细微之处见风格。

2)套裙的着装规范。女性着套裙既不可能像时装一样赶新潮,又不能穿得粗俗乏味,体现不出女性温柔、妩媚、优雅、轻盈的特性。因此,要注意套裙的色彩搭配,只有搭配好,才能穿出不俗的效果。

蓝色套裙一般是学校、公司制服中使用得最广泛的一种服饰,尤其是深蓝色。黑头发、黑眼睛的东方人,是很适合黑色衣服的,黑色除了可以隐藏缺点之外,还可使体型看起来纤细一点,使皮肤显得白一点。如能选择开朗、轻柔的粉红、粉蓝、火黄、草绿系列,更能显示出女性柔美的气质。

一般在正式或半正式场合,为表明职业女性对工作的严谨和认真,套裙多整套穿;在休闲场合,则较为随便,套裙可与其他服装搭配起来穿。要注意利用裙装的修饰美化作用"扬长避短",如可以利用裙装的上短下长,掩盖腿部粗短的缺陷。

3)套裙的选择。女性服装的穿着礼仪原则是讲究整洁与高雅。

职业服装样式可选择连衣裙或套装或套裙。质料与颜色无特殊要求,可根据自己的特点来决定。上衣应略长一些,不可在穿职业服装时露出肚皮。职业服装还应避免领口开得过大,臂膀过于裸露。同时,不宜选用透明、耀眼的和织有金丝、银线、带亮片的服装。

参加晚会、宴会的服装与日间礼服略有区别,就质料而言,应以丝、线绒、雪纺纱和缎之类为最适宜。这些轻软而富有光泽的衣料,最能衬托出女性的高雅、窈窕的身姿,而毛、棉织的衣料则稍显笨重,光泽也较差一些,不适宜于晚会、宴会穿着。颜色以黑白两色最佳,红色、蓝色等纯色也可以选择,因为纯色能够更好地显现女性的身姿,易给人以端庄之感;式样应有别于上班服,富于变化。可以按自己的身体优势"露"一点:肩颈部漂亮的可以露出肩部,胸部丰挺的可设计低领或中空样式,腿部修长的可开中、高叉或穿短礼服,等等。礼服应以紧腰为宜,若带袖也以窄袖为主。

4)西服套裙。西服套裙是女性的标准职业着装,可塑造出强有力的形象。单排扣上衣可以不系扣,双排扣的则应一直系着(包括内侧的纽扣)。穿单色的套裙能使身材显得瘦高一些。套裙分两种:配套的,其上衣和裙子同色同料;不配套的,其上衣与裙子存在差异。

5)职业套裙的最佳颜色是黑色、藏青色、灰褐色、灰色和暗红色。精致的方格、印花和条纹也可以接受。买红色、黄色或淡紫色的两件套裙要小心,因为它们的颜色过于抢眼。

6)关于职业套裙的面料,羊毛四季皆宜、经久耐穿。衣服挂一个晚上,褶子就平了。在热天,最好穿棉织品。买亚麻制品时,要选择混有人造纤维,如聚酯纤维、人造丝或丙烯酸系纤维的,否则,衣服很容易出褶子。对丝绸制品也要谨慎,它们会起褶,而且显得太考究。检验一种面料是否抗皱的方法是用手攥住布料,然后松开。如果起褶子,要三思而后买,它可能穿不了一天就变得皱皱巴巴的了。

◇ **小贴士 7-2**

"H"型套裙的主要特点是:上衣较为宽松,裙子亦多为筒式。这样一来,上衣与下裙便给人以直上直下,浑然一体之感。它既可以让着装者显得优雅、含蓄和帅气,也可以为身材肥胖者遮掩。

"X"型套裙的主要特点是:上衣多为紧身式,裙子则大都是喇叭式。实际上,它是以上宽与下松来有意识地突出着装者的腰部的纤细。此种造型的套裙轮廓清晰而生动,可以令着装者看上去婀娜多姿、楚楚动人。

"A"型套裙的主要特点是:上衣为紧身式,裙子则为宽松式。此种上紧下松的造型,既能体现着装者上半身的身材优势,又能适当地遮掩其下半身的身材劣势。不仅如此,它还在总体造型上显得松紧有致、富于变化和动感。

"Y"型套裙的主要特点是:上衣为松身式,裙子多为紧身式,并且以筒式为主。它的基本造型,实际上就是上松下紧。一般来说,它意在遮掩着装者上半身的短处,同时表现出下半身的长处。此种造型的套裙往往会令着装者看上去亭亭玉立、端庄大方。

(2)运动式夹克。这种轻便的夹克可以与裙子搭配,用于不太正式的场合。选择运动式夹克时,宜选用与套裙相同的颜色:黑色、藏青色、灰褐色、灰色和暗红色。买方格、花呢、印花和其他图案的服装时应注意它们是否能与多种衣服搭配。其面料的选择,也应与套裙一样,选择纯毛以及混纺面料,丝绸和亚麻混纺制品也可以,但不要选择面料为皮革、灯芯绒、丝绒、天鹅绒、斜纹粗棉布或缎子的服装,因为这些面料让人有一种不太职业的感觉。

(3)衬衫。衬衫的颜色可以是多种多样的,只要与套装相匹配就可以了。白色、黄白色和米色与大多套装都能搭配。丝绸是最好的衬衫面料,但是干洗起来可能会贵一些。看一下标签,现在有些丝绸也能用水洗。另一种选择就是纯棉,但要保证浆过并熨烫平整。聚酯纤维,既可手洗也可机洗,而且不起褶,但应选择看上去像天然纤维的那种。

(4)连衣裙。连衣裙和两件套裙可以单独穿或者和上衣搭配在一起穿。尽管它们在某些场合很合适,但它们看上去不如西装套裙显得有力度。大衣式裙子的纽扣是一排到底的,比衬衫配裙子那种只到腰部的纽扣样式看起来更有力度,更显得职业化。颜色可以选择灰色、藏青色、暗红色、米色、驼色、黄褐色、红色和玫瑰红。可以选用简洁的印花或图案,而鲜明的图案和设计过于显眼,不宜选用。至于面料,丝绸是最好的,当然 100％ 的人造丝也可以,只有加入人造纤维的亚麻制品才宜选用,纯亚麻制品容易起褶。而棉布对于职业服装来说就显得过于随便了,不宜选用。

(5)旗袍。旗袍是我国独有的、富有浓郁民族风格的传统女装。旗袍用流畅的曲线造型十分贴切自然地勾勒出东方女性躯体的婉柔美,体现出含蓄凝重的东方神韵。高领斜襟,使旗袍从严谨中透出轻松活泼,并便于行动。

作为礼服的旗袍,最好是单一的颜色,一般常在绸缎面料上刺绣或饰物。面料以典雅华丽、柔美挺括的织锦缎、古香缎和金丝绒为佳。为了体现女性的端庄,旗袍的长度最好是长至脚面,开衩的高度,应在膝盖以上,大腿中部以下。穿无袖式旗袍,不要暴露内衣,冬天可配以披肩,但不适合戴手套。

着旗袍可配穿高跟鞋或半高跟鞋,或配穿面料高级、制作考究的布鞋、绣花鞋。

旗袍这种民族服装,比较适合大多数中国妇女的体型,朴素大方,美观雅致,我国妇女在国外,常常穿旗袍去参加正式的社交活动,得到许多外国人的赞赏。据说,旗袍曾一度对西方女服的剪裁产生过影响。

2.女性体型与着装

人的体型差异很大,十全十美的人很少。理想的体型,要求躯干挺直,身体各部分的骨骼都要匀称。诸如胖、瘦或腿短、臀宽等不完美的体型,都可能成为着装的不利因素。但若能了解自己的体型缺陷,便可扬长避短。

(1)体型较好的人,对服装款式的选择范围较大,着装时应该更多考虑的是服装与肤色、气质、身份、场合等的协调。

(2)体型较胖的人最好着上下一色的深色套装。裤子的长度略长一些,裤腿略瘦。女士忌穿连衣裙,忌用单调的横条纹。体型较瘦的人,应尽量减少露在外面的部分,应在胸前做些点缀。

(3)肩窄臀宽的人,应该注意使用垫肩,使肩部看上去宽些,也可以在肩部打褶以增加宽度,可以选择束腰的服装以衬托肩部的宽大。忌穿插肩上衣、宽大的外套和夹克衫,忌穿无袖上装、长而紧袖上装。腰粗的人应选肩部较宽的衣服,以产生肩宽腰细的效果,女士不宜穿腰间打褶的裙,不要把衬衫扎进裙子或裤腰中。

(4)腿较短的人,可以选择上衣较短,裤稍长的服装。

(5)腿较粗的人,宜穿上下同宽的深色直筒裤,过膝的直筒裙,不宜穿太紧的裤、太短的裙。服装的面料及质地不同,花型不同,会造成大小形象上的不同感觉。像粗呢、厚毛料、宽条绒等,这些布料如使用不当,使胖人看上去更胖,增加笨重感觉。发亮的料子,比如绸缎和一些化纤面料,使人看上去丰满,胖的人穿上也会显得更胖。大花型的图案有扩张的效果,它使瘦的人看上去丰满一些。小花型的图案能使丰满的人看上去苗条些。花色还可以适当修饰体型有缺陷的部分。比如女士胸部不够丰满,可穿花色上衣弥补。

◇ **小知识 7-5**

职业女性不恰当的着装

过分时髦型。现代女性热爱流行的时装是很正常的现象,即使你不去刻意追求流行,流行也会左右着你。有些女性几近盲目地追求时髦。例如有家贸易公司的女秘书在指甲上同时涂了几种鲜艳的指甲油,当她打字或与人交谈时,都给人一种压迫感。一个成功的职业女性对于流行的选择必须有正确的判断力,同时要切记:在办公室中,要主要表现工作能力而非赶时髦的能力。

过分暴露型。夏天的时候,许多职业女性便不够注重自己的身份,穿起颇为性感的服装。这样你的才能和智慧便会被埋没,甚至还会被看成轻浮。因此,再热的天气,也应注意自己仪表的整洁、大方。

过分正式型。这个现象也是常见的。职业女性的着装应平淡朴素。

过分潇洒型。最典型的样子就是一件随随便便的 T 恤或罩衫,配上一条泛白的"破"牛仔裤,丝毫不顾及办公室的原则和体制。这样的穿着可以说是非常不合适了。

过分可爱型。在服装市场上有许多可爱俏丽的款式,但不适合工作中穿。因为这样会给人不成熟、不稳重的感觉。

(三)鞋、袜、帽的穿戴礼仪

1.鞋袜的穿着

鞋子和袜子被称作"脚部时装"和"腿部时装"。鞋子在整体着装中具有重要地位。一双得体的鞋子,能为全身的服装添色增辉,它不仅能够映衬出服装的整体美,更重要的是它还能增加人体本身的挺拔俊美。

(1)在正式或半正式场合,男性一般着没有花纹的黑色平跟皮鞋,女性一般着黑色半高跟鞋。露脚趾的皮凉鞋是绝对禁止在正式场合穿着的。旅游鞋、布鞋、各式时装鞋与西装都是不相配的。在欧美国家,正规场合和会议、谈判、舞会、庆典、拜访或接待重要的贵宾等场合是不允许穿凉鞋的,否则,会被认为是缺乏教养,不懂礼貌。

在正式场合,女士应穿长筒丝袜或裤袜,白天可穿肉色或浅色的,晚间活动可稍深。不宜穿短袜,更不宜内穿棉毛裤而显露出来。皮鞋的颜色、款式应与衣服、手包相配套。一般来说,鞋的颜色应与衣服的下摆一致或更深一些。衣服从下摆开始到鞋的颜色一致,可以使大多数人显得高一些。

【案例 7-11】

里根总统夫人访华时,挑选面料做旗袍。她先看中一种金色的织锦缎,但考虑到没有带金色的皮鞋与之配套,便改选一种以深红色为底色的中国织锦缎旗袍。在里根总统的告别招待会上,她穿上这件深红底色的中国织锦缎旗袍,配上一双深色的高跟鞋,显得特别雍容华贵。

(2)袜子的穿着也是重要一环。在礼仪场合,绝不能赤足穿鞋。正式或半正式场合,男性应着颜色素净的中长筒袜子,这样可避免坐下谈话时露出皮肤或浓重的腿毛。袜子颜色以单色深色最好,带条纹、方格图案,而图案又不显眼的也可以,但色调应比裤子深一些,以使它在裤子和鞋之间作为一种过渡色。女性着肉色长筒丝袜,配长裙、旗袍最得体。浅肉色可以使皮肤罩上一层光泽,显得细腻娇嫩,深肉色可以给人以一种修长健美的感觉。长筒袜的长度一定要高于裙子下部边缘,且留有较大余地,否则一走动就露出一截腿来,极为不雅。在礼仪场合,穿短袜配短裙是不适宜的。

在正式场合着裙装,不穿袜子也是不礼貌的。应当在办公室或工作场所预备好一两双袜子,以备袜子钩破时换用。而且外出工作时最好备几双袜子,当和日本客人打交道时更应如此,因为在进他们的餐厅小间时,要脱去鞋子换上拖鞋。若此时,袜子有破洞或不整洁,就会很尴尬。

鞋袜的选择要注意与整体装束搭配,其颜色至少应当与发带、表带等保持一致,这样才能体现出穿着的整体美。

(3)帽子的选戴

戴帽子的礼仪现在也越来越为人们所重视了。

1)帽子的式样要与服装相协调。如法式女礼帽与西式长裙相配,会产生一种既浪漫又高雅庄重的风度;但若以法式女礼帽与中式旗袍相配,则会有一种不伦不类的感觉。

2)帽子款式的选择要与人的脸型、体形相适应。长脸型不宜戴高帽子,而圆脸型戴顶端微凸的帽子就比较顺眼;个矮戴稍显高凸的帽子会显高,而小个子戴大帽子会产生“小蘑菇”的滑稽感。

3)帽子的色彩要与肤色结合考虑。肤色白的人,选择余地大些;肤色较深的人则不宜戴深色帽子;肤色发黄的人,最好是戴深红色、咖啡色的帽子,这样可衬托一些健康色,戴白、绿、浅蓝的都会加重病态的感觉。

4)帽子戴法的变化,会产生各异的感觉。帽子戴得端端正正,脸部显得丰满,神态显得庄重;帽子略微歪斜,产生的斜向线条会使人脸部略显清瘦,妩媚活泼。

5)从礼仪的角度讲,男子在室内场合不允许戴帽子,女子则可以把帽子及其他用品作为礼服的一部分在室内场合穿戴。

【案例 7-12】

英国查尔斯王子举行结婚典礼时,在圣保罗大教堂内,成千客人,男宾个个免冠,女客则无一不戴帽子。女子戴帽子不仅是礼节上的要求,也是身份的象征。而且这种帽子不像男帽一样千篇一律,而是配合五光十色的衣服,变换着花样。它们用毛皮、绒缎、皮革等制成,有的上饰羽毛、花朵、珍珠等,争奇斗艳。

(四)几种常用首饰的选择和佩戴

1. 项链

项链中,最流行的为金银项链、象牙项链和珍珠项链。金项链有松齿链、串绳链、马鞭链、花色链、方线链等等,其中方线链是最常见的款式,由金或银精制而成。这种项链的直径较细,脖子细长的人佩戴,可达到纤细柔美的装饰效果。年龄较大的女性则可选择马鞭链,以突出稳重、端庄的气质。双套链和三套链雅致美观,立体感强,适合于少女佩戴,更添风采。珠宝钻石项链高雅华丽,适合于中年女性佩戴。项链选择还要根据不同脸型进行不同搭配。尖脸型的女性,可选用细幅的项链,项链不宜过长,否则会显得脸型更长。方脸型或圆脸型的人,体态大多比较丰腴,可选较长些的项链,以达到调和脸型的作用。

2. 戒指

戒指的种类繁多,常见的有线戒、嵌宝戒、钻戒、方板戒、板戒等。诸多戒指各具特色,因此在选择戒指时,要考虑适合自己的特点。选戒指应与手指的形状相符。例如,手指较短小或骨节突出的女性,应戴比较细小的戒指,款式最好是非对称式的,以便分散别人对手指形状的注意力。手指修长纤细的女性,应选择粗线条的款式,如方戒、钻戒,这样可使手指显得更加秀气。手掌较大的女性,要注意戒指的分量不要过小,否则会使手掌显得更大。

由于戒指是环状,它既没有开始,也没有结束,犹如爱情的浪漫和永恒。结婚戒指不能用合金制造,必须用纯金、白金或银制成,表示爱情是纯洁的。

戒指的佩戴方法,不同民族因习惯不同而有所区别。在中国,习惯将戒指戴在左手上,因为左手较少用于劳作,戒指不易碰坏。但现今,当代男女戒指戴在哪个手上都已随意。

在西方国家,戒指很早就作为信物并演化成婚礼戒指。传说左手中指的爱情之脉直通心窝,戒指戴在其上可被心里流出的鲜血浇灌,从而使佩戴者永保爱情的纯洁和忠贞不渝。

戒指有一套约定俗成的戴法。它是一种无声的语言,可以反映出佩戴者的婚姻状况。除大拇指外,双手各个手指都可以佩戴,不过戴在不同的手指上有不同的含义。戴在食指上,表示求婚;戴在中指上,表示处在热恋中;戴在无名指上,表示已经订婚或结婚;戴在小指上,表示独身,或表示终身不嫁或不娶。

3. 耳环

耳环的种类很多,按其形状可分为两大类,一类是纽扣式,一类是悬垂式。耳环的造型更是多种多样,有花形、圆形、心形、梨形、三角形、方形、多棱形、大圈形、剪刀形、蛇形等等。

每个人应根据自己的脸型选戴合适的耳环。脸型较大的女性不宜用圆形耳环,但可用较大一些的几何形耳环,佩戴时要紧贴耳朵;脸型小的女性宜用中等大小的耳环,以长度不超过两厘米为佳;圆脸型的人,宜戴长而下垂的方形、三角形、水滴形耳环;方脸型的人宜戴有耳坠的耳环,以使脸型显得狭长些;长脸型的人最好戴紧贴耳朵的圆形耳环,以增加脸的宽度。

4.手镯与手链的选择与佩戴

手镯早已是女性手腕的装饰品,手镯作为女性腕臂装饰由来已久,早在盛唐时期,宫廷仕女和闺秀小姐们就时兴戴手镯。那时,手镯多为宝石精磨细做而成。常用来制作手镯的宝石有翡翠、玛瑙、碧玉、孔雀石、松石、珊瑚,统称玉石手镯。

手镯和手链,一般只戴一种。手镯的佩戴应视手臂的粗细而定。手臂较粗短的应选小细形的手镯;手臂细长的则可选宽粗的款式,或多戴几只细小型手镯来加强效果。戴手镯和手链很有讲究,不能想怎么戴就怎么戴。一般戴在右臂上,表明佩戴者是自由而不受约束的。如果在左臂或左右两臂同时佩戴,表明佩戴者已经结婚。一只手上一般不能同时戴两只或两只以上的手镯和手链。若非要戴三个手镯,则要一齐戴在左手上,切不可一只手上戴两个,另一只手戴一个。戴三个以上手镯的情况比较少见,即使要戴也应都戴在左手上,以造成强烈的不平衡感,达到不同凡响、标新立异的目的。不过这种不平衡应通过与服装的搭配求得和谐,否则会因标新立异而破坏了手镯的装饰美。

戴手镯时不应同时戴手表。

手链是手镯的换代产品,多用金、银、包金编花丝等制成,比起较粗犷的手镯来,更加纤细精巧。

第四节　职业人士如何塑造仪态美

仪态指人在行为中的姿势和风度。姿势是指身体呈现的样子,风度则属于气质方面的表露。

洒脱的风度、优雅的举止,常被人们所羡慕和称赞,最能给人们留下深刻的印象。我们往往可以从一个人的仪态来判断他的品格、学识、能力和其他方面的修养程度。人际交往中,人们的感情流露和交流往往借助于人体的各种姿态,这就是我们常说的"体态语言"。它作为一种无声的语言,在生活中被广泛地运用。达·芬奇说:"从仪态知觉人的内心世界,把握人的本来面目,往往具有相当的准确性和可靠性。"用优美的体姿表达礼仪,比用语言更让受礼者感到真实、美好和生动。

一、站姿

站立是人的最基本的姿势,也是其他姿势的基础,是我们日常生活中正式或非正式场合中第一个引人注视的姿势。"站如松"是说人的站立姿势要像青松一般端直挺拔才美。这是一种静态美,是培养优美典雅仪态的起点,也是发展不同质感动态美的起点和基础。良好的站姿能衬托出美好的气质和风度。

1.正确的站姿

正确的站姿,从整体上给人以挺、直、高的感觉。标准站姿的基本要领是:

(1)头正,颈挺直。双肩展开向下沉,人体有向上的感觉。

(2)收腹、立腰、提臀。

(3)两腿并拢,膝盖挺直,小腿往后发力,人体的重心在前脚掌。

(4)女士四指并拢,虎口张开,双臂自然放松,将右手搭在左手上,拇指交叉,体现女性线条的流畅美。脚跟并拢,脚尖分开呈"V"字形。

(5)男士可将两脚分开,与肩同宽,也可呈"V"字形,双手放到臀部上,塑造好男性轮廓的美。

(6)女士穿旗袍时,可站成丁字形,腹略收,双手交叉置于肚脐位置上。

(7)站立时应保持面带微笑。

2.纠正不良的站姿

社交场合站立时切记:双手不可叉在腰间,也不可抱在胸前;不可驼着背、弓着腰、眼睛不断左右斜视,一肩高一肩低,双臂胡乱摆动,双腿不停地抖动。不宜将手插在裤袋里,更不要下意识地做小动作,如:摆弄打火机、香烟盒,玩弄皮带、发辫、咬手指甲等。这样不但显得拘谨,给人以缺乏自信和经验的感觉,而且也有失庄重。

二、坐姿

坐姿的原则是"坐如钟",给人以端正、大方、自然、稳重之感。

1.正确的坐姿(见图7-2)

←—— 退座　　　←—— 进座

图7-2　正确的坐姿

(1)入座时要轻要稳,走到座位前,转身后,轻稳地坐下。女子入座时,若是裙装,应用手将裙稍稍拢一下;不要坐下后再站起整理衣服。

(2)坐在椅子上,上身保持站姿的基本姿势,双膝并拢,两脚平行,鞋尖方向一致。

(3)根据所坐椅子的高低调整坐姿,双脚可正放或侧放,并拢或交叠,但必须切记,女士的双膝应并拢,任何时候都不能分开。

(4)双手可自然弯曲放在膝盖或大腿上。如果坐在有扶手的沙发上,男士可将双手分别搭在扶手上,而女士,最好只搭一边扶手,以显示高雅。

(5)坐在椅子上,一般坐满椅子的2/3。一般情况下,不要靠背,休息时可轻轻靠背。

(6)起立时,双脚往回收半步,用小腿的力量,将身体支起,不要用双手撑着腿站起,要保持上身的直立状态。

2.职业女士的其他几种坐姿

(1)双腿垂直式

基本做法是,双腿垂直于地面,双脚的脚跟、膝盖直至大腿都需要并拢在一起,双手叠放在左(右)大腿上。这是正式场合的最基本坐姿,可给人以诚恳、认真的印象。

(2)双腿叠放式

这种坐姿要求上下交叠的膝盖之间不可分开,两腿交叠呈一直线,才会给人以纤细的感觉。双脚置放的方法可视座椅高矮而定,既可以垂直,也可与地面呈45度角斜放。采用这种姿势时,切勿双手抱膝,更不能两膝分开。

(3)双腿斜放式

坐在较低的沙发上时,若双腿垂直放置的话,膝盖可高过腰,极不雅观。这时最好采用双腿斜放式,即双腿并拢后,双脚同时向右侧或左侧斜放,并且与地面形成45度左右角。这样,就座者的身体就会呈现优美的"S"形。

(4)双脚交叉式

基本做法是双腿并拢,双脚在踝部交叉之后略向左侧斜放。坐在主席台上、办公桌后面或公共汽车上时,比较合适采用这种坐姿,感觉比较自然。

(5)双脚内收式

其做法是,两条小腿向后侧屈回,双脚脚掌着地,膝盖以上并拢,两脚稍微张开。这也是变化的坐姿之一,尤其在并不受注目的场合,这种坐姿显得轻松自然。

3.自觉纠正不良的坐姿

常见的不良坐姿:

(1)与人交谈时,双腿不停地抖动,甚至鞋跟离开脚跟在晃动,这是不礼貌的、缺乏教养的表现。

(2)坐姿不符合环境要求。与人交谈时不能叠腿,特别是谋职面试,与领导、长辈的谈话,应该保持双"L"形。即大腿与小腿成直角,臀部与背部成直角,而且不能靠背。

(3)不能将双脚搭到椅子、沙发、桌子上。

（4）女士叠腿姿势要慎重、规范，不可成"4"字形。男士也不能出现这种不雅的坐姿。

（5）坐下后不能脚尖相对，或双腿拉开成八字形，也不能将脚伸得很远。

三、走姿

走姿属动态美，凡是协调稳健、轻松敏捷的走姿，都会给人以美感。

1．正确的走姿（见图 7-3）

（1）以站姿为基础，面带微笑，眼睛平视。

（2）双肩平稳，双臂前后自然地、有节奏地摆动，摆幅以 30～35 度为宜，双肩、双臂都不应过于僵硬。

（3）重心稍前倾，行走时左右脚重心反复地前后交替，使身体向前移。

（4）行走时，两只脚两侧行走的线迹为一条直线。

（5）步幅要适当。一般应该是前脚的脚跟与后脚的脚尖相距为一脚长，但因性别身高不同会有一定差异。着装不同，步幅也不同。如女士穿裙装（特别是穿旗袍、西服裙、礼服）和穿高跟鞋时步幅应小些，穿长裤时步幅可大些。

（6）跨出的步子应是脚跟先着地，膝盖不能弯曲，脚腕和膝盖要灵活，富于弹性，不可过于僵直。

（7）走路时应有一定的节奏感，走出韵味来。

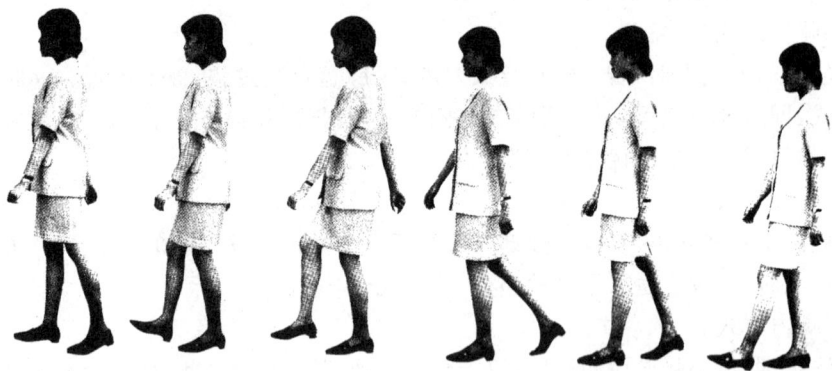

图 7-3　正确的走姿

2．自觉纠正不良的走姿

常见的不良走姿：

（1）走路内八字、外八字。

（2）弯腰驼背，摇头晃脑，扭腰摆臀。

（3）膝盖弯曲。重心交替不协调，使得头先出去，腰和臀后跟上来。

（4）左顾右盼，走路时抽烟，双手插裤兜。

(5)身体松垮,无精打采。

(6)摆手过快,幅度过大或过小。

四、鞠躬

鞠躬是人们在生活中用来表示对人的恭敬而普遍使用的一种礼节,既适用于庄严肃穆或喜庆欢乐的仪式,又适用于一般的社交场合。随着社会文明程度的提高,鞠躬礼在社交、商业服务中的使用越来越频繁。

1.正确的鞠躬姿势

(1)以站姿为基础,双手在体前搭好,双眼注视对方,面带微笑。

(2)鞠躬时,以臀部为轴心,将上身挺直地向前倾斜,倾斜度一般有90度、45度、15度三种,目光随着身体的倾斜而自然下垂于脚尖1.5米处。鞠躬完毕,恢复站姿,目光再回到对方脸上。

(3)鞠躬时,应同时问候:"您好! 欢迎光临!"声音要热情、亲切、甜美,且与动作协调。

2.准确地运用鞠躬礼

鞠躬礼一般分为90度、45度和15度三种,90度一般用于三鞠躬,属最高礼节。45度的鞠躬礼通常为下级向上级、学生向老师、晚辈向长辈,以及服务人员对来宾表示致意所用。15度鞠躬礼运用于一般的应酬,如问候、介绍、握手、递物、让座、让路等都应伴随15度的鞠躬。

3.一般应是站着行鞠躬礼

如果坐着见到客人、领导、长辈应起立鞠躬致意。如在办公室里见到一般的客人,而且手上的工作放不下,也可坐着行15度鞠躬礼。

4.鞠躬时不礼貌的行为

(1)鞠躬时不脱帽。

(2)鞠躬时眼睛不往下,而是翻起看着对方。

(3)鞠躬前后不正视客人。

(4)鞠躬时嘴里吃着东西或叼着香烟。

(5)鞠躬时扭扭捏捏,装腔作势,让人反感。

五、手姿

手姿,又叫手势。由于手是人体最灵活的一个部分,所以手姿是体语中最丰富、最具有表现力的传播媒介,做得得体适度,会起到锦上添花的作用。适当地运用手势,可以增强感情的表达。古罗马政治家西塞罗曾说:"一切心理活动都伴有指手画脚等动作。手势恰如人体的一种语言,这种语言甚至连野蛮人都能理解。"作为仪态的重要组成部分,应该正确地使用手势。

1.手势的使用应该有助于表达自己的意思,但不宜过于单调重复,也不能做得过多。反复做一种手势会让人感到修养不够,与他人交谈时,随便乱做手势,不住地做手势,会影响别人对你说话内容的理解。应约束自己,讲话时注意自我控制手势的运用。

2.打招呼、致意、告别、欢呼、鼓掌等都属于手势范围,应该注意其力度的大小、速度的快慢、时间的长短,不可以过度。如看体育比赛及文艺演出或欢迎人到来时的鼓掌,应该用右手手掌轻拍左手手掌心,不可过分用力。也不可以不鼓掌,更不应该用鼓掌表示不满,即喝倒彩。

3.在任何情况下,不要用拇指指自己的鼻尖和用手指点他人,谈到自己时应用手掌轻按自己的左胸,那样会显得端庄、大方、可信。用手指点他人的手势是不礼貌的。

4.介绍某人,为某人指示方向,请人做某事时,应该使掌心与地面成 45 度,手指自然并拢,掌心向上,以肘关节为轴,指示方向,上身稍向前倾 15 度,以示敬重,这种手势被认为是诚恳、恭敬、有礼貌的。

5.日常生活中应该避免出现的手势

生活中某些手势会令人极其反感,严重影响交际风度。如掏耳朵,抠鼻孔,咬指甲,剜眼屎,搓泥垢,修指甲,揉衣角,用手指在桌上乱画……这些都是交往中禁忌的举止。

咳嗽、打喷嚏时,要以手帕捂住口鼻,面向一侧,避免发出大声,口中有痰要吐在手纸、手帕中。手中的废物扔进垃圾桶。这些基本的礼仪要求都是必须遵循的。

六、表情

表情是仅次于语言的一种交际手段,因此在交际活动中表情备受人们的注意。在人的千变万化的表情中,眼神和微笑是最有礼仪功能和表现力的。

表情中起主导作用的是眼睛,眼睛对内心情感的传达主要靠眼神。用眼睛表情达意时须注意两个礼仪方面的问题。

1.注视的时间

交谈的过程中,有些人让人感觉舒服,有些人则令人不自在,甚至让人感觉不值得交往,这主要与注视的时间长短有关。与对方目光接触的时间超过全部谈话时间的 1/3 时,要么是对方很吸引人,要么是怀有敌意。因此对于不太熟悉的人,不可长时间地盯着对方的眼睛,以免引起对方的恐惧和不安。如果感觉与对方谈得来,可以一直看着他,让他意识到你喜欢与他交往,他可能也会回报,以建立良好的默契。这样的谈话,起码要有 60% 以上的时间注视对方。不难想象,如果谈话时心不在焉,东张西望,或是由于紧张、羞怯不敢正视对方,目光注视的时间不到整个谈话的 1/3,那一定不容易被人信任。当然,注视时间长短还要考虑到文化背景,对西欧人,注视对方过久可能会造成冒犯。非洲肯尼亚卢奥部族明文规定:女婿与岳母不得面对面地交谈。如果有话要说,必须背对背或者各向一隅。南美洲印第安人在交谈时,务必东张西望,当面对三个以上的听众讲话,必须背对听众,目视远方侃侃而谈。

2.注视的位置

注视对方什么位置,传达的信息有所区别,造成的气氛也相异。不同的场合和交往对象,目光所及之处也有区别。

(1)公事注视:目光所及区域在额头至两眼之间。

(2)社交注视:目光所及区域在两眼到嘴之间。

(3)亲密注视:目光所及区域在两眼到胸之间。

七、微笑

五官中,嘴的表现力仅次于眼睛。笑,主要是由嘴部来完成的。嘴部是一个人面部表情中比较显露的突出的部位。笑,是眼、眉、嘴和颜面的动作集合,它能够有效地表达人的内心情感。据专家统计,人的面部表情肌有30多种,能做出大约25种不同的表情。就拿人类的笑来说,就可以分为微笑、欢笑、大笑、狂笑、苦笑、奸笑、傻笑、狞笑、嘲笑,其中最常见的、用途最广的、效益最大的便是微笑。

微笑的表情之所以动人,之所以令人愉快,最主要的还不在于这种表情在外观上给人的美感,而在于这种表情所传递、表达的可喜的信息和美好的感情。微笑总是给人带来友好的感情,带来欢乐和幸福,带来精神上的满足。

(一)微笑的产生

19世纪20年代,美国希尔顿旅馆的创始人唐纳·希尔顿以仅有的5000美元作资本,在得克萨斯州办起了美国第一家旅馆,几年经营下来,希尔顿的资产增加了一万倍。这时,他踌躇满志,颇为得意地向母亲说他如何赚钱有方,而他的母亲淡然一笑:"你拥有5000万资金有什么了不起?还有比这更值钱的东西你知道是什么吗?"希尔顿被问住了。母亲继续说:"我看,做生意除了要对顾客诚实之外,你还得想出一个简单可行、不花钱又行之久远的办法,去争取顾客的反复光临,这样,你的旅馆才是前途无量。"母亲的忠告,引起希尔顿的苦苦思索,什么办法符合"简单""可行""不花本钱"又"行之久远"这4个条件,会使企业前途无量呢?希尔顿确认只有"微笑"才有如此的魅力。于是,他要求企业的员工,不论什么情况下,都必须对顾客保持微笑。持之以恒的微笑收到了出人意料的效果。

1930年,经济危机袭击了美国,旅馆倒闭了80%,此时希尔顿也受到严重挑战,他要求员工:"请各位记住,在经济恐慌的年代,万万不可把我们心里的愁云表现到脸上,无论旅馆本身遇到多大的困难,我们脸上的微笑应当成为旅客的阳光。"在经济危机严重的年代,只有他的旅馆的员工始终坚持微笑待客,这给人们留下了深刻美好的印象。经济萧条过去后,希尔顿率先进入繁荣时期。只有5000美元起家的小旅馆,先后吞并了号称"旅馆之王""旅馆皇后"等的大旅馆,希尔顿旅馆扩展到了70家,遍布于世界五大洲各大城市,成为全球规模最大的旅馆品牌之一。

希尔顿旅馆之所以发展到如此规模,足以说明"微笑"所产生的巨大的吸引力,"微笑"是不见金钱的资本,它确实是生意兴隆的法宝。

微笑,已成为各国宾客都理解的世界性语言。正如罗杰·E.艾克斯泰尔所指出的:"有一个世界通用的动作,一种表示,一种交流形式,它存在于所有的文化与国家中,营销人员不分国别、不分种族地使用它,并理解它的含义。它可以帮助你与各种关系的人交往,不论是业务伙伴,还是朋友,它是营销人员交流中唯一最有用的形式,那就是微笑。"

世界著名的酒店管理集团,如喜来登、假日等有一条共同的经验,即服务金钥匙中最重要的一把就是微笑。美国的麦当劳快餐店老板也认为:"笑容是最有价值的商品之一。我们的饭店不仅提供高质量的食品、饮料和高水准的优质服务,还免费提供微笑。"

自称"微笑之邦"的泰国,一切服务工作都是在微笑中进行的。泰国航空公司把微笑写进了广告,"请乘坐平软如纱的泰航飞机,到泰国来享受温暖的阳光和难忘的微笑吧!"泰国人给人们留下了热情待客的印象,正如该国一本供外国游客阅读的旅行指南中所说:"当你尽兴离开泰国时,你带走的将是对这块充满微笑土地的最美好的记忆!"

日本著名航空公司的空姐上岗之前要接受的主要礼仪训练就是微笑。学员要在教官指导下进行长达六个月左右的微笑训练,训练在各种乘客面前,各种飞行条件下应当保持的微笑。

【案例 7-13】

据说,在美国,有一位农民出身的竞选者竞选总统获得成功。舆论认为,他的成功,在很大程度上取决于他得体的微笑。他重金聘请公关顾问,为自己进行形象设计。本来,这位竞选者素来是以"露齿微笑做商标"的。但他的顾问认为,露齿而笑,容易产生虚浮、骄傲、伪笑之嫌。于是,他们给这位竞选者设计这样的形象:微笑时,双唇收紧,微露下齿,塑造谦逊真诚的形象,这位竞选者闭门苦练,以过人的智慧和得体的笑容,获得竞选的成功。

(二)微笑的内涵

微笑是人们对美好事物表达愉快感情的心灵外露,是善良、友好、赞美的象征,是对他人的理解、关心和爱的表现,是谦恭、含蓄、自信的反映,是礼貌修养的表现,是心理健康的标志。微笑的内涵是博大的,它具有巨大的感染力。

1.微笑是自信的象征

一个人即使在遇到极严重的危险或困难的时候,也仍然微笑着,好像若无其事,这种微笑充满着自信,充满着力量。好像有一种超凡的魔力,像阳光一样,可以驱散阴云,驱散黑暗,把忧郁、沮丧、恐惧、苦恼等种种情绪一扫而光。

2.微笑是礼貌的表现

微笑之花常开在脸上,将微笑当作礼物慷慨地、温和地,像春风、像春雨一样奉献,使人们感到享乐、愉快。微笑服务能极富魅力地感染消费者,拨动顾客心弦,给人热情待客的良好印象,使商务活动能在愉快、和谐的气氛中完成。

3.微笑是友好的反映

能够与别人相处得很融洽,往往是经常保持微笑的结果。经常笑容满面,和蔼可亲,使人易于接近。如果人人脸上都有微笑,会使苦恼的人也感到愉快、吉祥,气氛也融洽平和。人人的心中都少了许多令人不愉快的怒气,争吵打斗的事情也会少许多。微笑像一种磁力、一种电波,能使人的心灵相通、相近、相亲。

4.微笑是交际的手段

有人认为对自己看不起的人,就不必微笑;有人只对自己想要讨好的人微笑,而对于自己的部下、自己的晚辈,从不微笑,仿佛微笑有损自己的尊严。这种人的微笑不是出自内心的微笑,而是一种虚伪的微笑。这种微笑是做给别人看的,不是真诚的。每一个善良真诚的人,切莫被这种虚假的微笑所迷惑。

5.微笑是健康的表露

一个心理健康的人能真诚地微笑,使美好的情操、崇高的思想和温暖的情怀以及善良的心地,水乳交融。发出真诚微笑的人,表现出对别人尊重、理解和同情,愿意分担他人的忧伤,减轻他人的痛苦,同时,也与人分享快乐。正如瑞典的一句谚语:"与人分享的快乐是双重的快乐,与人分担的痛苦是减半的痛苦。"与真诚微笑的人交朋友,无疑会得到坦诚、热情、无私的帮助。

【案例 7-14】

一次,在上海飞往广州的飞机上,有两位外国女郎金发碧眼、衣着华丽。可刚上飞机她们就皱起眉头,掩着鼻子直嚷机舱里有怪味。一位空姐微笑着走来,请她们原谅,并递上一瓶香水。但香水却被她们扔到了角落里,接着又是一连串的刁难。虽然空姐觉得自尊受到伤害,但仍笑脸相待,一一满足她们的要求。当空姐给她们送来可口可乐时,她们还没喝,就说可口可乐有问题,甚至将可乐泼到空姐身上。空姐强忍这种极端无礼的行为,再次把可口可乐递过去,微笑着,不卑不亢地说:"小姐,这可乐是贵国的原装产品,也许贵国这家公司的可乐都是有问题的。我很乐意效劳,将这瓶可口可乐连同你们的芳名及地址寄到这家公司去,我想他们肯定会登门道歉并将此事在贵国的报纸上大加渲染的。"

两个女郎目瞪口呆,而那位了不起的空姐还是面带微笑地将其他饮料送给她们。

事后这两位女郎留了一封信,信中说自己太苛刻、太过分,而中国空姐的服务、中国空姐的微笑,世界一流,无可挑剔。

【案例分析】

商务工作中遇到棘手问题,微笑所至,难关可破。鲁迅的名句"相逢一笑泯恩仇",正是形象地表达了笑能克刚,明示了微笑的独特功效和巨大力量。

【本章小结】

本章介绍了职业人员的形象塑造的基本内容和方法。职业人员的形象是由内在形象和外在形象构成的。内在形象魅力主要构成因素有真善美、才华、幽默等。外在形象主要包括仪表、仪容、仪态三方面的内容,职业人员不仅要知晓、了解,更要通过操作,实践掌握,并以此来塑造良好的职业形象。

【复习与思考】

一、思考题

1.着装的原则有哪些?

2.服装如何配色?

3.仪表美有哪三个层次?

4.微笑的内涵包括哪些?

二、实训题

1.站姿训练

(1)学生应身穿职业服、半高跟鞋在一间空教室里排队站立。按照站姿的基本要求练习。老师不断提醒动作要领,并逐个纠正。学生进行自我调整,尽量用心去感觉动作要领。训练时可放些优雅、欢快的音乐,调整学生的心境,使微笑自然。每次训练20分钟左右。

(2)贴墙站立。要求学生后脚跟、小腿、臀、双肩、后脑勺都紧贴墙。这种训练是让学生感受到身体上下处于一个平面。

(3)背对背站立。要求两人一组,背对背站立,双人的小腿、臀部、双肩、后脑勺都贴紧。两人的小腿之间夹一张小纸片,不能让其掉下。每次训练20分钟左右。

(4)站姿训练可结合微笑训练一起进行,强调微笑的准确、自然、始终如一,可配上悠扬、欢乐的音乐以调整学生的心境。

2.坐姿的训练

学生的着装要求与站姿的一样。

(1)练习入座起立。入座时,教师说"请坐",学生说"谢谢",女生双手拢一下裙子,按规范动作坐下。起立时,速度适中,既轻又稳。

(2)练习坐姿。按规范的坐姿坐下,放上音乐。练习在高低不同的椅子、沙发,不同交谈气氛下的各种坐姿。训练时,重点强调上身挺直,双膝不能分开,用一张小纸片夹在双膝间,自始至终不能掉下来。

3.走姿训练

应着西服裙和半高跟鞋进行练习。

(1)走直线。在地上画一直线,行走时双脚内侧稍稍碰到这条线,即证明走路时两只脚几乎是平行的。配上节奏明快的音乐,训练行走时的节奏感。强调眼睛平视,不能往地上看,收腹、挺胸、面带微笑,充满自信和友善。

(2)顶书而行。这是为了纠正走路时摆头晃脑的毛病,保持在行走时头正、颈直。

(3)练习背小包,拿文件夹、公文包,穿旗袍时的行走。

4.鞠躬礼练习

学生间互相行鞠躬礼;学生向老师行鞠躬礼。

5.微笑练习

微笑是一种健康文明的举止。通过微笑来表达美是可以经训练养成的。微笑的基本方法是:肌肉放松,嘴角两端向上略微提起,面含笑意,亲切自然,使人如沐春风。其中亲切自然最重要,它要求微笑出自内心、发自肺腑,而无任何做作之态。也只有这种发自真心和诚意的微笑,才能使与你接触的人都感到轻松和愉快。

首先表现在嘴的两端要平均地向上翘起。在练习时,为使双颊肌肉向里,可念着普通话的"一"字音。如果一个人的嘴上翘时,眼神仍是冷冰冰的,就会给人假的感觉。眼神的训练方法是,取厚纸一张,遮住眼睛下边部位,对着镜子,心里尽情回忆过去美好生活,使笑肌抬升收缩,嘴角两端做出微笑的口型。这时,你就会十分自然地呈现出微笑了。随后你放松面部肌肉,随之恢复原形,但这时的目光中仍然会流露出含笑脉脉的神采来。

第八章
社交礼仪

工欲善其事，必先利其器；士欲宣其义，必先读其书。

——王　符

第一节　见面的礼仪

见面礼是人与人交际时的第一个礼节，它将留给对方第一印象，是人们情感的初次交流，是社交活动或公关工作能否成功的起点。由于各国人民的习惯不同，所以交际时的见面礼节也不同。平时我们经常采用的见面礼节有迎接礼、鞠躬礼、致意礼、拜访礼、拥抱礼和亲吻礼、拱手礼、脱帽礼、微笑礼、握手礼、名片礼和介绍礼等形式。

一、迎接礼

迎来送往，是社会交往接待活动中最基本的形式和重要环节，是表达主人情谊，体现礼貌素养的重要方面，尤其是迎接，是给客人良好第一印象的最重要环节。给对方留下好的第一印象，就为下一步深入接触打下了基础。迎接客人要有周密的部署，应注意以下事项：

对前来访问、洽谈业务、参加会议的外国、外地客人，应首先了解对方到达的车次、航班，安排与客人身份、职务相当的人员前去迎接。若因某种原因，相应身份的人不能前往，前去迎接的人应向客人做些礼貌的解释。

到车站、机场去迎接客人，应提前到达，恭候客人的到来，绝不能迟到，让客人久等。客人看到有人来迎接，内心必定感到非常高兴，若迎接的人来迟，必定会给客人心里留下阴影，事后无论怎样解释，都无法消除这种失职和不守信誉的印象。

接到客人后，应首先问候："一路辛苦了""欢迎您来到我们这个美丽的城市""欢迎您来到我们公司"等。然后，向对方作自我介绍，如果有名片，可交换名片，注意递交名片的礼节。

迎接客人，应提前为客人准备好交通工具，不要等到客人到了才匆匆忙忙准备交通工具。

接待方应提前为客人准备好住宿,帮客人办理好一切手续并将客人领进房间,同时向客人介绍住处的服务和设施,将活动的计划、日程安排交给客人,并把准备好的地图或旅游图、名胜古迹等介绍材料送给客人。

将客人送到住地后,接待方不要立即离去,应陪客人稍作停留,热情交谈,谈话内容要让客人感到满意,比如客人参与活动的背景材料、当地风土人情、有特点的自然景观、特产和物价等。考虑到客人一路旅途劳累,接待方不宜久留,让客人早些休息。分手时将下次联系的时间、地点和方式等告诉客人。

二、鞠躬礼

鞠躬礼在人际交往时也是经常采用的见面礼节。它最早起源于中国,最初指的是弯曲身体,代表一个人的谦恭姿态,后来逐渐演变成一种弯身的礼节,表示内心的谦逊恭敬。

鞠躬礼是人们在生活中对别人表示恭敬的一种礼节,既适用于庄严肃穆、喜庆欢乐的仪式,也适用于一般的社交场合。

1. 场合及次序

鞠躬是中国、日本、韩国、朝鲜等国家传统的、普遍使用的一种礼节。鞠躬主要表达"弯身行礼,以示恭敬"的意思。日本是最讲究鞠躬礼的。所以我们在同日本人打交道时要懂得这一礼节。

在一般的社交场合,晚辈对长辈、学生对老师、下级对上级、表演者对观众等都可行鞠躬礼。领奖人上台领奖时,向授奖者及全体与会者鞠躬行礼;演员谢幕时,对观众的掌声常以鞠躬致谢;演讲者也用鞠躬来表示对听众的敬意等。鞠躬即弯身行礼,它既适合于庄严肃穆或喜庆欢乐的仪式,又适用于普通的社交和商务活动场合。

2. 动作要领

行鞠躬礼时面对客人,并拢双脚,视线由对方脸上落至自己的脚前 1.5 米处(15 度礼)或脚前 1 米处(30 度礼)或脚前 0.4 米处(60 度礼)。男性双手放在身体两侧,女性双手合起放在身体前面。

鞠躬时必须伸直腰,脚跟靠拢,双脚尖处微微分开,目视对方。然后将伸直的腰背,由腰开始的上身向前弯曲。

鞠躬时,弯腰速度适中,之后抬头直腰,动作可慢慢做,这样令人感觉很舒服。

鞠躬时目光应向下看,表示一种谦恭的态度,不要一面鞠躬,一面试图翻起眼睛看对方。

3. 还礼

上级、长者或尊者在还礼时,可以欠身点头或同时伸出右手以答之,不鞠躬也可以。

三、致意礼

致意是经常使用的见面礼节。在公共场所遇到相识的朋友但距离较远时,一般是举起右手打招呼(不可大声)并点头致意。与相识者在同一场合多次相遇,不必每次问候握手,只要点头微笑致意就行了。对一面之交的朋友或不相识者,在社交场所见面时,均可点头微笑致意,表示友好。在公关活动场合遇见身份高的领导人,要恭敬地点头、致意,表示欢迎,不可主动上前握手。只有领导人主动伸手时,才可以趋前握手问候。若遇身份高的熟人,一般也不可径直前去问候,而是在对方应酬活动告一段落后,再前去问候致意。

致意礼有以下几种:举手致意、点头致意、欠身致意和脱帽致意。

举手致意,一般不必出声,只将右臂伸直,掌心朝向对方,轻轻摆一下手即可,不要反复摇动。举手致意,适于向较远距离的熟人打招呼。

点头致意,适于不宜交谈的场所,如在会议、会谈进行中,与相识者在同一场合见面或与仅有一面之交者在社交场合重逢,都可以点头为礼。点头致意的方法是头微微向下一动,幅度不大。

欠身致意,即全身或身体的上部微微向前一躬,这种致意方式表示对他人的恭敬,其适用的范围较广。

脱帽致意,与朋友、熟人见面时,若戴着有檐的帽子,则以脱帽致意最为适宜。即微微欠身,用距对方稍远的一只手脱帽子,将其置于大约与肩平行的位置,同时与对方交换目光。

四、拜访礼

拜访前应事先和被访对象约定,以免扑空或扰乱主人的计划。拜访时间长短应根据拜访目的和主人意愿而定。一般而言,时间宜短不宜长。到他人的房间或住所拜访时均应按事先约定时间,并准时抵达。若无人迎候时,一定要用手轻轻敲门或按门铃,经主人应允后方可入内。室内无人或未经允许不得擅自入内。因急事或事先未约定又必须前往时,一般应尽量避免深夜打扰对方。若万不得已,必须相见,则在见到约见人时先致歉意,并说明打搅的原因。见到约见人,经允许后才可以进入室内。有时约见人未邀请入室内,则可退到门外,在室外或会客厅进行交谈。进入室内,如果谈话时间较短,可不必坐下,办完事后也不必逗留。如果谈话需要较长时间,则要在约见人邀请之下,进入室内进行长谈。进屋后随主人安排指点后坐下。后来的客人到达时,先到的客人应该站起来,等待介绍。在事先未约定的情况下,谈话时间应尽量缩短。

应邀到他人家里去,应按主人提议或同意的时间抵达,早到或迟到都是不礼貌的。若因故迟到时,应道歉并说明原因,取得谅解。拜访一般安排在上午十点或下午四点左右。拜访时应彬彬有礼,注意一般交往细节。西方人的习惯是备有小吃和饮料招待,中国的习惯是清茶一杯,对此,一般不要拒绝,应品尝一下。接受的饮料应喝下,实在不习惯也不必勉强。未经主人邀请或没获得主人同意,不可要求参观主人的庭院或卧室。在主人的陪同下可以参观住宅。即使是较熟悉的朋友也不可触摸除书籍、花草以外的个人物品和室内陈设。对主人家里的成员也应该问候,尤其应该问候其夫人(或丈夫)和子女。有小孩在场时,应主动表示热情。主人家中如果养猫、狗,不应呈现害怕、讨厌之状,不要用脚踢动物。告辞时应有礼貌地道别,要同主人和其他客人一一告别,感谢主人的接待,特别要致谢女主人,说"再见"

"谢谢"等客套话;主人相送时,应对主人说"请回""留步""再见"等礼貌用语。

五、拥抱礼和亲吻礼

拥抱礼和亲吻礼流行于欧美国家。拥抱礼多用于官方、民间的迎送宾客或祝贺致谢等社交场合。行拥抱礼时两人相对而立,上身稍稍前倾,各自右臂偏上,左臂偏下,右手环拥对方左肩部位,左手环拥对方右腰部位,彼此头部及上身向右相互拥抱,最后再向左拥抱一次。

行亲吻礼时,往往伴有一定程度的拥抱,不同关系、不同身份的人,相互亲吻的部位不尽相同。在公共场合和社交场合,关系亲近的女子之间可以吻脸,男子之间是拥肩相抱,男女之间一般是贴面颊;男子对尊贵的女宾可以吻手指或手背。在许多国家的迎宾场合,宾主往往以握手、拥抱、左右吻脸、贴面颊的连续动作,表示最真诚的热情和敬意。

六、拱手礼

拱手礼,是人们见面时互相以两手合抱致敬。拱手礼又名长揖,是我国古代的礼节之一,常在人们相见时采用。行此礼时,不分尊卑,拱手齐眉,自上而下。《论语·微子》曰:"子路拱而立。"可见,以拱手为礼,在我国至少已有两千多年的历史了。

拱手致意在我国是一种民间传统的见面礼,是人们表示祝贺、祝愿的一种施礼方式。其姿势是起身站立,上身挺直,两臂前伸,双手在胸前高举抱拳,通常为左手握空拳,右手抱左手,拱手齐眉,上下略摆动几下。

在我国,拱手致意通常用于以下场合:

(1)每逢重大节日,如春节等,邻居、朋友和同事见面时,常以拱手为礼,口称"恭喜发财""万事如意"等,以表示祝愿;为欢庆节日而召开的团拜会上,大家欢聚一堂,互相祝愿,常以拱手致意。

(2)婚礼、生日和庆功等喜庆场合,来宾也可以拱手致意的方式向当事人表示祝贺。

(3)有些经理、厂长,在供销会、产品鉴定会或订货会上,为了求得兄弟单位的支持、协作单位的帮助和上级单位的关心,常一边向大家拱手致敬,一边说:"请大家多多关照!"

(4)双方告别,互道珍重时可用拱手礼;有时向对方表示歉意,也可用拱手表示。

(5)拱手致意时,往往与寒暄语同时进行,如:"恭喜、恭喜""久仰、久仰""请多多关照""节日快乐""后会有期"等。

七、脱帽礼

男士戴帽与人见面,须行脱帽礼:摘下帽子或举一举帽子,向对方致意或问好;若与同一人在同一场合前后多次相遇,则不必反复脱帽。进入主人房间时,客人必须脱帽。在庄重、正规的场合应自觉脱帽。

八、微笑礼

笑容是人际关系的最好润滑剂。

微笑可以表现出温馨、亲切的情绪,能有效地缩短双方的距离,给对方留下美好的心理感受,从而形成融洽的交往氛围。微笑可以反映一个人高超的修养,待人的至诚。

微笑有一种魅力,它可以使强硬者变得温柔,使困难变容易。微笑是广交朋友、化解矛盾的有效手段。微笑要发自内心,不要假装。

微笑最佳启动时间:当目光与客人接触的瞬间,目视对方启动微笑。微笑的启动与收拢都必须做到自然。

微笑要与眼睛结合,与语言结合,与身体结合。

在社交场合,我们要保持微笑。这种微笑是笑不露齿、不出声,让人感到脸上挂着笑意即可,让人感觉心情轻松,又比较愉快。

在社交活动中,大家互相见面,轻轻的微笑可以吸引别人的注意,也可使自己及他人心情轻松些,给别人留下良好的第一印象。笑眯眯的人总是有其魅力的。

见面时的礼节有多种形式,这种礼节实际上是向对方传递尊重且友好的信息。这些特定的动作和形式都具有社会性,是受社会文化、习惯、宗教信仰和民族心理等影响而产生并发展起来的待人接物的方式,它表达出人的真情实意。交往的双方经常用这些礼节形式来判断对方的情绪和态度,然后决定交际的方式和深度。

第二节　握手的礼仪

握手是一种世界共通的礼节。

你会握手吗?也许说会的人中间并没有几个真正会的。

握手是现代社会活动中运用最为广泛和频繁的一种礼节形式。这种礼节,最初源于西方半文明半野蛮时期。据说,最早可追溯到刀耕火种的原始时代。那时,人们时常手执木棒、石头狩猎打仗,在遇到不属于自己部落的陌生人时,如果双方均无恶意,就会放下手中的武器,伸开手掌,让对方抚摸手心,使对方尽可放心,并互相表示友好。渐渐地,这种传递正面信息的动作逐步演化成了当今国际普遍适用和认可的礼节形式之一。握手礼,它虽已通行,但也要善于应用。如果不懂其中的细节,还很有可能失礼。

握手礼的动作简单而便捷,包含着十分丰富的情感信息——友好、客气、欢迎、礼貌、祝贺、感激、慰问、理解、信任、支持、谅解、鼓励、保重等。握手还是祝贺或感谢的一种表示。如别人获得某种成就和奖赏,或者发表讲话,或者别人给你颁发奖品,往往都以握手表示祝贺或感谢。握手的同时,可以说"祝贺你"或"多谢"。人们在分别的时候往往以握手来道别。两个人即使是第二天就会见面,也会采用这种方式来握别。告别可以随意采取各种方式,而握手告别是最常见的。

一、行握手礼的正确姿态动作

面向受礼者而立,两脚靠拢,头微微下低,上体向前倾斜约 15 度,右手拇指与其他四指分开呈 65 度角,四指并拢,掌心微微凹进,自然舒缓地伸向受礼者,握住对方伸出的右手,在其手掌的较高部位轻度而结实地一握。

握手礼是交往双方共同完成的一种礼节。双方既是施礼者,同时也是受礼者。因此,握手时的情感信息传递是双向的,基本上在同一时空中完成。握手的时间要适当,一般 2 至 5 秒钟即可。遇到老朋友或敬慕已久的人,握手时间可以长一些,还可以伴以其他热情友好的表示,但至多不宜超过 25 秒钟。

双手行握手礼时,双手置于双方的手及手臂的位置不同,表达的情感信息也会不同。一般好友重逢时,彼此的双手交叠握在一起,喜悦之情便汇合一处;上级对下级、长辈对晚辈行礼时,上级、长辈通常以右手握住对方的右手,左手分别置于对方右手向上延伸各部位,即小臂、肘关节、大臂、右肩处。有时,下级、晚辈也主动与上级、长者行双手握手礼,以表达尊敬、爱戴、仰慕、感激之情。此时施礼者伸出双手一左一右与对方右手交叠,切不可依照上级、长辈施礼的动作,将左手置于对方手臂各部位或肩头,这样会显得不知高低、不分长幼,给人以狂妄自大、目无尊长、缺乏教养之感,会使对方反感,甚至厌恶。

二、握手的基本规则

1. 次序

男士、晚辈、学生、下级、客人见到女士、长辈、老师、上级、主人时,应当先行问候,待后者伸出手来之后,再趋前握手。但告辞时,客人先伸出手,主人再伸手与之相握,否则,有逐客人的嫌疑。朋友和平辈之间谁先伸手不作计较,一般谁先伸手,谁更为有礼。

2. 姿势

握手时,总是要站着而不能坐着,除非是年老体弱或者有残疾的人。如果没有特殊情况,应以右手行礼和受礼。即使是左撇子,也要用右手握手。不能嘴上叼着香烟或咀嚼着食物同别人握手。

在握手时,应该把身体稍稍往前倾。如果对方是首次结识的一位比较年长或较有身份的人,向他微微鞠躬更好。千万记住,握手时一定要望着对方的眼睛,而不可一边握手一边向别处张望,那样做是很不礼貌的。

行握手礼时要摘下手套,特别是男士与女士握手更应如此,以示对女性的尊重。女士与男士握手则享有可以不摘手套的特权。

行握手礼时,若在场人数较多,要相互谦让,待一对礼毕另一方再施礼,应该是一个接一个,十分从容地握手致意,不可争先恐后,同时交叉重叠握手。不可左手右手同时与两个人相握,也不应该隔着中间的人握手。上述这些握手方式,既不雅观又极为失礼,都被认为是不礼貌的。

3.力度

握手时应当握得紧而不能有气无力,但是也不能过分用力。可以用五个指头握着对方的手掌轻轻地握一两下,握的次数不要太多,握的时间不要太长。男士同女士握手,往往只握一下对方的手指部分。行握手礼时,双方相距太近或太远都会影响动作的规范和雅观程度,尤其不能把对方的手拉近自己的身体。

女士若不习惯握手,可以用点头致意代替。

在一些特殊情况下,比如好友久别重逢,双方相互间颇有好感,关系笃深,十分亲近的长幼见面等,通常同时伸出双手行握手礼,以强化情感信息的传递效果。

握手总是应该得到响应的。如果是患有残疾的人,可以伸出另外一只手或者婉谢。你若显而易见不能握手,可以解释,也可以不做解释。除非遇到这样的情况,对方已经伸出手来,你若毫无反应便会使对方感到难堪,那你可以说一句:"很抱歉,我不能握手,因为我患病。"另外,若天气非常寒冷,而你又患了感冒或其他疾病,或者你的手脏,也可以婉谢握手。

第三节　递接名片的礼仪

名片是人的第二张脸。名片虽小,却像一面镜子,映照出礼仪内涵的历史变迁。清代史学家赵翼曾说:"即此(名片)之沿革,亦可以观世风也。"我们对名片的论述,就从名片的沿革说起。

名片是通告姓名用的卡片。古人把自己的姓名、籍贯、官爵和想说的事项刺在削好的竹片上或写在纸上,叫"谒"或者"名帖""名刺"。

名片在西汉前就已经开始流行,迄今至少有两千多年的历史。薄薄的一张名片,聚集着历史的沉淀,是联系人与人之间交往的纽带。曾经有这样一个小故事,我们从中可以看到名片的交际功能在生活中是多么重要。画家丰子恺路遇商人,为了向对方介绍自己的姓,丰子恺先说是姓"咸丰皇帝"的丰,商人不懂。丰子恺又说是"五谷丰登"的丰,商人还是不懂。最后,丰子恺无法,只好用笔写下来,商人恍然大悟,说:"原来是汇丰银行的丰啊!"如果丰先生能够携带名片一张,大可不必如此麻烦。

名片是个人业务来往和社会交际的一种介绍性媒介物。我国是名片的发祥地。由于名片文字简短、文明脱俗、使用灵活、携带方便且不问职业与否、地位尊卑,谁都可以印制与使用,所以其适用范围十分广泛,以业务交往最为普通。

一、名片使用的场合

1.介绍时使用

无论在何种社交场所,只要是初次见面,都应该在握手寒暄时使用名片。假如对方向你问候时说："您好！请问您是……"此时便可以从容递上自己的名片,同时稍稍鞠躬为礼。若介绍人说："这位是××先生,这位是××先生。"一般被介绍的双方都会说："认识您很高兴。请问先生在何处供职(在商界可说:先生在何处发财)?"这时很适宜递交名片。

2. 拜访时使用

初次拜访时常有两种情景:第一种情形是被访问者家门口或单位门口有人守卫或有秘书室,拜访者在要求被拜访者接见时,须在自己名片的姓名下面写上"求见"或"拜见"的字样,再另起一行顶格写上"×××先生"的字样,然后交给守门人或秘书传递进去。被拜访者接到名片后可根据来访者的身份、职业或有无预约等情况,确定见面或不见面。来访者在未得到允许以前,不得擅自闯入,强求相见。第二种情形是被访者门口无人看守,拜访者应先叩门,问:"×××是否在家?"当有人问:"您贵姓,有什么事?"时,拜访者可以递上自己的名片,并简略说明来意。在这种情况下,若是拜访尊长,名片上必须写上"求见"字样。如果被访问者不在,拜访人可将名片留在那儿,以示曾经到过之意。有的还在名片的右上角折一下折痕,表达此意。

3. 祝贺时使用

祝贺对象一般都是祝贺者的亲友或者有业务关系的人(或单位)。在通常情况下,不使用名片,直接登门祝贺就可以了。但如果不能亲自前往祝贺时,可将名片邮寄去,表示贺意。有业务联系的人可将名片与鲜花或礼品一起送给某人,向其表示祝贺。名片上一般无须留下任何附言。若是私交,可以在名片背面写上简短的祝贺词。这种名片与礼品(或鲜花)一起送抵的做法特别适用于履行公事活动,而不是单纯地为了通过鲜花表达个人感情。

亲友寄名片表示祝贺的具体方法有:在名片的姓名下面写上"恭贺"两个字,再另起一行顶格写上"新婚致喜"等字样;如果是向人拜年,可在名片的姓名下写上"恭贺"两字,另起一行顶格写上"新禧"二字送(寄)给对方。

有些人出于某种原因,需要向某位陌生人祝贺喜庆,也可以采用上述方法送(寄)名片。这种做法可以使庆贺双方彼此留下美好的印象,便于以后的交往。

4. 答谢之用

当你受到某人款待或在某处短期逗留过,返回后要立刻给对方回信,表示感谢,或用名片替代。还有,当你收到别人的赠礼后,可以写信表示感谢,也可以用名片作为代替物,即在名片的姓名下写上"领"字,另起一行顶格写上"谢"字送(寄)给对方。如果要将赠礼退回,也可在名片的姓名下写上"心领敬"三个字,再另起一行写上"谢"字,随物送(寄)回。

5. 挽悼之用

当他人过世而你认为应表示哀悼时,如果自己不能前往吊唁,可在名片的姓名下写上"泣奠"或"肃悼"两字,另起一行顶格写上"×××千古"的字样连同挽联或挽幛一起送(寄)丧家。

一纸名片在手,若能够在恰到好处时递交出去,不仅表面上看着彬彬有礼,而且还能够起到身份证、介绍信的作用,从而使人肃然起敬。同时它还能给人以方便,免得他人耗用许多精力去记住你的姓名、住址、职业和电话号码。事后若需找你联系工作,信手取出,便知具体情况,再也用不着想方设法地打听。凡此种种,可见名片的用途是非常广泛的。

二、递交名片的礼仪

1. 名片的放置

印好备用的名片不要乱放,接到对方的名片也不要乱放。随身带的名片最好放在专用的名片盒内,起码应放入左前胸衬衣口袋里,不能放到裤子口袋和上衣大口袋里,这样是极不雅观的。如果接到对方的名片放入裤子口袋里,则更不礼貌了。

办公室里的名片,可放入名片盒或小型的名片夹内,以便随时取用。

2. 名片的交换,首先要掌握好时机

通常在初次见面握手寒暄后,或临要分手时,交换名片比较合适。但有时落座后,随着交谈的融洽,双方都有进一步相识的愿望,这时也是交换名片的机会。其次,交换名片也存在一个先后尊卑的问题。类似于介绍礼仪中的要求,尊者有权优先,交换名片也一样,位卑者应主动拿出名片递给尊者;同样,一般情况下男士应先于女士递上自己的名片;年轻人要先于长者递上自己的名片。

对于别人交换名片的请求,一般情况下应该爽快答应。由于种种原因而不想把名片送给对方,一般都以"对不起,我的名片刚用完"或"今天我忘了带名片"之类的托词作委婉拒绝。反之,如对方这样对你说,你也应该领会他的苦衷,不管是真的忘了带,还是有其他原因,千万不要强行索取。因为如果对方今后不愿与自己交往或不愿在业务上与自己往来,就很可能只在口头上应付周旋,而不交换名片,这也是很正常的。在这种情况下,向对方讨要名片,就不适合了。社会上常有一些知名人士和高层人物被一些来路不明的人强行索取名片,很难预料一张张名片到了那些人手里会出现什么问题,因而他们总是需要判断一下该不该给对方名片,这也不足为怪。同时,由于双方交换名片的时间很短,对方没有立即掏出名片的情况是经常发生的,在这种情况下,让对方稍微判断一下或者让你稍微等一下,他才取出名片,也是合乎礼仪的。总之,索取名片,一定要讲究礼貌。如:"某先生,今后怎样和您联系呢?"这样的提醒,对方只要想给你名片,就不会再犹豫了。

3. 交换名片的动作要求有礼貌

递名片时一般应起立,走近接受名片者并双手执着名片的两角,名片的文字正面应朝向对方。在递交名片时要和颜悦色,目光注视对方,同时应说一些"请多关照""初次相见,请多多关照"之类的客气话。

接受名片的一方也同样要起立,也要毕恭毕敬地把名片接过来,在对方说"请多关照"后,当然也得说"哪里、哪里,倒要请你多关照""谢谢、谢谢""久闻大名,认识你十分高兴"之类的礼貌用语。有时也会碰到双方同时从名片盒里拿出名片来交换,那么双方都应用右手递过自己的名片,左手接过对方的名片。接过对方的名片后,有礼貌的做法是把对方给你的名片认真看一遍,或轻声念一些关键的地方,如姓名、单位名称、职衔等,有不清楚的要及时请教,这是对对方尊重的表现,然后郑重其事地放在上衣口袋,或放入名片夹中。不要匆匆忙忙就把对方的名片往口袋里一塞,或拿到人家的名片后随意丢放,或者拿在手上不经意地摆弄,以及当着人家的面在上面写写画画,这会使人家很不高兴。有的人接到好几张名片,就一张张叠起来,用茶杯往上一压,这是极不礼貌的。

参加社交活动,事先要估计好需要几张名片,预先把名片分散地放在身上或名片盒里。如果在社交场合中老是要说"对不起,我的名片发完了"或是"对不起,我的名片忘记带了",那将使你失去很多社交机会。如果自己的电话号码和住址发生了变化,而名片上没有订正过来,却在递名片时对别人说,请你把电话号码和地址更正过来,那是很失礼的。若是新名片来不及印,应将老名片预先订正好,这也是一种礼节。有的人不订正名片的旧地址和电话号码,只是改了自己晋升的头衔,是不恰当的。

第四节 介绍的礼仪

通过介绍,可以广交朋友,利于展示自我。

现代人要生存、发展,就需要与他人进行必要的沟通,以寻求理解、帮助和支持。介绍是人际交往中与他人进行沟通、增进了解、建立联系的一种最基本、最常规的方式,是人与人进行相互沟通的出发点。

在社交场合,如能正确地利用介绍,不仅可以扩大自己的交际圈,广交朋友,而且有助于自我展示、自我宣传,在交往中消除误会,减少麻烦。

一、自我介绍

在社交活动中,如欲结识某些人或某个人,而又无人引见,就可向对方自报家门,自己将自己介绍给对方。如果有介绍人在场,自我介绍则被视为是不礼貌的。

应当何时进行自我介绍? 这是个关键的,却往往被人忽视的问题。

在没有第三者介绍的情况下,在所有社交场合,都可以通行自我介绍。不然的话,大家都参加了一个社交活动,座位挨得很近,互相之间始终没有交往,那是会感到很寂寞的。在初次见面中,自我介绍是很重要的社交礼仪。在一定意义上,自我介绍是社交活动的一把钥匙,运用得好,可以在社交中万事如意。反之,还可能给你带来麻烦。

自我介绍,宜简明扼要。一般来说,讲清自己的姓名和就职部门就可以了。假如你的姓名用字比较冷僻少见,或是和通常惯用的姓名用字谐音容易混淆,可加以说明。比如你的名字叫"章喆",为了避免对方误作为"张哲",应随即解释说:"'章'是文章的章,'喆'是两个吉祥的吉字。"这种认真的态度,体现了你对对方的尊重,使对方感到你有和他进一步交往的愿望。

(一)自我介绍时需要注意的具体问题

必须充满自信,只有自信的人,才能使人另眼相看,才能有魅力并使人产生信赖和好感。

最好能先了解些交往对象的个人兴趣、性格、爱好、特长、成就等,然后再作自我介绍。相识后,话题广泛,关系也较容易融洽。

自我介绍表示自己希望认识对方的态度和愿望,同样也渴望对方热烈的反应,因为被他人渴望结识自己,也是一种荣幸。

在作自我介绍时,要用自然亲切的面部表情和微笑的眼神表达美好的感情。

在对方回答自己的姓名或有关事物的名称时,应全神贯注地倾听,最好用口头重复,以示尊重。

介绍自己的姓名时应十分清晰,必要时还可拼读字母,含糊不清的介绍或吞吞吐吐的语言会使人感到是缺乏信心的表现而被轻视。

进行自我介绍要真实诚恳,实事求是,真实可信,不可自吹自擂,夸大其词。在自我介绍中切忌为抬高自己的身价而漫无边际地自我吹嘘,如说某重要领导人、某知名人士同自己关系如何密切,自己又如何八面玲珑、神通广大等,实际上又不是那回事。这样吹嘘的结果,是马上就会使人觉得此人华而不实,不可靠。

(二)自我介绍的具体形式

自我介绍时应先向对方点头致意,得到回应后再向对方介绍自己的姓名、身份、单位等。

1. 应酬式

应酬式的自我介绍,适用于某些公共场合和一般性的社交场合,这种自我介绍最为简洁,往往只包括姓名一项即可。例如:"您好,我叫张强。""您好,我是李波。"

2. 工作式

工作式的自我介绍,适用于工作场合,它包括本人姓名、供职单位及其部门、职务或从事的具体工作等。

例如:"您好,我叫张强,是彩虹电脑公司的公关部经理。""我叫李波,我在浙江大学经济管理系教公关与礼仪。"

3. 交流式

交流式的自我介绍,适用于社交活动中,希望与交往对象进一步交流与沟通。它大体应包括介绍者的姓名、工作、籍贯、学历、兴趣及与交往对象的某些熟人的关系。例如:"您好,我叫张强,我在彩虹电脑公司上班。我是李波的老乡,都是北京人。""我叫王朝,是李波的同事,也在浙江大学经济管理系教公关与礼仪。"

4. 礼仪式

礼仪式的自我介绍,适用于讲座、报告、演出、庆典、仪式等一些正规而隆重的场合。它包括姓名、单位、职务等,同时还应加入一些适当的谦辞、敬辞。例如:"各位来宾,大家好!

我叫张玲,我是现代家具公司公关部经理。我代表本公司热烈欢迎大家光临我们的展览会,希望大家……"

5.问答式

问答式的自我介绍,适用于应试、应聘和公务交往。问答式的自我介绍,应该是有问必答,问什么就答什么。例如问者:"您好!请问,您怎么称呼?"或"请问,您贵姓?"答者:"先生,您好!我叫张强。"问者:"请介绍一下你的基本情况,好吗?"答者:"各位好!我叫李波,现年 26 岁,浙江省宁波市人,汉族……"

正式的招待会,或客人很多的场合,或主动找人交谈时,一般由来宾作自我介绍。男性自我介绍时,可以稍微欠一下身体。女性过去只是在女性间作自我介绍,现在女性首先向男性作自我介绍也是很自然的。

二、为他人介绍

除了一些容易自然接触、结识的场合和机会外,有一个双方都熟悉的人作为介绍人,这样开头就方便多了。否则,像一位男子走在大街上或走进饭馆里,贸然地与一个自认为中意的陌生女子拉开话匣子,不遭白眼或谢绝的话才怪。介绍是一个人与外界交往的开始方式。婴儿在摇篮里,就被父母介绍给亲朋、邻居。在这个地球上,每时每刻都有一些人被介绍给另一些人。介绍是社交场合普遍实用的礼节礼仪,它的作用是使原来互不相识的双方友好地相识,活跃社交气氛,发展相互之间的友谊。

在一定规模的聚会中,主办人或主持人对参加聚会者的介绍是不可忽略的礼节。在这种场合下,主持人应对客人进行逐个介绍,如是一对夫妇同时应邀,既应介绍他们之间的关系,又应逐个介绍他们的姓名、职业等,如只介绍"这两位是×夫妇",没有介绍女士的姓名,不仅会使这位女士不高兴,还会使男士感到自己的妻子受到冷落,这样会给这次社交活动在一开始就带来不愉快。为了活跃气氛,介绍时可以有些风趣,但不可过分。如某人正在学习书法,在介绍时可以风趣地介绍他这一业余爱好,但绝不可信口开河地介绍,说这是一位闻名中外的大书法家。因为被介绍者现下的书法水平一般,你这一介绍,就会使他十分尴尬,会感到你在讽刺他,如果有人请他即席挥毫,那就更难堪了。

为他人作介绍时还应注意介绍的顺序。为他人作介绍时必须遵守"尊者优先"的规则。

(一)介绍的一般规则

先将男士介绍给女士,将年轻的介绍给年长的,将职位低的介绍给职位高的,未婚的通常也先介绍给已婚的,除非前者比后者年纪大得多。

比如聚会时,客人们相互间有不认识的,主人应一一介绍,可以用"请允许我向您介绍一下"或"让我来介绍一下"这类敬语开头。女主人可在女性之间作介绍,男主人在男性之间作介绍。男女之间互相介绍时,介绍人先介绍男子的姓名,再介绍女子的姓名。女子应面带笑容,向男方伸出右手以示友好,男子应该等女方伸出手后再伸手。如果有的男性先伸出了手,女方不必矜持,也伸出手去,莫让男性伸着手不知如何是好。

（二）介绍的另一规则

客人的到来一般有先后,应该把后到场的客人介绍给早到者,再自然地介绍其他在座的客人。介绍时,男性必须起立,女性可免。如果男性年纪大得多,年轻的女性也不应该坐着,应该礼貌地站起来。

偶然相遇时的介绍,不一定要向对方介绍自己的同伴,除非认为有这个必要,希望他们交往。如果两个相识的女子相遇,有一个男子与其中一位女子相伴,他应知趣地退到一旁,至多点点头表示礼貌。

经介绍人介绍后,初识的双方就容易自然地交往了,但是一旦发现对方并无继续交往的兴致,应该有礼貌地走开,不应显出委屈的样子。

总之,随着现代交往范围的不断扩大,关于介绍的礼仪知识是必须掌握的,不然的话,就会闹出笑话来。另外,在别人为你引见某人,并把他介绍给你之后,你作为被介绍人也应该有非常得体的举止,主动、及时地站在对方的面前,目视对方,待介绍人介绍完毕之后,应该与对方握一下手,起码也要点头示意,同时说一些诸如"你好""认识你很高兴""幸会、幸会"或"久仰、久仰""请多关照"之类的敬语,也可视情况递上自己的名片。

第五节 交谈的礼仪

语言是与人沟通的重要桥梁。交谈是人们建立良好的人际关系的重要途径。任何人在各种社交场合总要同老相识和新结识的人接触和谈话,借以增进相互了解。因此,懂得交谈的礼节,谈吐得体,举止文雅是很重要的。

一、交谈的技巧

交谈最好有一定的准备,储备一些谈话资料,选择谈话话题。对于初次认识的人,通常都是礼仪性的交际,一般说来交谈不宜过深,保持一定的社交距离,是合乎礼仪的。但是,任何深交都是以社交开始的,所以对生疏的朋友也应诚恳,以心换心,对方就很有可能对你产生相见恨晚之感而成知交。比如,招待会或其他社交场合是结识朋友的好机会,你可以主动同不相识的人交谈。你问候、致意后交换名片,或作自我介绍:"我是某某单位的某某。"然后用探询的口吻问:"您是……"对方自然会告诉你他姓甚名谁,在什么单位工作,甚至担任什么职务,于是再寒暄两句,比如说:"近来工作很忙吧!"之类的话,就可以交谈起来。如果是认识的熟人,那就用不着太多的客套,说一句"好久不见""最近好吗",就可以打开话匣子。交谈内容一般不要涉及生理缺陷、愧疚、死亡等不愉快的话题,不谈荒诞离奇、耸人听闻、黄色淫秽的话题。与欧美人交谈则须回避他们的禁忌,如询问妇女的年龄、工资收入、衣饰价格等等。

说话的技巧有归纳法和演绎法两种。归纳法是由各个具体的事态,导论出重点与法则,演绎法则是由理论来说明特殊的事态。要采用归纳法就必须具备很充足的事例,资料与数据必须具有充分的说服力;演绎法则需要广泛地了解各种理论,并且能够融会贯通地应用在恰当的例子上。

交谈是一门艺术,不是有了准备和愿望就一定能和谐地进行下去的。一个擅长谈话艺术的人,懂得说话的要领并不在于以幽默风趣的口吻、华丽的辞藻把对方迷得团团转,或是运用高深的哲学理论,让对方崇拜自己。说话的真意在于将要告知的信息正确地传达至对方的内心,以有条理的理论使对方更正确地认清事实。

首先,应该使人轻松自如,毫无拘束。在呆板做作的气氛中,谈话很难流畅活跃。所以,作为交谈人,不应轻易否认自己,而应有信心。但信心不是通过言辞高亢,辩论不休,彻底折服对方来表现的,而是通过友好的语言、诚恳的回答、得体的举止来感染对方,调动起对方的谈话积极性。

其次,要善于调动。引导对方说出他自己感兴趣的话题,抓住对方的兴趣所在,就需要一些提问的艺术。提问有固定模式,即陈述语句加疑问语句。如:"这红葡萄酒真是香气袭人,妙不可言……您是一个品酒家?""听说您在上海待了三个礼拜……您对上海的印象如何?"从对方的回答中判断他的谈兴何在。谈话最好是以中性的话题开始。与熟人交谈,适当的寒暄也是必要的。

再次,在交谈过程中,既要做个健谈者,又要做个耐心的倾听者。如果对方生性木讷,在短时间内找不到他感兴趣和健谈的话题,并且他对你的话题有听的兴趣,那么你就应该占主导地位,担负起共同度过一段愉快时光的责任。但也要随时注意对方的反应,不应得意忘形,滔滔不绝。有些人不管讲到什么事都喋喋不休地讲个没完,这种自以为是评论家的人和具有辩才的雄辩家大不相同,其繁琐的言辞令人生厌,使人觉得无聊,总是说些没有教养的笑话,或讲些鸡毛蒜皮的琐事,这样的人很容易让人敬而远之。当然,如今并不是"沉默是金"的时代,在这个凡事都讲求效率的社会,想以沉默来让大家了解,恐怕等不到那个时候一切就已经结束,留给大家的误解也就没有澄清的机会了。因此,现代人必须借着言辞来表现自己,不擅于言辞的人虽然可以用沉默来避免暴露自己的缺点,但他只要一开口马上就会露出破绽,所以要培养说话技巧就是这个道理。

如果对方谈兴上来,就做一个耐心的听众,眼睛注视对方,不左顾右盼,不去看手表或伸懒腰、打呵欠等。如对方谈到一些不便谈论的话题,可随机转移话题,也不应轻易表态或喋喋不休地试图完全改变对方的观点。还应注意的是,加入别人的交谈时,应先致歉,并且不应喧宾夺主。多人交谈时,要兼顾众人而不专和一人谈。因事中断与别人谈话也应道歉。不要随意批评他人,尤其是长辈以及身份高的人。不要议论他国内政和谈论宗教问题。做手势动作不宜过大,并且与对方交谈的距离适宜。男士一般不参加妇女圈子里的谈话,不与妇女无休止攀谈。与妇女谈话更要谦让、谨慎。

让别人感到有趣,说话的内容值得一听,很高明地赞同别人的意见,不和他人唱反调,在分手的时候总是留下一点让人回味的情趣。具备了这些技巧,就能引起对方想要继续交往的念头。

二、交谈的最佳距离和角度

西欧一些国家认为,两个人交谈的最佳距离为 1 米,但意大利人经常保持 0.3 米到 0.4 米。然而,从卫生角度考虑,交谈最佳距离应为 1.3 米,这样就不至于因交谈而感染上由飞沫传染的疾病,保证健康。

人在说话时,可产生 170 个左右的飞沫,飘扬 1 米远,最远达 1.2 米,咳嗽时排出 460 个左右的飞沫,打喷嚏时喷出的飞沫最多达 1 万个以上,最远可喷出 9 米。飞沫中大部分是水分,还含有少量蛋白质、脱落细胞和病菌。这些微小的飞沫从口腔排出后,一部分飞落在地,较为细小的因水分蒸发而形成更为细小的"飞沫核",悬浮于空气中,传播疾病。

因此,从保证健康出发,两个人交谈的最佳距离为 1.3 米,并最好有一定角度,两人可斜站在对方侧面,形成 30°角为最佳,避免面对面。这个距离和角度,既无疏远之感,又文明卫生。另外,在交谈中,如偶然咳嗽不能直对他人,要用手帕遮住口鼻,不要随地吐痰。

三、礼貌用语

(一)称呼

我国是一个文明古国,素有礼仪之邦的美称。"言为心声",公关人员与人交谈的语言要符合一定的礼仪规范,要学会恰当使用各种礼貌用语,这样才能树立起自己完美的形象。

社交中称呼要得当,称呼的恰当合宜,往往是社会交往成功的开始。同事亲友之间为了表示互相尊重,在称谓上经常使用敬称和谦称。敬称如您、您老等;谦称如在下、鄙人等。

以上两种称呼,不能随便颠倒过来,免得叫人笑话。比如说:"您家小儿近来身体不错吧。"岂不贻笑大方!

1.敬称

敬称多用于称呼对方的亲属,如与别人谈话或写信称呼对方的亲属时,常使用"令""尊"和"贤"这三个字。"令"字的使用大家比较熟悉,如称对方的父亲为令尊,称对方的母亲为令堂;称对方的兄弟姊妹为令兄、令弟、令姊妹;称对方的儿子为令郎,称对方的女儿为令媛等等。对德高望重者可以称呼先生、前辈。职位身份显赫者、有爵位者常以陛下、殿下、阁下称之,其中阁下的称呼可以较广泛地使用。

"尊"和"贤"两个字在用法上稍有区别。在习惯上,只有称对方的长辈时才用"尊"字,如称其祖父为尊祖,称其父亲为尊父、尊大人;"贤"字则只用于平辈或晚辈,如称呼其兄弟姊妹为贤兄、贤弟、贤姊、贤妹。在称呼对方的配偶时,则"尊""贤"通用,如既可称其妻为尊夫人,也可称其妻为"贤内助"。

2. 谦称

谦称最常用于在别人面前称呼自己和自己的亲属。向别人称呼比自己辈分高的和年龄大的亲属时，在称呼前面加一个"家"字，如：家祖父、家祖母、家父、家母、家叔、家婶、家兄、家嫂、家姊等。谦称自己辈分低和年龄小的亲属时，则在称谓前加个"舍"字，如舍弟、舍妹、舍侄等。对自己的子女及其配偶，则在称谓前冠一个"小"字，如小弟、小儿、小媳、小女、小婿等。谦称自己，如鄙人、愚兄、在下、学生、晚生等或直称自己名字不带姓氏，都带有谦称的意思。

现在，习惯上用于询问别人姓名、单位常用尊姓、大名、贵处；问年龄为贵庚、高龄、高寿，年轻女子用芳龄；称对方住处为府上、尊府；称别人意见为高见；称别人神态相貌为风采，女子为芳姿、倩姿等。谦称自己姓名为贱姓、草字；称自己家乡为敝县、敝处；称自己住处为寒舍、蜗居；称自己意见为愚见；称自己作品为拙作、拙著；称自己年龄为虚度×岁；询问别人称拜问；访问、看望别人称拜望、拜见；回答别人称呈报、上报等等。所有这些称谓，目前在年纪较大的人、文化界、艺术界、商界使用较多，但并不十分普遍。

3. 日常称呼

恰当的称呼，除了自己的亲属、同事以外，均应从对方的年龄、身份、仪态等深入地观察判断，不宜一概用"同志"两字。"同志"是通用词，大多数情况下适合，但有些情况下就不宜用。如你只是二十岁出头的小青年，而对方却是满头白发的老人，你称之为同志，总感到缺点人情味。如以老爷爷、老奶奶称之，就亲切得多，可能效果就会好些。更糟的是，对人不加称呼，动辄喂喂、哎哎的呼唤人家，这是十分失礼的，大多数情况下会遭人白眼，从而导致社交的失败。

相互的称呼是日常交往中经常碰到的问题，特别是初次相识或不太熟悉的人，交往时首先就要考虑如何称呼。过去，我国对人的称谓曾有十分严格而繁琐的规定，如有违反，不仅失礼、失面子，还可能丢官，甚至掉脑袋。后来相互称谓日趋简化实用，许多繁文缛节已被逐步淘汰，但一些传统的称呼仍沿用至今，成为社交礼仪的一个重要组成部分。

平时互相称呼同志就是有礼貌的，对年龄相差不太大的初交的陌生人，一般都比较适用。对年长一些而身份不太清楚的称师傅；对长辈，如对方比你年龄大很多，可以以大伯、大叔、大妈、大姨、叔叔等相称；有些特定的职业也可作称谓，如老师、大夫、律师等等；职务称谓，如书记、厂长、教授、经理等；姓名称谓，如老王、小李、张老等；有些职称亦可作称呼，如教授、工程师、总工程师等，可称某教授、某工、某总。同事、朋友之间彼此熟悉，对年长一些的加一个"老"字，如老赵、老钱，可以互称；对年轻点的称"小"，如小孙、小李，也可互称。对德高望重的老学者、老前辈，如果直呼老×，就显得不够尊敬，称×老，就比较适宜。目前，我国对成年男性称为先生，对女性称为女士。

刚认识，关系还不太深，如何称呼对方大有讲究，称呼不合适，也会惹得不愉快。这里重点谈谈你和您的区别。

在英语里，您和你没有区别，但在不少国家，两者表示的与对方关系的程度是不同的。

用你表示友好、亲切关系,与特别熟悉的人相处,可以用你,更显得亲近、随便些。用您则表示没有这种关系,对一般初识者都可用您来称呼,但对长辈、领导以及异性,又应当尊称您。

年轻人称年长者为你,任何时候都不适宜。徒弟对师傅、年轻男女对中年妇女也不应以你相称。

男女之间,希望用较为亲切、随便的称呼你相称的话,应当首先由男方提出,女方同意了,才可以用你来称呼。

只有当关系很密切,如亲戚、同学,或者很友好时,用你才会适当,只要有一方不赞成,就还是用您为好。当然,如果对方不高兴用您,认为太生分,那就赶快改称你吧。

其他各式各样的称呼,如同志、小姐、先生,以及各地颇具地方特色的称呼,如何运用得当,就得看场合、对象了。

(二)问候语

要注意用问候语来表达我们交往的愿望。在人际交往中,贴切真诚的问候,是温暖的春风,能让人感到温馨,能激发交往的兴趣和欲望。

问候是交谈的导入阶段,也是交谈的第一礼仪程序。

虽然问候语本身没有多少意义,但是问候可以打破陌生人之间的界限,缩短人与人之间的情感距离,导出交谈的话题。因此,把问候语比作人际关系发生的起点是很有道理的。

中国传统的问候语及表达方式繁多。常见的有:

第一类,问候语的内容与吃、喝、拉、撒、睡有关。比如,邻里见面,问候:“你吃饭了没有?”“还没有休息?”“上街呀?”

第二类,问候语与问候的对象正在进行的活动有关。例如,“您上班去了?”“您到经理办公室去呀?”“您回家了?”这类问候语有些明知故问的味道。

第三类,问候语与了解对方行动目的有关。例如,“你去推销吗?”“你今天去现场吗?”

第四类,问候语是不具体涉及交谈双方的。例如,“今天太阳真猛。”“百货公司人真多。”

这些比较具体、复杂、略显繁琐的问候语是我们过去物质生活水平较低和生活方式节奏慢的写照,也是人际接触较为单一的表现。

随着时代的发展,社会在变化,问候语也随着人民生活节奏的加快而日益变得简洁。现在公众场合中最常见的问候语仅两字“您好!”,这一问候语适用于各种情景、各色人物。它体现问候者的修养和礼貌,营造和谐的人际关系。传统的问候语在发展的时代中已难登大雅之堂。请你要记住,当你向他人道一声“您好”时,许多的误会、偏见也许都会在这句问候中得到谅解。为了显示你的教养和身份,与人交往时,你应多用“您好!”

热情简洁的问候语是人际交往的润滑剂,如“您好”“早上好”“晚安”“久违了”“最近身体不错吧”等。通常男士应先问候女士,年轻人应先问候长者。在日常生活中与社交场合里,主动问候对方是一种礼貌,问候时还应点头、举手示意或主动上前握手。有的人觉得主动与人打招呼、问候对方,会使自己失掉了身份,其实正好相反。

（三）寒暄

寒暄属于一种非正式的交谈,其言语本身未必有什么真正含义。这种交谈只不过是一种礼节上或感情上的互通互酬而已,通常是日常生活中见面的问候语及社交聚会中相互引荐的客套话。当你与相识的人相遇时,多半会很自然地问候:"你好啊?""近来工作忙吧,身体怎么样?"等。这样的应酬话,常常没有特定的意思,只是表明,我们本是相识的,我们见面了,我们是有联系的,我们在相互打招呼,仅此而已。倘若我们对人家向自己寒暄时说一声:"吃过饭了吗?"就理解为人家想请你吃饭,那是会闹笑话的。

寒暄本身不正面表达特定的意思,但它却是人际交往中不可缺少的。在社交活动中,寒暄能使不相识的人相互认识,使不熟悉的人相互熟悉,使单调的气氛变得活跃。你与人初次见面,无话可说就会感到不自然,这时如能找些无关紧要的闲话寒暄一番,就会打开话匣子。说明这种闲话并不闲。通过几句寒暄,形成交往气氛,就可以正式展开交谈了。因此,可以说寒暄既是希望交往的表示,也是交往的开场白。

寒暄对于熟识的人同样是重要的。你如果是一位总经理,早晨上班的时候,若能对职工寒暄几句,向大家点个头,说一声:"早上好!"这对职工情绪的鼓舞,无疑会产生积极的作用。

（四）答谢与致歉语

当接受了他人的帮助或恩惠时,要用答谢语及时表示答谢。"谢谢"两个字虽然很简单,但它既是对对方的尊重,也可以反映出答谢者受过良好的教育。

在必要时向对方表示歉意同样也是一种礼仪。由于你的言行给他人造成了负面影响,包括在与人交往过程中言行举止有所失礼,即便是无意的,譬如不小心踩了对方一脚,也应立即说声:"对不起!"这是最起码的礼仪。但有的情况并不像踩人一脚那样明显,比如,几个人谈得兴致正浓,你趁他们说话的间隙插了一句话,而对方并没有什么反应,这样对你是一种尴尬,对对方也不够礼貌。正确的做法应该是首先向对方示意:"对不起,打断你们一下。"这样才可以得到对方明确的表示,有了对方的首肯,你再插话,这是起码的交往礼仪。在这里,"对不起"起了很大的作用。

不管是答谢,还是致歉,都要真诚,都要堂堂正正,而不能把这种礼仪理解为是一种无奈。当然,如果你确实没有过错,仅仅是为了息事宁人,便向对方致歉,那也不一定可取,不妨把事情搞清楚后再考虑下一步应该怎么办。

（五）请求与谢绝

请别人帮助,即便是上级请下级办一些工作以外的事,也应说一声"拜托""劳驾""请多关照"之类的话。同样,当有人求你帮忙或约你参加某项活动,而你又确实无法办到,不管是出于你的能力有限,还是其他原因,你都要有礼貌地谢绝,而不能简单粗暴地拒绝。譬如,朋友请你晚上去看电影,而你预先已另有安排,那就应该说:"很抱歉……"即便是用电话,也应礼貌答复。

如果遇到熟人漫无边际地闲聊,我们无心再奉陪下去,最好抓住对方讲话的间歇说:"见到您真是太高兴了,要是有时间多聊一会儿该多好!可惜我得去开会了,下次有时间再继续聊,好吗?"一个有自知之明的人自然会停止唠叨,在这种情景下,谢绝语不是可有可无的,适当地使用推辞和拒绝的语言,才能使自己摆脱困境。当然,谢绝的语言应注意礼貌与分寸。

(六)禁忌

禁忌,俗称讲话中的避讳,是人类语言生活中一种非常普遍的现象,主要涉及一些不好直说或不愿直说的事物或现象。当然,所谓"不好直说"或"不愿直说",还是由人类的社会生活决定的。有人说,禁忌起源于迷信,即在远古时期,人们相信语言具有某种魔力,与其所代表的真实事物之间存在着某种完全一致的效应关系,如说"福"得福,言"祸"则致祸。所以,在生活中遇到某种事物需要避免时,在言语、谈吐中要避免提及,或者改换另一种说法,长此以往,形成了一些不成文的规矩,这就是古代社会的语言禁忌。

到了现代社会,禁忌语已经传统化、习惯化了,失去了原始的吉凶意识而转化为表层的礼貌意识,现代语言禁忌中的迷信成分不太重了,更多的是追求语言表达的文雅,或图个吉祥的"口彩"。

禁忌语主要涉及称谓、凶祸、破财、人体及年龄等方面。在人们的日常生活中也有一些属于语言禁忌的现象,这些现象主要是某些人体器官、生理现象以及性行为等,人们一般不愿直接提及,否则便认为"言之不雅",如"厕所""大小便"之类,总要换上一些别的替代语,如"卫生间""方便方便"等。

禁忌语是人们在长期的语言交往中形成的一种特殊的习俗,这种习俗根深蒂固,支配着人们的言行。上海人看望病人不能带苹果,因为在上海话中"苹果"与"病故"同音,上海话"寡"与"瓜"同音,因此新娘出嫁进夫门时,禁吃瓜,以免将来成为寡妇。给朋友送结婚礼品时不能送钟,因为送钟与"送终"谐音,很不吉祥。"梨"同"离"同音,因此,好朋友(尤其是夫妻)不吃切开的一个梨,以免两个人分离。

禁忌语在商业用语中更为明显。生意人怕蚀本,怕财运不通。因为财运的好坏直接关系到人们的切身利益,谈吐中的不祥字眼,总会引起他人的不愉快。因此,凡是和"蚀""折""干""亏"等有关系的词都要改口。

许多禁忌语言都具有强烈的地方色彩。不同的地域、不同的民族甚至不同的行业都可能有自己特殊的禁忌语。身处异地、入乡随俗时,应了解当地民俗中有哪些禁忌语,只有尊重这样的语言禁忌,才不会在交往中失礼。

(七)其他礼貌用语

为了避俗就雅,把"送东西"说成"馈赠",把"吃饭"说成"用餐",把"等候"说成"恭候",把"请收下"说成"请笑纳",等等。

【案例 8-1】

　　小王和小李在一起谈论某件事。因为他们有凑近和别人交谈的习惯,却又怕别人顾忌被自己的口沫溅到,于是先知趣地用手掩住自己的口,他们就这样交谈着。

【案例分析】

这样的做法形同交头接耳,样子难看也不够大方。

　　说话通常是为了与别人沟通思想。要达到这一目的,首先必须注意说话的内容,其次也必须注意说话时声音的轻重,使对话者能够听明白。说话时必须注意保持与对话者的距离,这也并非完全出于考虑对方能否听清自己的说话,同时还存在一个怎样才更合乎礼貌的问题。从礼仪上说,说话时与对方离得过远,会使对话者误认为你不愿向他表示友好和亲近,这显然是失礼的。然而如果在较近的距离和人交谈,稍有不慎就会把口沫溅在别人脸上,这样也是最令人讨厌的。因此,从礼仪角度来讲,一般保持一两个人的距离最为适合。这样做,既让对方感到有种亲切的气氛,同时又保持一定的社交距离,在常人的主观感受上,这也是最舒服的。

　　◇　　**小贴士 8-1**

让你的言谈举止塑造形象

　　言谈举止是一个人精神面貌的体现,要开朗、热情,让人感觉随和亲切,平易近人,容易接触。

　　很多人在社交活动中总担心没有出众的言谈来打动大家,吸引别人的注意,以致造成精神上的紧张,使表情、动作都变得十分僵硬,这都是自尊心太强造成的。因此,应该放松心情,保持自己的特点,而不要矫揉造作。有的人在亮相时昂首阔步,气势逼人,在跟别人握手时像钳子般有力,跟人谈话时死死盯住对方的脸……这样故作姿态,不仅会令别人感觉难受,连自己也觉得别扭。其实最好的办法是保持原有的个性和气质。

　　言谈要有幽默感。在社交活动中,谈吐幽默的人往往会取胜。没有幽默感的人在社交活动中往往会失败。在交际场合,幽默的语言极易迅速打开交际局面,使气氛轻松、活跃、融洽。在出现意见分歧的难堪场面时,幽默、诙谐便可成为紧张情境中的缓冲剂,使朋友、同事摆脱窘境或消除敌意。此外,幽默、诙谐还可用来含蓄地拒绝对方的要求,或进行一种善意的批评。平时应多积攒一些妙趣横生的幽默故事。

四、尊重别人

每个国家的人民在传统上都有一套繁琐的见面礼节,从握手、问候到互相介绍都有约定俗成的习惯。对别人礼俗的了解,就是相互沟通的第一步。

如果你想得到别人的热情迎接和真诚相待,你就应该尊重别人。具体地说,就是你首先要有礼貌,懂得并尊重对方的礼仪习俗。如果进行一下角色互换,你是主人,你的门前来了一个粗俗无礼、不尊重你的文化、人格的家伙,你还会对他热情迎接、真诚对待吗?据科学家研究证实,猫和狗并不是天生的冤家,它们之所以见了面就火冒三丈,像不共戴天似的,其原因是它们的习俗不同,又缺少有效的沟通。比如,猫拉长腰身、伸出一只爪子是友好的表示,意思是逗你跟它亲热;然而狗拉长了身子并伸出一只爪子,则是表示它要跟你玩命。猫见了狗伸出一只爪子:"哈罗!"不料却把狗吓了一跳:"这小子凭什么要跟我玩命,我哪儿惹你了,你以为我会怕你?看招!"——这就打起来了。当然,人类比猫和狗要聪明,人类会互相学习、互相沟通、互相理解,达到心理的共通,携起手来创造共同的幸福。

五、交际中运用目光的艺术

当别人在交际场合说了错话或做了不自然的动作时,他一定会感到很尴尬,生怕人们嘲笑、蔑视他。这时你千万不要看着他的脸,或看了一眼以后要马上转移你的视线。否则,他会认为你在用目光讽刺嘲笑他。

一般来说,双方在交谈中,应注视对方的眼睛或脸部,以示尊重别人,但是,当双方缄默无语时,就不要再老是看着对方的脸。因为双方没有话题时,本来就有一种冷漠、踌躇不安的感觉。如果在此时你注视对方,势必使对方显得更尴尬。

送客人时,要等客人转过身并走出一段路后,不再回头张望你时,你才能转移目送客人的视线。

如果你在街上或人多的市场商店里看到某陌生人风度翩翩,相貌端庄秀丽,服饰新颖,你想欣赏他(她)的美时,请你从侧面或后面欣赏,不要在人家的对面停住脚步来看他(她),因为这样做是很不礼貌的。当你发觉对方目光将要与你的目光相遇时,你应主动避开。

【本章小结】
在日常生活和工作中,人与人之间需要进行必要的沟通,以寻求理解、帮助和支持。见面、握手、递接名片、介绍和交谈等都是最常见的与他人认识、沟通、增进了解、建立联系的方式。本章重点介绍了社交活动中见面礼、握手礼、名片礼、介绍礼的方法和规范以及交谈的礼仪。

【复习与思考】
一、技能测试
1.礼仪在( )中的意思是"以诚相见,以心贴心"。
(日文/英文)
2.( )是指人们在社会交往中表示敬意、问候、祝愿、迎来送往等的惯用形式。
(仪式/礼节)

3. 被世人称为"三礼"的礼仪著作是( )。

(《仪礼》《周礼》《礼记》/《周礼》《礼记》《弟子职》)

4. 有身份者与女性握手时可不除去手套吗?

(不是/是)

5. 晚辈应主动和长辈握手,对吗?

(对/不对)

6. 左撇子跟人握手时,应用( )。

(左手/右手)

7. 在晚辈向长辈鞠躬时,长辈应( )。

(欠身点头还礼/鞠躬还礼)

8. 引领客人时,一般在客人的( )。

(前方/右方)

9. 进入别人房间时,如果门开着,可不用敲门,对吗?( )

(对/不对)

10. 交谈时,与对方注视的时间应占整个交际时间的( )。

(30%~60%/60%以上)

11. ( )是社交场合最富有吸引力的面部表情。

(微笑/眼神)

12. 不同的色彩会使人的心理产生不同的联想,黄色象征着( )。

(华贵明快/温暖华丽)

13. 一般的介绍顺序是( )。

(把职位低的人介绍给职位高的人/把职位高的人介绍给职位低的人)

14. 在宴会中席位的高低以离主人远近而定,同时遵循( )原则。

(右高左低/左高右低)

15. 对宴请者来说,对于确实不会喝酒的人,应( )。

(不宜劝其饮酒/劝其饮酒)

16. 在日本,( )被认为是禁忌色。

(蓝色/绿色)

17. "人无礼而不生,事无礼而不成,国无礼则不宁"是谁的观点?( )

(孔子/荀子)

18. 在正式场合站立时能否将手交叉在胸前?( )

(不能/能)

19. 女士采用坐姿时,双腿要始终并拢,对吗?( )

(不对/对)

20.当你要拒绝对方传达的情感时,不要去碰对方拿来的物品,对吗?(   )
(不对/对)

答案:

1.日文 2.礼节 3.《仪礼》《周礼》《礼记》 4.是 5.不对 6.右手 7.欠身点头还礼
8.前方 9.不对 10.30%～60% 11.微笑 12.华贵明快 13.把职位低的人介绍给职
位高的人 14.右高左低 15.不宜劝其饮酒 16.绿色 17.荀子 18.不能 19.对
20.对。

说明:

每题5分,如果你的分数是80～100分,说明你还行。如果你的分数少于80分,还得继续学习。

二、思考题

1.小李接受客户的名片时是用左手接的,看过后就放在了办公桌上,怕丢了,上面还压了一本书,客户当时对他笑了笑。其实,看似小小的名片,递接的礼仪还大有讲究。学了"名片礼仪"后,你能说出小李错在哪里吗?

2.如何为他人进行介绍?

3.谈谈微笑的魅力。

4.为何说幽默是人际关系中的润滑剂?

第九章
商务办公礼仪

有朋自远方来，不亦乐乎！

——孔　子

第一节　办公室的礼仪

办公室是企业与公众实际接触的场所，也是企业形象最好的展示场地。所谓的"耳听为虚，眼见为实"，职业人员在办公室接待客户、通过电话与客户联系、到客户的公司洽谈事宜等，这些活动是形成企业形象的重要组成部分。办公礼仪包括：办公室布置礼仪、办公室接待礼仪、办公室拜访礼仪、办公电话礼仪等。

一、办公室的布置

办公室是企业的门面，是来访者对企业的第一印象。办公室的布置不同于家庭、酒店的布置，它的设计风格应该是严肃、整洁、高雅、安全。

办公室应保持整洁。地板、天花板、走道应经常打扫，玻璃、门窗、办公桌应擦洗得干净明亮。桌面只放些必要的办公用品，且摆放整齐。不要将杂志、报纸、餐具、小包等物放在桌面上。废纸应扔入废纸篓里。文件应及时按类按月归档，装订整理好，放入文件柜。在办的文件下班后应锁入办公桌内。办公室内桌椅、电话机、茶具、文件柜等物的摆设应以方便、高效、安全为原则。办公桌上的玻璃板下，主要放与工作有关的文字及数字资料，不应放家人的照片，因为，办公室内需要的是严肃、高效而不是温馨。

办公室的布置应给人以高雅、宁静的感觉。企业是一个开放的系统。从这个角度说，办公室既是工作的地方，也是社交的场所。所以，企业一般都将办公室装修得比较豪华，应注意采光合理，色彩选择恰当，空气清新。办公室气氛不要充满喜庆，也不要让人感到压抑。不要贴大美人儿的照片或挂历。可装饰些风景画、盆景、有特殊意义的照片、名人的字画、企业的徽标等，创造浓厚的企业文化气息和使主客心情愉快地交流信息和情感的环境。

二、办公室人员的举止礼仪

办公室的人员是一个集体，无论是对本单位还是外来人员，都应体现对他人、对社会的尊重和责任心。一个企业待人接物的礼仪水平，正是从每个职工的言行举止中体现出来的。因此，每个职员都应牢记，自己的言行代表着企业的形象，应自觉地遵从办公室礼仪。

(一)仪表端庄，仪容整洁

无论是男职员还是女职员，上班时应着职业装。有些企业要求统一的着装，以体现严谨、高效率的工作作风，加深客人对企业的视觉印象。有些企业虽没有统一服装，但都对上班时的服装提出明确的要求。

男士上班应穿白衬衣或西服，系领带。衬衣的下摆一定要扎入裤腰里。应穿深色的皮鞋。服装必须干净、平整，不应穿花衬衣、拖鞋、运动服上班。不留胡须，不留长发，头发梳理美观大方，才能衬托出本人良好的精神状态和对工作的责任感。

女士上班应着西服套裙或连衣裙，颜色不要太鲜艳、太花哨。上班不宜穿太暴露、过透、太紧身的服装或超短裙，也不能穿奇装异服、休闲装、运动装、牛仔装等。皮鞋的颜色要比服装的颜色深。应穿透明的长筒丝袜，袜口不能露在裙口下，不能有钩破的洞。不应穿凉鞋、旅游鞋上班。佩戴首饰要适当，符合规范。发型以保守为佳，不宜新潮。最好化淡妆上班，以体现女性端庄、文雅、自尊自重的形象。

(二)言语友善，举止优雅

办公室工作人员的站坐行走、举手投足、目光表情，都能折射出一个人良好的文化素养、较强的业务能力和工作责任心，也体现了企业的管理水平。在座位上最好不要坐靠到椅背，上身挺直，如果椅子较深可加一块靠垫。若公司规定不可加靠垫，应坐在椅子三分之二处，以免像打瞌睡给人不好的印象。坐在可摇动的办公椅上，不要随意摇晃身体。行进间走路要轻快，注意不要与人相撞。女性上班族宜着带跟的鞋子，走路姿态看起来会比较有精神。遇到上司要轻轻点头打招呼并稍微让路，表示恭敬。谦虚礼让是对长辈及上级应有的礼节。

1. 真诚微笑

微笑是一般社交场合最佳心态的表现。微笑是一种无声的语言，它是对自己价值的肯定，对他人的宽宏和友善，是稳重成熟的表现。微笑是自信、真诚、自尊、魅力的体现。上班时与同事、领导微笑问好，下班微笑道别。待人接物、邀请、致谢都应有真诚的微笑。不要把喜怒哀乐都流露于脸上，否则会让人感到你不够成熟、自控力不强。

2. 话语谦和

在办公室讲话时声音要轻，不能在办公室、过道上大声呼唤同事和上级，无论是对同事、上级还是来访者，都应使用文明用语。在办公室里，说话不要刻薄，与同事玩笑要适度，不能挖苦别人，恶语伤人。更不能在背后议论领导和同事，以免"家丑外扬"。

3.体态优雅

公司职员的行为举止应稳重、自然、大方、有风度。

走路时身体挺直,步速适中、稳重、抬头挺胸,给人留下正直、积极、自信的好印象。不要风风火火、慌慌张张,让人感到你缺乏工作能力。坐姿要优美,腰挺直,头正,不要趴在桌子上,歪靠在椅子上。有人来访时,应点头或鞠躬致意,不能不理不睬。工作期间不能吃东西、剪指甲、唱歌、化妆、与同事追追打打,这样有失体面。谈话时手势要适度,不要手舞足蹈,过于做作。

(三)恪守职责

公司职员应树立敬业爱岗的精神,努力使自己干一行,爱一行,专一行,以饱满的工作热情,高度的工作责任心,开创性地干好自己的工作。工作中一丝不苟,精益求精,讲究效率,减少或杜绝差错,按时、按质、按量地完成每一项工作。领导交给任务时,应愉快接受,做好记录,确保准确。然后认真办理,及时汇报。恪尽职守,严守机密。

三、办公室交往礼仪

(一)搭乘电梯应有的礼仪

现代社会高楼大厦林立,常见上班族穿梭在办公大楼内外,进进出出时,大多数人都是舍楼梯而搭乘电梯。即使是为了赶时间,搭乘电梯的时候也不能忽略应有的礼节。

电梯门口处,如有很多人在等待,此时请勿挤在一起或挡住电梯门口,以免妨碍电梯内的人出来,而且应先让电梯内的人出来之后方可进入,不可争先恐后。

男士、晚辈或下属应站在电梯开关处提供服务,并让女士、长辈或上司先行进入电梯,自己再随后进入。

与客人一起搭乘电梯时,应为客人按键,并请其先进出电梯。

电梯内空间狭小,千万不可抽烟,不能乱丢垃圾。

在电梯里,尽量站成"凹"字形,腾出空间,以便让后进入者有地方可站。进入电梯后,正面应朝电梯口,以免造成面对面的尴尬。

即使电梯中的人都互不认识,站在开关处者,也应做开关的服务工作,别忘了"给人快乐便是天使"这句话。

(二)打招呼的礼节

在办公室内应与经过你办公桌的人主动打招呼,无论他们的身份是工友或者是公司老板,都要一视同仁。看到有人经过你的身旁而不打招呼,是十分无礼的。至于对周围的同事和较熟悉的同事,更应保持有礼、和善的态度,不论早上进公司、中午休息吃饭还是晚上离开公司都要打招呼,千万不要"来无影、去无踪"。

乘坐电梯遇见老板时,可主动大方地向他打招呼,不宜闪躲或假装没看见。若只有你和老板两人在电梯内,也可聊一些普通的事或简单地问候一番。最好不要在电梯内与老板谈论公事,以免使人讨厌。

在拥挤的电梯内,如果没有人说话,最好也不要开口。若遇到同事向你打招呼或是目光相遇,你应适时地点头、微笑,甚至回应,视而不见最要不得。

离开办公室时,应记住先向主管报告,询问是否还有吩咐,然后再离开。对于上司,态度要礼貌周到,若接近其身边,要站好后再打招呼,而一般熟悉的同事之间则不必拘束,可以用互相了解及喜欢的方式打招呼。

打招呼时的称呼应视情况而定,一般来说上司对职员可以用职位或全名及某先生、某小姐等称呼,若职员主动表示可称呼其名字,上司也可照办。下属对上司应称其头衔以示尊重,即使上司表示可以用姓名、昵称相称呼,也只能限于在公司内部,对外人及公开场合皆不可以贸然直呼名字,否则会显得没大没小。特别值得一提的是,已婚妇女在工作中仍应保留自己姓名称谓,不宜用"某太太"来称呼(除非她自己希望别人这样做),因为一个女人在工作时的身份是她自己,而非某先生的妻子,这一点应区分清楚。

招呼同事时应将姓氏讲清楚,不能叫"喂"或"那个谁呀",因为这样做会十分失礼。如同事正忙于工作,可客气地说句"抱歉,打扰一下"再交代事项,以免惊扰了他。

同事之间如非常熟悉或得到对方许可,则可直称其名,但无论如何不应该于工作场合中叫对方的小名、绰号,如"帅哥""美女"或"好好先生"等。因为这些称呼含有玩笑意味,会令人觉得不庄重。在工作场合称兄道弟也是不合适的。

如有同事老是喜欢直呼你的小名,让你感觉不舒服,你有权制止他,并委婉地告诉他你并不希望在工作场合被叫小名。如果你与他的工作关系不错,可以找机会告诉他:"正明,我很感激你对我外表的赞扬,但是你让我感觉到自己被重视的只是外表而已,所以烦请你在下次介绍我时,请留意一下形容词好吗?"

(三)办公桌上用餐的礼节

一般来说在办公室内用餐是不太合适的,但如果公司许可员工在办公室内用餐,员工也应珍惜这个方便,更注意办公桌上用餐的礼节。

只有在用餐时间才可吃东西,不应在午餐时间忙杂事,直到上班时间才用餐。即使你能同时咀嚼又工作,也不该如此。

注意餐后环境卫生,桌面宜擦拭干净,为防止令人不悦的气味,剩余残肴及废弃物品,应在包好后立刻扔进远离你与其他同事的有盖垃圾桶。

别一直盯着其他同事,这会引发他人的不悦。在办公室内用餐要多加注意自己的用餐仪态。

满口食物时勿接听电话。哪怕是对方打扰你的用餐,也应注意自己的礼貌及行为。

用餐完不久,恰有顾客来访时,应事先用点空气清香剂,别让客人一进门就闻到食物气味。

以上是在办公室内用餐的礼节。谚语说"吃饭皇帝大",所以尽量不要在同事吃饭时打扰他们,或要他们进行工作,如果是餐会形式或大家边用餐边开会,则另当别论了。

(四)写字楼两性交往的分寸

同在一个家公司,长时间的共处,男女同事之间有深入的了解,两性之间的吸引力随时会发生,如果处理不当,会被对方认为是对自己的不尊重甚至是所谓的"性骚扰",产生的后果极为不好。虽然对写字楼里的两性关系,很难定出一个操作性强的行为细则,可时时提醒自己掌握一定的分寸,无疑有助于你避开这方面的漩涡。以下几点是专家们在调查的基础上提出的忠告。

1.衣着分寸

写字楼不是约会场所,更不是自己的居室,不是显示你性魅力的地方。男性把衬衫敞开,穿着短裤是不良行为,是对在场女性的不尊重;女性则更要注意自己的穿着不要带有挑逗性。当然,保持优美的女性自然曲线并不为过,可绝不宜张扬自己的性感,如穿着超短裙和太露的衣服在写字楼里走动,即使是无意的,也会向男性发出错误的信号。

【案例 9-1】

在一家公司工作的陈小姐,就因为图凉爽,上班的裙子过短,衣服过于暴露,弄得同室的两位男子非常尴尬;而来联系生意的客户一个劲儿地往他们的办公室跑,借故和陈小姐套近乎,影响了大家的工作。这种事又不好讲明,科长只好把她安排到打字室上班。

【案例分析】

切勿认为穿着打扮只是自己个人的私事,要把握好分寸。这样,不仅避免了"性骚扰"的嫌疑,也会给人留下优雅、端庄的印象,显示出自己的内在的修养,在人际关系和工作上都有益处。

2.语言分寸

这点特别是对男性而言。作为男性,私下常会冒出一些粗话,有人甚至会开带"色"的玩笑,这在写字楼里一定要注意,尤其是有女同事在场的情况下,否则会被她们视为是对自己的冒犯。

在恭维女人时,也要避免挑逗感,以免使对方产生有性这一方面的感觉。比如一位女同事穿着领口开得较低的衣服时,不要盯着她说很迷人,可以称赞对方很漂亮,但不能说很有曲线等。

3.动作分寸

如果你是男性,当女同事在场时,把松了的皮带解开扣紧,或是把衬衣塞入裤子里,会使女性不愉快,引起误会,她们可能会把这些不雅的动作视为骚扰。

据心理学家研究成果表明,容易被视为带挑逗性的行为,女性则更多些,特别是在体态语这方面,往往被女性忽视,比如反复交叉和放开两条大腿,在男性跟前梳理头发,触摸男人的衣服,头发垂扫男人的面颊,等等。尽管是无意的,但会让对方误会是在给他发送性的信号。

4. 交际分寸

在写字楼里,要注意把握自己和异性同事交往时的分寸。如果你们是要好的同事当然可以多些交往交流,但最好不要将自己的私生活带入。特别是如果在婚姻上不如意,对异性同事不宜过多倾诉,否则会被对方误认为你有移情的想法,甚至看作是向她(他)求欢的暗示。如果同事把你当成听众时,你不妨向对方多谈谈自己婚姻生活中美好的一面,说一些心得,一来可以为对方提供改善婚姻的借鉴,也尽同事之谊,二来可以起暗示作用,使对方尽早避免情感上的投入。

即使是极为默契的两性同事,也只应当在工作上更好地配合,多给对方提出良好的建议,因为男女在心理与认识上的差异,有时你认为是正常的举动,对方或许难以接受,何况其他同事看着也别扭。比如在谈工作时,用手臂揽着女性的肩膀,高兴时拍年轻女孩的头,紧贴地站在女性坐着的椅子后并双手扶椅子等。

5. 情感分寸

在写字楼里产生婚外情无疑是最糟的情况,后果不堪设想。一旦发现对对方确实有相思之情,而自己或对方已有配偶以及其他诸种因素不能结合的,应马上扑灭自己情感的火焰,在仔细考虑到种种恶果后,辅以冷却法,对你爱慕的对象多做些全面的深入的观察,问自己一下,她(他)真是那么完美的人吗? 他不良的一面你能长期忍受吗? 这种方法实际上并不会伤害你的同事,也不妨碍你们的友好相处。

如果两人都是单身,有望成为生活的伴侣,那么在意识到自己的爱情时,就应当提醒自己和对方让恋情摆脱开工作关系,不要在写字楼里谈情说爱,把它放在工作环境以外的地方去培育和发展,并且有一方做好尽快调离本办公室的准备,因为假如恋爱失败,双方难免会陷入极为尴尬的境地,从而影响工作。

掌握好以上的分寸,不仅能使你愉快地与同事相处,而且能使你更好地生存和发展。

(四)新人如何与办公室同事相处

开始新工作时,如果发现缺了一些基本物品,如订书机、圆珠笔,可先列张清单,询问主管如何获得所需物件。如果你需要的东西不能立刻拿到,可先向邻桌的同事借用,并保证用后立刻归还。因为有些办公室对物件的使用有严格记录,有些人也许会有不太愿意出借的反应,担心东西用完、短缺、会被他人指责为浪费,这时你应慎重并守信,一定要有借有还,以便有一个好的开始。

若和一位不爱整洁的同事一起共事,你可以先以身作则把周围环境整理干净,暗示他注意整洁,或者在闲聊时尽可能表现自然地提出希望他保持环境清洁。如果他说"好"却不照做,试着再多提醒他一次。如果已劝告两次,他仍不加理睬,这时你有权利清楚简明地直接告诉对方:"麻烦你在离开办公室前,将桌面及四周清理一下,我不喜欢一走进办公室就感觉一团糟。"也许你会觉得自己像管家婆,但我们有权利表达自己的感受。

办公室内若有咖啡壶和小点心,你应该先询问别人这些东西是否免费供应给每个人,不要擅自取用。

新工作刚开始的头几天,若你尚未和公司同仁打成一片,就不宜贸然要求加入他们之间的餐宴或谈话,比较合适的方式是等待他们的邀约。但若一直没有反应,可主动询问能否让你加入他们的聚会,或请他们告诉你哪里有比较适合的活动地点。

如果你有抽烟的习惯,记住在点烟之前,应先行询问座位附近的同事是否介意你抽烟。如果介意的话就不要抽,即使不介意也不要经常在公共办公室里吞云吐雾(如在自己独立的办公室内则不受此限),上策当然还是不抽烟。

◈　**小贴士 9-1**

遭人冷落的时候

一个新人开始工作时,往往会遇到"欺生"的人,这时我们应该适度地表达自己的感受。

有些同事会叫你做一些分外的事,如为他们办私事或跑腿,如果你此时不忙不妨乐于助人,这样你会更受人欢迎,也可快速建立友谊,得到他人的帮助。如果他们常常指使你做事却不对你表示感激,除非你很热心且觉得无所谓,否则就要婉转地告诉对方,你自己还有公事要处理,无法帮忙。

若你和一些人一起进入别人的办公室时,到了最后仍手拿外套呆站着,而没有人来招呼你,可以直截了当地开口问:"哪里可以挂放外套?"或"我可以坐下吗?"让别人注意到你。

第二节　公务接待与拜访的礼仪

一、企业接待工作的意义

"有朋自远方来,不亦乐乎!"

接待礼仪是指企业迎送客人的一整套行为规范。

1.接待工作是展示企业文明的窗口。俗话说,百闻不如一见,通过接待来企业拜访的客人,展示企业形象,提高企业的知名度和美誉度。

2.让客人亲临企业,目睹清洁、优雅的工作环境,严明而有条理的工作秩序,公司员工敬业高效的工作作风,能增强公众与本企业的合作信心、投资信心和消费信心。

3.接待工作是广结良缘的良机,接待工作是宾主双方面对面感情交流的过程,通过热情的接待,可促进双方友谊的发展。

二、接站礼仪

到车站、机场去迎接客人,应提前15～30分钟到达,恭候客人的到来,绝不能迟到,让客人久等。客人看到有人来迎接,内心必定感到非常高兴,若迎接来迟,必定会给客人心里留下阴影,事后无论怎样解释,都无法消除这种失职和不守信誉的印象。

接到客人后,应首先问候"一路辛苦了""欢迎您来到我们公司",等等。然后向对方作自我介绍,如果有名片,可送予对方,并注意送名片的礼仪。

迎接客人应提前为客人准备好交通工具,不要等到客人到了才匆匆忙忙准备交通工具,那样会因让客人久等而误事。

应提前为客人准备好住地,帮客人办理好一切手续并将客人领进房间,同时向客人介绍住处的服务、设施,将活动的计划、日程安排交给客人,并把准备好的地图与旅游图、名胜古迹等介绍材料送给客人。

将客人送到住地后,主人不要立即离去,应陪客人稍作停留,热情交谈,谈话内容要让客人感到满意,比如客人参与活动的背景材料、当地风土人情、有特点的自然景观、特产、物价等。考虑到客人一路旅途劳累,主人不宜久留,应让客人早些休息。分手时将下次联系的时间、地点、方式等告诉客人。

客人到来时,己方负责人由于种种原因不能马上接见,接待人员要向客人说明等待理由与等待时间,若客人愿意等待,应该向客人提供饮料、杂志,如果可能,应该时常为客人换饮料。

接待人员要品貌端正,举止大方,口齿清楚,具有良好的文化素养,受过专门的礼仪、形体、语言、服饰等方面的训练。

接待人员服饰要整洁、端庄、高雅;女性应避免佩戴过于夸张或有碍工作的饰物,化妆应尽量淡雅。

乘坐轿车的座次。如果以两排座小轿车接送客人,要注意乘车的座位次序,因座位也有尊卑。一般认为,小车备有司机的话,车上最高贵的位置是后排与司机的座位成对角线的座位,即后排右座。其余座位的尊卑次序是:后排左座,后排中座,前排右座。简言之,即右为上,左为下,后为上,前为下。但有时出于安全的考虑,亦请贵客坐在司机后面的那个座位,这个座位十分舒适,车外的景色也看得很清楚。客人可能出于自谦考虑,若坐到了主人位置上,则不必请客人挪动位置。通常讲客人坐到哪个座位上,哪个位置就是上座。

当由上司或客人充任司机时,自己礼貌的做法应当坐在驾驶座的邻座,因为让客人或上司来亲自驾车送行,而你竟然悠闲自在地坐在后座上,未免太失礼了。

若一个人乘车,可坐在后排。若三人乘车,且为同性,可前排一位,后排两位。若三人中男女皆有,那么可以全部坐在后排。一男二女的话,女士坐在右侧,男士坐在另一侧。二男一女的话,宜请女士居中,男士分坐两侧。

如乘坐的是三排座轿车,则宾主坐在最后排,客人坐右座,译员则应坐在主人前边的加座上。如果宾主不乘同一辆轿车,则主人的轿车应当行驶在客人的轿车之前,为其开道。

上车要依照尊卑排列次序且从车后绕行进入,通常入左座进左门,入右座进右门。下车时,则依相反次序出来。若秘书跟车送客,抵达目的地时,应先于客人下车,替客人打开车门,以手挡住车门上框,协助其下车。但要注意有两种客人不能遮挡,一是信仰伊斯兰教的,一是信仰佛教的,因为他们认为这样做会把"圣光"遮住。也不可自己坐在车上用嘴巴说请小心下车,这在接待客人的礼貌上是要不得的。

吉普车及中巴的座次。乘坐吉普车时,无论是主人还是司机驾驶,都应以前排右座为尊,后排右座次之,后排左座为末座。

用中巴接送团体客人时,应以司机座后第一排,即前排为尊,后排依次为小。其座位的尊卑,依每排右侧往左侧递减。

三、会议接待

据载,会议起源于原始社会晚期的部落民主议事制度。古希腊、古罗马时期,会议已有了较大的发展,并且形式繁多,有四百人会议、百人团会议、元老院会议、平民会议、法庭论辩会议、战争誓师会议、胜利庆功会议、体育竞赛会议等等。近代以来,还有各种类型的纪念性会议、新闻发布会、记者招待会、产品博览会、经贸洽谈会、订货会、交易会,以及座谈会、茶话会、报告会、联欢会等等。会议本身是各种人员的交流、沟通、认识、了解场所,故也形成了自身所特有的礼仪。

(一)事先准备工作

1.确定会议的主题

每次会议都应有鲜明的主题,并围绕主题设置议题。明确会议的主题,一方面可以判断有无召开此次会议的必要,另一方面也有利于会议主持人组织好会议。

2.确定与会人员

与会人员的确定应与会议主题密切相关,或者是会议主题的解答者,或者是会议主题的接受者,或者是会议主题相关感兴趣者。

3.确定会议时间、地点

会议的时间、地点应载入会议通知提前寄送与会者。怎么到达与会会场,通知上亦应告知,如会场坐落在本地的什么方位,该乘什么车,下车后如何走,等等。

4.确定会议程序和日程

确定会议程序时对会议各项活动,诸如各种仪式、讲话、发言等按先后顺序做好安排。会议日程的安排要适当,并留有余地。

5.做好接待与会者的各项准备工作

比如安排住宿房间、接送车辆，确定伙食标准、进餐方式，订购返程车船机票等。

6.参加会议应懂得并遵守必要的礼仪

会议本身也包含了一定的礼仪内容，带有一定的礼仪色彩，必须提出一定的礼仪要求。不同类型的会议，礼仪要求也不同。一般而言，参加会议应遵守如下礼仪要求：

(1)准时到会，不迟到，不早退。遵守会议各项准则和要求，尽力参与，使会议开得圆满、成功。

(2)服饰得体，注意仪表仪容仪态，举止大方自然，待人彬彬有礼。

(3)虚心听取别人发言，不随便打断别人的谈话，万不得已不要插话，应使用礼貌用语。

(4)自己讲话应顾及全体在场人员，力求突出重点，简明明快，不能乱发议论，扯些无关紧要的东西，耽误别人的时间。

7.会场的布置

会场的布置包括：会场四周的装饰，座席的配置。

(1)一般大型的会议，根据内容，在场内悬挂横幅；门口张贴欢迎和庆祝标语；会场摆放适当的青松盆景、盆花；主席台上可悬挂国旗、党旗或悬挂国徽、会徽。

(2)座席的配置

圆桌型。使用圆桌或椭圆型桌子(见图9-1)，这种布置使与会者同领导一起围桌而坐，从而消除不平等的感觉。另外与会者能清楚看到其他人的面容，因而有利于互相交换意见。来宾的最高领导应坐在朝南面北的正中位置，企业最高领导与上级领导相对而坐。

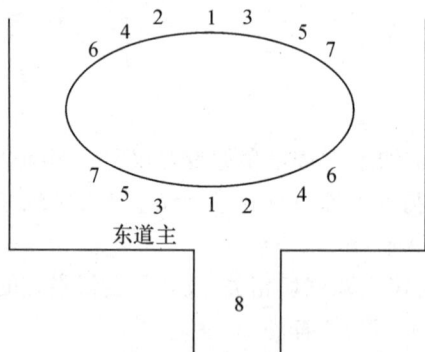

图9-1 圆桌型座席座次安排

口字型。用长型方桌，形成一个很大的"口"字。这种形式比圆桌型更适合较多人数的会议。这时来宾与企业领导坐在一起。如座谈会、联欢会(见图9-2)。

教室型。这种形式是采用得最多的。它适用于人数比较多，而且与会者之间不需要讨论、交流意见，是以传达情况、指示为目的的会议。主席台与听众席相对而设(见图9-3)。

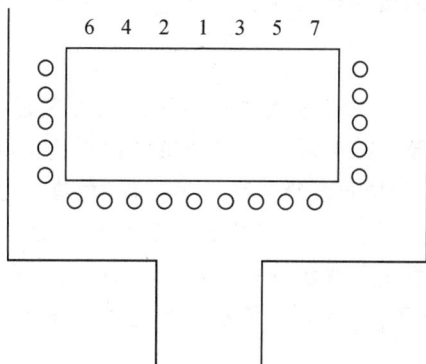

图 9-2　口字型座席座次安排

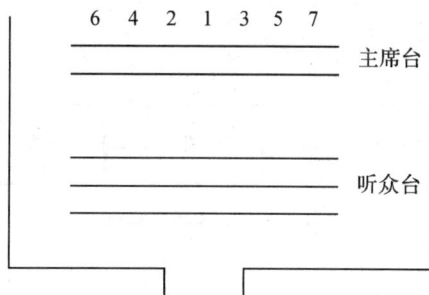

图 9-3　教室型座席座次安排

(二)送客礼仪

接待工作顺利完成后,后续的动作也很重要——即送客礼仪。中国人常说:"迎人迎三步,送人送七步。"特别是百货公司、餐厅或柜台的服务人员,必须认识到送客比接待更重要,这是为了留给对方美好的回忆,以期客人能再度光临。因此,送客又被称为后续服务。

许多服务人员接待工作做得很好,却没有良好的结尾,这是很可惜的。尤其是售货员,千万不能存有只做一次生意的短见心理,应该将客人视为一辈子的顾客,做好售后服务,使顾客满意而归,下次自然更有意愿光临。

送客时应注意以下两点。

1.握手致意,亲切相送

表达依依不舍之情,并表示希望再度见面的期待之意,握手就含有不忍离别的意义。笔者鼓励售货人员、餐饮服务人员在送客时向客人握手致意,如此会发现客人很快又会光临。

2.送客真诚,送离视线

一般送客时可送至大门外、电梯口甚至送上车,帮客人关车门。客人会摇下车窗挥手道别,因此接待人员不可于客人上车后就离去,应等待客人的车驶出视线后再离去。这是体贴客人的送客之道,也为用心的接待礼仪画下一个完美的句号。

【案例 9-2】

　　1957 年国庆节后,周总理去机场送一位国家元首离京,当专机腾空起飞后,外国使节、武官队列依然整齐地向那位元首的座机行注目礼,而我国政府的几位部长和一位将军却疾步离开了队伍。周总理看到了,当场请人把他们叫了回来,一起昂头挥手向在机场上空盘旋的元首的座机行告别礼。事后,周总理专门把大家留下来,说:"国家元首的座机起飞后绕场一周,是表示对所到国的答谢。东道国送行的人这时离开了就是礼貌不周,我有责任把这个道理讲给大家听。"

四、办公接待礼仪

(一)办公接待程序(见图 9-4)

图 9-4　办公接待程序

(二)接待礼仪

1.问候

　　客人来访时,接待人员应立即从座位上站起,走到客人面前,亲切地说:"您好!"然后问明来意和身份。

2.引见

　　如果客人要找的人不在,应有礼貌地说:"对不起,××刚出去,您请稍等。请坐!"如果客人要找的人一时回不来,应明确告诉客人在什么时候再来。如"对不起,请您明天早上 8 点半再来,我可以通知他等着您。"如果客人要与领导见面,就应将客人引到领导办公室或接待室。在引导客人去领导办公室的路途中,应走在客人左前方二步远的位置。遇有上楼梯、转弯或上电梯时,应回头用手示意:"请这边走。"如有专人在电梯服务,应让客人先进,到达时也应让客人先出。如电梯无人服务,应自己先进,客人后进,到达时客人先出。如果距离较远,走的时间较长,不要绷着脸,各走各的路,应热情与客人寒暄,或向客人简单介绍本单位的情况。走到领导办公室前,应对客人说"请稍等",然后敲门,得到允许后再进入办公室,向领导报客人的姓名、单位、职务、来访目的。如果领导同意马上见面,就将客人请进去。如果领导正在开会或与人交谈,就将客人安排坐下,并礼貌地说:"对不起,经理请您稍等一下,他马上就来。"请客人进门时,如果门是向里开的,要推开门自己先进去,按住门,再请客人进去;如果办公室门是向外开的,把门拉开后,请客人进去。

3.领导介绍客人时应讲究礼节

要有礼貌地以手势示意,不能用手指指点点,介绍应简洁明了。如"让我来介绍一下,黄总经理,这位是百货公司的张科长。""张科长,这位是我们公司的黄总经理。"待双方握手问候后,主人请坐;坐下后接待人员应按礼仪秩序的要求为客人及本公司领导倒茶。即先按客人的职务高低顺序依次上茶,再给本公司领导按职务高低次序依次上茶。安排妥善后,如自己没必要参加会谈,可避开,到隔壁办公室等候领导吩咐,或经领导同意后离开,回到自己的工作岗位,离开时应向客人致意,退出门外,轻轻把门关上。

4.交谈

在办公室与客人交谈,一般应是公事。谈话要简短,不要漫无边际地聊天,应该是几句寒暄后马上进入正题。交谈时要控制音量,不要旁若无人。应专心致志,不能左顾右盼,或不停地与其他人答话,使客人无法连贯地表达来意。对客人提出的要求要认真考虑,不宜立即答复的,应诚恳地对客人说:"你的建议很好,不过,我要向公司汇报后再答复您,您看行吗?"如果对方的意见和要求不能满足,应委婉拒绝,耐心诚恳地解释以获得谅解。总之,无论结果如何,都不能失礼和失态,不要大发雷霆,也不要自贬,注意维护企业的尊严。一般来说企业重大事务的决定,要经过反复论证、谈判、磋商。因此,交谈时注意留有余地,讲究策略。

5.送客的礼节

需要强调的是,无论交谈结果如何,都要像迎客时一样热情相送,并友好地说:"欢迎您再来,再见。"

五、办公室拜访礼仪

拜访前要预约,时间约定以后要准时到访。

进入办公室前应先敲门,经允许后方可进入。如果办公室门是关的,进来后应轻轻把门关上。

问候及自我介绍。如果初次拜访,进门后应问候"你好"或"各位好"或点头致意,然后自我介绍或向接待人员递名片,请求与要会见者见面。

与约好的会见人的见面。如果双方是第一次见面,必须向对方问候,并再次向对方作自我介绍,提及双方约会的事,让对方明白来意。

谢座、寒暄。双方说完身份或职位以后,对方让座,来访者应谢座,然后大方、稳重地坐下。座位由主人安排,尽量不要坐在办公人员的办公座位上,以免影响正常办公。

到办公室拜访,一般都是在工作时间。所以,拜访时间不宜过长,一般在15分钟至半个小时之间即可。而且说话音量要尽量放轻。

到办公室拜访,特别是一般性的工作访问,多数情况下不必准备什么礼物。但如果是为了感谢对方单位的支持,就应准备相应的礼物,一般以锦旗、牌匾之类的礼品为宜。

到办公室拜访同样要注意仪容仪表,穿戴要整洁大方,最好穿西装打领带,这也是对对方的尊重,同时也表示自己对拜访的重视程度。

【专题知识】

茶　道

一、茶具与茶叶的选择

在用茶来招待客人时,对茶具和茶叶的选择应有所讲究。从卫生角度考虑,泡茶要用壶,茶杯要用有柄的,目的是避免手与杯体、杯口接触,传播疾病。

茶具一般选择陶质或瓷质器皿,以江西景德镇"青花圣龙"茶具为最佳。"宜陶"和"景瓷"被称为茶具艺苑中的两朵奇葩。

茶叶的选择应尊重客人的饮茶习惯,外国人一般饮红茶,并在茶中添加糖、牛奶或奶油等;我国由于幅员辽阔、气候各异,各地饮茶习惯也不尽相同:广东、福建、广西、云南一带习惯饮红茶,近几年由于受港澳台的影响,饮乌龙茶的人也渐渐多起来。江南一带饮绿茶的比较普遍。北方人一般习惯饮花茶。西藏、新疆、内蒙古地区的少数民族,则大多习惯饮浓郁的砖茶。

对茶的评价标准主要是其色、香、味。色,即水色,以液艳色秀、水底明净为上;味,即滋味,以味醇甘鲜,苦而不涩为妙;香,即香气,以甘香清郁为佳。

二、有趣的饮茶习俗

1. 广东的"叩指还礼"

据民间传说,这一习俗源于清朝。有一年,乾隆皇帝微服下江南巡视,一次喝茶时,皇上给自己斟了茶之后,又顺手给当地官员周日清斟茶。周日清见皇上为自己斟茶,受宠若惊,又不能在大庭广众之下暴露皇上的身份而跪下谢龙恩,这如何是好? 他急中生智,用双指屈曲,在桌面上叩点三次,以代替下跪磕头之礼。由此,叩指还礼逐渐流传于民间,成为广东一种约定俗成的"谢谢"礼仪。如今,在广东喝茶,对方给你倒上一杯茶,特别是年长者,若不叩指还礼,便会遭白眼。

2. 闽南的"高冲低斟"

闽南产茶饮茶早在宋代就已出名,他们敬客时,冲茶姿势很有趣,当地人称"高冲低斟"。即头泡要低泡,斟茶时手放得很低,几乎接近杯底,这样才可以使杯中水的香味缓缓浸出。在冲泡二三遍时水要高冲,手举得离茶壶一尺多高,上下提拉三次,使茶叶吸水均匀,此时茶叶才能更好地在杯中显色透香、吐味。斟茶技艺有"凤凰三点头""关公巡阵""韩信点兵"等名称。

3. 四川的"盖碗茶"

四川饮茶风气历来很盛,上茶楼摆龙门阵是一大快事。四川茶馆很多,四川人爱喝盖碗茶,盖碗茶的名称来自茶具"盖碗"。盖碗的盖子很有用处,沏好茶后盖好盖子,可以很快泡出茶味。可以用盖子拂去漂浮在茶汤上的泡沫或茶叶末,打开盖子可以凉茶。

4. 云南的"雷响茶"

云南是茶树的原产地,至今有些地方仍保留古朴有趣的雷响茶。它是一种有趣的饮茶方法,先将茶投入砂罐内烘烤一定时间,冲入开水,这时砂罐内传出似雷响的声音。在场客人的笑声随着响声起伏,响声杂合以笑声是吉祥的象征,然后进行煮茶,煮好后将茶倒入茶盅,由少女双手捧给客人饮用。白族还有一种敬客的三道茶,一般用来招待亲朋好友,头道茶苦中带着香醇,色如琥珀,晶莹透亮。第二道茶加了糖和核桃片等,茶香扑鼻,味道甘甜。第三道茶中加了蜂蜜、花椒等,集甜、麻、辣、香于一体,饮时别有风味。三道茶一苦二甜三回味,令人难以忘怀。

5. 闽台忌用大杯及北京"茶壶嘴不能对着人"

饮茶要讲究礼仪,对闽台客人,不可用大杯敬茶,否则有令人牛饮之嫌。

北京人喝茶时讲究茶壶嘴不能对着人。桌子四周,人再多也不可能没有缝隙,给客人倒过茶,壶嘴就要朝缝摆。

6. 英国的午后茶

英国人自18世纪开始盛行饮茶,他们每人每年平均消耗茶叶之多为西方之冠。在英国社会中,每个阶层都有特殊的饮茶习惯,上层社会的午后茶,则是英国习俗中最显著的特点。18世纪中叶,英国人早餐丰盛,但午餐较简单,一直到晚上八时才吃晚餐。这样,午餐后晚餐前时间太长,令人难免饥渴。有一位伯爵夫人用午后茶提神解饥,消闲解闷,深得宾客的赞美,于是午后茶便形成时尚。

7. 日本的茶道

日本是嗜好饮茶的民族,茶道是很盛行的一种手段独特的社交活动方式。日本最早的"茶道法"是1443—1473年颁布的。到了1588年,丰臣秀吉任命千利休为茶道高僧。千利休茶道的基本精神是四规,即和、敬、清、寂,是指洁净幽静,心平气静,幽雅闲适。千利休认为,只有遵守茶道四规,饮茶的人才能进入沉思宁神的最高境界。

现在的日本茶道,已发展为更加完善和多层讲究的饮茶礼法,其规矩更加复杂,已形成一种传统。

按照茶道的传统,茶室多设在奇山异石、松柏郁郁的恬静的小花园内,还有一间洗涤茶具用的水屋,与茶室相毗邻。另外还有一个曲径相通专供宾客坐待主人邀请的休息室。茶室的入口处,有一扇格子门,来客须躬身进室,意在使人保持谦逊的态度,主人则跪在门前以示欢迎。进入茶室后,宾主相互鞠躬致敬,主人称谢众客的光临,敬茶时用双托起茶碗,客人接过茶碗,须与额角齐平,然后就饮,饮时要吸气,并徐徐发出吱吱声,表示对茶味的赞赏。一般茶事在四小时之内,结束时,主人要跪在茶室门侧送客,向人鞠躬致谢而别。

茶道中的泡茶仪式有六条规则,必须遵守:

(1)茶有浓淡,一般要求要淡;

(2)茶水的温度要按不同的季节变化;

(3)添炭煮茶讲究一定火候;

(4)茶具要讲究,以保持茶的色、香、味;

(5)炉子要 0.47 米见方;

(6)炉子冬天固定,夏天移动。

第三节 商务通信的礼仪

随着科学技术的发展和人们生活水平的提高,电话的普及率越来越高,人们每天要接、打大量的电话。现代商务交往中,电话是十分迅速便捷的工具之一,因此电话礼仪显得非常重要。进行商务交往,还要涉及商务文书的写作。一封严谨规范的商业信函,一帖庄重美观的请柬,一定能给人留下美好而深刻的印象。商业上用的信笺是很重要的,这往往是一家公司或一个商人给另一家公司或一个商人的另一种第一印象。

一、电话礼仪

(一)电话形象

电话也是一种商务交往方式。人们能通过电话"见面",通过声音了解对方的意图、性格、情绪、表情、心境。对于两个陌生人来说,甚至还能通过声音判断对方的身高、长相、风度等。凭声音想象出对方的形象,就是电话形象。只要你与人通话,对方的脑子里就一定会出现你的形象。因此我们在使用电话时,必须重视自己的"电话形象"。电话形象是可以塑造的,打、接电话是一门艺术,商务人员可以用礼貌、热情诚恳的语言塑造自己彬彬有礼、热情大方的电话形象;也可以通过思路敏捷、严谨、明了的谈话风格,塑造自己精明强干的电话形象。良好的电话形象体现了一个人的文化素质、风度、业务能力、礼仪修养。

电话形象代表企业接人待物的风格,商务人员打、接电话的规范程度,不仅表现个人的自我修养,还体现一个企业员工素质及管理水平。很难想象,一个态度粗暴、语言唐突、无精打采、词不达意、模棱两可的听觉形象,会使你相信该企业是一个管理严密、员工训练有素、待人热情、实力雄厚的企业。难怪有些兴致勃勃的投资商,放下电话后就再也没有投资的兴趣和信心。

(二)电话基本礼仪

1. 电话用语,灵活规范

职业人员应熟悉电话的规范用语,用电话交流时,应简单、扼要,以提高工作效率,减少费用开支。

接电话的规范。应在铃声响过二次就接话。一些人给对方打电话,如果拨号音过了三下还没人接,就当作对方没人而将电话挂断。这样无疑会使企业错过获得信息的机遇,特别是一些业务信息的电话。拿起电话后,应和蔼可亲地报出本公司的名称,如:"您好,这是通达贸易公司。"以让对方明白是否拨对了电话,减少双方互相询问的时间,而尽快地进入正题。电话交谈要简单、扼要,彬彬有礼,电话里的问候要简练。

2. 体态优雅、沉着大方

在办公室及公共场合打接电话的姿势通常有两种,即站立或坐着打电话。站着打接电话,应收腹挺胸,双腿自然站立。坐着打接电话时,坐姿端正,双腿并拢,背挺直,双肘支在桌面上。一般用左手握话筒,右手做记录。通话时不能趴在、靠在、坐在桌子上,或斜靠在椅子上,更不能边吃东西边讲话,把听筒夹在头和肩之间来回踱步,或不时用手摆弄电话线。

3. 声音清晰、感觉愉快

人们常用声情并茂来形容歌唱演员的精彩演唱。"情"不到,"声"则不美,打电话也是如此。虽然双方彼此都看不到对方的面孔,但可以从声音听出对方的表情和神态。亲切、甜美的声音,会给人以愉快、受尊重的感觉。所以,通话前应调整好自己的情绪,控制好音量,以对方能听清为限。保持面部微笑,轻松愉快,讲话速度应比平时稍慢一些。

【案例 9-3】

在美国,不仅是政治家,就是企业家想功成名就,口才也是重要条件之一,所以练习发出理想的声音,是一个重要的课题。据说美国总统林肯的音调就是经过长久磨练而成的。

在日本等国发音练习十分受重视,因为在商业社会中,电话使用率高,有时还利用电视电话进行会议,所以声音也更受重视。专门指导发音的练习班十分流行。据说田中角荣磁性、沙哑的声音,对提高他的声望很有帮助。中曾根康弘首相咬字清晰,给人精明的感觉。

有些人认为声音的好坏是天生的,其实声音可以控制,应该充分掌握自己的声音,并用最好的声音与人交谈。

(1)控制声音的第一步是要了解自己声音的特性。尽管声音并非随时都保持一致,例如有些人在早晨声音沙哑而不稳定,根本无法说话。要明白自己的哪一种声调最能给人好印象,然后好好把握,多加练习,遇到重要生意要商谈时,便可用最好声音赢得好印象。

(2)刚开始可把自己的声音录下来,最好是录自己与他人自然交谈的声音,才能真正知道自己平时讲话的腔调、速度、习惯等,反复聆听带子,找出自己说话的优点与缺点。

(3)声音大小也是重点之一,声音洪亮的人给人正直的感觉,所以说话一定要清楚而坚定。声音小的人多半对自己的话没有信心,与人谈生意时,若声音太小将缺乏说服力,一定要说得清楚、明朗,这是谈生意的重要武器。只要认真努力地练习,一定可运用自如。

(4)多数人会有些经验,当坐姿不正确时,发音也会感到困难,可见姿势与声音有密切的关系,不良的姿势不可能发出悦耳的声音。歌手演员们为了发出好听的声音,都是先从姿势训练开始的。因为姿势良好不会压迫声带,可以毫不费力地发出响亮的声音。

训练姿势的方法是站立在墙壁旁,肩胛骨和脚跟紧靠墙壁,此时腰部有一拳头宽的空隙,这就是能发出好听声音的基本姿势。

坐着说话时要尽量伸直脊椎骨,这样说话时易扩张胸部,声音也较易发出,这是自己可以感觉到的。

如果觉得今天的声音不太对劲,多注意姿势就可得到改善,并轻轻练习 ia—ia—ia 的声音,便可改善。若紧张而发不出声音时,可做深呼吸,或与同事聊聊,缓解紧张的情绪。

◇ 小贴士 9-2

腹部呼吸法美化声音

良好的姿势,就是可以做腹部呼吸的姿势,好的发音需要很多新鲜氧气来帮助,所以要有能充分补充氧气的呼吸法,也就是利用横隔膜的腹部呼吸法。

腹部呼吸法的效果:

1.腹部和胸部均能储存氧气,使呼吸长久连续,并保持声音不紊乱。

2.能松弛肩部、喉咙、颈部的紧张,预防发出变调的声音。

3.声音大小、音质、说话速度较易控制。

要了解自己目前的呼吸是腹部呼吸还是胸部呼吸,可用下面的方法检查:站在镜前观察,若呼吸时肩膀会上下起伏,就是胸部呼吸。

学习腹部呼吸有一个简单的方法,就是平躺在床上或洁净的地板上,尽量发出Y—Y—Y 的声音,并将手置于腹部,看腹部是否上下起伏。若腹部有起伏就是腹部呼吸。

把话含在嘴里,听起来令人着急,缺乏诉求力、诚意及说服力,甚至语意表达不清。要将自己的意思清清楚楚表达给对方,第一要点就是开口发声。当你发 Y 的声音时,是否能容得下直径三厘米的圆筒呢?有这样的张口程度,才能发出最清楚的声音。

学习发音要从 a、i、u、o、e 五个音开始,练习清楚地发音,说话的音质将有很大的改善。

首先站在镜前注意口形是否正确,五个音反复练习,嘴巴张开的程度,由大到小依序为 a、o、e、u、i。

其次,话语完毕时,语尾要清晰,这样不但能把话清楚地传达给对方,而且还能博得好感。如语尾有奇怪的音调,一定会留下不好的印象。谈话时应面带微笑,露出友善、温和的表情。

4. 准备充足,交谈有序

拿起话筒之前,应认真思考,准备充足。如找谁比较合适? 要找的人不在该怎么办? 如何有礼、委婉、准确地表达自己所要讲的话? 如果遭到拒绝怎么办? 对方可能提出什么要求? 等等。如果情况较复杂,可以一件件地列出提纲,涉及数字的一定要记在纸上,并认真核对,保证数字的准确性。如几点钟和几次车;价格、数量多少;电话号码;等等。如果准备不充分,在电话里就会支支吾吾,模棱两可,手忙脚乱。这不但有损自己的形象,也败坏了公司的声誉。

5. 打接电话,轻拿轻放

通话时,话机要轻拿轻放。通话结束时,受话人应等对方放下话筒后才能挂上电话。让对方听到"啪"一声重重的挂话筒的声音是极不礼貌的。放下电话时不要粗心大意,要检查电话是否放好,否则会影响电话的正常使用,还会给企业带来不必要的电话费用的支出。

6. 不要在公司打私人电话

如果是因私事接听电话,应简单、扼要,尽快结束谈话,或另约时间通话和见面。

(三)接电话的礼节

在日常工作中,接电话人的语言很关键,它直接影响着对方的第一印象如何。

1. 接电话的时间

电话铃声一响,应该立即去接,电话铃声响过数遍后才做出反应会给人以不愉快的感觉。一般最多不要让铃声响过五遍,不然对方会焦急。在工作岗位上遇到距离自己较近的电话铃声鸣响的情况,即便不是自己的专用电话,也应主动接听,帮助传达消息。

2. 电话应对

(1)接电话时,首先是通报自己的服务单位。接着说"请问您找谁""我能为您做点什么"等礼貌语。

(2)对方说明了要找的人,可回答"请稍等",然后去找。

(3)如遇找的人不在,可婉转地回答对方,"××不在办公室,请问您有什么事需要转告吗"或"××不在,我能告诉他是谁给他来过电话了吗"。

(4)假如要找的人正在开会或在处理紧急公务,也应有礼貌地回答:"××正在主持一个会议,我估计再过一刻钟可以结束了",或告诉对方过会儿再打来。

(5)对方若有重要事情需要转告或被要求记录下来时,应认真地予以记录。记录完毕后,应将其中的重点内容再复述一遍,以证实记录无误。

(6)当电话交谈结束时,可询问对方"还有什么事吗""还有什么要求吗"之类的客气话,这既是尊重对方,也是提醒对方通话结束。最后道声"再见",一般是在对方放下话筒后再放下自己手中的电话。

(7)接电话时应避免轮番说明、对话的现象,即接到电话以后,一旦通话中途明白此事与自己无关,需要转给当事人时,应该将已经听到的内容简单扼要地先介绍给当事人,然后递交电话。

3. 同时接听电话

接听电话时,如果另一部电话铃响了,可先向对方说声抱歉,表示有电话进来,请其稍候,然后接第二部电话。同时在对方有机会说任何事之前先告诉他:"对不起,我正在接听另一部电话,请稍等,我会尽快回来与你交谈。"然后回头与第一位交谈,并设法结束电话。如果不能马上结束,则向第二位打电话者说声抱歉,并请其留下号码待稍后回电。因为第一部电话总是优先的,除非第二部是国际电话或特别重要,这时,须向第一部电话的通话人说明,请其谅解。

4. 会议、会晤期间不适宜接电话

会客中屡屡起身接电话,是对在场的客人不礼貌。若不得不应答,首先应向客人表示歉意,然后向电话的对方说明这里有客人(或会议),待客人离去(或会议结束)后,再打电话联系,然后挂断电话。只要约好由自己给对方打电话,就应该按照约定时间,付诸行动。如果实在有困难,一定要请秘书或其他人与对方联系。

◇ **小贴士 9-3**

不喜欢的电话的处理

若想结束不喜欢的电话和交谈,有一些较温和的方式可供参考:

1. 表示有一部紧急电话进来。

2. 表示有事要处理或突然想起有个约会,可告诉对方:"陈先生,真抱歉,我必须到会议室,我们下次再详谈。"

3. 给对方保留下一次谈话的希望:"陈先生,我还有很多细节想要向您请教,我们可以改天约个时间,见面详谈吗?"

4. 表示老总正在叫你,你不方便再讲话了。

5. 表示有访客来访,你必须过去招呼了。

(四)打电话的礼节

1. 打电话应选择适当时间

给某人家里打电话,要避开上午九点前、晚上九点或十点以后,以及晚饭(包括准备)时间;而往办公室打电话,则最好避开临近下班的时间。因为,这个时间打电话,如果对方需要调查一番方能答复,或是对方急于下班的话,很可能得不到令人满意的回答。

2.电话应对

(1)打电话者首先应准确地通报自己的单位和自己的姓名,这是电话礼节中最基本的常识。

(2)"请问您是××公司吗？麻烦你找一下×××听电话好吗?""谢谢!"在对方找人的时间里,应手持话筒静候,不要做其他的事或聊天。

(3)如果要找的人不在,不要"啪"地把电话挂断,而应该说"请问,×××大约什么时候回来""好的,××点钟我再打电话给他(她)""麻烦您转告他(她),等我的电话",或者"如果方便,麻烦您转告他回来后给×××号码挂电话,我的姓名是××,您看行吗?"如果对方答应了你的请求,应当表示感谢;如果由于某些原因,对方帮不上你的忙,你也应礼貌地说:"没关系,我再想办法找到他(她)。对不起,打扰您了。"

(4)通电话时若由于某种原因导致电话中断,要由打电话人重新挂拨。当电话拨通后,应首先说"您好!"

(5)通完话要主动挂机。

◇　**小贴士 9-4**
使工作顺利的电话术

1.迟到、请假由自己打电话;

2.外出办事,随时与单位联系;

3.外出办事应告知去处及电话;

4.延误拜访时间应事先与对方联络;

5.用传真机传送文件后,以电话联系;

6.同事家中电话号码不要轻易告诉别人;

7.借用别家单位电话应注意:一般借用别家单位电话,不要超过十分钟。遇特殊情况,非得长时间接打电话时,应先征得对方的同意和谅解。

(五)手机的使用

手机的出现和广泛使用,使得人们之间的联系更为便捷。但如果在使用时不注意礼仪,就会干扰别人,给别人带来不便。

在音乐会、重要仪式、重要集会等高雅、庄重的场合不能用手机。万一要用,应调成振动,把对他人的影响降到最低。

手机最好不要别在身体的明显部位,也不要总是拿在手里,应该放在手袋中或公文包里。

不要在大马路上一边走一边打电话。如果确实有急事,可站在某个安静处打。

平时与人共进工作餐(特别是自己做主人请客户时)也最好不打手机。如果有电话找自己,最好说一声"对不起",然后去洗手间接,而且一定要简短,这是对对方的尊重。当着客人的面打电话,会使客人不知所措。

二、商业信函礼仪

(一)商业信件礼仪

1.商业信笺的制作

商业信笺上的公司名称要求印得质量高,纸张也要求高质量,设计和布局的选择要能反映商业特征——正式的还是非正式的,老式的还是新式的,等等。商业信笺应该印上公司名称、地址、电话号码、注册的办公室地址、电传号码、公司注册号码以及董事们的姓名。写商业信绝不可用有颜色的纸。若不清楚信件应发给哪个具体的人时,可以用"敬启者"之类。如果对男女两性都要称呼,那么可用"Gentlemen"。寄到办公室的私人信笺要注上"亲收"。绝对私人的信件,应该用私人的信笺。与外国人通信,第一封回信最好按照对方来信时的落款形式给对方回信。

2.商业信件的语言

商业信笺使用的语言比社交信要正规,用词也要严谨得多,内容上要力求简短。从时间上讲,要先叙旧后谈近况。细节部分应准确明了地表达清楚,避免使对方费解。对对方有参考价值的数据或情报,应尽可能引用、提供;与正题无关的闲话尽量省略。表示不满的信笺,要写得委婉,有礼有节地提出意见,寻求解决办法;一旦对方改正了错误,切莫忘记回信表示感谢。除了绝对私人性质的信件,一般都是打字。

3.信笺的折叠方法

一般来说,信笺如何折叠已不为人计较,顺其自然。但和海外人士书信交往时,还是有必要了解和掌握。折叠方法是文字向外,先直后横,顺折向上,以便收信人拆信后很容易看到自己的名字。而文字向内的折法,按传统风俗习惯的说法则是丧家凶信的折法。

4.信的开头

写收信人的称呼,要单独成行,顶格书写,以示尊敬和礼貌。称呼之后加冒号,以示领起下文。平时对收信人如何称呼,信上就如何称呼。在国际商务信笺中,信的开头可用"Dear",后边加上对方的姓,如"Dear Mr. Smith"(亲爱的史密斯先生)。

5.结尾的习惯写法

一是正文写完后,紧接着写"此致",转一行顶格写或空两格写"敬礼"。

二是不写"此致",只是另起一行空两格写"敬礼""安好""健康""平安"等词。也可以在正文结尾下另起一行写"祝称""敬祝",再空两格写上"安好""健康"等。

国际商务信笺的结尾一般以"Yours Sincerely"(忠诚于你的)结束,当然写给朋友的信,结束语可自由选择。

6.签名

在商业信函中,很多人的签名很难认,因此,打字机打出的签名相沿成习。用打字机打出的信函上未见签名是很麻烦的,但是这种事常发生。未签名的信函没有任何意义。切记商业信函要签名。

签名时不必加对自己的称呼,但是如果你的名字很容易让人误解你的性别,就应在名字后加上"先生""女士"等称呼。若称呼男士为"小姐",会教人很难为情。

如果你是基层主管,未经公司高级主管授权的信函,不要随便寄送,以免惹怒他人,尤其是主管者的指示列入信函时,更应仔细处理。如果信函谈及的主题敏感,应该准备一份备忘录和信函给主管;如果信函是标准报告,没有涉及个人问题,影印一份给主管就可以了。

有关报告、信函、备忘录和传真的礼节要点,如果你要把这类文件寄给别家公司主管,一定要经本公司主管签名才能寄出。主管写信给别的公司同级人时,应在信上签名。

在信文的最后,写上写信人的姓名和写信日期。署名应写在敬语后另起一行靠右位置。

(二)电子邮件礼仪

随着因特网和电子邮件在商务领域中的普及应用,电子邮件礼仪已经成为商务礼仪的一部分,并且对于客户关系成败的影响日益显著。如何写好一封商务电子邮件呢? 以下建议可以给我们很好的帮助。

1.要注意措辞

你也许认为自己的邮件浅显易懂,但是有时候却遭到误解。简单明了的邮件可以使你节省打电话发传真澄清邮件意义的时间。

2.不要"惹火"收件人

如果使用含有敌意的词句或者批评的语气(电邮礼仪中称为"火焰"),你会"惹火"对方并且造成糟糕的局面。电子邮件不是大家"笔伐"的工具,如果有问题,与对方当面解决。

3.提前通知收件人

尽量在发邮件以前得到对方的允许或者至少让他知道有邮件过来,确认你的邮件对他有价值。

4.最好不要发送私人或者机密邮件

即使你选择"永久删除",许多软件和网络服务仍然可以访问硬盘上备份的信息。在你发送以前,仔细考虑如果别人(比如老板)看到这封信会发生什么情况。因此,尽量少发送会泄露你个人信息或客户机密的私人邮件和机密邮件。

5.使用附件功能要小心

附件越大,下载时间就越长,占用收件人电脑空间越多。有些附件可能毫无必要,或是收件人已经有了。应避免或尽可能少地传真、邮寄那些冗长的附件。

6.使用抄送功能要小心

你也许会把自己的邮件像备忘录一样抄送给其他同事或者客户。不要滥用抄送功能,否则收件人会以处理垃圾邮件的方式一删了之。

三、常用商业信件的礼仪规范

(一)私人介绍信和正式介绍信

1. 私人介绍信

写法与普通书信相同,是写信人向自己的亲戚朋友介绍第三者,语气比较亲切随便。另外,私人介绍信一般都要写信封。

2. 正式介绍信

是写信人因公把自己的同事介绍给某单位或某个人。因此在写这种介绍信时要求语言和格式严谨、规范。

3. 正式介绍信的内容

简单介绍被介绍人的姓名、身份、职务,接洽事项和要求。对对方的帮助预先表示感谢。由于介绍信是面呈的,一般不写信封。

(二)推荐信

推荐信主要用于向雇主推荐人,以便被录用。一般第三者写,也有自荐的,推荐信的要求有以下几点。

首先,介绍被推荐者的基本情况。

再次,提到被推荐者的诚实、才干以及入职的要求。

最后,实事求是,不作过奖之辞,亦不要为了实事求是,而将被推荐者的某些不必要说的缺点写在信上。

(三)致辞与函电的礼仪知识

1. 礼仪致辞的种类和特点

(1)礼仪致辞的种类

礼仪致辞主要有欢迎辞、欢送辞、答谢辞、祝酒辞。欢迎辞、祝酒辞是宾客来时主人的致辞。答谢辞是宾客为感谢主人的款待而致的答辞。欢送辞是宾客离开时,主人说的惜别辞。这些致辞主要用于社交活动。

(2)礼仪致辞的特点

尊敬感。礼仪致辞建立在双方尊重的基础上,在称谓前有表示尊敬的修饰词,再在姓名后加上头衔。

真挚感。在迎来送往时,用致辞表达感情,就应在致辞里反映出情意,这种情感要真诚,不是做给宾客看。使用客套话不能过分。

简洁性。致辞类文体应短小精悍。它们一般出于礼节需要,表达的内容点到为止,其文风要简明扼要,以表现出致辞者的精明与果断。

委婉性。双方致辞时只讲对相关事物的原则，不涉及双方有争议的问题，所以应用委婉词语，阐明各自见解，以便继续合作与交流。

2.礼仪致辞的格式与注意事项

（1）礼仪致辞的格式

礼仪致辞的格式分为标题、称谓、正文和落款。

标题。一种只有"欢迎辞"；一种是"×××＋职务在欢迎××招待会的致辞"。

称谓。一种是泛称，用"同志"等词，标题下面第一行顶格，加冒号；一种是专称，写明宾客姓名及头衔等。

正文。据双方关系及目的确定。含义如下：一是诚挚友好的欢迎之情或友好的欢送之意；二是简要回顾双方合作取得的成绩及友谊；三是向对方表示祝愿和继续合作之意。正文最后以祝颂辞结尾。

落款。在最后一行右边签讲话人的姓名、职务。

（2）礼仪致辞的注意事项

要注意场合、致辞对象、气氛等。用语要雅致、准确、生动，要通俗易懂。篇幅要短，主题鲜明，客套话适量，语言明确。要礼貌而真诚地和对方交往。全文要清楚、紧凑。

3.礼仪函电的种类与特点

（1）礼仪函电主要有三类：贺信、贺电，慰问信、慰问电，感谢信、感谢电。其中贺信、贺电是用来祝贺对方取得成绩或庆贺节日而写成的信函或电文。慰问信、慰问电是向集体或个人表示关怀、问候、鼓励的文书。感谢函电是用来表示感谢的信函或电文。礼仪函电与信函有些差别，它的使用主要出于礼仪需要。

（2）礼仪函电的特点

礼仪函电具有社会效应。

礼仪函电与公务函电虽同属一种文体，但两者使用特色有所不同。表达内容上，礼仪函电多以增进友谊、慰问、感谢为主；公务函电则以办理事项、通报情况、咨询、商洽或答复为主。写作上，礼仪函电要合乎礼仪规范，证据温和；公务函电按有关规则行文，语气严肃庄重，用词简练。作用上，礼仪函电起加强沟通、增进了解的作用；而公务函电起办事作用。

（3）礼仪函电的格式与注意事项

贺信、贺电的格式有标题、称呼、正文、落款和日期。

贺信标题位于另起一行顶格处，分为机关、个人。机关要用全称或规范称；个人贺信、贺电，应根据礼仪书写称谓，称呼后加冒号。

正文另起一行空两格，是内容部分。有三层含义：一是开头写祝辞原因和祝辞，就个体事件向对方表示祝贺，并说明取得成绩的原因、意义及影响；二是中间展示对祝贺事件的态度，分析肯定该事件；三是最后以祝愿结尾。

落款应写明发信、发电机关的全称。落款在正文右下方。最后，发信、发电日期署于落款下方。

写函电要注意,贺电篇幅比贺信短,用语更简洁,词义鲜明、准确;格式要规范、称呼要得体;语气要感情真挚、热情大方,但不能过分渲染;所述事件要符合实际。

4. 柬帖与贺卡礼仪

(1)柬帖的礼仪

柬帖,是简短书写的信札、书柬、请柬等的统称。

柬帖的特点有:

告知性。柬帖要将邀请、致谢等告知对方,写明邀请人姓名、活动时间、地点等。

礼节性。柬帖的款式、用语等都注重礼仪要求。

规范性。柬帖一般都有讲究,在行文中的起行、位置、制品的设计要与交际对象及内容一致,并按社会约定写。

简洁性。柬帖要言简意赅,一目了然。

(2)柬帖的格式与注意事项

柬帖的格式由标题、正文、结尾及落款和时间组成。

标题应写在柬帖的封面。

正文根据柬帖的种类而有具体要求。如请柬,请柬的正文组成部分如下:

被邀人姓名;被邀的活动名称;活动的时间、地点等。个别的要请被邀人确认能否应邀。用词要准确、精练、得体。

结尾处空两格写"此致"或"敬请"字样,另起一行顶格写"敬礼"或"光临"。

落款写在右下方,另起一行在右下方注明日期。

(3)柬帖写作要注意的事项

选购柬帖,款式要与交际对象及内容一致。如拜年帖可选竖式且装帧突出民族文化的为好。

柬帖的写作应与其外表形式协调,即竖帖竖行书写,横帖横行书写。

柬帖的语言要雅致、自然。

柬帖中名称应用全称或通用简称。

打印好的有规格的柬帖,行文中不用标点;信函形式的柬帖,可用标点。

(4)贺卡的礼仪

贺卡,就是印或写着祝贺语的卡片。如春节的贺年卡,还有元旦、生日及其他节日中用的贺卡。赠送贺卡是节日庆典的礼仪活动,它可使人们加深了解、增进感情。随着贺卡使用的增多,制作贺卡者迎合多种祝贺的需要,以不同的款式、图案、祝贺语将贺卡分类。如贺年卡,多用富有民族特色的图案,如宫灯、爆竹等,祝贺词多为"恭贺新禧""新年快乐"等,多以隶书、篆书印刷。其他节日的贺卡,也各有特色。当然,有的贺卡可两个节日兼用,如有的贺卡上印有"圣诞好""新年好"的双重贺词。但其他如情人节、母亲节的贺卡,不得混用。

要根据使用背景和赠送对象决定选择哪种贺卡,这就要注意贺卡的款式、风格和祝贺词。挑选贺卡时应注意贺卡的装饰与贺词同送贺卡的背景一致;在节日前送给收卡人;贺卡装饰要与人的审美一致,贺卡的内容要与收卡人心境相通;贺卡上的词语要能表达赠送者的祝愿。

　　规范的贺卡,除了装饰物和祝颂词外,还有空白处给赠送者写作。贺卡的写作一般在贺卡祝颂词的基础上,加上表达心情的言辞,在祝颂语前写上赠送对象姓名,在祝颂语后写上赠卡人姓名、时间。

　　贺卡书写时要用词得体、简洁,字迹工整;贺卡是竖式,行文宜竖行书写,反之相同。

【本章小结】

　　本章重点介绍了商务办公中基本的礼仪规范。包括办公室的布置、职业人员在办公室中的行为举止、办公室接待、拜访礼仪及商务通信礼仪。这对大学生就业后尽快进行角色转换,适应工作环境的要求具有重要意义。

【复习与思考】

一、思考题

1.办公室的行为规范有哪些?

2.如何进行办公室的接待和拜访?

3.如何打接电话?

二、模拟操作

要求:按照办公室的环境进行仪容、仪表的修饰并模拟操作办公室的拜访和接待

地点:礼仪实训室;模拟办公室

人员:同学分小组(3~4人)分别扮演经理、接待者和拜访者

内容:办公室形象塑造

　　　打接商务电话

　　　办公室拜访

　　　办公室接待

第十章
仪式礼仪

不以规矩，不能成方圆。

——孟 子

第一节　宴会的礼仪

每个民族都有自己的饮食习惯，没有人说自己不会吃，不会喝，但要做到吃得文明，吃得礼貌，却不是一件容易的事情。宴请是社交中的一项主要活动，为了应酬答谢、祝贺共勉、联络感情、结交朋友、增加接触机会、讨论共同感兴趣的问题或解决工作问题等，都可以设宴，置佳肴美酒，使宾客乘兴而聚，尽欢而归。

一、宴请对象

当你决定了要举行宴会之后，首先要考虑和确定的问题，就是宴请的对象。

宴请最好是由主方单独宴请特定的一方，使对方感到被重视、被尊重，继而呈现出一种友好、融洽的心理反应与积极配合的行为状态。

宴请如果邀请多方参加，主方就应权衡己方与多方之间、多方相互之间现存的关系状况如何。状况良好，欢聚一堂无妨。状况不佳，便会使各方均感难堪，心怀猜疑，最终对主方产生不满，甚至会出现当场责难或者拂袖离去的情况。

因此，在确定宴请人选时，最好将宴请的一方或多方参加者列出名单，然后根据名单，对有关出席者的资料进行认真分析和研究(如果没有现成的资料要尽快收集)，以此作为最后的确定宴请人选的依据。如果需要的话，还可以邀请宾客的配偶一道出席宴会，以体现对客方的尊重和礼仪周全。

二、宴请时间

确定了宴请对象，便要考虑宴请的日期和具体时间了。

宴请的日期和时间主要依据客方的具体情况来确定。一般要避开客方工作最为繁忙或是有重要活动的日子和时间段。可以事前给客方去电话,简单询问一下对方的时间安排和活动日程,并将自己确定的大概时间告知对方,双方共同商定最后确定的日期和时间,这既显得礼仪周全,又能保证宴会如期举行。

在确定宴请日期和时间时,要注意尊重异邦习俗和民族特点,切不可盲目确定日期,以免失礼甚至酿成纠纷。

三、宴请类型

宴请的规格和类型的选择,主要依据宴请的目的与出席者的身份来确定。

从现代社会宴请的类型来看,主要有宴会、招待会、茶会、工作进餐、家宴等几种形式。

(一)宴会

宴会有国宴、正式宴会、便宴之分。按举行的时间,又分为早宴、午宴和晚宴。其隆重程度、出席规格以及菜肴的品种与质量均有区别。一般来说,晚上举行的宴会较之白天举行的宴会更为隆重。

1.国宴

是指国家元首或政府首脑为国家庆典或外国元首、政府首脑来访而举行的宴会。按规定,宴会厅应悬挂国旗,乐队演奏国歌及席间乐,主宾双方致祝酒辞。

2.正式宴会

除不挂国旗、不奏国歌以及出席人员不同之外,其余安排大体与国宴相同。宾主均按身份排位就座。许多国家正式宴会十分讲究排场,在请柬上注明对客人服饰的要求。往往可以从服饰规定上体现宴会的隆重程度。对餐具、酒水、菜肴道数、陈设以及服务员的着装都有很严格的规定。

通常菜肴包括汤和几道热菜(中餐一般用四道,西餐用二三道),另有冷盘、甜食、水果。欧美国家的宴会,餐前上开胃酒。常用的开胃酒有雪利酒、康巴利酒、杜邦内酒、苦艾酒、低度白葡萄酒、苏格兰威士忌加冰水(苏打水)等,还可以上啤酒、水果汁、番茄汁、矿泉水等。席间佐餐用酒,一般多用红、白葡萄酒和香槟酒,不用或很少用烈性酒,尤其是白酒。有时整瓶红葡萄酒放在餐桌上,以室温供应;白葡萄酒则整瓶放在冰桶里,服务员随时给客人倒。在一些比较隆重的宴会上,菜单上往往注明这次宴会喝的是哪一年酿造的葡萄酒和香槟酒,一般是年代越久远,越名贵。

餐后,在休息室上一小杯烈性酒,通常为白兰地,另外还有薄荷酒、可可香草酒等,像雪利酒、红酒、马德拉岛葡萄酒和马拉加酒等优质甜酒也可作餐后酒。主人经常让客人自己选用。有时,餐后酒用细颈的玻璃瓶储藏和供应,以免酒味跑出。一般情况下,餐后酒是以室温供应的。盛酒的杯子比普通葡萄酒杯略小些,并且比较讲究。我国在这方面做法比较简单,餐前,如有条件,可在休息室稍加叙谈,通常上茶、汽水、啤酒等饮料。如无休息室也可直接入席。夏季时,上酒可以是葡萄酒、黄酒、白酒、啤酒,或不含酒精的饮料,其他季节多上甜酒或白酒。餐后一般不用集体回休息室座谈,也不上餐后酒。

3.便宴

即非正式宴会,常见的有午宴、晚宴,有时也有早宴。这种宴会形式简便,可以不排席位,不作正式讲话,菜肴道数也可酌减。西方人的午宴有时不上汤,不上烈性酒,有时还以自助餐的形式安排便宴,自由取食,自由行动,显得随和亲切。便宴宜用于日常友好交往。

(二)招待会

招待会是只备一些食品和饮料,不备正餐,不安排座次的一种较为自由的宴请方式。常见的有冷餐会与鸡尾酒会两种。

冷餐会又称自助餐,它可以在室内外举行,参加者可坐可立,并可自由活动。菜肴以冷食为主,酒和菜均可自取,也可请服务员端送。

鸡尾酒会简称酒会,它以酒水招待为主,并略备小吃。在此期间,参加者任何时候入席或退席都可以,还可以自由走动,自由交往。

(三)茶会

茶会是一种更为简便的招待方式。它一般在客厅举行,不排座次,主人请客人一边品茶,一边交谈。

(四)工作进餐

工作进餐是现代生活中一种经常采用的非正式宴请的形式,它不请配偶及其他与工作无关的人员。有的工作进餐需要参加者各自付费。在进餐过程中,大家可以边吃边谈,比较轻松和自由,不拘束。

尽管宴会的类型繁多,但举行何等规格的宴请,主要取决于当地的习惯。通常正式宴会规格高,但人数不宜过多,冷餐会与鸡尾酒会则形式简便,人数不限。而女士的聚会则多采用茶会这种形式。

四、桌次的顺序

一般家庭的宴会,饭厅置圆桌一台,不排桌次顺序,但如果宴会设在饭店或礼堂,圆桌两桌,或两桌以上时,则必须定其顺序。按共同的惯例和习惯,以背对饭厅或礼堂为正位,以右边为大,左边为小,如可以排三桌,则以中间为大,右边次之,左边为小。即桌次高低以离主桌远近而定(以面门为准),右高左低。桌数较多时,要摆桌次牌。多桌宴请时,宴请桌排列一般以最前面或居中的桌子为主桌。

以下为几例桌次顺序的安排(见图10-1)。

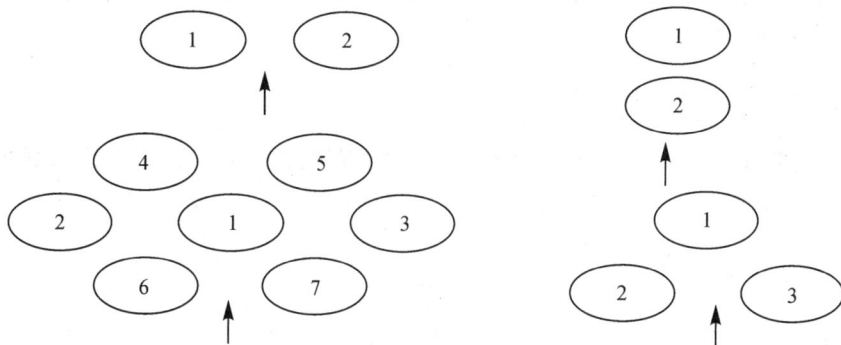

图 10-1 桌次顺序的安排

五、座次的安排

【案例 10-1】

在我国古典小说名著《水浒》第 71 回中,梁山泊众好汉领袖宋江面临着一大难题——如何为 108 名好汉排定座次呢? 弄得不好,这是会出乱子的。于是他就预先埋下一块石碑,上面刻着按他的旨意排定的 108 人的座次。这一块石碑掘出后,众人认为这是天意,就依此排定了座次。宋江就这样解决了众好汉在梁山上的地位问题,同时也使众人口服心服。

邀请宾客后,必须安排客人的座次。目前我国有中式及西式两种席次的安排。两种方式不一,但基本原则相同。客人们在进入宴会厅之前,在前厅可以看到一张宴会桌的座位图,图上标明每个客人的座位。

餐桌上的座位是根据身份、地位、年龄和任职年限来确定的。

(一)以右为尊,以左为次

如果男女主人并排座,则男左女右,以右为大。如席设两桌,男女主人分开主持,则以右桌为大。宾客席次的安排也是这样,即以男女主人右侧为大,左侧为小。

(二)尊者坐上座

在官方的宴请活动中,名单次序有固定的排法,首先是国家元首、议长、总理、部长,然后是法院院长、检察长、高级将领、教会领袖等。如果有两个地位相当的客人,则把年长的排在年轻的前面。

(三)分坐原则

同时,宴会也是社交的场合,故座位可采用分坐的原则。

即男女分坐,排座位时男女互为间隔。夫妇、父女、母子、兄妹等必须分开。如有外宾在座,则华人与外宾杂坐。

(四)长幼有序,师生有别

在非正式的宴会场合,应该遵守长幼有序、师生有别的规则。如某君已为部长,而某教授为其恩师,在非正式场合,不能将某教授排在该部长之下。

(五)末座不能安排女宾

(六)特殊情况

男女主人的宴会,邀请了顶头上司,该上司邀请了其董事长,则男女主人必须谦让其应该坐的上位,改坐次位。

(七)家庭节庆

在家庭节庆活动中,座次是按年龄和血缘关系排列的。

(八)排座次的时候还应该注意感情因素

比如一个人即使对座次本身并不在乎,但如果把他排在他的两个强烈的反对者之间,或者一个女人被排在她的前夫的近旁,那么,他(或她)肯定会感到不悦。在这种情况下,感情因素就要置于次序规则之上。主人和女主人通常对坐在餐桌的两边,最好是坐在餐桌宽边的中间,当然分别坐在狭长形餐桌的两端也是可以的。

宴会的席次安排,以礼宾次序为主要依据。这方面按国际惯例,主桌上男女交插安排,以女主人为准,主宾在女主人右上方,主宾夫人在男主人右上方(见图 10-2)。而我国习惯按各人本身职务排列以便交谈。如夫人出席,通常把女方安排在一起,即主宾在男主人右上方,其夫人在女主人右上方。两桌以上的宴会,其他桌的座次,第一主人的位置一般与主桌上的位置相同(见图 10-3)。

六、餐桌礼仪

餐桌上有许多应注意的礼仪。

(一)就座和离席

应等长者坐定后,方可入座。
席上如有女士,应等女士坐定后,方可入座。如女士座位在隔座,应招呼女士。
用餐后,必须等男、女主人离席后,其他宾客才可离席。
就座时坐姿端正,与餐桌保持适宜的距离。胸部距桌边的距离约 10 至 15 厘米,桌椅之

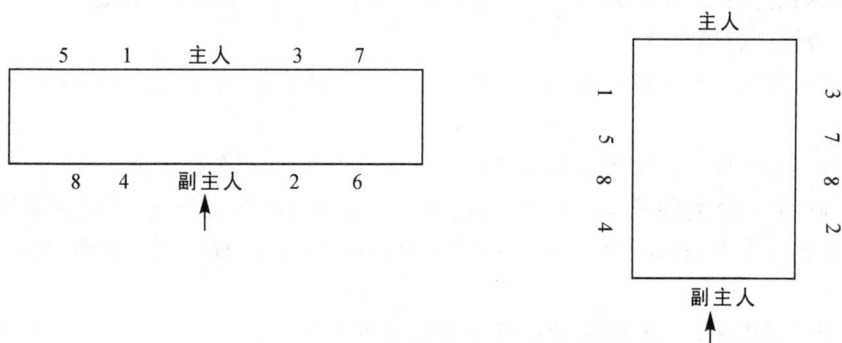

图 10-2　国际惯例的座次安排

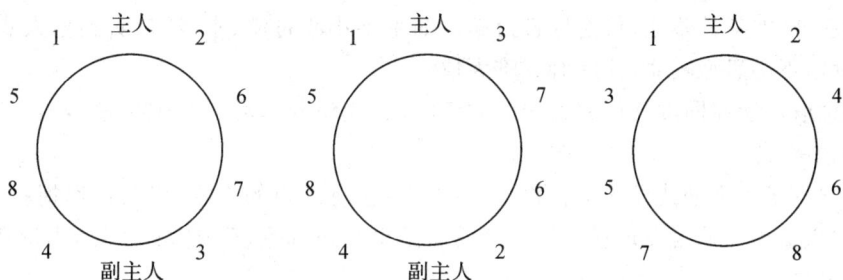

图 10-3　我国习惯的座次安排

间应当留有 60 厘米左右的距离。

离席时,应该帮助隔座长者或女士拖拉座椅。

(二)餐巾的使用

就餐时使用餐巾的风俗大约源自于 1450 年。在此之前,客人们都是用铺在餐桌上的桌布搭在自己的膝盖上,进餐时要先用桌布将手擦干净。

餐巾只有在上菜的时候才能打开。现代的礼节是这样规定的:餐巾应当展开铺在膝盖上,一般不掖在胸前或围在脖子上,也不能系在腰带上,切忌用餐巾擦拭餐具。现在看来这项规定不大合理。当然,如果每个就餐者都把餐巾掖在胸前,将显得很滑稽,但却可以使衣服减少很多污迹。可规矩还得遵守,办法只有一个,留神你的餐具。

(三)餐桌上的一般礼仪

入座后坐态端正,脚踏在本人座位下,不可任意伸直,手肘不得支在桌边,或将手放在邻座椅背上。因为吃饭时,无论手肘靠在餐桌上,还是放在餐桌下,都不合礼节。正确的做法是,手腕和手肘的中间点,轻轻靠在桌边,放在餐盘的两侧;进食时,手腕微微离开桌面。

用餐时必须温文尔雅,从容安静,不能急躁。在餐桌上不能只顾自己,也要关心别人,尤其要招呼两侧的女宾。如主人亲自烹调食物，别忘了对主人的赞赏。餐桌上尽量避免谈论悲戚之事，否则会破坏欢愉的气氛。

嘴巴内有食物，应避免说话。必须小口进食，不要大口地塞，食物末咽下，不能再塞入口。

自用餐具不可伸入公用餐盘夹取菜肴。取菜舀汤，应使用公筷公匙。

好的"吃相"是将食物就口，不是用口就食物。如果食物带有汤汁，不能匆忙送入口，否则汤汁会溅到桌布上，极为不雅。吃进口的东西，不能吐出来，如滚烫的食物，可喝水或果汁冲凉。

切忌用手指剔牙，应用牙签，并以手或手帕遮掩。

避免在餐桌上咳嗽、打喷嚏等。万一不禁，应说声："对不起。"

喝酒宜随意，敬酒以礼到为止，切忌劝酒、猜拳、吆喝。

遇有意外，如餐具坠地，可请侍者拾起。如果不小心将酒、水、汤汁溅到他人衣服上，表示歉意即可，不必恐慌赔罪，反使对方难为情。

如果想取用摆在同桌其他客人面前的调味品，应请邻座客人帮忙传递，不可伸手横越，长驱取物。

如果吃到了不干净或异味的食物，不可吞下，应将入口的食物，轻巧地用拇指和食指取出，然后放进盘中。倘若发现在盘中的菜肴有昆虫和碎石等，不要大惊小怪，当侍者走近，轻声告知侍者更换。

主食进行中，不宜抽烟，如需抽烟，必须先征得邻座的同意。

进餐的速度，宜与男女主人同步，不宜太快，也不宜太慢。

餐毕，餐具务必摆放整齐，不可凌乱放置。餐巾也应该折好，放在桌上。

在餐厅进餐，不能抢先付费，推拉争着付费。如果你是客人，不能抢先付费；未征得朋友同意，也不宜代替朋友付费。

七、中餐礼仪

各个民族都有自己吃的特色。比如在新加坡这个多元种族的小岛，就有用手进餐的巫族与印度同胞，又有用刀叉的洋人及用筷子的华人。而中华民族在吃的方面礼仪，可追溯到千百年前，这的确是一件不简单的事。无论是吃简单的小吃还是丰富的名菜，都同样讲究，这一切就是所谓的饮食文化礼仪。

饮食礼仪因宴席的性质、目的而不同，不同的地区，也是千差万别。古代的饮食礼仪是按阶层划分：宫廷、官府、行帮、民间等。现代饮食礼仪则简化为主人（东道）、客人了。

作为客人，赴宴讲究仪容，根据关系亲疏决定是否携带小礼品或好酒。赴宴守时守约；抵达后，先根据认识与否，自报家门，或由东道进行引见介绍，听从东道安排。排座次是整个中国饮食礼仪中最重要的一项。从古到今，随着饮食礼仪的演进，座位的排法也相应变化。

总的来讲，座次"面朝大门为尊"。家宴首席为辈分最高的长者，末位为最低者；家庭宴请,首席是地位最高的客人,请客的主人则居末位。

首席未落座,其余人都不能落座,首席未动手,其余人都不能动手,"巡酒"时自首席按顺序敬酒,再饮。更讲究的,如果来报又有人来,无论地位尊卑,全席之人应出迎。

若是圆桌,则正对大门的为主客,左手边依次为2、4、6……右手边依次为3、5、7……直至汇合。若为八仙桌,如果有正对大门的座位,则正对大门一侧的右边位置为首席,如果不正对大门,则面朝东的一侧右边席位为首席。然后从首席的左边排下去为2、4、6、8(8在对面),右边为3、5、7(7在正对面)。

(一)上菜

上菜顺序,中餐一般讲究先凉菜后热菜,先炒后烧,咸鲜清淡的先上,甜的味浓味厚的后上,最后是饭菜。有规格的宴席,热菜中的主菜,比如有燕窝、海参和鱼翅,应该先上,即所谓最贵的热菜先上,再辅以熘炒烧扒。

(二)宴席里的大致顺序

茶——在酒店里,因为要等待,所以先来清口茶。但不是必需的。因为古人喝茶多是单独的。

凉菜——冷拼,花拼。

热炒——视规模选用滑炒、软炒、干炸、爆、烩、烧、蒸、浇、扒等组合。

大菜——(不是必需的)指整只、整块、整条的高贵菜肴,比如一头乳猪、一只全羊、一大块鹿肉。

甜菜——包括甜汤,如冰糖莲子、银耳甜汤等。

点心——一般大宴不供饭,而是糕、饼、团、粉,各种面、包子、饺子等。

饭——如果还没吃饱,则可吃饭。

水果——爽口,消腻。

此顺序非一成不变,如水果有时可以算在冷盘里上,点心可以算在热菜里上。较浓的汤菜,应该按热菜上;贵重的汤菜如燕窝等要为热菜中的头道。至于从季节考虑,则还有冬季多红烧、红焖、砂锅和火锅等;夏季则清蒸、白汁、清炒、凉拌为主。此外颜色搭配、原材料的多样化也应考虑。

(三)盛器

酒楼和家宴,各种菜品的分量也有不同。大宴讲究一成至两成冷菜,三成热炒,四成大菜。家宴就可以将大菜减少,冷菜增加。至于盛器,历史长久,古人云:"美食不如美器。"又云:"煎炒宜盘,汤羹宜碗,参错其间,方觉生色。"所以,盛器在我们这个讲究饮食文化,又盛产陶瓷美器的地方,自然加倍讲究。一般要准备大中小平盘(碟),大盘热菜,中盘冷拼,小盘点心、小吃,或灵活选择。还要有深盆盛油大汤多之物,用大汤碗盛汤。外加碗筷、大食具如火锅、烤炉之类,还有水具、茶具、酒具。至于盛器的选取,质地要好,当然名窑古董或各地名瓷都可上桌。色彩搭配要合理。根据所盛菜肴的颜色、性质、质地、名称,选取不同质地、形状、颜色、花纹的盛器。切忌中西混杂,土洋不分,不伦不类。如一品丸子,要用雍容华贵的黄底细文福盘。如清蒸鱼要用白瓷或青瓷鱼盘,红烧鱼则用色彩浓烈的厚重的鱼盘。色彩清亮的凉菜冷拼,则宜用对称的细底纹小碎花圆盘。

(四)酒

宴席不可无酒,纯粹的中餐,应该避免啤酒、欧洲葡萄酒。所以中餐最好配备高度名酒(其实高度烈性酒只是近代才有),但中低度的宴酒(30度左右),如各种黄酒、米酒也男女老幼皆宜。古代的酒度数低,酒具也较为庞大,随着白酒度数于明清逐渐增高,酒具也越来越小,但均以瓷为主。敬酒则要适度,古人饮酒要行酒令,现已近绝迹。

(五)宴席环境

宴席环境,最好完全中式,进门两盏迎客宫灯。绕过落地屏风,落座于红木八仙桌旁,手执象牙箸,听着丝竹软曲,空气中散发着丝丝檀香。透过窗棂木格望到窗外的修竹柳荫,满眼的湖光山色。所以在厅里适宜摆上几盆花木盆景,造成春意袭人、百花迎宾的气氛;四围墙上,悬挂书法字画,灯光音响要尽量保持中国特色。

(六)正规的宴席次序

正规的宴席,作为店家,应该按如下次序招待来宾。

迎宾——列队,引导至席,接挂衣帽,引至座位,递香巾擦手,敬茶(敬烟,一般不可取,中国古人不吸烟的,属舶来品)等。

入席进餐——上茶点、冷盘,斟宴酒,介绍,开餐,上菜,续酒水,撤盘。

餐毕——递香巾净手,上清口茶。递账单送客。

至于国宴,现在用分席制,四(热)菜一汤,外加冷菜、甜点、果品、冷饮。酒水为白酒茅台、黄酒绍兴加饭酒、青岛啤酒,还有矿泉水。国宴更重排场,如辉煌的大厅,或亭台水榭,间或有乐队伴奏。国宴每席上必有一立体的冷盘雕刻摆盘。

(七)具体注意礼节

中餐宴席进餐开始,服务员送上的第一道湿毛巾是擦手的,不要用它去擦脸。上龙虾、鸡、水果时,会送上一只小小水盆,其中飘着柠檬片或玫瑰花瓣,它不是饮料,而是洗手用的。洗手时,可两手轮流蘸湿指头,轻轻搓洗,然后用小毛巾擦干。

客人入席后,不要立即动手取食。而应该等主人打招呼,由主人举杯示意开始时,客人才能开始,客人不能抢在主人前面。

用餐时要注意文明礼貌。对外宾不要反复劝菜,不停地劝酒,可向对方介绍中国菜的特点,吃不吃由他。有人喜欢向他人劝菜,甚至为对方夹菜。外宾没这个习惯,你要是一再客气,没准人家会反感:"说过不吃了,你非逼我吃干什么?"应该尽量地为他人着想,尊重他人的习惯。以此类推,参加外宾举行的宴会,也不要指望主人会反复向你劝菜。你要是等别人给自己夹菜,那就只好饿肚子了。

夹菜要文明,应等菜肴转到自己面前时,再动筷子,不要抢在邻座前面,一次夹菜也不宜过多。给其他人夹菜的时候,要特别注意用公筷。要细嚼慢咽,这不仅有利于消化,也是餐桌上的礼仪要求。绝不能大块往嘴里塞,狼吞虎咽,这样会给人留下贪婪的印象。不要挑食,不要只盯住自己喜欢的菜吃,或者急忙把自己喜欢的菜,都夹在自己的盘子里。用餐的动作要文雅,夹菜时不要碰到邻座,不要把盘里的菜放在桌上,不要把汤汁溅出。不要发出不必要的声音,在喝汤的时候,声音要尽量小,不要影响他人。千万不要在喝汤时"咕噜咕噜",吃菜时嘴里"叭叭"作响,这都是粗俗的表现。也不要一边吃东西,一边人聊天。嘴里的骨头和鱼刺不要吐在桌子上,可用餐巾掩嘴,用筷子取出来放在碟子里。掉在桌子上的菜,不要再吃。进餐过程中不要玩弄碗筷,或用筷子指向别人。不要让餐具发出任何声响。

用餐结束后,可以用餐巾、餐巾纸或服务员送来的小毛巾擦擦嘴,但不宜擦头颈或胸脯;餐后不要不加控制地打饱嗝或嗳气;在主人还没示意结束时,客人不能先离席。

八、西餐礼仪知识

就座时,身体要端正,手肘不要放在桌面上,不要翘起腿脚,与餐桌的距离以便于使用餐具为佳。餐台上已摆好的餐具不要随意摆弄。将餐巾对折轻轻放在膝上。

使用刀叉进餐时,从外侧往内侧取用刀叉,要左手持叉,右手持刀。

喝汤时不要啜,吃东西时要闭嘴咀嚼。不要用舌舔嘴唇或咂嘴发出声音。如汤菜过热,可以等待稍稍凉后再吃,不要用嘴吹。喝汤时,用汤勺从里向外舀,汤盘中的汤快喝完时,用左手将汤盘的外侧稍稍翘起,用汤勺舀净。吃完汤菜时,将汤匙留在汤盘(碗)中,匙把指向自己。

吃鱼、肉等带刺或骨的菜肴时,不要直接外吐,可用餐巾捂嘴轻轻吐在叉子上,放进盘内。如盘内剩余少量菜肴时,不要用叉子刮盘子底,更不要用手指相助食用,应以小块面包或叉子相助食用。吃面条时要用叉子先将面条卷起,然后送入口中。

面包一般掰成小块送入口中,不要拿着整块面包去咬。抹黄油和果酱时也要先将面包掰成一小块再抹。

吃鸡肉时,欧美人多以鸡胸脯肉为贵。吃鸡腿时应先用力将骨头去掉,不要用手拿着吃。吃鱼时不要将鱼翻身,要吃完上层后用刀叉将鱼骨剔去后再吃下层。吃肉时,要切下一块吃一块,块不能切得过大,或一次将肉都切成块。

喝咖啡时如愿意添加牛奶或糖,添加后要用小勺搅拌均匀,将小勺放在咖啡的垫碟上。喝时应右手拿杯把,左手端垫碟,直接用嘴喝,不要用小勺一勺一勺地舀着喝。吃水果时,不要拿着水果整个去咬,应先将水果切成四瓣,然后用刀去掉皮、核,再用叉子叉着吃。

用刀叉吃有骨头的肉时,可以用手拿着吃。若想吃得更优雅,还是用刀较好。用叉子将整片肉固定(可将叉子朝上,用叉子背部压住肉),再用刀沿骨头插入,把肉切开。最好是边切边吃。必须用手拿着吃时,会附上洗手水。当洗手水和带骨头的肉一起端上来时,意味着"请用手吃"。用手指拿东西吃后,将手指放在装洗手水的碗里洗净。吃一般的菜时,如果把手指弄脏,也可请侍者端洗手水来,注意洗手时要轻轻地洗。

吃面包可蘸点调味汁,吃到连调味汁都不剩,是对厨师的礼貌。注意不要把面包盘子"舔"得很干净,而要用叉子叉住已撕成小片的面包,再蘸一点调味汁来吃,这才是雅观的做法。

总之,西餐礼仪要记住:主菜都需要用刀切割,一次切一块食用;面条用叉子卷起来吃;面包需用手撕成小块放入口内,不能用嘴啃食;喝汤时不可发出声音;水果用叉子取用。正确使用餐具的方法是:左手用叉子来固定食物,右手拿刀切割;餐具由外向内取用,每个餐具使用一次;不要在没有进餐完毕的时候,就把刀叉都向右叠放在一起,握把都向右,这样的话服务员会以为你已经就餐完毕,会把你的饭菜撤下去。

第二节　舞会的礼仪

现代舞蹈已不像 20 世纪中期那样,得有领舞者或者稍后有舞蹈大师的出现。在公共活动中,舞会是经常开展的一项社交活动,人人都应懂得舞会的基本礼仪。

舞会,主要是指有主持人或主人邀请的娱乐活动。参加舞会,不仅是一种娱乐和消遣,更为重要的,它是一种高级社交活动,集娱乐与交往于一体。这种高雅的活动,是以一系列较严格的礼节、礼仪来维持的。通常在晚上举行舞会,可以作为一项单独活动,也可以作为聚会、宴请之后的余兴。成功的舞会因素很多,但主要的是要掌握舞会上的礼仪礼节。

作为舞会的发起人和邀请者,在跳舞开始前,应充分展示你的交际能力,尽量把较多的男女朋友互相介绍认识。可以用几句风趣的语言概括介绍每位朋友的特点,语言应美化而略带夸张,以活跃气氛,在参加舞会的朋友之间创造一个融洽、和谐、欢快的社会交际气氛。还要照顾好客人,把那些初次参加舞会而又显得有些拘束的朋友介绍给异性舞伴,介绍时要考虑他们的身高、性格、年龄、衣着等方面的和谐,然后在舞会前有意识地把他们安排在邻近座位。

一、舞会的组织工作

(一)注意邀请的人数

被邀请的男女客人的人数应大致相等。对已婚者,一般应请夫妻双方。在请柬上注明舞会持续的时间,客人可在此期间的任何时候到场与退席。

(二)场地要宽敞

舞池地板应光洁平滑,舞厅内可以用纸花、彩带和各色花灯装饰。无论采用何种装饰,乐队后面的背景应用绿色衬托。桌上及其他醒目的地方应放置一些鲜花,这是舞场的基本礼仪要求。舞厅内一般在四周设有小圆桌和座椅,舞会无须排定桌次,除非有身份显赫的领导、社会名流出席,可视具体情况为其固定桌次并事先在请柬上注明。其他参加舞会的人员可随意而坐,一般坐定之后也就相对固定了下来,只需基本保证舞厅内每人一座即可,如舞厅座位与来宾人数不相等,可要求服务人员增设调整。如果参加舞会的来宾无处可坐,不得不立于舞池四周时,则会显得失礼。

(三)举办舞会,最好能安排乐队伴奏

如果条件允许,可以请两支乐队。这样可以轮流替换,以保持舞会现场的气氛。应该说,保证任何形式的舞会成功的最重要的因素是优美的音乐。乐队必须具备的素质是掌握节奏与气氛,愉悦活动。如果是某社会组织举办的舞会专场,常常由该组织的公关人员担任舞会主持人,舞会主持人一般以一对男女为宜,可选择外形较好、口齿伶俐、富有应变能力的人员担任这项工作。担任舞会主持的人员事先应精心修饰自己的仪容仪表,衣着以庄重华美为基调,必须了解舞会参加者不同年龄群体的爱好。如果准备使用录音机,那就必须选择专为舞会录制又能投客人所好的磁带。

二、舞会对参加者的要求

应邀参加舞会,特别应注意服装的整洁、仪容的修饰。男士的服装可以是西服、衬衫和毛衣,女士可视个人情况选择自己最喜欢的、色彩明快、舒适合体的服装,最好是穿裙摆较大、色彩较艳丽的长裙,这样跳起舞来就会显得飘逸,但穿着也不能太透明、太露。不论男士还是女士,换上的服装应当是干净的。如果是下班不久就要去参加舞会,也要抓紧时间略加修饰整理,如在夏天,最好能洗个澡,洗去汗湿等气味。男女的头发都应梳理整齐,如有时间,还可以做一个好看一点的发式,面部化一下妆,胸前、头颈、腋下洒一些香水。男士胡须要刮干净,本来是蓄须的也应美化修饰一番,让人看了舒服。参加舞会前最好不要喝酒、吃大蒜,满嘴酒气、蒜味,在舞会上是很败兴的。

具体应注意以下几点。

(一)容貌整洁

无论参加何种舞会,都应注意将自己的容貌整理一下,头发要梳理整齐、面部要清洁。

(二)精神焕发

参加舞会一定要有一个良好的精神状态,不可面带倦意和愁容。如果感觉身体疲劳或

不适应谢绝参加。

(三)服饰适宜

参加舞会的服饰要尽可能同环境融为一体,女士应以亮色调为主调,服饰要美观醒目,佩带合适的饰物;男士应以庄重的色调为主调,服饰要端庄、得体、落落大方。

(四)注意修养

舞会是一个高雅的社交活动,参加者一定要注意自己的举止言行文明高雅,与人交谈态度平和,与人跳舞表现自然。

三、请人跳舞的礼节

第一场舞一般由主人夫妇、主宾夫妇共舞(如夫人不能跳,也可以由已成年的女儿代之)。第二场,男主人与主宾夫人、女主人与男主宾共舞。舞会上,男主人应该陪无舞伴的女宾跳舞,或为她们介绍舞伴,并要照顾其他的客人。男主宾应该轮流邀请其他女宾,而其他男宾则应该争取先邀女主人共舞。男子避免全场只同一位女子共舞。男子同男子不宜共舞。男士邀请女士跳舞,首先要看看自己的衣着是否整齐,扣子是否全都扣好,稳步走到女士面前,欠身致礼,说:"冒昧请您跳一支舞。"女士可以友好地头点一下,表示接受邀请。如果女士表现出一种讥讽或者傲慢的神气,会大伤对方的自尊心。如果其丈夫或是女方的父母在旁,男士还应先向其丈夫或父母致意以示礼貌。

在饭店或舞场里邀请女士跳舞,不必做自我介绍。如果已经跳了几轮,可以在跳了第三轮或第四轮后做一下自我介绍。这时,女士不必通报自己的名字。如果男舞伴被女士请到她的座位前,那么他应当跟她所有的同伴相互认识一下。

邀请跳舞时,应立正,向对方点头邀请,待对方同意后,陪伴进舞池。如对方不同意,不能勉强。一曲完毕,男方应向女方致谢,并陪送回原来坐处,并向其周围亲属点头致意后再离去。女方无故拒绝男方邀请是不礼貌的,如果实在不愿意同某人共舞,可婉言辞谢。

有时,邀请跳舞会产生误会,对此也要留心。比如你邀请一位女士跳舞,而旁边的一位女士误认为是在请她,于是从座位上起身。这时,您不要声明:"我不是请你,而是请你身旁的那位。"而应当将错就错,同这位女士跳上一曲。

男士在跟自己女伴以及同座的女士都跳过之后,才可邀请别的女士跳舞。来参加舞会的女士可以跟别的不相识的男士跳舞,但一定要先征求男伴的同意。至于在自己单位的娱乐厅或社团俱乐部里,这方面的规矩就简单多了。邀请之后,男士应请女士走在前面,自己跟在后面步入舞池。如果不是很拥挤,也可以挽着女士的手,一起步入舞池。到了舞池,起步之前,男士应向女士再次鞠躬致谢。跳舞要注意舞姿,男士的右手应在女士腰部正中,不能超过腰的中部。若对于自己不熟悉的舞步,不要轻易上场。跳舞时不要吸烟,不能戴口罩。

跳完了舞,男舞伴应让女士走在前面,自己跟在后面,把女士送到她原来的坐处。男舞伴应当向能一起跳舞的女士表示谢意。

在舞会上,一般都是男士邀请女士跳舞,在关系很好、很熟的情况下,也可以由女士邀请男士。但女士只能邀请那些已经在一起跳过舞,彼此熟悉的男舞伴跳舞。这种邀请,男舞伴无论如何都要接受,不能拒绝。

在邀请别人跳舞时应注意以下几点:

(1)男士如有意邀请一位素不相识的女性跳舞,必须先认真观察她是否已有男友伴舞。如有,一般不宜前去邀请,以免发生误会。

(2)邀请跳舞时,男士应步履庄重地走到女士面前,弯腰鞠躬,同时轻声微笑说:"想请您跳个舞,可以吗?"弯腰以 15 度左右为宜。

(3)在正常情况下,两位女士可以同舞,但两位男士不能同舞。前者意味着她们在现场没有舞伴,而后者则意味着他们不愿意邀请在场的女士跳舞,这是对女士的不尊重。所以,只有两位女士在舞池内起舞时,两位男士才能以同舞的方式追随到她们身边,与她们共舞,然后分别组成新的两对舞伴。

(4)特殊情况下,如果是女士邀请男士,男士一般不得拒绝。待音乐结束后,男士应将女士送到其原来的座位,女士坐下后,男士应说一声"谢谢,再会!"方可离去。

(5)在邀请别人跳舞时,邀请者的表情应自然、恭谦、有修养,最好不要叼着香烟请人跳舞,这样会影响舞会的良好气氛,也会遭到女士的拒绝。

四、拒绝邀请应注意的礼节

参加舞会,邀请者与被邀者都应彬彬有礼,落落大方,表现出良好的道德修养和高雅的文化素质,邀请被拒绝时,也应该礼貌待人。一般而言,被邀请的女士最好不要随便拒绝他人的邀请,如果确要拒绝,则应十分有礼貌地微笑着向对方陈述拒绝的理由:"对不起,我有点累,想休息一会儿。""对不起,我不大会跳快步舞,请原谅。"如果已经答应了他人的邀请,则应对再邀者说明:"对不起,已经有位先生邀请了我,等下一曲,好吗?"

当下支舞曲开始后,那位邀请者再次邀请时,如果确无特殊情况,应欣然随之起舞,不可再次拒绝,否则有出尔反尔、故意戏弄他人之嫌。

已经拒绝了他人之邀,如一支舞曲未了,就不应再接受其他男士的邀请了,否则,便会被看作是对前一位邀请者的轻视和无礼。

当两位男士同时发出邀请时,最为得体的办法是以婉转的理由将两位均予谢绝。

如果男女人数相等,或结伴参加舞会人数较多,相互调换舞伴会自然而和谐,并会因彼此熟识而感到融洽欢悦。此间若有其他男士邀请其中的某位女士,不可一概拒绝,更不能用不礼貌的话语:"我不认识你。""我不跟你跳,我有伴了。"这种生硬无礼的语言既伤害他人的自尊心,使人陷入极为尴尬的境地,又会因缺乏礼貌和修养而损害自己的形象。

如果夫妇二人同去参加舞会,跳过一曲后,有人前来邀请夫人,先生应按礼节促请夫人接受,绝不能代替夫人回绝。

五、舞姿风度

所谓舞姿,即舞蹈者跳舞时的姿态。所谓风度,即一个人由其言谈举止和作风等方面体现出来的美感程度,风度是人们外在美与心灵美有机结合的自然流露。

人们在不同场合会受不同环境因素的客观影响,而产生不同的心理感受及心理感受的外化形态,风度便是这种外化形态之一。

舞会的风度,主要由人们跳舞时的姿态与表情构成,最佳风度应当是:姿态优美端庄,表情明朗温和。

（一）舞姿端正规范、大方活泼

舞蹈时整个身体要保持平、正、直、稳,无论进退还是左右移动,都要掌握好身体的重心,如果重心不稳就会导致身体摇晃、肩膀高低不一、舞步不和谐,甚至踩了舞伴的脚,这样舞姿就会变形走样,既影响自身形象,同时也会给舞伴造成不快和伤痛。起舞的正确姿态应是抬头挺胸,双目平视前方,收腹梗颈,使身体重心向下垂直呈平正挺拔状。男女双方相向而立,相距 20 厘米左右,男士向左上方伸出左手,女士向右上方伸出右手,使手臂以弧形向上与肩部呈水平线,男士掌心向上,拇指平展,将女士掌心向下的右手轻轻托住,而不是随便地抓住或捏紧。男士用右手扶着女士的腰部时,正确的手势是手掌心向下,用右手拇指背面将女士后侧腰轻轻挽住,而不是用右手整个手掌心紧贴女方后腰部。女士的左手手指部分只需轻轻落在男士的右肩头即可,而不应该满把地贴在男士的右肩或是勾住对方的脖颈。跳舞时双方的身体应保持一定距离,距离的远近往往由舞步决定。跳四步舞（勃鲁斯）时,舞步可稍大些,表现出庄重、典雅和明快的姿态;跳三步舞（华尔兹）时,双方应保持一臂的距离,让身躯略微昂起向后,使旋转时重心适当,表现热情、舒展、轻快和流畅的情绪与节奏;跳探戈舞时,由于男女双方的舞姿与步法变化较多,舞步可稍大些;跳伦巴舞时,男女双方可随着音乐节奏轻轻扭动腿部及脚踝,臀部不应大幅度地摆动。

总之,无论哪种舞步,舞蹈者的动作都要尽可能舒展协调,和谐默契,以展示舞蹈的美感与舞蹈者的魅力。

（二）表情自然,举止文明

舞会的音乐、灯光、气氛都营造着一种温馨浪漫的情调,参加舞会的人们也往往随之心情欢悦,在这种状态支配下,人们跳舞时的神情姿态通常应轻盈自若,充溢着欢乐感。男士上身往前倾,与对方头、胸靠得很近,或是紧盯着对方的脸,都是不礼貌的,很容易引起对方的反感,甚至发生误会而出现不愉快的后果。女士伴舞,可面带微笑,但也不可紧盯对方的脸,更不可有乱送秋波等挑逗性举动,失去自重。即使是恋人之间,在舞会上也要检点,用双手套住对方的脖子或圈住对方的腰胯,紧紧贴着跳舞是有伤大雅的。男女双方面部表情也应谦和悦目,都面带微笑,目光柔和宁静,整个身心都显得十分自然、轻松和愉悦。

（三）专心跳舞,适当交谈

在跳舞过程中,专心跳舞,一言不发,随着音乐的旋律,翩翩起舞,是一种高尚的艺术享受。跳舞过程中男女双方可进行适当交谈,交谈内容以轻松话题为宜,如:"我很喜欢这支乐曲""小姐穿上这套连衣裙跳起舞来真漂亮""你的舞姿很优美"等等,这样显得彬彬有礼。还可以谈谈比如舞厅装饰的艺术效果、舞曲的旋律、歌手的演唱等。至于其他话题应尽量避免,如工作、经济效益、复杂的人际关系等沉重话题,以免影响舞蹈的情趣和舞会的效果,尤其是不能有任何轻薄、挑逗性的语言。

交谈应简短并选择舞曲较为轻柔时进行,声音不可过高,更不能旁若无人地大声谈笑。舞曲激昂处要避免交谈,否则便会不自觉地加大音量或者因为听不清楚而将耳朵贴到对方的嘴边等,出现一些极不文雅的举止。

舞会结束时,主人应向大家致谢,被邀请者向主人致谢后即可离去。对主人介绍的舞伴,只需道声再见即可。如是专门邀请来的舞伴,除非对方拒绝,男士应送女士回家。但如人家不愿意你送,你一定要苦缠着送人家,这就有失礼仪了。

第三节　签字仪式的礼仪

签字仪式不是一种纯礼仪活动方式。签字中的"签"字,按《辞海》解释为"在文件上亲笔署名或画押。如签名,签字,画押。"由此可见,签字仪式上所达成的协议、条约等,是具有一定的法律效力的。

现代签字仪式是组织与对方组织经过会谈、协商之后,形成了某项协议或协定,再互换正式文本的仪式。它是一种比较隆重的活动,礼仪规范也比较严格。

一、签字仪式的分类

国家间通过谈判,就政治、经济、科技、文化等某一领域内的相互关系达成协议,缔结条约或公约时,一般都举行签字仪式。

当一国领导人访问他国,经双方协定达成共识,发表联合声明,有时也举行签字仪式。

各地区、各部门在与国外交往时,通过会谈、谈判和协商,最终达成的有关合作项目的协议、备忘录、合同书等,通常也要举行签字仪式。

二、签字仪式的准备工作

签字仪式虽然进行的时间不长,也不像举办宴会、出游那样涉及的方面较多,但是由于它是涉及国与国之间的关系,或企业与另一企业的利益关系,同时也往往是会谈、谈判成功的一个标志,有时甚至是历史转折的里程碑,所以必须进行十分细致的准备。

(一)人员确定

签字人是代表一个国家、政府或企业进行签字的人员,故其人选十分关键。签字人应视文件性质由缔约各方确定。有由国家领导人签的,也有由政府有关部门签的。如不是国家级的项目,是地区之间、部门之间的协议,则由地区、部门负责人签字(一般是法人代表)。总之,双方签字人的身份大体相当。出席签字仪式的人员应基本上是参加会谈或谈判的全体人员。如一方要求让某些未参加会谈或谈判的人员出席签字仪式,应事先取得对方的同意,另一方应予以认可。但应注意双方人数最好大体相等。有时为了表示对签订的协议、协定或条约的重视,往往由更高或更多的领导人出席签字仪式。此时就不应机械地坚持"对等、相当"的要求。

(二)物质准备工作

在安排签字仪式之前,双方应做好各种文本的准备工作,包括文本的文稿、翻译、校对、印刷、装订、盖印等。签字厅的桌台摆置应符合礼仪要求。根据不同情况,通常使用长方形、椭圆形或圆形的桌子。如遇涉外,还应该在桌中央摆放一个旗架,悬挂签字双方的小国旗。

(三)签字厅的布置

由于签字的种类不同,各国的风俗习惯不同,因而签字仪式的安排和签字厅内的布置也不尽相同。

签字厅一般选择较有影响的、结构庄严的、宽敞明亮的、适宜于签字的大厅作为签字厅。

(四)安排席位

我国一般在签字厅内设置长方桌一张,作为签字桌。桌面覆盖深绿色台呢,桌后放两把椅子,作为双方签字人的座位。一般来讲,东道国或东道主签字人的位置应于签字桌的右侧,客方签字人的座位位于签字桌的左侧,即面对正门主左客右。座前摆的是各自保存的文本,文本上端分别放置签字的文具,中间摆一个旗架,悬挂签字国双方的国旗。

双方的助签人员分别站在各方签字人的外侧,其任务是帮助翻揭待签文本,向签字人指明签字处。双方其他参加签字仪式的人员应分别按一定的顺序排列于各方签字人之后(见图 10-4)。

有些国家安排的仪式,设置两张方桌为签字桌,双方签字人员各坐一桌,双方的小国旗分别悬挂在各自的签字桌上,参加仪式的人员坐在签字桌子的对面(见图 10-5)。

有的国家安排一张长方桌为签字桌子,但双方参加仪式的人员坐在签字桌前方两旁,双方国旗挂在签字桌的后面(见图 10-6)。

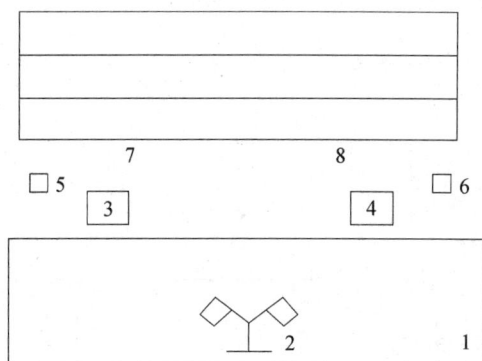

图 10-4　我国签字仪式席位安排

1.签字桌　2.双方国旗　3.东道国签字人　4.客方签字人　5.东道国助签人　6.客方助签人

7.东道国参加签字仪式人员　8.客方参加签字仪式人员

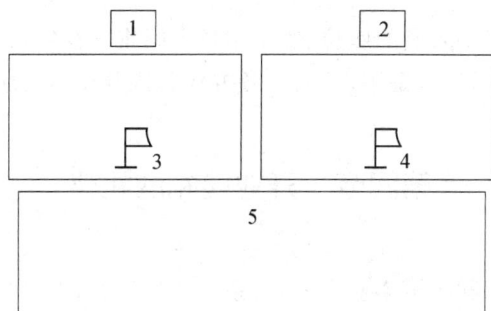

图 10-5　一些国家签字仪式席位安排(1)

1.东道国签字人席位　2.客方签字人席位　3.东道国国旗　4.客方国旗　5.参加签字仪式人员席位

三、一般签字仪式的程序

双方参加人员进入签字厅,签字人就座,助签人员及其他人员各就各位,双方签字人首先在本方保存的文本上签字。接着,由各自的助签人员相互传递文本于对方,请签字人在对方的文本上签字。然后,由双方签字人交换业已签字的文本并相互握手。此时,双方参加签字仪式的其他人员,应以掌声表示祝贺。

有时,在签字之后还安排礼仪人员分别为主客方的主签人员或全体人员呈上约 2/3 杯的香槟酒,双方干杯、祝贺、道谢。最后,一般还要在签字厅合影留念。

四、多边条约的签字仪式

三个或三个以上国家一起缔结的条约,通称多边条约。签字仪式大体与一般签字仪式

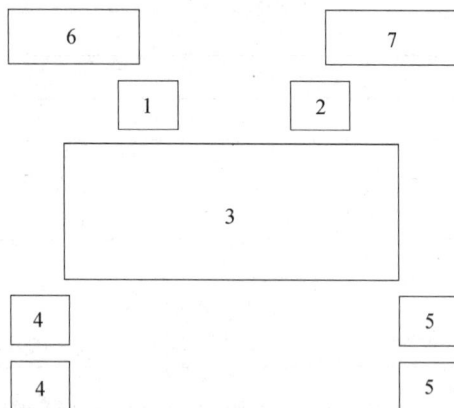

图 10-6　一些国家签字仪式席位安排(2)

1.东道国签字人席位　2.客方签字人席位　3.签字桌

4、5.参加签字仪式人员席位　6.东道国国旗　7.客方国国旗

相同。只是相应地增加签字人员的座位、签字用具和国旗。在签订多边条约时,也可只设置一个座位,先由公约保存国代表签字,然后由各方代表依照礼宾次序轮流在公约上签字。

第四节　开业典礼的礼仪

随着对外交往的增加和经济事业、公共关系事业的发展,需要举办开幕式的活动逐渐增多了。通常情况下,开幕式包括各种展览会,如经济建设成就展览会、商业性的博览会、文化艺术节等的开幕式。大型工程破土动工时,一般也要举行奠基仪式,以扩大影响。工程落成使用时要进行剪彩仪式,图个吉利。企业开张时,一般有开幕典礼和剪彩。

好的开头是成功的一半。公关人员应精心设计好开幕式,利用"第一次"给人留下深刻的印象。

一、开幕式的准备工作

开幕式应由经办项目一方负责主办。应该准备的工作包括:

(1)拟定开幕式宾客名单。事前,公关人员做好邀请政府、社区、社团、新闻、员工和公众各界代表的工作。主办单位要邮寄或派人递送请柬或邀请信,向当地各界、主管部门以及系统内部政府官员发出邀请。重要人物届时要派专人前往迎接。

(2)拟定典礼程序和接待事项。签到、接待、剪彩以及摄影、录像等都应有条不紊。

(3)确定剪彩人员,除主方负责人外,还应在宾客中邀请特殊人物参加剪彩。

(4)事先确定致贺辞的宾客名单,并为本单位负责人拟写稿子。

二、开幕式的程序

开幕当天,主办单位的主要领导者,男性要身着深色西装或中山装,穿黑色皮鞋;女性宜穿着西装或套裙,在场依照身份站成迎宾线,微笑迎候客人并与之热情握手,表示感谢。

各界参加者以及政府官员在开幕当天一般都要携带包装精美、饰以红绸的书画及其他装饰品等作为馈赠,由主要参加者到场,双手呈交给揭幕单位,并表示祝贺。来宾抵达后,应由服务人员引入休息室或会场,依次签到。

开幕式的具体程序是:

入场、奏乐。主席、剪彩人、来宾依次到位。主持者宣布开幕式开始,宣读主要来宾的名单。主席致辞(介绍建筑概况);各界代表致辞,揭幕(或剪彩);揭幕或剪彩结束后,进入店(馆、院、场等)内,揭幕或剪彩人先向主人握手祝贺,主人表示感谢并备茶点招待来宾;主人引导来宾参观,并详细介绍情况,来宾随同主人认真听取,点头称道;主人分发小纪念品,来宾双手接过,表示谢意;来宾告辞,主人送到门外,宾主握手话别。

其中剪彩仪式的具体操作程序:

仪式开始前,司仪、礼仪小姐各就各位,各司其职;司仪宣布剪彩仪式开始,引导员引导剪彩人到彩带前站好,然后从其身后退场;托盘员从剪彩人的左后方上前递上剪刀和手套,然后退回到左后方一米处等候;剪彩人示意旁边的捧花员和其他剪彩人,一起行动,将彩带剪断;此时,司仪示意乐队开始奏乐,观众开始鼓掌;托盘员从左后方上前,接过剪彩人的剪刀和手套,退后,会同拉彩员和捧花员一起左转,从右侧退场;剪彩人同观众一起鼓掌,同司仪及台上的其他领导握手,表示祝贺;引导员再上,引导剪彩人从左侧退场;剪彩仪式结束。

重要的一条是,开业典礼既要热烈隆重,新颖别致,又要丰富多彩,有条不紊。

【案例 10-2】

新颖的开业典礼

一边看模特走秀,一边喝着鸡尾酒。

2015 年 5 月 6 日晚,县城海螺街一家服装店的开业典礼吸引了众多路人围观。一群身姿窈窕的模特身着各式服装在 T 台上走秀,让围观的人群一饱眼福。调酒师献上了精彩的调酒表演,现场掌声不断。随后,顾客们一边喝鸡尾酒,一边挑选店内的服装。顾客说:"第一次现场看模特走秀,还能一边喝鸡尾酒一边挑衣服,感觉棒棒哒。"

这家店长认准了磐安这块风水宝地后,迅速投入精力准备办一场与众不同的开业典礼。"我们要给磐安市民不一样的视觉冲击,不一样的购物体验,让他们享受独一无二的服务。"

这几年,随着人们对个性化穿着要求的逐步提升,精品店也随之重现江湖,私人定制成了人之所向。为了吸引顾客眼球,商家们千方百计地凸显自己的店铺。

靓丽的服装、精美的布局、时尚的元素成了服装店必胜的法宝。相比燃放爆竹的方法,这种出奇制胜的开业典礼不失为一种新颖独特的宣传方式。

【本章技能实训】

一、交谊舞实训

(一)舞蹈的分类

1. 现代舞
现代舞主要包括:风格典雅流畅、波浪起伏的华尔兹(waltz),潇洒奔放、静动别致的探戈(tango)舞,稳重大方、步履轻盈的狐步(foxtrot)舞,行云流水、节奏明快的快步(quickstop)舞,还有雍容华贵、旋转多姿的维也纳华尔兹(viennese waltz)。

2. 拉丁舞
拉丁舞主要包括:情形交融的伦巴舞,热烈欢快的恰恰恰(cha-cha-cha)舞,风格别致、摇曳摆颤、如春风杨柳般的桑巴舞,刚健英武、振奋人心的斗牛(帕索多布里,paso double)舞,激情奔放的牛仔(伽依夫舞,jive)舞。

(二)华尔兹

华尔兹是现代舞中历史最悠久,流传最广泛,而且最受人们喜爱的舞蹈种类。它曾借助于奥地利著名作曲家约翰·施特劳斯的不朽乐曲的帮助,风靡世界长达一个多世纪。

华尔兹舞曲轻快明丽,具有旋转舞步的律动,每小节三拍,一拍走一步,没有快慢之分。华尔兹舞蹈风格端庄典雅,起伏流畅,跳华尔兹比跳别的舞步更显得文质彬彬,富有诗意。所以华尔兹被人们称为"舞中之后"。

1. 华尔兹的标准握持
标准的握持,不仅关系到造型的优美,而且影响着信息的传递、重心的稳定、用力方法的正确与统一,以及特殊技巧的运用等一系列问题。所以,不能等闲视之。

理想的标准握持,应当产生这样一种效应,共舞双方是融为一体的,有人形容为"一个身子两个脑袋四条腿"。

在现代舞中,标准握持即为五点接触,除探戈外,所有舞种的标准握持都是一样的(见图10-7),其要点如下。

脚:双脚平行并拢,切不可"八"字形张开;右脚尖对准舞伴的两脚之间,重心集中于前脚掌,但不能抬起脚跟。

手:男伴的右手掌心向内,扶在女伴左侧肩胛骨下缘,从肘尖直到指尖形成一条直线,呈斜角状自然下垂,五指并拢,既不要凸起手腕,更不能用手背来控舞;大臂基本平肩并呈椭圆形展平——一点接触(见图10-8)。女伴左手轻放在男伴右大臂三角肌处;四指并拢,用虎

图 10-7　　　　图 10-8　　　　图 10-9　　　　图 10-10　　　　图 10-11

口定位;整个手臂轻放在男伴手臂之上;不可脱离接触——二点接触(见图 10-9)。男左手和女右手相握,掌根与地面垂直,并互相顶住;整个手臂呈圆弧状向斜上方展开。手的高度一般在齐耳根和齐眉之间的某一固定点——四点接触(见图 10-10)。

头和视点:在保持双方肩横线平行的前提下,各自的头部向左侧 45 度角侧转,双眼平视前方;女伴还应充分利用胸椎和颈椎的关节功能,从剑突部位起,让胸椎后展 15 度角,颈椎再后展 15 度角成挺拔式弯曲,造成特有的女性曲线美。注意切勿理解为往后躺腰或挺腹。

身体:从横膈膜起,直到大腿面上,形成双方的微贴,在重心上挺,打开"间隔"的基础上,寻找双方的"合力"感——五点接触。

2.华尔兹的组合练习

基本位起:

左脚前进基本步→前进右转 90 度角→后退基本步→后退左转 90 度角→前进基本步→前进右转 90 度角→右轴转 270 度角→后退左转 90 度角→从头反复。

基本位:又叫关位、合对位、闭合位。要点是双方肩横线必须保持平行,不可一边宽一边窄的侧向张开(见图 10-11)。

(1)左脚前进基本步

1 拍,男进左,女退右。有侧身动作(见图 10-12)。

2 拍,男右脚刷过左脚旁,横移一步,向左倾斜。注意不可斜向直接跨出。女左脚刷过右脚旁,横移一步,向右倾斜,注意不可斜向后退(见图 10-13)。

3 拍,男女同时收脚并拢,留意倾斜和上升运动的保持,以及交替重心和下降的变化(见图 10-14)。

(2)前进右转 90 度角

1 拍,男进右,女退左(见图 10-15)。

2 拍,向右转 90 度角,男横左,女横右(见图 10-16)。

3 拍,男女双脚并拢(见图 10-17)。

(3)后退基本步

1 拍,男退左,女进右,有侧身动作(见图 10-15)。

图 10-12   图 10-13   图 10-14   图 10-15

图 10-16   图 10-17   图 10-18

2 拍,男右脚刷过左脚旁,横移一步,向左倾斜,不可斜向直线后退,女左脚刷过右脚旁,横移一步,向右倾斜。不可斜向直线跨出(见图 10-13)。

3 拍,男女同时收脚并拢,注意倾斜和上升运动的保持,以及交替重心和下降的变化(见图 10-14)。

(4)后退左转 90 度角

1 拍,男退右,女进左,有侧身动作(见图 10-18)。

2 拍,在第一拍的后半拍开始转动脚掌(男右、女左),开始左转,在第二拍开始时,男左脚和女右脚以刷式位置向外横移,并伴随着肩部引导下的男右倾斜和女左倾斜(见图 10-15)。

3 拍,男女双脚并拢,注意保持倾斜和上升,注意后半拍的重心交替和下降的变化(见图 10-17)。

图 10-19　　　　　　图 10-20　　　　　　图 10-21

(5)右转 270 度角

1 拍,男退左,女进右。双方右腿内侧相靠,形成旋转轴心。后半拍转移重心时,男伴左脚跟不离地的状态下,脚尖向右侧摆,此时旋转已经开始(见图 10-19)。

2 拍,在完成旋转的情况下,男落右,女落左(见图 10-20)。

3 拍,双方在继续旋转中并脚,并继续保持重心上升,男左脚并于右脚,女右脚并于左脚(见图 10-21)。

二、从以下的问答,可以窥出一流女性所必备的条件

1.在宴会上,应该坐哪一个位子才正确?

座位顺序,必须等女主人坐定之后,才能决定。一般是年长者先入座,然后是第一次与主人见面的人,最后才是交情普通的朋友。

2.吃饭时,手肘可以支在餐桌上吗?

吃饭时,无论手肘靠在餐桌上,还是放在餐桌下,都不合礼节。正确的做法是:手腕或手腕和手肘的中间点,轻轻靠在桌边,放在餐盘的两侧;进食时,手腕微微离开桌面。

3.坐定之后,立刻将餐巾放在膝盖上吗?

必须等女主人动餐巾之后,客人才能跟着动。餐巾往内折——大约 1/3,餐巾可以用来擦嘴角和指尖,但是不可用来擦桌子。

4.用手指擦杯缘的口红印后,可以用餐巾擦手吗?

吃饭前,如果能用面巾纸将多余的口红擦掉,口红会呈自然的色泽,就不容易弄脏杯子了。

三、西餐刀叉知识

(一)西餐刀叉实例介绍

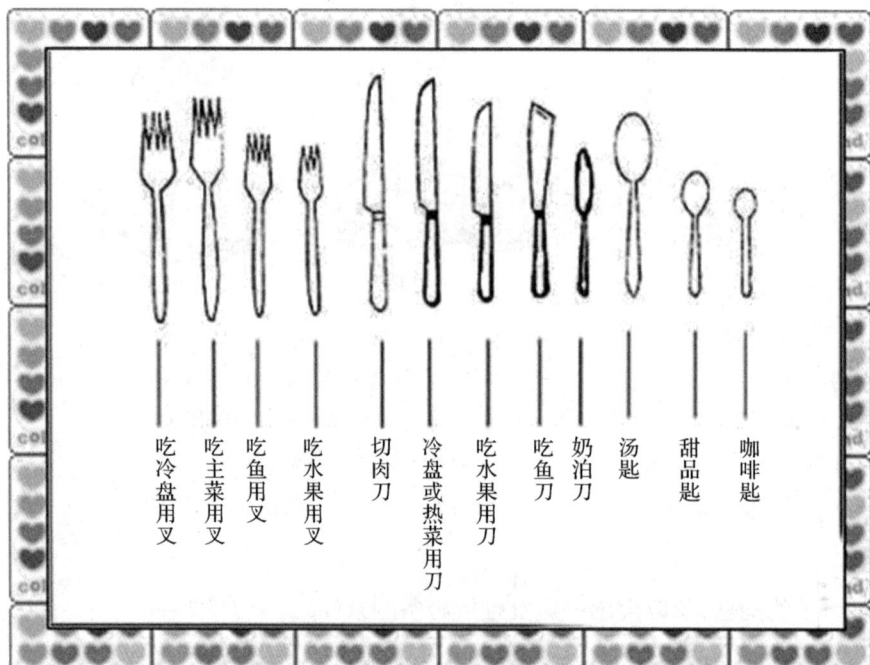

吃冷盘用叉　吃主菜用叉　吃鱼用叉　吃水果用叉　切肉刀　冷盘或热菜用刀　吃水果用刀　吃鱼刀　奶泊刀　汤匙　甜品匙　咖啡匙

图 10-22　西餐刀叉全图

(二)操作规则

用餐时,左手持叉,右手持刀。刀叉汤匙使用的次序是由外而内,也就是说,第一道菜用最外侧的餐具,然后顺序向内推移,直到每件都用过为止。切东西时,左手拿叉按住食物,右手执刀将其锯切成小块,然后用叉子送入口中。使用刀时,刀刃不可向外。进餐中放下刀叉时,应摆成"八"字形,分别放在餐盘边上。刀刃朝向自身,表示还要继续吃。每吃完一道菜,将刀叉并拢放在盘中。如果是谈话,可以拿着刀叉,无需放下。不用刀时,也可以用右手持叉,但若需要做手势时,就应放下刀叉,千万不可手执刀叉在空中挥舞摇晃,也不要一手拿刀或叉,而另一只手拿餐巾擦嘴,也不可一手拿酒杯,另一只手拿叉取菜。要记住,大多数时候,不可将刀叉的一端放在盘上,另一端放在桌上。

刀叉的拿法是轻握尾端,食指按在柄上。汤匙则用握笔的方式拿即可。如果感觉不方便,可以换右手拿叉,但更换频繁则显得粗野。吃体积较大的蔬菜时,可用刀叉来折叠、分切。较软的食物可放在叉子平面上,用刀子整理一下。

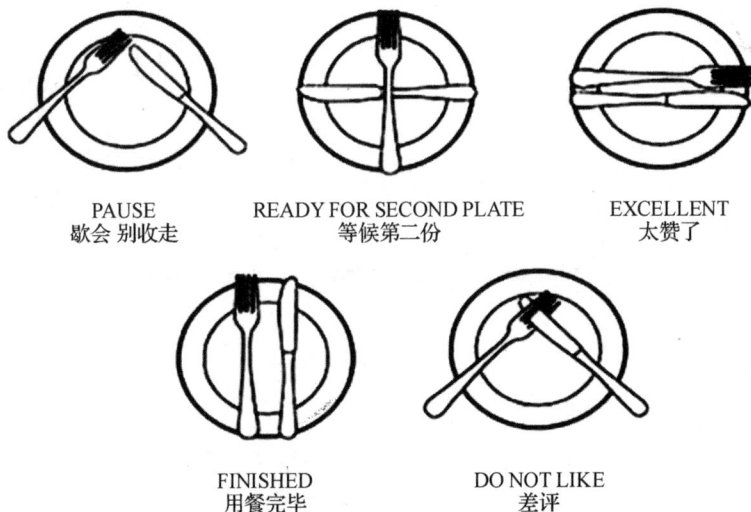

PAUSE
歇会 别收走

READY FOR SECOND PLATE
等候第二份

EXCELLENT
太赞了

FINISHED
用餐完毕

DO NOT LIKE
差评

图 10-23 刀叉语言

如果要在家里做西餐请客的话,可以注意以下几点:

甜点餐具可摆在席位最前端,或放在右手边内侧。

若决定将甜点餐具水平横放在盘子前端,请在接近盘缘的地方摆叉子(叉尖朝右),再放汤匙(匙凹向左)。此外,甜点餐具不一定只包括叉子和汤匙,还可加其他辅助器具。如果有叉无匙或有匙无叉,也别担心,可拿其他餐具代替,你依然会是个称职的主人。

多数人家里的刀叉汤匙种类不多,不过总有办法随机应变,例如:

1.沙拉叉子可用来吃鱼、沙拉或甜点。

2.午餐叉子(比晚餐叉子小一号)用途也很广,可充作沙拉叉。

3.水果刀可当作乳酪或甜点刀。

4.牛排刀可用作甜点刀。

5.茶匙可充作甜点汤匙。

【本章小结】

礼仪活动中,职业人员要注意公共活动礼仪。本章主要围绕宴会、舞会、签字仪式、开业典礼等仪式,来阐述公共活动礼仪规范。

【复习与思考】

1.宴会的座次如何安排?

2.在舞会中,女性如何礼貌地回绝男性的邀请?

3.简述一般签字仪式的程序。

4.如何做好开幕式的准备工作?

第十一章
涉外礼仪

入境而问禁,入国而问俗,入门而问讳。

——孔 子

第一节　国际交往的礼仪

世界上2000多个大大小小的民族,分属于200多个国家和地区,信仰着各种宗教,有着各自独特的民族传统、风俗习惯和礼节形式。随着对外交往的增多,尤其是国际商务往来频繁,中国正在迅速走向世界。我们要发扬光大民族的优秀礼仪传统,同时吸取世界各国礼仪文化中的精华,与国际接轨。这就需要了解世界各国各民族的社交礼仪、衣食住行礼仪、国际场所礼节等。

一、敬礼与答礼

敬礼的种类有立正与注目、点头、握手、鞠躬、举手、吻手、屈膝、拥抱、亲颊等。

(一)敬礼的一般原则

职位低者应向职位高者敬礼。

年幼者应向年长者敬礼。

资历年岁相若者,不分先后,互相敬礼。

未婚女子应向已婚女子先行礼,德高年迈者除外。

敬礼时,不可口叼香烟,仪容须端庄。

升降国旗或演奏国歌时,须就地驻足行注目礼或举手礼。但收音机所播放的,则不必行敬礼。

在不方便的场所,如厕所、浴室、病房、理发厅或紧急场合,如火灾、火警、空袭等,都不必行礼。

受礼者,应行相当的答礼。

(二)敬礼的方式

1. 点头礼,即颔首礼

平辈友好相遇途中,在行走中可行点头礼,但如遇到上级或长辈,则宜立正点头。一般情形,上级对部下,长辈对晚辈,师长对学生,可行点头礼。如戴帽时,应先以右手脱帽,再行点头礼。但军人着军服,则不宜行点头礼,在室内不戴军帽时,则可行使。

2. 鞠躬礼

东方人多行鞠躬礼,西方则多行握手礼。行鞠躬礼时,须立正,戴帽者须先以右手将帽脱下,上身倾斜不宜超过30°,等受礼者答礼后,再恢复立正姿势。

行鞠躬礼应注意如下事项:

(1)晋见元首时,行至元首前约五步,行一鞠躬礼,待元首答礼,命坐即坐。辞退时,应行礼如前。

(2)晋见长者时,应走到长者前三步,行一鞠躬礼,辞退时相同。

(3)资浅者见长官、年幼者见年长者、学生见师长,应向上级尊长行鞠躬礼,答礼者此时宜行鞠躬礼。

(4)介绍男士给女士时,女士应行鞠躬礼或握手礼。

(5)男士遇熟识的女士时,必须等女士有鞠躬礼或握手礼的表示后方可行礼。

(6)年龄地位相若者相遇,谁先行礼,可以不拘。

(7)行鞠躬礼时,宜和颜悦色,如系与外国友人,于行礼毕,应即寒暄:"How do you do?""How are you?"或"Hello!"

(8)伊斯兰国家不行鞠躬礼。东方其他国家行礼时,多行鞠躬礼。

(9)欧美人士晋见女王时,多用屈膝礼,教徒谒见教宗,行跪一膝而吻手之礼。

3. 握手与吻手礼

(1)古代的欧洲,见面时为表示手中并无武器而互相握手,后来发展为表示友好,现握手礼已通行世界。行礼的方式,距离受礼者约一步,伸出右手,四指并拢,拇指张开,与受礼者握手,礼毕即松手。

行此礼时应注意如下事项:可轻微上下摇动,但幅度不能太大;如戴手套,须先脱去,握毕再戴上,女士之间行握手礼,则可免脱手套;与女士见面,除非女士先伸手,否则男士不宜行握手礼;握手时间不宜太长;男士之间握手有力表示亲切,但与女士握手用力不宜太猛;有多数人在场,应依序逐一握手;遇上级或长者,不宜先伸手,除非上级或长者先伸手,不然应行鞠躬礼;主人和客人之间,主人应先伸手;女士间应以年长者或已婚者先行伸手,作握手礼的表示;如有手疾,或手弄脏或弄湿,可声明不行握手礼。

(2)属拉丁语系的国家及欧洲除英美以外的国家,行吻手礼的风俗甚为普遍。一般高层社会之妇女,尤其是贵族,遇见男士时,稍倾其上身,伸手,手指下垂,此时男士须谦恭地执其手指,稍提起,吻其手背,或作轻吻状,这就是吻手礼。

行吻手礼时,应注意:女士若未先作表示,男士不能强行;吻手多为表示意思,轻吻即可;男士不可对未婚女士行吻手礼;吻手礼多在正式场合行之,在一般公共场所,如街上,不行吻手礼。

4.拥抱礼和亲颊礼

在拉丁美洲、中东,乃至东欧,男士间,或女士间相见,伸开双手,右手高伸,搭对方左肩上方,左手从对方右肋往背后轻轻环抱,并用手轻拍对方的背,表示重逢的喜悦和亲密,于离别时,则表示珍重,稍作寒暄或道别,再松手复原。在拉丁美洲国家,如属至亲友好,男女之间,亦普遍行拥抱礼。行此礼切忌紧抱或搭错位。

在欧美国家行亲颊礼的也很普遍。或由男士主动,或由女士主动,都不失礼。一般而言,只轻吻其右颊,表示友谊,也有亲了右颊,又再亲左颊的,这只有很亲密的至亲友好,才作此礼。

5.立正和注目礼

立正后同时注目,这是军人参加检阅、纪念式,或聆听上级训话时,常用的礼仪。立正姿势,两脚跟靠拢,脚尖各向外分开约45度,挺胸、收腹,头伸直,下颌向内微收,两眼向前凝视,这就是标准军人的姿势。但民间人士行此礼,要求并不严格,只要取立正姿,眼睛注视即可。

6.举手礼和扶手礼

举手礼为军人行礼的最基本方式。无论室内或室外,徒手戴帽或徒手不戴帽,行进中或停止间,一声敬礼,则举右手,上臂与肩平,小臂向内弯,五指伸直合拢,中指与食指轻触帽檐或右眼眉梢,掌心向外,采立正注目之姿,庄重敬礼,礼毕,右手放下,稍息,恢复原状。目前,我国各级学校的学生,亦采用举手礼。民间交际往来,不论国内或西方社会,则较少采用。

至于扶手礼,则用于文人检阅仪仗队,向穆斯林吊丧致哀,或祭礼中吹安息号时采用。其行礼方式,为立正姿势,右手内举至胸前,掌心贴在心脏部位,即成礼,礼毕,恢复原位。

7.脱帽

脱帽是礼貌的表示,下列各种场合应脱帽:男士进入室内时;在路上行走,向长辈或朋友致意时;在电梯中遇有女士时;在电影院就座后;在路旁与女士交谈;伴女友同行,遇其他男士脱帽向女士致意时。

脱帽的方式,右手举帽稍离头部,头稍向前致意,如系硬边高帽,可以右手执帽缘,将帽举离头部,将帽前缘稍下倾致意即可。

8.其他

其他如英国等国家流行屈膝礼,行礼时右腿向前屈,左腿向后伸,表示敬意。遇重大庆典晋见,或总督赐宴,女士多行屈膝礼,男士则行握手礼。

在元首款宴、莅临或离开会场,重要集会中首长莅临和退席,乃至入座后有尊长或来宾的莅临,均应起立致敬。

◇　**小贴士 11-1**

欧美的见面礼

鞠躬礼:是下级对上级或同级之间的礼节。

握手礼:是全世界通用的礼节。

点头礼:是同级或平辈人之间的礼节。

举手注目礼:这是军人礼节。

吻手礼:是欧美上层社会的礼节。

接吻礼:是上级对下级、长辈对晚辈或朋友、夫妻之间表示亲昵、爱抚的一种礼节。

拥抱礼:是欧美各国熟人、朋友之间表示亲密感情的一种礼节。

二、行的礼仪

行止之间,长幼有序,宾主有分,无论乘坐汽车、火车、飞机、轮船还是徒步,各有礼节。这些礼节,不但兼顾了礼仪部分,而且也顾及安全和秩序。

(一)步行的礼仪

1.走路时的基本仪态

应抬头、挺胸、精神饱满,忌手插入裤袋行走;

双目应正视前方,不宜左顾右盼;

路途拥挤时应礼让妇孺老弱;

走路时不可边走边吃;

切忌随地丢垃圾或吐痰;

途中撞及别人,应说"对不起";

遵守红绿灯及人行横道线行走之规则;

如欲超越前面行者,应从侧边绕过,不可强闯;

遇老弱孩童迷路,应予协助护送回家;

遇有车祸或病发路中者,应予协助报警或送医;

遇见上级及长者,应敬礼及礼让。

2.走路时的礼节

以前为尊,后为卑,右边大左边小为原则。

三人行,如全为男士,则以中间位为尊,右边次之,左边为末。如系一男二女行,女士居中而男士应走靠行车道位置。

多人纵行,以最前面为大,依前后秩序,越后越小。

接近门口,男士应超前服务,开门后,让女士先行,男士跟后。

经过危险区域或黑暗地带,及上下楼梯时,男士应给妇女或老人帮助。

男女二人行,以男左女右为原则。

正式宴会或进入歌剧院,男士先行,以便验票及觅座位。

男士应帮助女士提重之物,不必替女士拿皮包。

男士与妇女同行,不宜先示意挽手。

(二)乘交通工具的礼仪

1.乘车一般应注意事项

街道有人行道和快车道之分,交叉路口有红绿灯和人行横道线的设置,无论行走还是驾车,都应遵守交通规则。

驾车者应尊重公共安全,少按喇叭,尤其路经学校医院,应不按喇叭。

切忌与司机交谈,妨碍驾驶。

男士应礼让女士,上车时先开门让女士上车。下车时,先下车开门,协助女士下车,对长辈的礼让,亦如此。

遇有众多旅客,应排队,鱼贯而上,不可抢位。

不可在座位上斜躺或横卧,妨碍他人。

在空调车上不得吸烟,如非空调车,而欲吸烟时,应向邻座作礼貌性的请求。

在车上务求肃静,不可纵声大笑,或高谈阔论,尤忌谈公务。

行李应放行李仓,切忌塞进座位上下,妨碍邻座。

2.乘飞机的注意事项

航空公司于班机起飞前两日,通常会清舱查核搭机之旅客,因此乘客应勿忘主动对位(confirm)。

国际航线的飞机设有头等舱(first class)和经济舱(economy 或 tourist),头等舱供应餐点外,饮料及酒水均免费,经济舱则只供应餐点及正餐中的小酌酒类,其余要购买。

行李重量有限制,经济舱每人一般不得超过 23 公斤,手携行李亦只限一件重量不超过 5 公斤的手提箱或手提包。

交运和手提行李中严禁携带易燃、易爆、腐蚀有毒、放射性等物品,手提行李亦不得带武器利器和凶器等。

搭国际班机务必于起飞前一个半小时抵达机场到位。

登机时,务必迅速找到自己座位坐定,由于机舱走道狭小,长时间站在走道上将影响后面旅客的通行。

切忌在走道上及座位下塞满行李,不但妨碍通行,且一旦发生紧急情况,将妨碍逃生。

随身大衣,可请服务员挂于后舱,或折好置于座位上方的柜子中。

在机上使用厕所或更衣室,不要久占,且应维持清洁。供乘客使用之香水、牙刷等,不可带走。

机舱中的座位窄小,需注意坐姿,不要妨碍到其他乘客,且勿高声谈话。

为安全起见,应注意警告灯,如要旅客绑紧安全带(fasten seat belts),即应绑紧。

空中小姐的广播,乘客应仔细听,并配合。如降落前请乘客竖起椅背(put your seat back erect);不得吸烟(no smoking)等,皆为了安全,应立即照指示做。

上下飞机,如系团体,应让位高者后上先下。

3.乘电梯

现代城市,高楼大厦,无论在家还是在办公室,多有电梯,在商场或购物中心,则有自动升降机,所以应熟知其礼节:

电梯上下,多求迅速,因此除对老弱妇孺需礼让之外,不必过分客气;

电梯内空间有限,因此进入电梯后,应面向门口,不然与人面对面,将感尴尬;

站在控制开关边的乘客,应为其他乘客提供服务;

搭乘电梯者,必须让电梯内的人先出,再进入;

遇电梯故障或停电,必须冷静,按紧急电铃等候援救,不可惊慌;

在电梯内不宜交谈;

在电梯内严禁吸烟。

三、礼宾次序

常用的排列方法有三种:一是按身份与职务高低排列;二是按国家名字的字母顺序排列;三是按通知代表团组成的日期先后排列。

在实际工作中,礼宾次序的排列常常不能按一种方法进行,而是几种方法交替使用,并考虑其他因素,包括国家间的关系、地区所在地、活动的性质与内容和对于活动的贡献大小及参加活动者在国际事务中的威望、资历等。

四、国旗悬挂法

在一些国际性展会上,也悬挂有关国家的国旗。

在建筑物上或室外悬挂国旗,一般都应日出升旗,日落降旗。按照国际惯例,悬挂双方国旗,以右为上,以左为下;两国国旗并挂,以旗本身面向为准,客方国旗在右,本国国旗在左;汽车上挂旗,则以汽车行进方向为准,驾驶员右手为客方,左手为主方。所谓主客,不以活动举行所在国为依据,而是以举办活动的主人为依据。

第二节 西餐的礼仪

同欧洲人打交道,吃西餐是避免不了的。西餐的吃法与习惯同中国菜大不相同,弄不好很容易失礼。通常在吃西餐时可以相互交谈,在整个宴会上坐着一声不吭是不礼貌的。而谈话应在自己左右两侧的邻座之间进行,在整个宴会上始终背对一位邻座是极为失礼的。谈话应始终忌讳涉及对某一不在场者的恶语中伤、妄加菲薄或传播流言蜚语。如果三个人聚在一起交谈,其中两人老是谈着第三个人不认识的人或不知道的地方,那也被视为是不礼貌的。此外,作为客人一定要对宴会或周围环境给以愉快的赞赏,不然会被视为一种失礼。

一、姿势

坐姿必须随时注意,由于一般餐桌座位与座位之间并不宽,所以手肘须向内收以免妨碍两旁客人,影响他们的用餐空间。

上身宜直挺,不可弯腰驼背,无论男女,一直弓着背低头大吃总是不雅,看起来好似趴在桌上进食一般。若能挺直腰杆,则给人精神状态极佳的感觉。下半身则要注意双脚放置的位置,尽量不要太向前伸,也不宜分得太开。

二、餐巾

在我们入座时,一般餐巾都已折叠整齐地放在座位前,入座之后,进餐开始,可以把餐巾摊开平铺在双腿上,其作用是在防止进餐时汤汁、食物碎屑不小心掉在腿上弄脏了衣物。

有些人会将餐巾塞入领下,以求遮盖的面积更大,但似乎只有美国人才这样做,一般而言,只有替儿童围餐巾或是一些动作不方便的人才会用如此的方式,成人这么做在平常是无所谓,但在正式餐会上则显得突兀。

暂时离席时应将餐巾放在椅子上,表示座位的主人仍将返回,服务人员看见就不会清理餐面,如果是用完餐离席时,应将餐巾放在桌面上。

餐巾的功能除了防止食物掉落外,还可以用来擦手、擦嘴上的油污,但是不要用来擦餐具。口红应该在入座后以纸巾先行拭去,以免餐具上唇痕处处,不太雅观。

三、餐具

何种食物使用何餐具,在西餐中已约定俗成。

1. 在西餐中刀叉是主要餐具

刮牛油,用牛油刀;吃鱼,用鱼刀;吃牛排,用牛排刀;吃水果,用水果刀。并非一刀用到底。

2. 叉

叉有大小,一般吃肉类的叉子较大,吃海鲜的稍微小一点,吃水果、蔬菜色拉用的叉子则更小。

3. 匙

喝汤用汤匙,调咖啡用咖啡匙,吃布丁及冰淇淋,用比汤匙小的甜点匙。桌面上拿菜用的专用匙较大。

4.其他

有糖块夹、果汁勺、派铲、龙虾钳及各式瓷器等。

5.瓷器器皿

◇　**小贴士 11-2**

13 寸大盘,桌上摆设用。

10～11 寸餐盘,为主菜用餐盘。

8 寸点心盘,为点心、沙拉通用盘。

6 寸面包盘,面包或奶油用盘。

汤碗及底盘,专为盛汤用。

奶水盅,调咖啡、牛奶专用。

糖盅,配咖啡器皿,装糖用。

谷类碗,早餐牛奶冲麦片专用。

咖啡杯及底盘,咖啡专用。

四、喝咖啡、红茶

在咖啡、红茶倒入杯中后,再加奶精以及糖等调味比较妥当,喝咖啡或红茶时也应端起茶碟饮用,饮用时小汤匙放在碟上,不要放在杯中。用一手持杯一手端碟,如此可以避免弯腰饮用的不雅姿态。

五、饮酒

1.各种酒杯的握拿方式

酒杯不但形状各异、材质不同,连拿的方式也不一样。拿白兰地酒杯时,要用手掌握住杯子的下半部,利用手掌的温度让白兰地酒香挥发出来,增加酒的甜美。

握红葡萄酒杯时,则只可用手指握住杯柄部分,然后轻轻摇动杯中之酒,以利酒与空气充分混合接触,达到醒酒的目的。而若是手掌接触到酒杯,则其温度反而会影响葡萄酒的风味。

白葡萄酒杯则又另当别论,这是因为白葡萄酒在饮用前必须冷藏至某一温度才是其味道绝佳之时,为了保持佳酿的风味,整瓶酒都必须放在有碎冰块的冰桶之中,瓶外再加上白色餐巾,避免冰块融化时会弄湿手指,当然倒入杯中的酒不宜久置,因为室温会影响酒的风味。

2.敬酒的次序

敬酒时也可由自己身旁的人开始敬起,而且一样是女士优先,先由女士敬起,然后由近而远逐一敬酒,直至敬完全桌的每一个人为止;喝酒时只以唇碰酒杯,然后饮下少量的酒即可,不必大口大口地喝;女士或有其他原因不能饮酒的人,可以用饮料代替酒,不算失礼。而除了女主人外,女士是不可以主动敬人酒的,否则会给他人轻佻之感。

六、注意事项

1. 打嗝

在席间打嗝是非常不礼貌的,若真是无法控制,则可以用喝水、屏气方式使症状减轻,若仍无效,则最好去洗手间打个够,等废气消除后再返回座位。

2. 剔牙

剔牙也要注意,当众剔牙会令他人恶心,真的要吐也请以餐巾纸掩口,吐在纸巾上。牙签用完放在盘中即可,千万不要口中叼着一根牙签与人交谈。有些人用完餐后,口中叼着牙签到处走动,那更是离谱的举止。

3. 刀叉掉落

进餐时若刀叉不小心掉落地面,只需要告知服务人员换一干净的即可,不必自行清理掉落的刀叉,更不可以用餐巾擦拭掉落的刀叉再继续使用。

第三节 各国不同的商务礼仪

一、德国

(一)服饰礼仪

德国人的服饰,民族特点并不显著。在北方的海港城市汉堡,有些人爱戴一种小的便帽,这是汉堡服饰特点的标志。所以,去德国北部的商人,戴顶小呢帽,将会让你的商务伙伴有一种十分亲切的感觉。

社交界的正式宴会,则很讲究。德国人穿着西装时讲究穿带背心的三件套式西装。

【案例 11-1】

郑伟是一家大型国有企业的总经理。有一次,他获悉有一家著名的德国企业的董事长正在本市进行访问,并有寻求合作伙伴的意向。他于是想尽办法,请有关部门为双方牵线搭桥。

让郑总经理欣喜若狂的是,对方也有兴趣同他的企业进行合作,而且希望尽快与他见面。到了双方会面的那一天,郑总经理对自己的形象刻意地进行了一番修饰。他根据自己对时尚的理解,上穿夹克衫,下穿牛仔裤,头戴棒球帽,足蹬旅游鞋。无疑,他希望自己能给对方留下精明强干、时尚新潮的印象。

然而,事与愿违,郑总经理自我感觉良好的这一身时髦的行头,却偏偏坏了他

的大事。郑总经理的错误在哪里？（资料来源：金正昆，《涉外礼仪教程》.北京：中国人民大学出版社）

【案例分析】

根据惯例，在涉外交往中，每个人都必须时时刻刻维护自己的形象，特别是注意自己在正式场合留给初次见面的外国友人的第一印象。郑总与德方同行第一次见面属国际交往中的正式场合，应穿西服或传统的中山装，以示对德方的尊重。但他没有这样做，德方会认为此人着装随意，个人形象不合常规，给人的感觉是过于前卫，尚欠沉稳，与之合作之事当再作他议。

(二)饮食礼仪

德国是一个具有悠久的饮食文化的国家，对食品的制作及就餐程序十分讲究。德国人口味较重，偏油腻，讲究食物的含热量，所以主食是肉食，属于食肉民族。啤酒是德国人每餐必备的饮料，男女老幼皆是如此，他们常以啤酒来解渴，在睡觉前，也喜欢喝点啤酒来帮助睡眠。

自助餐发明于德国，在德国长久盛行。

德国人除了对饮食本身感兴趣外，还非常注重饮食过程中的礼节。在家里宴请客人时，首先要给客人安排座位。为了节省时间或忙而不乱，主人总是准备好座位卡片，把它靠在玻璃杯上或横放在每把餐椅前的餐台台面上，客人来后只需对号入座。主人在安排座位时十分讲究座位的次序，例如，要把夫妻两人安排在相邻的座位上，贵宾要坐在男主人身边或对面。宴席开始上正菜之前按习惯常常先上一道汤菜，这时由女主人喝第一口汤，以示宣布宴会正式开始。宴会开始后陆续上主菜。女主人要先将菜送给自己座位左边的人，然后依次传下去；也可以直接将菜端到自己和大家都非常敬重的客人面前，然后从左至右依次传下去，以保证每个客人都能吃到这道菜。在整个宴会过程中，女主人不能轻易离开座位，否则会使客人觉得扫兴，也会影响宴会的整体气氛。汤、酒、咖啡在餐桌上的传递方向与菜的传递方向相反，是从右至左。饭后，盘碟也应从右至左收拾，但这要等主人或女主人动手，客人自己动手收拾是不礼貌的，即使在饭店或其他公共场合就餐也是如此。

德国人在饮酒、喝咖啡和喝茶时也有许多讲究。德国人以嗜好啤酒而闻名于世。他们有个规矩，吃饭时要先喝啤酒，再喝葡萄酒，要是反过来就认为是有损健康的。

德国人对餐具十分讲究，宴请宾客时，桌上要摆满酒杯、刀叉、盘碟。德国人习惯于用不同的酒杯喝不同的酒，而吃鱼的刀叉不能用来吃肉和奶酪等。喝葡萄酒时，在不同场合有不同的饮法：在大型宴会前，人们习惯喝甜葡萄酒；吃蛋或烤肉时，习惯喝红葡萄酒；吃野味时，也要喝红葡萄酒；宴会时，应再喝一杯白葡萄酒或低度红葡萄酒，也可以喝上一杯啤酒，外加干酪；最后人们还要喝一杯香槟酒。德国人喜欢吃西餐，用餐时使用刀叉，也非常喜欢吃中餐。

(三)商务礼仪

德国人特别注重礼节形式,尤其是在商务场合中,他们乐于享受各种礼节的形式,例如,打招呼时要称呼他们的头衔,切不可随意称呼他们的名字。只有在被允许的情况下,才可以称名,一般情况下称呼他们的姓即可。

德国人相互见面时,最传统的问候和谈话内容是天气,如"今天天气可真好!""今天的天气不太好!"等。这样既达到了相互问候寒暄的目的,同时也能掩饰因没有其他话题可谈的窘态。

德国人忌讳 13 和星期五,认为 13 是厄运的数字,如 13 与星期五在同一日,就更为不吉利。他们认为核桃是不祥之物,忌讳四人交叉握手,认为这是不礼貌的做法。他们忌送蔷薇、百合花,认为这些花是用来悼念亡者的。他们还忌讳他人过问自己的年龄、工资、信仰、婚姻状况等问题。在颜色方面,他们对红色以及掺有红色或红黑色相间的颜色都不感兴趣。

二、法国

(一)服饰礼仪

在正式场合中,法国人的衣着一般都十分讲究,尤其是巴黎人以服饰的优美和华丽精致而享誉世界。法国妇女是世界上最爱打扮的妇女,其服饰时髦,所用的化妆品也特别多,光是口红就种类繁多,早、午、晚用的都不一样,致使法国的高级服饰、化妆品和奢侈品也驰名于世。因此,在法国从事商务活动时宜穿保守式西装。

(二)饮食礼仪

法国人的饮食习俗可以说是世上少见,在这方面法国有许多誉满世界的雅称。

"烹调之国":法国不仅历史悠久,而且有载誉世界的美酒佳肴。

"吃在巴黎":中国人都说"吃在广州",而西方人却说"吃在巴黎"。正宗的法式西餐十分讲究。正菜前先上冷盘,有各种生菜、水果、肉肠、肉酱等,还要配上精心制作的佐料或汤汁,吃起来清凉爽口、健脾开胃。冷盘吃完,换过餐具,才开始上正菜,通常是烤牛排、烧牛柳、烤鸡、原汁烤鸭等热菜,配有蒸土豆泥、煮土豆角或炸薯条。正菜吃过,还要吃一道甜食,有奶酪、巧克力等甜点,最后还要喝一杯咖啡或饮料,有的还配有冷饮。

"奶酪王国":奶酪起源于罗马帝国的山区。在路易十六当政时期,欧洲各国曾举行了一次奶酪大赛。大赛中,法国的布里干酪击败了波希米亚奶酪和英国的柴郡干酪以及其他 40 多种奶酪,一举夺魁。从此法国奶酪享誉欧洲。

"太阳与酒":在法国所有社会阶层的人,都与酒结下了不解之缘。在日常社会活动中,共同喝一杯酒已成为一种礼节,拒绝对方邀请被认为是一种失礼的行为。遇到棘手的事,借助于酒或许有成功的机会。法国人中滴酒不沾的人实为少见,而每餐必喝却列入规范。法国流行一句话:"一顿饭没有酒就等于一天没有太阳。"法国人饮酒很讲究,冬天兑水,夏天放些冰块。请客时先饮开胃酒,此类酒多是威士忌、罗姆、利口酒等低度甜酒。吃饭时喝葡萄酒,主菜如果是海味、水产品则佐以白葡萄酒或玫瑰红,如果是肉类、野味、禽蛋,则以红葡萄酒为好。饭后要饮用消化酒,此类酒以度数高的白兰地为宜。最后还要喝点香槟酒助兴。

法国菜的特点是:选料广泛(蜗牛、马兰、黑蘑菇、百合、大鹅肝等),用料新鲜,装饰美观,品种繁多。由于法国人吃的菜肴比较生,因此原料一定要活生新鲜。如牛扒、烧羊腿只须烧到七八成熟就吃;又如烧野水鸭和橘子沙司同吃,水鸭一般烧到三四成熟就吃;再如牡蛎,法国人多喜欢生吃。而且在调味上,法国菜的特色是:用酒较重,也很讲究,什么菜规定什么酒,这与英、美菜有很大不同。如水果和点心用甜酒,清汤用葡萄酒,海味用白酒,等等。另外,红烩的菜肴必须放红酒,黄烩的菜肴必须放白酒进行烹制。

法国人在饮食口味上喜欢肥浓,菜品要鲜嫩,配料爱用大蒜头、丁香、香菜、洋葱等。法国名菜有煎蜗牛、马赛鱼羹、雀肉全利、巴黎龙虾、红酒山鸡、沙福罗鸡、鹅肝牛排、利子油酥盒等。法国人的早、午餐通常都比较简单,晚餐却很讲究。他们特别喜欢水果,几乎每餐都离不开水果,如烩水果、烩菠萝等。

法国人举行隆重的宴会时,一般喜欢用黑鱼子,就像中国的宴会爱用鱼翅一样。

法国人不仅在用餐时,而且在平时也有喝咖啡的习惯,喝咖啡时通常用大杯。特别是在巴黎,宽敞的林荫大道旁,热闹的露天咖啡屋比比皆是。

另外,法国人也大都爱吃中国菜,尤其喜爱广东菜、不带辣味的四川菜和淮扬菜。

在商务活动中,设宴招待法国客人时,宜选用西餐,时间应安排在晚上,地点可设在大酒店、宾馆或夜总会。菜肴、水果、饮料应选择他们最爱吃的,特别是酒的品种要齐全。

虽然同样是西餐,但各国在餐桌上的举止标准都不一样。在法国,两手要放在桌面上,但不能把两肘也放在上面,法国人放刀叉时,一半放在碟中,一半放在桌布上,英国人却不这样做。

(三)商务礼仪

法国是欧洲文明国家之一,他们时间观念很强,无论出席什么集会,都习惯准时到达,认为这是社交礼貌的问题。"女士第一"在法国极为盛行,男士们一般都把对女子表示谦恭礼貌当作生活中教养好的标准。在同客人谈话时,总喜欢相互站得近一些,认为这样显得更为亲近。法国人在社交场合与客人见面时,习惯以握手为礼,握手时间短、干脆有力。少女向妇女常施屈膝礼。另外,男女之间、女子之间的见面,也常以亲面颊或贴面颊来代替相互间的握手。男子之间相互见面也有当众在对方的脸颊上分别亲一下的习俗。在法国一定的社会阶层中,吻手礼还颇为流行,不过施吻手礼时,嘴不应接触到女士的手,也不要吻戴手套的手,不能在公共场合吻手,更不得吻少女的手。

在商务活动中,访问商界或政界人士一定要事先预约,并准时赴约。见面时以握手为礼,递上名片(在法国,礼节上要求你把自己的身份列在名片上)。法国商人保守而正式,珍惜人际关系,在尚未交成朋友之前是不会跟你做生意的。

法国人谈话习惯用手势来表达自己的意思。但他们的手势和中国人的习惯有所不同,他们用拇指和食指分开表示"二",中国人却表示"八";中国人用手指指自己的鼻子表示"是我",他们的手指指自己的胸膛才表示"是我";把拇指放在鼻子上表示可鄙或可恶;把拇指朝下表示"坏"和"差"的意思;飞吻意味着"啊哈,漂亮!";OK 手势在法国南部表示"零"或"不值钱";拍两只手的手指有很庸俗的意思;等等。

在法国,除非关系较融洽,一般不互相送礼。初次见面就送礼,被视为粗鲁的行为。朋友之间,男士向女士赠送香水,有过分亲热和"不轨企图"之嫌;送刀、剑、刀叉、餐具之类意味着双方会割断关系。那些品味高雅、有审美价值的礼物特别受青睐,如:唱片、画或一些传记、历史及名人回忆录等书籍。此外,像法国本土出产的香槟酒、白兰地、香水、糖果等也是好礼品。法国是个盛产鲜花的国家,人们爱花成癖,探亲访友总要带上一束鲜花。他们视秋海棠为"热忱的友谊",兰花表示"虔诚",丁香表示"纯洁",大丽花表示"感谢",玫瑰表示"爱情",等等。鸢尾花和玫瑰花被视为法国的国花。他们偏爱蓝色,把它看成是"宁静"和"忠诚"的色彩;对粉红色也较为喜欢,认为粉红色是一种积极向上的色彩,给人以喜悦之感。他们忌讳菊花、牡丹花、纸花,认为菊花代表哀伤,只有在葬礼上才使用;视康乃馨为不祥的花朵。

三、英国

(一)服饰礼仪

英国男子只有在海滨休息或在家中闲居时才穿凉鞋。去朋友家做客或与别人会见时穿凉鞋,可能会被认为礼貌不周,着西装穿凉鞋则更为大忌。另外,男子穿西服在英国也有一些规矩,平日的穿着,上下身是不成套的,一般不系领带。如果穿全套西服,则要系上领带。按英国商务礼俗,一般穿三件套式西服、系传统保守式领带为宜,但是勿系条纹领带,因为英国人会联想到那是旧"军团"或老学校的制服领带。男子西服的上衣近年来双排扣式已让位给单排扣式。穿双排扣西服时要将扣子一一扣上。单排扣则反之,平常可以不扣。遇有正式场合,也只扣其中的一个——两个扣的扣上面一个,三个扣的扣中间的一个。如果把扣子全都扣上,反显呆板。衬衫的袖子一般长出上衣袖口少许,这样显得精神利索。但衬衫袖口的纽扣一定要扣上,以免显得邋遢。

西方社会讲究个人风格,在装束上也是如此,除了一些运动服、演出服、工作服等团体活动的服装外,英国人在服装上力求避免与别人雷同。妇女们对服装个性化尤为注意。如果在某一社交场合有两位妇女碰巧穿了类似的服装,彼此都会觉得很扫兴的。

(二)饮食礼仪

英国商人一般不喜欢邀请客人至家中饮宴,聚会大都在酒店、饭店进行。英国人的饮宴一般比较俭朴,他们讨厌浪费的人。英国人对饮茶十分讲究,各阶层的人都喜欢饮茶,尤其是妇女嗜茶成癖。英国人还有饮下午茶的习惯,即在下午三至四点钟的时候,放下手中的工作,喝一杯红茶,有时也吃块点心,休息一刻钟,称为"茶休"。主人常邀请你共同喝下午茶,遇到这种情况,不必推却。在正式的宴会上,一般不准吸烟。进餐时吸烟,被视为失礼。

在英国,邀请对方午餐、晚餐、到酒吧喝酒或观看戏剧、芭蕾舞等,会被当作送礼的意思。主人提供的饮品,客人饮量以不超过 3 杯为宜,如果感到喝够了,可以将空杯迅速地转动一下,然后交给主人,这表示喝够了、多谢的意思。

酒馆开门时间一般是上午十一点至下午三点、下午五点半至晚上十一点。酒馆里喝酒的人一般比较多,高峰时,后来的客人没有座位,就买了酒随便站着喝。

最后强调一点:英国人一下班是不谈公事的,而且最讨厌在就餐时还讨论公事。

(三)商务礼仪

由于其经济发展较早,英国人常常给人一种孤傲、难以接近的印象。事实上,每个民族都有其自相矛盾的双重性格,这一点在英国人身上尤为明显。英国小说家约翰·福尔斯在1964 年写过一篇文章,他把英国民族的两重性分为"英吉利性格"和"不列颠性格"。他说:"英吉利性格"是宽容、谨慎和公道;而"不列颠性格"则代表帝国主义,因循守旧,傲慢自大。总的来说,英国人生活刻板,办事认真,对外界事物不感兴趣,往往寡言少语,对新鲜事物持谨慎态度,具有独特的冷静的幽默。他们保守、谨慎、感情轻易不外露,即使有很伤心的事,也不轻易表现出来。他们很少发脾气,能忍耐,不愿意与别人作无谓的争论。英国人做事很有耐心,在任何情况下,他们都不面露焦急之色。与英国人打交道的商务人员有必要对他们的民族性格和特征进行一个大概了解,这样与英国人的商务交往中才能"知彼知己,百战不殆"。

英国人之间的宴会,如果是晚上七八点钟开始,则以十点半到十一点之间告辞为宜。一般主人或陪客更要注意主要客人什么时候走,不宜在其告辞之前就先离去。最后告辞时,客人与主人夫妇握手告别也可,点头示意也可。

◇ **小贴士 11-3**

鸡尾酒会是商务人员和外交界以及其他交际活动比较频繁的人士所喜欢采用的酬酢形式。鸡尾酒会宴请人数可多可少,酒会历时不长,短者仅一小时,长者也不超过一个半小时。客人在时限之内可以随来随去。而且酒会没有座位,无论宾主都是人手一杯,在会场中与其他客人伫立谈话,也可以随意走动找人攀谈。所谓鸡尾酒,是用不同酒类加其他饮料兑制而成,由于比重不同,层次分明,五颜六色。但今天的鸡尾酒往往并不是以鸡尾酒为主要饮料,而是供应不同的酒类,如威士忌、啤酒、味美思等等。对不饮酒的宾客则备有矿泉水、汽水和各色果汁。酒会因为没有固定座位,人多人少都没关系。

英国人在西方人中比较沉默寡言,谈话时也不那么富于表情或爱用手势。有一种手势在英国人面前不能使用,就是伸出右手的中指和食指,构成一个"V"字,手心朝外这个手势是表示胜利的,而一旦手背向外,则表示伤风败俗了。

与英国人交往要尽量避免感情外露。受到款待一定要致谢,可事后致函表示谢意,赠送小礼品亦能增加友谊。小礼品最好价值不要太高,否则有行贿之嫌。

四、意大利

(一)服饰礼仪

意大利人历来很讲究穿着。年轻人特别注重时髦,且喜欢标新立异。追求服装多样化,是他们的一大特点。因此,漫步意大利的城市街头,往往很难看到两个人穿着同一颜色、同一式样的服装。在涉外商务活动中,意大利商人通常喜着笔挺的正式西装。

(二)饮食礼仪

意大利人的饮食习惯颇具民族特色。平时主要以面食为主,而且特别讲究面食的吃法。饮料方面,意大利人尤其喜爱饮酒,特别是饮用葡萄酒。意大利葡萄酒的产量居世界第一位,美名享誉海内外。

平时,意大利人通常喜爱吃法式西餐,对中餐也感兴趣。用餐时,习惯第一道菜就上面食或炒饭,而且这些面食和炒饭通常只做成六七成熟。此外,意大利人还习惯将面食作为菜吃,而不作为主食(面包、蛋糕除外)。

正式宴会上,意大利人饮酒特别考究。按习惯,每上一道菜便配有一种不同的酒,不仅是酒的颜色不同,而且味道也不同。在一些较为隆重的正式场合里,香槟酒通常是必不可少的饮料。用餐时,意大利人习惯于细嚼慢咽,加上每餐必饮酒,因而,他们的用餐时间往往拖得很长,一餐饭花上两三个小时也是常有的事。餐桌上,意大利人不喜欢谈论公事,认为用餐时间神圣不可侵犯。

(三)商务礼仪

意大利人性格直爽,为人正直。见面时,常习惯行握手礼;熟人之间一般比较随便,多以招手示意。他们十分注重礼节,在社交场合或涉外商务活动中,总会毕恭毕敬地以"您"来称呼对方。同时,他们自己也喜欢别人称呼其头衔。

意大利人历来十分注意仪表,对服饰打扮总是格外认真对待。据悉,即使是最不严肃认真的意大利人,在穿着上也不会丝毫怠慢。在涉外商务活动中,这种情况就更为明显了。一般而言,多数意大利人对时间观念不太注重,约会时总习惯要迟到几分钟,并视其为一种礼节风度。

情绪容易激动是意大利人性格上的一大特点。商务谈判中,他们不习惯转弯抹角绕圈子,往往是直出直人、开诚布公。但是,他们对初次打交道的人往往很疏远客气,令人感到不太好跟他们进行合作。他们对做生意多喜欢采取面谈方式进行,对来函来电方式则不大重视。

意大利的许多大公司属于权力集中型企业,上下级界限十分明显,公司大印由董事长一人掌管,即使是部级干部,也多半没有实权。因此,有关涉外商务谈判,必须是董事长亲自出马,生意才能最后定夺。意大利经济发达,公司职员一般都很精明,且商业道德水准比较高。公司一般不轻易解雇职员,除非犯了重大错误。

意大利人喜欢绿色和灰色,忌讳紫色。认为菊花是葬礼上使用的鲜花,因此,平时忌讳用菊花作为赠人的礼物。此外,他们还忌讳仕女像和十字画图案。意大利人对小动物特别感兴趣,喜欢养狗、养猫,对各种动物图案情有独钟。此外,还忌讳用手帕、丝织品和亚麻织品作为礼物。

【案例 11-2】

一位意大利客户决定来我国某外贸厂家考察后再签订合约,我方接待人员到机场迎接,并送她一方精美的手帕,绣着菊花图案,以为她会喜欢。没想到她打开礼物一看,极为气愤,还有些伤感。我方接待人员见此情景,心慌了。中国人总以为送礼人不怪,这些外国人为什么怪起来了?

【案例分析】

在意大利和西方一些国家有这样的习俗:亲朋好友相聚一段时间告别后才赠送手帕,取意为“擦掉惜别的眼泪”。在本案例中,意大利客户兴冲冲地踏上中国大地,我们就让她“擦掉离别的眼泪”,人家当然不高兴了。而且手帕上绣的又是菊花图案,在中国菊花是高雅的花卉,但在意大利是祭奠亡灵的。人家怎么能不愤怒呢?本案例告诉我们,涉外人员要了解并尊重外国人的风俗习惯,这样做才能对他们表示尊重,不失礼节。

五、加拿大

(一)饮食礼仪

加拿大人的饮食以面食为主,口味偏爱甜酸、清淡,喜欢食用以煎、烤、炸方式烹制的菜肴。烹制菜肴时很少用调料,而习惯把调味品放在桌上由用餐者自行调味。饮料方面,多数人嗜好饮酒,且形成习惯,犹如中国人喝茶一般。

平时习惯吃英、美式西餐,对中餐也感兴趣。

(二)商务礼仪

加拿大人性格开朗,重实惠,自由观念较强,行动上比较随便。见面时,常以握手为礼,熟人、亲友或情人之间,还有行亲吻礼和拥抱礼的习惯。

一般来说,加拿大人的生活习性包含了英、法、美三国人的综合特点。他们既有英国人的含蓄,又有法国人的开朗,还有美国人的无拘无束。他们待人热情友善,爽朗大方,商务活动中喜欢在高级饭店或俱乐部宴请客人,有时也邀请客人到家中做客。他们忌讳白色的百合花,认为它会给人们带来死亡的气氛,因而百合花在葬礼上使用。在加拿大,人们酷爱枫叶,对其怀有特殊的深厚感情,并视为国宝和祖国的骄傲,还将其喻为友谊的象征。

加拿大人时间观念极强,有准时赴约的良好习惯。按照他们的礼貌习惯,若因故不能按时赴约,则要事先打个电话通知对方。在涉外商务活动中,他们对将加拿大与美国相比的做法十分反感,而喜欢有关他们的国家和人民的优点和长处的话题。所以在商务交往中,切记不要在加拿大人面前拿他们的国家与美国做比较,尤其是有关美国比他们国家优越的方面。颜色方面,加拿大人一般比较喜欢深红色,出口商品在色彩选择上可考虑这种颜色。商务活动中英语和法语都通用,法裔商人则更喜欢外国朋友使用法语跟他们进行交谈。

每年六至八月加拿大商人多去度假,商务活动宜避开这段时间。此外,当地节假日期间也应避免前往,特别是圣诞节和复活节前后两周均不宜前往。

六、美国

(一)服饰礼仪

服饰上,美国人不像英国人那样总要衣冠楚楚,而是不太讲究。但在正式场合下,美国人还是比较讲究仪表美的。例如,当与尊贵的客人会见时,他们极讲究服饰的端庄和整洁,通常是穿着十分考究的西装套服,系着上乘的领带,皮鞋也擦得光亮,甚至连手指甲的清洁卫生也从不轻易放过。在美国,当客人来访时,如果主人穿着睡衣会客,那将被认为是非常失礼和无教养的行为。

对于上班的职员,公司对他们的着装通常都有严格的要求。如果有人穿着运动衣或居家服装出入办公室,就会因违反公司的劳动纪律而被解雇。此外,在不同的场合,美国人对服饰也都有规范和要求。例如,在宴会或舞会上,通常都要穿上比较讲究的正式服装,如燕尾服、大晚礼服和小晚礼服等。

(二)饮食礼仪

美国人在饮食上如同他们的脾气秉性一样,不注重形式,但却极讲究饮食结构。如今,喜欢吃肉的人渐少,而各种海味和蔬菜却越来越受到人们的青睐。美国人不习惯厨师在烹调中多用调料,而习惯在餐桌上备有调料自行调味。

平时惯用西餐,一般为一日三餐。早、午两餐乐于从简,晚餐为一天的主餐,比较丰富,但也不过是一两道菜,加上点心和水果。美国人对中餐是普遍欢迎的。他们在使用刀叉餐具方面,一改欧洲人惯于刀叉不换手的习惯,他们好以右手用刀割食品之后,再换叉子取食。

他们特别愿意品尝野味和海味菜肴,尤其对蛙肉和火鸡更加偏爱。

(三)商务礼仪

一般而言,西方各国都有一套繁琐的见面礼节,从握手、问候到相互介绍都有约定成俗的习惯。但在美国,如果是在非正式场合,人与人之间的交往是非常随便的。朋友之间见面时,只要打个招呼即可。即使是两个人第一次见面,也不一定要握手,只要笑一笑,打个招呼就行了。

但在正式场合下,美国人又十分讲究礼节,毫不逊色于其他欧美国家。握手是最普遍的见面礼。握手时,男女之间由女方先伸出手,男子握女子的手时不可太紧;如果对方无握手之意,男子就只能点头致意;长幼之间,通常是年长的先伸手;上下级之间,通常是上级先伸手;宾主之间,通常是主人先伸手。握手时应注视对方,并摘下手套,如果因故来不及脱掉手套,须向对方说明原因并表示歉意。同时,还要注意人多时不要交叉握手,女性之间见面可不用握手。介绍两人认识时,其顺序与握手一样,即先把男子介绍给女子,把年轻的介绍给年长的,把职位低的介绍给职位高的。

同美国人交谈时,不要涉及个人隐私。

七、墨西哥

(一)服饰礼仪

墨西哥人的日常服饰一般比较简单。男子通常头戴一种宽沿的大草帽,身着长条式的方格衬衫,下身多为紧身裤,妇女们一般爱穿西服上衣和长裙子。无论男女,几乎人人都喜欢身披彩色的披肩。他们认为这样搭配的穿着,显得格外鲜艳和漂亮。在涉外商务活动中,墨西哥商人一般喜欢穿着笔挺的正式西服。

(二)饮食礼仪

墨西哥人在饮食上通常以玉米为主食。口味不喜太咸,偏爱辣味。对以煎、炒、炸烹制的菜肴尤为喜欢。常爱食用牛肉、猪肉、鸡、海味品以及西红柿、洋葱、土豆、卷心菜、柿子椒等新鲜蔬菜。做菜时,喜欢用辣椒酱、胡椒、芝麻等调味品。墨西哥人通常习惯吃欧美式西餐,对我国粤菜也颇感兴趣。传统食物上,玉米、菜豆和辣椒被称为墨西哥人餐桌上的"三大件"。他们可以用玉米制作出各种各样的食品,其中最常见的有玉米饼、玉米饺子、玉米面糊汤和玉米粽子。墨西哥常被人们誉为"仙人掌之国",在当地的果蔬菜肴中也往往离不开仙人掌。在各种宴会上,仙人掌果肴与西瓜、菠萝等水果同样受欢迎。对墨西哥人来说,仙人掌全身都是宝。

(三)商务礼仪

墨西哥人亲切和蔼,行动上比较随便。他们的问候方式通常是微笑或握手。熟人或亲友之间,通常还行亲吻礼和拥抱礼。但是,与陌生人相见时,一般不用此礼。在涉外商务活动中,多行握手礼。

生意场上,墨西哥商人比较冷静沉着,办事从来不慌不忙,细致而周密,这与他们在行动上的随便、自由形成鲜明的对比。涉外商务活动中,他们对外商的赠礼一般是比较欢迎的,但不能太多、太贵重。否则,他们将感到非常不安。

颜色方面,墨西哥人最讨厌紫色、红色和黄色,认为紫色是不吉利的颜色,黄色则表示死亡,红色表示诅咒。因此在涉外商务活动中,他们最怕见到饰以这些颜色的各种物品,特别忌讳收到用这类颜色的包装纸包装的礼品,他们会认为这简直是糟糕透顶,甚至会以为外商是在有意伤害自己,以致影响了今后的商务合作。

按照墨西哥人的习惯,平时应邀赴宴或约会一般应迟到 15 至 30 分钟,这是有教养的表现。如果是到别人家去做客,他们在告辞时总要给佣人留下一些小费,以示对其付出劳动的谢意。墨西哥人招待客人时,餐桌上往往少不了酒,认为没有酒不足以表达对来宾的盛情款待。这与我国的"无酒不成席"传统十分相似。

在墨西哥,有些行动是最为人们所忌讳的,如中国人通常习惯用手势来比画小孩的身高,但是在墨西哥人看来,却是一种对他人的严重侮辱行为。

八、澳大利亚

(一)服饰礼仪

澳大利亚人的衣着通常以欧式服装为主。在达尔文市,人们进酒吧时习惯穿上"达尔文装"。这种服装较为简便,主要包括衬衫、短裤和长袜子。在涉外商务活动中,澳大利亚人穿保守式样的欧式西装。

(二)饮食礼仪

澳大利亚人的饮食以面食为主,口味不喜太咸,爱甜酸味。喜欢食用以煎、炸、炒、烤方式烹制的菜肴,调味品常用番茄酱、葱、姜、胡椒粉等。传统风味有火腿、煎牛里脊、烤鸡、番茄牛肉、糖醋鱼等。饮料方面,喜欢饮用啤酒和葡萄酒,对咖啡、红茶等饮料特别感兴趣。由于澳大利亚居民大多数是欧洲国家移民的后裔,他们通常习惯吃欧式西餐,对中餐也比较感兴趣。

(三)商务礼仪

澳大利亚人性格开朗,待人热情,行动上较随便。与宾客相见时,总要热烈地握手一番。熟人之间,则比较随便地喊一声"Hello",有时干脆连"Hello"也不喊,而只是挤一下左眼,就算是打了招呼。

澳大利亚人特别讲究人与人之间的平等,认为人与人应彼此尊重,互不歧视。平时,人们喜欢交际,乐意跟陌生人攀谈,并常面带笑容,给人以亲切友好之感。澳大利亚人情味特别浓,人们崇尚自由,喜欢无拘无束,就连向来以高度自由、随便著称的美国人也认为澳大利亚是他们最感到轻松自由的国家。澳大利亚是一个十分崇尚礼节的国度,生活中人人注重礼貌,言语文明,谈话时总习惯轻声细语,很少大声喧哗,否则会被认为是一种没有修养的表现。在澳大利亚,到处都盛行"女士优先"的良好社会风气,女性受到人们的普遍尊重。澳大利亚人特别喜欢赞赏女士的长相、才气、文雅举止等,认为这是一种有教养的表现。

在澳大利亚,人们时间观念特别强,历来十分重视办事效率,对约会讲究信义,有准时赴约的良好习惯。一般而言,多数澳大利亚人办事沉着冷静,计划性强,特别是澳籍英国移民后裔,干什么事都喜欢正正规规,从不马虎。平时,他们把工作时间和休闲时间严格分开,界限分明,认为工作是在办公室里干的事情,下班后应该全部忘掉。因此,他们通常不喜欢在餐桌上谈论公事,唯恐因此而倒了胃口。澳籍美国移民后裔则恰恰相反,他们特别喜欢边吃边谈,内容包括生意在内的一切公事,而且常常谈得很带劲,他们的许多生意就是在餐桌上谈成的。

袋鼠是澳大利亚人特别珍爱的动物,并被视为澳洲古大陆最早的主人。正因为此,在澳大利亚,凡是带有袋鼠图案的物品,往往会大受人们的欢迎。此外,人们对国花金合欢、国鸟琴鸟,也都倍加喜爱。

九、新西兰

(一)服饰礼仪

新西兰的生活水平较高,穿着上比较讲究,平时人们多穿欧式服装。在涉外商务活动中,商人们通常穿正式的欧式西装。

(二)饮食礼仪

新西兰人饮食上以米饭为主食,口味喜清淡、不好油腻。平时喜食以炒、煎、烤、炸方式烹制的菜肴,传统风味有番茄牛肉、脆皮鸡、鸡火煮干丝、烤肉、炒山鸡片、油爆虾等。制作菜肴时,一般很少加入调料。平时他们习惯将调味品放在餐桌上,由用餐者按自己的口味自行调味。饮料方面,新西兰人喜欢饮用咖啡和红茶,餐桌上喜欢葡萄酒或啤酒等低度酒。他们特别爱吃水果,尤其喜食猕猴桃。

(三)商务礼仪

新西兰人热情友好,讲究礼节。见面时,常以鞠躬为礼。但在涉外商务活动中,一般多行握手礼。异性之间,一般不以握手为礼,除非女子主动伸手。

按照新西兰的传统习俗,约会时客人需提前几分钟到达,以示礼貌。商务会晤通常是在办公室里进行。在涉外商务活动中,凡是本国能自行生产制造的产品,一般都不予进口。

商务交往中,新西兰商人不轻易接受客人的赠礼,特别是比较贵重的礼物。在一些大城市,计程车司机态度和蔼、待人礼貌,而且他们不像多数西方国家那样,通常向顾客索取小费。此外,当地的宾馆、饭店等通常也不另收服务费或税金。

在涉外商务活动中,新西兰人不愿谈论种族问题,而对有关国内外政治、体育以及天气等方面话题特别感兴趣。他们对狗怀有特殊的感情,并视其为"终生的伴侣""牧羊的卫士"。他们历来珍爱几维鸟,视其为民族的象征,并喻其为国鸟。他们还偏爱银蕨,认为它是国家的象征。在新西兰,人们特别忌讳男女同场活动,即使是看戏或看电影,通常也要实行男女分开。在公共场合,他们认为当众咀嚼口香糖、剔牙、抓头皮屑等举止是极不文明的行为。

第四节　某些国家的禁忌

一、日本

送礼时,忌送玻璃、陶瓷等易碎物品。也不要将有狐狸、菊花等图案的物品送人。馈赠中,严禁用 4、6、9 等不吉利的数字为礼品。菊花是日本皇族的标志,尤其是黄色 16 瓣的菊花,被认为是日本皇族的徽号,一般不能用来送礼。荷花,在日本人心目中象征宇宙精髓,有佛教的神圣含义,所以不可用作商标。日语"梳子"和"苦死"谐音,因此也不以梳子送礼。

忌绿色,认为绿色是不祥之兆。

忌倒贴邮票,因为这表示绝交。忌三人并排合影,认为中间的人有受制于人之嫌,是不幸的预兆。

讨厌金银眼的猫,认为看到这种猫的人要倒霉。

日本人用筷有忌八筷,即:舔筷、迷筷、移筷、扭筷、剔筷、插筷、跨筷、掏筷。

二、韩国

韩国人忌讳的数字是 4。4 在朝鲜语中的发音、拼音与"死"字完全相同,许多楼房的编号严忌 4,军人、医院、餐馆等也不用 4 编号。在饮茶或饮酒时,主人总是以 1、3、5、7 的数字来敬酒、献茶。

韩国人不以食品作礼物,一般不能当面打开礼品盒。

与韩国人交谈,要避免议论有关社会政治等话题。

三、印度

印度教徒奉牛为神圣,忌食牛肉。一般人忌穿牛皮鞋和使用牛皮箱。蛇也被看作是神圣的,故视杀蛇为触犯神明的行为。

印度人忌白色,认为白色象征着内心的悲哀,所以人们习惯将百合花作悼念品,黑色亦被认为是不吉祥的颜色。

把 1、3、7 视为不吉祥的数字。

印度教徒忌讳众人在同一盘中进食,也不吃别人接触过的食物。忌用左手握手和递、取东西。

忌用澡盆给孩子洗澡,认为盆中之水是"死水",用澡盆给孩子洗澡是不人道行为。

四、泰国

泰国人最忌讳摸别人的头部,认为头颅是智慧所在,神圣不可侵犯。忌讳睡觉时头朝西,因日落西方象征死亡。不能用红笔签名,因人死后用红笔将姓名写在棺木上。

脚被认为是低下的,忌把脚伸到别人跟前。就座时,最忌跷腿,把鞋底对着别人,被认为是把别人踩在脚底下,是一种侮辱性的举止。

当着泰国人的面,不要踩门槛,因为他们认为门槛下住着善神。

买佛饰时,严忌用购买之类的词语,而必须用"求租"或"尊请"之类的词语。

五、新加坡

新加坡人忌黑色和黄色。

数字上忌讳 4、7、8、13、37 和 69。

忌乌龟图案,认为乌龟是不吉祥的动物。

忌说"恭喜发财"之类的话,认为这有教唆他人发"横财"和"不义之财"的意思。大年初一忌扫地,认为这一天扫地会把好运气扫走。

六、印度尼西亚

忌食猪肉,忌饮烈性酒。

爪哇人忌夜间吹口哨,认为会招来游荡的幽灵和挨打。

在印尼人家里切莫抚摸小孩的头,否则对方会翻脸。

忌讳乌龟,认为乌龟给人以"丑陋""污秽"等极坏的印象。

七、俄罗斯

忌黑色,认为它是不吉利的颜色;忌讳兔子,认为兔子胆小无能;还忌问女子的年龄和衣饰价格;不能在背后议论第三者,更不能说他们小气。

八、澳大利亚

信奉基督教的澳大利亚人忌讳数字 13。

谈话时忌谈工会、宗教与个人问题,也不谈澳大利亚土人社会与现代社会的关系和袋鼠数量的控制等敏感话题。

九、罗马尼亚

罗马尼亚人忌"穿堂风",在房间、客厅、过道、行车途中均不能同时对开门窗。不喜欢随便谈论政治等问题。

十、埃及

埃及人忌蓝色和黄色,认为蓝色是恶魔,黄色是不幸的象征。"针"在埃及是贬义词,每日下午3时至5时是严忌买针和卖针的时间,以避"贫苦"和"灾祸"。忌熊猫,因为它的形体近似肥猪。

十一、苏丹

忌食猪肉、海鲜及虾、蟹等奇形怪状的食品。忌用狗的图案做商标。

【本章小结】

一个国家和民族的传统和礼仪习俗是经过长期的文化积淀而成的。一个涉外工作人员,要了解国际交往中的礼貌礼节、饮食习惯和禁忌方面的知识。尊重交往对象的礼仪习俗和禁忌,对加强国家交往、增进我国人民与各国人民的友谊,具有十分重要的现实意义和深远的历史意义。

【复习与思考】

一、技能实训

1.请按照欧式西餐礼仪使用刀、叉和匙。

2.通过资料调研,对本章所提及的某一国礼仪写一篇调查报告。

二、思考题

1.有一位中国人为她的日本朋友祝贺生日时,在工艺品商店挑选了一把精美的仿古木梳送给她,结果却引来了对方不快。这是为什么?

2.OK手势,毫无疑问是世界语了,以英文字母O与K组合而成,表示没问题、准备妥当、一切就绪,也有我很好、没事、谢谢你的关心之意。但在法国南部地区,则有不同的意思。你知道代表什么意思吗?

参考文献

[1]潘薇.公关礼仪.北京:中国经济出版社,1998.

[2]任越.公民礼仪学.北京:中国矿业大学出版社,1996.

[3]谷敏,高云生.社交礼仪.北京:中国农业出版社,1994.

[4]段国富,曲丽萍.体育与健康.北京:化学工业出版社,2003.

[5]董耀会,俞健红.卡耐基成功处世艺术.北京:中国经济出版社,2004.

[6]林崇德.人际关系心理学.北京:人民教育出版社,1999.

[7]黄华新,朱法贞.现代人际关系学.杭州:浙江大学出版社,2002.

[8]张建雄.人际关系新思维.北京:民族出版社,2003.

[9]柳夕浪.中学生人际交往指导.南京:南京师范大学出版社,1999.

[10]黑幼龙.卡内基沟通与人际关系.北京:中国友谊出版社,2002.

[11]玺璺.社交心理自测.广州:广州出版社,2004.

[12]甘华,李湘华.沟通.北京:中国国际广播出版社,2001.

[13]覃琥云,张艳平.人际沟通.北京:科学出版社,2003.

[14]克里斯·罗巴克.有效沟通.北京:中国社会科学出版社,2001.

[15]李谦.现代沟通学.北京:经济科学出版社,2002.

[16]学习趋势网.有效沟通.http://www.104learn.com.tw.

[17]关世杰.跨文化交流学:提高涉外交流能力的学问.北京:北京大学出版社,1995.

[18]何浩然.中外礼仪.大连:东北财经大学出版社,2002.

[19]各国礼仪.http://www.englishchina.com.

[20]陈峰君.东西方文化的异同及东方文化对西方文化的吸取.国际论坛,2003(3).

[21]赵砚雯.人际协调的艺术.北京:北京科学技术出版社,2003.

[22]陈文杰.人生难得好人缘.北京:华文出版社,2003.

[23]苏伟伦,王澄宇.职场有分寸.北京:经济科学出版社,2006.

[24]李柠.国际商务礼仪.北京:中国财经出版社,1995.

[25]朱立安.国际礼仪.广州:南方日报出版社,2000.

[26]陆永庆.旅游交际礼仪.大连:东北财经大学出版社,2001.

[27]司马怡然.形象魅力学.北京:中国戏剧出版社,1999.

[28]何伶俐.高级商务礼仪指南.北京:企业管理出版社,2003.

[29]赵景卓.公关礼仪.北京:中国财政经济出版社,1998.

[30]李柳缤.商务礼仪.北京:中国商业出版社,1995.

[31]黄馨仪.商业礼仪.北京:中国轻工业出版社,1999.

[32]关彤.商务礼仪手册.北京:中国社会出版社,1999.

[33]张蓝.MPA礼仪手册.北京:中国商业出版社,2002.

[34]埃勒瑞·萨姆森.职业形象设计.北京:中国宇航出版社,2002.

[35]北京康世经济发展研究所.白领礼仪.北京:中华工商联合出版社,2001.

[36]胡锐.现代礼仪教程.杭州:浙江大学出版社,2003.

[37]索非亚·O.约翰.礼仪手册.北京:中国发展出版社,2003.

[38]张玉平.现代礼仪.上海:东方出版社,1998.

[39]金正昆.涉外礼仪教程.北京:中国人民大学出版社,1999.

[40]孟育群.亲子关系研究.北京:教育科学出版社,1998.

[41]陈金海,王勤,李军.人生修养导论.杭州:浙江教育出版社,1993.

[42]教育部思想政治工作司.思想道德修养(第三版).北京:高等教育出版社,2002.

[43]庞学铨.思想道德修养教程.杭州:浙江教育出版社,2001.

[44]吴少银.80后职场新鲜人生存手册.北京:中国三峡出版社,2006.

[45]施军云.领导与下属相处的艺术.领导科学,2003(2).

[46]卢仁江.与同事融洽相处的十项原则.秘书之友,2001(9).

[47]崔鹤同.与同事相处九大法则.教育与职业,2003(16).